해외주재원이 바라본

글로벌 경제이야기 Ⅱ

박 성 민

청목출판사

차 례

머리말

2020년 코로나 19의 여파로 전 세계 경제가 영향을 받고 있다. 사실상 중국을 제외하고는 2020년 마이너스 성장이 예상되고 있다. 한국의 경우도 플러스 성장보다는 마이너스 역성장이 될 가능성이 높아지고 있다. 코로나 19의 영향으로 전 세계는 더욱 보호무역과 자국우선주의를 강화하고 있고 중국 중심의 공급망을 다변화하려 있으나 이미 전 세계 경제는 우리가 생각하던 것보다 그 연결고리가 강한 상황이기에 이러한 움직임은 쉽지 않은 상황이다. 오히려 코로나 19의 확산으로 전 세계 투자자들은 코로나 19로 호황을 누리고 있는 전 세계 바이오 및 언택트 관련 기업에 투자를 늘려가고 있다. 그 만큼 세계 경제의 연결성은 쉽게 끊을 수 없고 그 연결성이 강화되고 있기에 우리는 세계 경제에 대한 관심의 끈을 놓지 말아야 한다.

우리 기업들이 세계시장 공략에 나선 지 50년, 매년 파견되는 해외주재원의 수가 2015년을 기준으로 50만 명을 넘어섰다. 세계 12위 경제대국에 걸맞게 우리 기업의 위상 또한 날로 커져가고 있다. 그러나 높아진 기업의 브랜드 가치와 넓어진 세계시장에 비해 글로벌 인재 경영전략은 초보 수준에 머무르고 있는 실정이다. 지금까지 초창기에 파견되어 한국인 특유의 개척 정신으로 해외시장을 공략한 사람들의 노하우를 전수받거나 해외 유수 기업의 글로벌 인재 육성 프로그램 사례를 빌려 활용하고 있는 상황이었다. 그나마 그런 교육조차 제대로 받고 나가는 인력이 채 1만 명도 되지 않은 실정이라고 한다. 이렇게 체계적인 우리만의 글로벌 인재 육성 프로그램이 없다 보니 그동안 우리 기업들은 국내에서 보여준 업무 수행 능력이나 외국어 능력 등 단순한 인사 기준을 적용하여 선발하고 파견해왔다.

해외주재원으로 직접 경험을 쌓고 수년간 해외주재원 교육 현장에서 노하우를 전수해온 나는 '국내에서 유능한 인재가 해외에서도 성과를 낼 수 있을까'라는 근본적인 질문을 던진다. 실제로 인도네시아에 진출한 A기업은 하루 5번 있는 이슬람교도의 기도 시간을 폐지했다가 불량률이 증가했다. 또 2012년 M사의 경우 기대 이하의 성과로 주재원이 한국으로 중도 귀임하거나 이직하는 경우가 빈번히 발생하며 그로 인한 구체적인 손실액만 인당 2~3억 원에 달했다. 그 외에도 현지 경영 실패 사례는 수두룩하다.

문제는 무엇일까? 한국에서 우수한 성과를 내는 인재들이 현지 경제 및 상황 등에 대해 제대로 모른 채 한국에서 하던 업무방식과 비즈니스 전략을 해외에서 그대로 수행했기 때문이다. 그렇다면 한국에서 하던 방식이 해외에서는 통하지 않는 걸까? 물론 아니다. 하지만 해외에서는 항상 변수가 존재한다. 그 중에서는 한국인들이 잘 대처하지 못하는 변수가 해외현지의 경제적 변수이다. 현지의 경제구조와 경제상황을 잘 모르기 때문에 현지에서 발생하는 경제적 변수에 대해 사전 대응과 준비를 잘 못하기 때문에 이러한 실패가 발생한 것이다.

최근 사드배치로 인해 중국진출 한국기업들이 많이 고전하고 있다. 하지만, 사드배치 이외에도 한국기업들이 중국에서 고전하고 있는 이유는 중국의 경제구조의 변화에 사전에 충분히 대비하지 못했기 때문이다. 중국 정부는 내수위주의 성장 전략인 'China In'전략과 '일 대 일로' 전략 등 수출위주의 경제성장구조를 내수와 인프라를 구축하는 산업으로 경제적 구조를 개편하면서 소비재산업 뿐 아니라 그 동안 중국에서 많은 이익을 내었던 한국의 중간재 산업들까지 영향을 받으면서 중국에서 고전하고 있는 것이다. 그래서 해외에 파견된 해외주재원들은 후배들에게 '현지의 경제상황을 알지 못하면 아무리 전문성이 있다 하더라도 해외현지에서 성과를 거두기 어렵다'라는 조언들을 많이 한다.

이제 글로벌 비즈니스에 성공하기 위해서는 단지 외국어와 이문화 이해만으로 되지 않는 것이다. 현지 경영전략 수립과 현지 법률 및 제도의 이해하기 위해서는 현지의 경제적 상황과 역사를 제대로 인지해야 한다. 거시적인 시각으로 전 세계가 서로 연결되어 있는 경제적 연결망과 한국 기업의 성과에 영향을 주는 경제의 주요 변수를 알아야 하는 것이다. 또한 글로벌 경제는 일반인들의 재테크와 취업과 승진에도 연관이 있다. 비트코인, 달러 선물환 등 새롭게 대두되는 재테크 방법들은 글로벌 경제를 모르고서는 성공하기 어렵다. 입직을 위한 수많은 기업들의 인적성 검사에 시사문제에는 글로벌 경제상식이 포함되어 있다.

이 책을 쓴 나는 경제 전문가나 경제학 전공자가 아니다. 그럼에도 이 책을 쓰게 된 이유는 누구나 쉽게 이해하도록 글로벌 경제에 대한 이야기를 나누고 싶었기 때문이다. 나는 이 책을 통해 수많은 해외주재원들이 노력한 해외 주재 경험과 땀이 담긴 글로벌 경제에 대한 시각과 식견을 전달하고 싶었다. 국제경제는 전문적인 영역이지만 관심을 갖는다면 충분히 이야기로 전달할 수 있다고 생각한다. 나는 지금까지 수 천 명의 해외주재원들을 대상으로 강의하고 컨설팅해 왔으며, 현재에도 그들과 소통하고 있다. 해외주재원들의 시각은 생생한 현장을 담고 있고, 글로벌 비즈니스 현장은 전쟁터이다.

이 책을 위해 해외 각지에서 해외주재원으로 업무를 수행하면서 부족한 저자를 위해 많은 자료와 정보를 제공해준 세계 각국의 해외주재원 지인들에게 무한한 고마움을 표현하고 싶다. 그 분들의 아낌없는 노력과 봉사에 대해 나는 이 책으로 감사를 드린다. 책의 마무리를 위해 여름방학 중 제대로 된 휴가도 가지 못했으나 잘 참아준 사랑하는 아내와 두 딸에게도 고마움을 전한다. 그리고 이 책의 기획부터 완성까지 많은 지원을 해 주신 청목출판사 식구들에게도 감사의 마음을 전한다. 끝으로 코로나19의 상황에서 전 세계에 코로나 19를 막는 K방역을 선보이고 올해 코로나19 특수로 세계 경제 10위권 안으로 성장이 예상되는 우리 나라의 성공적인 글로벌화를 기원한다!

2020년 8월

저자 박성민

1
chapter

나는 잘 살 준비가 되어 있는가?

경제학을 좋아하는 사람이 있을까? 아마 '사람들에게 경제학을 좋아하시나요?'라고 물었을 때 이에 대해 긍정적인 대답을 하는 사람은 결단코 많지 않을 것이다. 그렇다면 '잘 살고 싶지 않으세요?'라고 물었을 경우 이에 대해 부정적인 답을 할 사람은 거의 없을 것이다. 그렇다면 '잘 산다'라는 것은 무엇일까? '잘 산다'라는 의미는 결코 경제적인 의미를 빼고서는 생각할 수 없다.

우리는 자본주의 시대를 살아가며 우리는 밥을 먹어야 하고, 옷을 입어야 하며 잠 잘 공간을 확보해야만 한다. 또한 사회생활을 위해 필수품은 물론이고, 때로는 자신과 가족들이 좋아하는 기호품, 사치품까지 가져야 하는데, 이를 위해서는 반드시 돈이 있어야 하죠. 이것이 자본주의 시대의 논리이자 숙명이다.

"잘 산다는 것"이란?

자본주의 사회에서는 대개 '돈 잘 버는 사람'을 '잘 사는 사람'이라 말한다. '돈 잘 버는 것'과 '잘 사는 것'은 거의 같은 의미라 생각한다. 그렇다면 과연 '잘 산다'라는 것의 구체적 의미는 무엇일까? 한번 곰곰이 생각해 봅시다. 사실 '잘 산다'는 것은 사람마다 다르게 느끼는 주관적이자 상대적이며 관념적인 개념이라 할 수 있다. 즉 일정한 기준이 없다는 것이다. 그래서 사람들은 비교 가능한 것을 기준으로 하여 '잘 산다'는 것을 가늠하기도 한다. 대표적인 것이 바로 돈을 포함한 소유 재화의 규모이다. 일단 돈을 가지고 생각해 보도록 하자.

대부분의 사람들이 그렇지만, 직장인들 또한 돈 많은 부자를 꿈꾸며 살아간다. 자신에게 돈이 많다면 직장인으로써의 굴레를 던져 버리고, 평생 하고 싶은 일(혹은 놀기만 하며)만 하며 삶을 즐길 수 있으리라 믿는다. 완전한 자유를 꿈꾸는 것이다.

자, 그렇다면 얼마나 많은 돈을 가져야 부자라 할 수 있을까? 20, 30억 정도면 부자일까? 저금리 시대이니 50억 정도는 있어야 할까? 아니면 통 크게 몇 백억 대 재산은 가져야 부자인 것인가?

하지만 돈이 없더라도 몸과 마음이 건강하면 이미 그것만으로도 부자라 말하는 사람들도 있다. 또한 최근과 같은 불확실성의 시대에 명예퇴직 당하지 않고 회사를 다닐 수 있는 것만으로도 무척 다행이라 생각하는 사람들도 있다. 이들에겐 현재 일 할 수 있는 직장이 있다는 것만으로도 감사할 일이니, 그들에게 부자란 현실과는 관련 없는 판타지 속 단어에 불과하다고 볼 수 있을 것이다.

"못 산다는 것"이란?

앞에서와 같이 볼 때 '잘 산다'는 개념을 돈의 규모만 가지고 판단하기는 어려울 것 같다. 자, 그렇다면 이번에는 반대 개념인 '못 산다'는 것에 대해 생각해보기로 하자. '못 산다' 하면 머리 속에 어떤 생각이 떠오르는가?

드라마 속에서 본 가난이 먼저 그려질 것이다. 먹는 것은 그렇다 치더라도 돈이 없어 사고 싶은 것, 하고 싶은 것 그리고 번듯한 집도 없어 좁디 좁은 반지하 쪽방을 전전하는 모습이 그려질 것이다. 소위 생활고(生活苦)로 인해 고통받거나 힘겨워 하는 모습이 바로 사람들에게 일반적으로 '못 산다'는 첫 번째 이미지로 떠오르게 된다.

그렇다면 두 번째로 생각나는 것은 무엇인가? 직장도 있고, 차도 있고 경제적으로 크게 쪼들리진 않지만, 어느 순간 자신보다 경제적으로 나아 보이는 누군가와 비교됨으로써 초라해지는 자신의 모습을 발견하게 될 때, 그 순간 우리는 '잘 산다'보다는 '못 산다'란 생각을 떠올리게 될 것이다. 이는 생활고의 차원이 아닌 그 보다 한 단계 높은 비교의 차원에서의 '못 산다'는 문제가 된다. 생활하는데 별 문제는 없지만, 상대적 비교에서 느껴지는 박탈감은 머릿속에 계속 남게 되는 것이다. 정리하자면, '못 산다'는 것은 생활고로 인한 진짜 가난을 의미하기도 하지만, 경제적으로 큰 문제가 없을지라도 상대적 비교에 의해 느껴지는 불편한 감정이라 볼 수 있다.

다시 "잘 산다"는 개념에 대한 두 가지 측면을 보도록 하자. 처음으로 돌아와 '잘 산다'는 개념을 두 가지 측면에서 정리해 본다.

첫 번째는 최소한의 경제적 기준(The Minimum Economic Criterion)의 측면이다. 앞에서 본 것처럼 '잘 산다'는 개념은 소유의 규모 혹은 돈의 보유액수에 의해 결정되지는 않지만, '못 산다'는 개념에서 본 것처럼 최소한 생활고로 인한 문제는 발생하지 않아야 한다는 점이 매우 중요하다. 이를 부등식으로 표현하면 아래와 같다.

못 산다 〈 최소한의 경제적 기준

위의 부등식에서 보는 것처럼, 최소한의 경제적 기준을 충족한다는 것은 '못 산다'란 영역을 벗어난 것을 의미한다. 하지만 그것이 '잘 산다'는 개념의 영역까지 도달되었다고 볼 수는 없다. 왜냐하면 생활고가 해결되었다 해서 '잘 산다'고 말하기는 어렵기 때문이다. 오히려 '잘 산다'란 표현보다는 '못 살지 않는다'란 표현이 더 적절할 것이다. 즉 '잘 산다'고 말하기는 어렵지만 가난에서 벗어난 것은 명백하며, 한두 가지 혹은 몇 가지 조건의 추가 충족여부에 따라 '잘 산다'는 영역으로 들어갈 수 있음을 의미한다 할 수 있다.

두 번째로 상대적 비교의 측면이다. 우리는 끊임없이 자신과 타인을 비교한다. 그 결과가 상대보다 낫거나 많거나 좋다면, 기뻐하고 즐거워한다. 하지만 반대로 그렇지 못하다면 자신의 처지에 대해 슬퍼하거나 분개한다. 상대에 비해 자신이 '못 산다'고 생각하기 때문이다.

$$\text{못 산다} < \text{최소한의 경제적 기준} < \frac{\text{못 산다} \leq \text{잘 산다}}{\text{잘 산다}}$$

위의 부등식을 살펴보자. 앞에서 이야기한 것처럼 더 이상 생활고의 문제가 없다면 '잘 산다'고 주장하진 못하지만, 최소한 '못 사는 것'은 아니라고 하였다. '못 살지 않는다'는 것은 '못 산다'는 영역을 제외한 나머지, 평균과 그 이상을 포함한다고 볼 수 있다. 다시 말하자면 일반적 생활을 영위할 수 있는 환경과 그것을 유지할 수 있는 능력만 가지고 있다면, 이는 '못 사는 것'이 아니라 '평균 이상'이란 의미이며, 여기서부터는 특정 기준이 아닌 상대적이며 심리적인 기준에 의해 '잘 산다'와 '못 산다'가 나누어지게 된다는 것이다. 즉 가장 기초적인 경제적 문제만 해결할 수 있다면, 우리는 '못 사는' 것이 아니라 이미 '잘 사는' 영역에 살고 있다 볼 수 있다. 다만 상대적 비교에 의한 심리적인 부분을 스스로 조절할 수 있다면, 여러분은 충분히 '잘 살고' 있다 말할 수 있을 것이다.

그럼에도 불구하고, 대부분의 사람들은 경제적으로 왜 불안할까?

'최소한의 경제적 기준'을 넘어섰다 하더라도, 사람의 마음 한 쪽은 경제적으로 왜 계속 불안한 것일까? 그것은 우리가 두려움을 가지고 있는 부분이 공식의 왼쪽이 아닌, 오른쪽에 해당되기 때문이다. 미래에 대한 두려움은 현재는 '잘 살고' 있지만, 혹시라도 잘못되어 상대적으로 못 살게 될까봐 걱정이 생기는 것이다. 현재 안정적으로 직장을 다니고 있더라도, 언제라도 '못 살게 될 수 있다'는 두려움이 문득 드는 것이다. 이렇듯 미래에 대한 불안함의 근원은 대부분 경제적 문제 즉, '돈'이다.

우리는 왜 돈 때문에 그토록 불안한 것일까? 그 이유는 자본주의의 본질에 있다.

중세부터 시작된 자본주의가 근대를 지나 현대로 오면서 이제는 하나의 이데올로기라기보다는 자본, 즉 돈을 신으로 추앙하는 하나의 종교처럼 변모되었기 때문이다. 그런 의미에서 자본주의는 "자본교"라고 하는 종교의 또 다른 이름이라 할 수 있으며, 현대의 우리는 이미 자신도 모른 채 "자본교"의 신도가 되어 있다고 할 수 있다. 그렇기 때문에 신(돈)의 존재가 없거나 부족하게 되면 심리적 불안증세를 보이게 되며, 더 나아가 두려움 그리고 경외감까지 지닌 채 살아가게 된다. 그렇다면 돈에 대한 두려움에서 벗어나기 위한 방법은 무엇일까?

그 전에, 스스로에게 이렇게 질문해 보는 것이 어떨까?

내가 잘 살기 위해 기본적인 경제적 개념이 있는가? 나는 경제를 이해하기 위한 기본적인 관심이 있는가? 나는 경제를 이해하기 위한 공부나 습관을 가져본 적이 있는가?

그럼, 이제 본격적으로 경제학에 관심을 가져볼 준비가 되어 있기를 바란다.

그렇다면 세계에서 가장 많이 팔리는 경제학교과서는 무엇일까? 단연 『맨큐의 경제학』이다. 이 책은 욕을 하더라도 일단 사서 읽고 욕을 하는 책이다. 97년에 초판이 발간되어 현재 7판이 나왔는데, 95년도에 출판기한을 정하지 않은 채 출판사로부터 15억의 계약금을 받은 것은 당시에도 큰 언론보도가 있었다. 이는 29살에 최연소로 하버드대학교 정교수직을 얻었을 때보다 더 놀라운 사건이었다.

멘큐는 자신의 저서에서 경제학의 10대 원리를 밝히고 있다. 당위적인 것도 있고, 경제학자들의 논의로부터 도출된 결론도 포함되어 있다. 이 원리가 어떠한 법칙으로 자리를 잡는 위상은 아니지만 경제학 초심자에게는 꽤나 의미있는 원리이다.

01. 모든 선택에는 대가가 있다.

02. 선택의 대가는 그것을 얻기 위해 포기한 그 무엇이다.

03. 합리적 판단은 한계적으로 이루어진다.

04. 사람들은 경제적 유인에 반응한다.

05. 자유거래는 모든 사람을 이롭게 한다.

06. 일반적으로 시장이 경제활동을 조직하는 좋은 수단이다.

07. 경우에 따라 정부가 시장성과를 개선할 수 있다.

08. 한 나라의 생활수준은 그 나라의 생산 능력에 달려 있다.

09. 통화량이 지나치게 증가하면 물가는 상승한다.

10. 단기적으로는 인플레이션과 실업 사이에 상충관계가 있다

자 이제 세계에서 가장 많이 팔리는 경제학 저서를 쓴 멘큐의 경제적 원리가 우리가 살아가는 삶 속에서 특히, 세계화된 시대를 살아가는 우리에게 있어서 국제경제 분야에서 실제로 나타나고 있는지 우리 스스로 확인해 보도록 하자. 예를 들어, 우리 기준에는 상대적으로 부유하지 않은 부탄 사람들이 삶의 만족도가 높게 나타나는 것은 멘큐가 밝힌 경제원리 중, '한 나라의 생활수준은 그 나라의 생산능력에 달려 있다'에 맞지 않는다. 이제부터 멘큐의 10대 경제원리가 국제경제 분야에는 잘 맞지 않는 실제적 상황들을 확인해 보자.

2
chapter

경제학에는 어떤 분야가 있는가?

앞에서도 이미 언급하였고 이러한 경제학 시험에서도 알 수 있듯이 경제학은 크게 미시경제, 거시경제, 국제경제의 세 가지 영역으로 나누어진다. 경제학 전공이 아니라하더라도 취업과 승진을 위해 또는 경제신문과 뉴스를 편히 이해하기 위해 우리는 경제학의 각 분야가 무엇을 위한 것인지 알아둘 필요가 있다. 보통 미시경제와 거시경제를 처음 접하는 사람들한테 이해하기 쉽게 하기 위해서 미시경제는 나무라는 얘기를 하고, 거시경제는 숲이라는 얘기를 한다. 즉, 미시경제학과 거시경제학의 가장 주요한 차이는 바라보는 대상이 다르다는 것이다. 미시경제학은 대체로 우리 주변에서 일어나는 경제사례들을 설명하고자 한다. 오늘은 왜 오징어가 한 손에 4,000원씩이나 하는지, 내 월급이 늘어나면 난 그 돈을 어디다 쓰게 되는지, 창업한 가게가 잘 되기 위해서 곱창소스를 어떻게 바꿀 것인지에 관한 것이다. 반대로 거시경제학은 청년 실업률이 왜 이렇게 높을까? 언제 우리나라는 GDP가 3만 달러가 될까? 올해는 세금을 얼마나 걷어야 하나와 같은 고민을 하는 것이 거시경제이다. 국제경제 분야는 다음 장에서부터 지겹게 이야기할 터이니 여기서는 우선 미시경제와 거시경제에 대한 기본적인 이해를 하도록 하자.

첫째, 미시경제는 미시경제학은 거시경제학과 더불어 경제학을 이루는 주요 토대 중 하나로, 가계와 기업 등의 개별경제주체들 간의 행위와 상호영향 등에 의한 재화와 서비스의 가격과 거래량, 각 시장구조의 균형점이 어떻게 결정되는지를 설명하고 연구하는 경제학의 한 분야이다. 이렇게 얘기하면 일반 사람들은 또 이해하는 데에 어려움을 느낄 것이다. 좀더 쉽게 설명하자면 초코파이를 제조하여 팔던 한 스낵회사에서 일반 초코파이 외에 새롭게 바나나맛 초코파이와 말차 초코파이를 새로 출시되었다. 바나나맛 초코파이와 말차 초코파이는 오리지널 초코파이 보다 소비자의 엄청난 사랑을 받으면서 판매량이 폭증하였다. 이렇게 소비량이 늘자 스낵회사는 대형마트에서 바나나맛 초코파이와 말차 초코파이의 할인율을 낮춰서 오리지널 초코파이보다 자연스럽게 가격이 높게 형성되었지만, 소비자는 바나나맛 초코파이와 말차 초코파이 구매를 멈추지 않았다. 이렇게 일반 시장에서 가계와 기업, 또는 기업과 기업간의 거래를 파악하여 가격이나 공급량, 화폐의 유통량 등을 단기적으로 결정하는 분야를 미시경제 분야라 할 수 있다. 한마디로 미시경제는 개별 경제주체의 경제활동에 관한 부분이다. 즉, 우리 가계가 어떤 경제활동을 하는지, 내가 운영하는 기업은 어떤 경제활동을 하는지 등 하나하나 개별 경제주체들이 소비, 저축하고 생산, 투자하는 등의 경제활동에 관한 부분을 연구하는 것이다. 우리 나라만 하더라도 수많은 가계와 기업이 있으므로 제 각각 경제활동이 조금씩 다르다. 경제지표로는 개별 기업의 가계부, 개별 기업의 매출액, 순이익 등 주로 개별 경제주체의 활동을 나타내는 지표들이 미시경제의 대표적인 지표들이다.

개인이건 기업이건 기본경제주체의 최적화를 기본으로 하며, 미시경제이론에서 연구의 대상이 되는 경제주체로는 수요자(소비자), 공급자(기업)가 있다. 소비자는 효용극대화와 지출극소화를 목적으로 하고, 기업은 이윤극대화를 목적으로 한다. 즉 개인은 최소의 지출로 최대의 만족을 얻고자 하고 기업은 최대의 이익을 얻고자 하는 것이다. 최근 유행하는 사회적 기업의 경우만 하더라도 최소한의 이윤추구가 되어야 회사운영이 가능하다. 너무 당연한 이야기이다. 이윤은 곧 총수입에서 총비용을 뺀, 기업이 생산활동으로부터 거두어들이는 순편익을 뜻한다. 더불어 경제주체가 활동하는 시장의 독점도에 따라 완전경쟁, 과점(한 종류의 물건을 판매하는 사람이 소수밖에 없을 때 과점이라고 한다. 보통은 4개까지를 과점의 마지노선으로 잡는다), 독점적 경쟁시장(불완전 경쟁의 한 형태로 완전 경쟁과 독점의 중간적 시장형태로 독점적 경쟁 시장에서 단기에는 기업들이 독점과 같이 행동할 수 있지만, 장기적으로는 다른 기업들이 시장에 진입해오기 때문에 점점 완전 경쟁의 형태에 가까워져 독점적인 지위를 누릴 수 없게 된다), 독점시장으로 나누어 분석하고, 이를 기업의 활동과 연관시키는 분과학문이 산업조직론이다. 여기까지는 한 경제 내에 존재하는 모든 상품의 시장에 대한 분석이 아니라 개별 상품 시장에 대한 분석이기 때문에 이를 '부분균형분석'이라고 부르기도 한다. 어려운 용어라면 그냥 넘어가도 된다.

〈경합성과 배제가능성〉

1) 경합성: 한 사람이 재화를 소비하면 다른 사람이 소비에 제한을 받는 속성

2) 배제가능성: 대가를 지불하지 않고는 재화를 사용할 수 없도록 하는 것을 의미함. 대부분의 재화는 배제성을 가지고 있음

예를 들어, 강에서 낚시를 하는 두 사람이 있는데 한 사람이 물고기를 낚아서 가지고 가면 다른 사람은 그 물고기를 가져갈 수 없는 것이 경합성이라면, 유료 낚시터에서는 입장료를 내지 않고는 물고기를 낚을 수 없는 것이 배제가능성임

더불어 분석의 초점을 개별단위 경제주체의 최적화에 맞추지만, 분석을 확장하여 경제일반을 다루는 '일반균형(경제내의 모든 시장은 서로 연관되어 있으며 이들 시장 전체를 동시에 균형상태에 도달하게 만드는 가격체계가 존재함)'을 분석하며 이를 독립된 주제로 다루는 것이 후생경제학의 주제이다. 일반균형에서 등장하는 균형조정 매개물이 '상대가격'이고, 이는 그 유명한 애덤 스미스의 '보이지 않는 손'의 다른 이름이다. 또한 재화의 성격(경합성/배제가능성)에 따라 경합성과 배제가능성이 있는 것을 사유재(Private Good)와 둘 모두 없는 것을 공공재(어떠한 경제주체에 의해서 생산이 이루어지면 구성원 모두가 소비혜택을 누릴 수 있는 재화 또는 서비스를 의미함: 예를 들어, 한국전력의 전

기), 경합성은 있지만 배제가능성이 없는 것을 공유재(Common Good)로 나누고, 공공재/공유재에 대한 최적화의 결과물을 사유재에 대한 최적화의 결과와 비교분석하는 것 역시 후생경제학 분야의 또 다른 주제가 된다.

현대 미시경제학의 방법론은 19세기 알프레드 마셜(수요와 공급, 한계효용, 생산 비용 가치론 발표)의 신고전파 경제학에 의해 체계화가 시작되었고, 이후 폴 새뮤얼슨(신고전학파의 미시적 시장균형 이론과 케인스의 거시경제 이론을 접목) 등의 일련의 케인스 학파들에 의해 현재의 모습을 갖추게 되었다. 신고전학파(neo-classical)라는 명칭은 말 그대로 '새로운 고전학파', 즉 애덤 스미스나 데이비드 리카도(1809년 통화 문제에 관한 〈금의 가격〉과 〈떨어진 곡물값이 자본 이윤에 미치는 영향〉, 그리고 1817년 〈경제학 및 과세의 원리〉를 발표) 등의 고전학파의 이론을 수리적으로 표현한 것이라 할 수 있다. 아마 신고전파로 인해 많은 사람들이 경제학을 어렵고 고리타분한 분야로 생각하게 되었을 것이다.

따라서 케인스학파 역시 신고전파의 일파라 할 수 있다. 신고전파 종합이론은 완전 고용을 위해서는 적절한 정부 개입이 필요하지만(케인스 이론) 일단 완전 고용이 달성되면 오직 수요·공급이라는 시장 메커니즘에 맡겨 경제를 자율적으로 운영해야 한다(신고전학파)는 것이다.

미시경제학에는 게임 이론(Game Theory), 정보경제학(Economics of Information), 산업조직론(Industrial Organization), 후생경제학(Welfare Economics), 재정학/공공경제학(Public Economics), 노동경제학(Labor Economics), 법경제학(Economics of Law), 행동경제학(Behavioral Economics) 등이 포함된다. 자, 그렇다면 어렵더라도 기본적인 미시경제학의 세부 분야를 살펴보도록 하자.

(1) 게임이론

우리는 하루에도 수십, 수백 번씩 상대방을 의식하며 선택하거나 의사결정을 내려야 할 상황을 맞게 된다. 인생 자체가 게임이라 할 수 있다. 게임에는 승자와 패자가 있게 마련이다. 현실에선 승자의 이익과 패자의 손실을 합하면 (+)나 0이 아니라 (-)가 되는 마이너스섬(Minus Sum) 게임이 훨씬 더 많다. 각자 '최선'의 선택을 했는데 공생이 아니라 공멸이 될 수도 있는 것이다. 이때 개인 또는 사회의 '최적'의 선택은 무엇일가?

이에 대한 해답을 찾는 것이 바로 게임이론이다. 게임이론은 수많은 사람들이 복잡하게 얽혀있는 사회현상을 게임이라는 관점에서 설명하는 경제학 분야이다. 개인의 선택이 사회전체에 어떤 영향을 주고 전체의 흐름에 개인은 어떻게 반응하는지를 분석함으로써 사회 현상에 대한 이해의 심도를 확장하는 것이다. 단순히 세상을 살아가는 처세의 기술을 공부하는 것과는 차원이 다르다.

게임 이론의 기본 전제 사항은 다음과 같다.

1. 모든 참가자는 합리적으로 결정한다.
2. 모든 참가자는 모든 참가자들이 합리적으로 결정할 것을 안다.
3. 모든 참가자는 모든 참가자들이 합리적으로 결정할 것을 안다는 것을 모든 참가자들이 안다.
4. 이 논리가 무한히 확장된다.

역시 이렇게 설명하면 어려울 것이다. 좀더 쉽게 정리해 보자. 1994년 노벨 경제학상을 공동수상한 미국 수학자 존 내쉬의 이름을 딴 게임이론 모형이다. 이때 '균형'이란 작전(의사결정)을 바꿔도 더 나아질 것이 없는 상태를 뜻한다. 내쉬 균형은 모든 경기자들이 각자 최선의 전략(우월전략)을 취할 때, 자신도 그것을 택하지 않으면 안 되는 상황을 의미한다. 경기자들이 모두 우월전략이 있으면 그대로 선택하는 것이 내쉬 균형이고, 우월전략이 없더라도 내쉬 균형은 하나 이상 존재한다.

〈표 2-1〉 내쉬 균형 사례

고속도로 위 운전자		하행선 운전자	
		좌측통행	우측통행
상행선 운전자	좌측통행	生 / 生	死 / 死
	우측통행	死 / 死	生 / 生

〈표 2-1〉은 내쉬 균형을 단순화한 사례이다. 서로 마주 달리는 두 운전자는 각자 우월전략 없이 좌측이든 우측이든 선택할 수 있다. 하지만 선택이 엇갈리면 충돌해 죽을 수도 있다. 한 가지 선택을 그대로 유지하는 게 이득이고, 혼자서만 선택을 바꿀 수도 없게 된다. 그래서 차선이 있든 없든 한국, 미국에선 자동차가 우측으로, 일본, 영국 등에선 좌측으로 통행하는 균형이 생겨난 것이다.

〈표 2-2〉 내쉬 균형 사례

취조받는 두 용의자		만수	
		자백	묵비권
칠수	자백	5년 \ 5년	석방 \ 10년
	묵비권	10년 \ 석방	1년 \ 1년

〈표 2-2〉의 예를 보도록 하자. 무장강도 용의자 칠수와 만수가 각기 다른 취조실에 앉아 있다. 검사는 이들의 경미한 범죄에 대한 증거를 확보했지만 강도사건은 확실한 물증이 없다. 검사는 먼저 자백하면 석방해주는 대신 자백하지 않으면 징역 10년의 가중 처벌을 받는다고 넌지시 암시했다. 어떤 상황이 벌어질까? 칠수와 만수가 의리를 지켜 똑같이 묵비권을 행사하면 증거불충분으로 각각 징역 1년만 살면 된다. 전체적으로 최선의 선택이다. 하지만 서로가 "나는 입을 다무는데 저 친구가 자백하면…?" 하고 고민에 빠진다. 한국 유명예능프로그램인 '무한도전'에서도 출연자들이 죄수로 변장하여 이러한 상황이 연출되었다. 결국 각자 상대의 배신이 두려워 먼저 자백하게 된다는 것이다. 이렇듯 죄수의 딜레마는 각자 최선의 선택을 했지만 둘 다 손해 보는 결과가 되는 상황이다. 이런 상태에선 늘 '배신'이 선택된다(내쉬 균형에서의 열등 균형). 실생활에서도 비슷한 일이 발생한다. 이동통신사들이 서로 광고를 자제하면 이익이 크게 늘어날텐데 상대를 의식해 막대한 광고비를 투자하고 있다. 또 오래된 카르텔인 석유수출국기구(OPEC)는 늘 석유가격의 하락을 막기 위해 국가별로 감산결정을 하지만 매번 몇 몇 국가에서 감산 결정이 빈번히 깨지는 것도 죄수의 딜레마로 설명할 수 있다.

(2) 정보경제학

정보경제학(Information Economics)은, 미시경제학의 한 분야이다. 기존의 경제학에서는 사람, 물건, 돈이 경제활동을 구성하는 요소로서 중요시되어 왔지만, 경제활동에서 인간 행동을 결정하는 요소는 이 3가지에 한정되지 않으며 경제의 구성요소간의 상호작용 또한 인간 행동을 결정하는 데에 큰 역할을 한다. 그 상호작용은 정보라는 형태로 이루어진다. 정보는 기존의 생산요소들과 여러 가지 다른 특징을 가진다. 즉, 정보는 듣는 사람에 따라 가치가 달라지고 정보에 따른 행동도 달라지게 된다. 정보를 만들어내기는 쉽지만, 기존의 정보를 믿는 것은 어렵다. 또한, 정보를 퍼뜨리는 것은 쉽지만 그것을 통제하는 것은 어렵다. 또한 정보의 유무, 왜곡, 편향에 따라 중요한 결정들이 엇갈리기도 한다. 기존의 경제학 이론에 정보라는 요소를 추가하게 되면서, 이론들의 일부 수정이 불가피하게 되었다.

경제적 활동을 결정하는 데에 영향을 미치는 것 중 하나가 바로 정보이며, 정보의 비대칭성을 중심으로 연구가 되고 있다. 정보의 비대칭성은 특정 집단이 다른 집단에 비해 더 많은, 혹은 더 좋은 정보를 가지고 있는 상황을 의미한다. 정보경제학의 분석은 '정보'에 경제적 가치가 있다는 것에서 출발한다. 정보의 유무에 따라 각 개인의 보수(Payoff), 효용(Utility)이 달라질 수 있으며, 이로써 정보에 가치가 있다는 점을 알 수 있다. 단, 정보가 있는 것이 무조건 좋다고 볼 수는 없다. 때에 따라서는 더 많은 정보를 가진 사람이 더 적은 효용을 누릴 수도 있다. 대표적인 정보 비대칭 시장으로는 중고차, 노동, 보험이 있다. 즉, 중고차를 사기 위해 많은 인터넷이나 모바일을 검색하여 많은 정보를 가진 구매자가 발품을 팔아 단 한 곳의 중고차 매장을 방문한 구매자보다 많은 정보가 있기 때문에 오히려 선택에 있어 어려움을 겪게 되는 경우가 발생한다는 것이다. 정보경제학은 비교적 최근에 생겨난 분야로, 주인-대리인 문제(개인 또는 집단이 의사 결정 과정을 다른 사람에게 위임할 때 대리인 관계가 성립된다. 그런데 대리인이 주인에게는 바람직하지 못하지만 자신의 이해에는 부합하는 행동을 취하려는 경향이 나타날 수 있음), 비대칭 정보(특정 집단이 다른 집단에 비해 더 많은, 혹은 더 좋은 정보를 가지고 있는 상황을 나타냄), 도덕적 해이

(미국에서 보험가입자들의 부도덕한 행위를 가리키는 말로 사용되기 시작했다. 윤리적으로나 법적으로 자신이 해야 할 최선의 의무를 다하지 않은 행위를 나타내는데, 법 또는 제도적 허점을 이용하거나 자기 책임을 소홀히 하는 행동을 포괄하는 용어), 역선택(의사결정에 필요한 정보가 충분하지 않아서, 불리한 선택을 하게 되는 것을 의미함) 등을 다루고 있다. 이 두 가지는 비슷해 보이지만 차이가 있다. 다음의 사례를 통해 그 차이를 이해할 수 있다.

〈역선택과 도덕적 헤이〉

1) 역선택: 낮은 임금을 제시하여 신입사원을 선발하는 회사가 있다. 회사측으로는 어떤 사람이 능력 있고 성실히 일할 사람인지 잘 알기가 어려우나, 본인들은 자기의 능력을 잘 알고 있으므로 능력 있는 사람들보다, 적은 임금도 감지덕지하는 지원자들만 몰릴 가능성이 크다. 이 경우는 정보의 차이에 의해, 채용이라는 일이 벌어지기 전에 이미 잘못된 선택이 발생한 것이므로 역선택에 해당한다. 이러한 근로자들의 역선택을 막기 위해 일부 기업은 높은 임금을 제시하여 직원을 모집하는 경우가 있다.
2) 도덕적 헤이(Morale Hazard): 반대로 처음에는 회사에서 어느 정도의 임금을 지급하는지 잘 모르고 지원해 채용된 한 사원이 있었다. 첫 달 월급봉투를 받아보고서야 월급이 자신의 능력보다 턱 없이 낮다는 것을 알게 된다. 그는 당장이라도 회사를 그만두고 싶었지만, 불경기에 갈 곳도 마땅치 않아 그냥 이 회사에 다니기로 한다. 하지만 그는 자신이 생각하기에 월급 받는 만큼만 일을 하려고 든다. 이런 직원들이 하나 둘 생기다 보면, 결국 회사의 생산성은 떨어지기 마련이다. 이 경우에는 채용이라는 일이 먼저 벌어진 다음 나태해진 근무 태도를 보였으므로 '역선택'이 아니라 '도덕적 해이'라고 한다.

(3) 산업조직론

미시경제의 한 분야로 기업에 대한 경제이론을 탐구하는 분야이다. 완전경쟁시장의 가정을 완화시켜 실제 기업활동, 그리고 기업활동으로 인해 나타나는 시장의 형태, 또 공정거래법 등과 관련하여 기업활동을 어떻게 규제해야 할 것인지 등 다양한 연구를 하는 분야다.

산업조직론은 각 산업에서 자유롭고 공정한 경쟁이 원활하게 이루어질 수 있는 조건이 무엇이며, 어떻게 이 조건이 달성될 수 있는지에 대해 분석하는 경제학의 한 분야이다. 산업조직론의 궁극적 지향은 모든 산업의 생산·공급 과정이 경쟁화되어 모든 소비자들의 수요가 최선으로 충족될 수 있도록 하는 것이다. 이를 달성하려면 재화와 용역이 가능한 한 높은 품질을 유지하면서 가장 낮은 비용으로 생산되어 가장 낮은 가격으로 판매될 수 있도록 모든 산업이 조직되어 있어야 한다. 그러나 현실은 그렇지 않다. 현실과 이론의 괴리가 발생하는 이유는 무엇인가? 이러한 문제를 어떻게 해결해 나갈 것인가? 특히 재벌기업에 의한 경제력 지배현상이 두드러진 우리나라에서 산업조직 문제의 해결은 국민경제 전체의 성공적 운영과 직결된다고 해도 과언이 아니다.

산업조직론은 유일하게 경제학 분야에서 기업에 대해 다루고 있다. 이러한 점에서 경제학의 분과학문 중 가장 경영학과 가깝다고 볼 수도 있겠는데, 산업조직론에서는 기업도 개인과 같은 합리적인 주체로 본다. 기업들이 시장에서 다른 기업들과 벌이는 경쟁이 산업조직론이 다루는 주 내용이다. 재미있는 점은 개별기업이 궁극적으로 바라는 결과는 시장의 독점이다. 경제학적으로 '**시장의 독점 = 기업의 최대이윤**'이기 때문이다. 그 다음이 과점(한 종류의 물건을 판매하는 사람이 소수밖에 없을 때 과점이라고 한다. 보통은 4개까지를 과점의 마지노선으로 잡음)이고, 기업의 입장에서 제일 나쁜 것은 완전경쟁이다. 이런 틀 안에서 기업들은 어떻게든 경쟁기업을 시장에서 쫓아내기 위해 애쓰고, 아니면 적어도 안정적인 카르텔(기업담합의 형태로 같은 산업에 존재하는 기업들 간의 자유경쟁을 배제하여 독과점적인 수익을 올리기 위해 시행하는 부당한 공동행위를 의미함)을 이루려고 한다. 그리고 이 기업들 사이에서 등이 터지기도 하고 혹은 단기적인 이윤을 획득하는 것이 소비자이다.

아주 기본적인 맑스주의 경제학적인 시각을 조금 덧붙여보자면 맑스의 말대로 자본주의는 시간이 흐를수록 점점 독점체제가 되어간다. 위에서도 밝혔듯이 이건 기업의 이윤극대화와 관련이 있다. 이건 틀린 개념이긴 하겠지만 '소비자 = 프롤레타리아(비자본가)'라고 본다면 모든 시장이 독점체제에 들어가게 되면 소비자의 잉여는 기업들에 의해 착취당하게 된다(물론 경제학에서의 착취와 맑스가 말한 착취는 개념의 차이가 있다). 생산요소 시장(구체적으로 노동시장)에까지 기업에 의한 독점이 이루어진다면 개인이 당하는 착취의 폭은 상상하기 어려울 정도로 클 것이다.

> 맑스주의: (독일어: Marxismus, 문화어: 맑스주의) 또는 마르크시즘(영어: Marxism) 혹은 엥겔스식 표현으로 과학적 사회주의는 사회 계급의 관계와 사회적 충돌에 초점을 둔 사회적 분석의 방법이자 세계관인데, 역사전개를 유물사관론적으로 해석하며, 사회 변동을 변증법적 견해로 해석한다. 마르크스주의 방법론은 경제 및 사회정치적 탐구를 하고 이를 자본주의 전개에 대한 분석 및 비평과 체제상의 경제 변화내의 계급투쟁의 역할에 적용한다. 자본주의 내의 계급 충돌은 프롤레타리아들이 행한 매우 생산적으로 기계화되고 사회화된 생산과 적은 소수의 부르조아(자본가)의 잉여 가치인 잉여 생산물의 사적 소유와 유용으로 격심해지는 모순 때문에 일어난다. 프롤레타리아에게 모순이 명백해지면서 두 적대적인 계급 사이의 사회적 불만이 격심해지며, 사회 혁명으로 정점에 이르게 된다. 결국 이 개혁의 장기적 결과는 사회주의의 확립, 즉 생산수단의 협동 소유에 바탕을 둔 사회경제적 시스템, 기여에 기초한 분배 및 사용을 위해 직접적으로 조직된 생산이 되겠다. 칼 마르크스는 생산력과 기술이 계속해서 진보함에 따라 사회주의가 결국 사회 발달이라는 공산주의 단계에 무너지리라 가정했다. 공산주의는 계급, 국가가 사라지고 "능력에 따른 개인에서 필요에 따른 개인으로(From each according to his ability, to each according to his needs)"의 원칙과 공동소유 위에 세워진 인간 사회가 될 것이라는 이상을 갖고 있다.

그래서 세 번째로 흥미로운 것이 독과점 금지법이다. 독과점 금지법의 기본적인 근거는 완전경쟁이 시장의 효율을 극대화한다는 경제학의 황금률에서부터 온다. 그렇기 때문에 시장이 독점, 혹은 과도한 과점체제가 될 경우 정부가 직접 나서서 인위적인 조정을 해줄 필요가 있다는 것이다. 자본주의와 경제학이 엇갈리는 지점이다. 어쩌면 독과점금지법은 미쳐 돌아가는 자본주의를 지금껏 지탱해준 브레이크 같은 것일지도 모른다는 생각이 든다.

그리고 이 같은 독과점금지법은 국제경제에서도 발동한다. 조만간 미국 반도체 제조사 퀄컴이 중국에 60억 8,800만위안(약 1조 626억원) 상당의 벌금을 낼 것으로 보인다. 2017년 퀄컴은 중국 국가발전개혁위원회(NDRC)와 독점금지법 위반에 따른 벌금을 이같이 합의했다고 발표했다. 이는 중국이 독점금지법에 따라 기업에 부과한 벌금 중 역대 최고액이다. 중국국가발전개혁위원회는 한국의 공정거래위원회와 비슷한 기관이다. 중국국가발전개혁위원회는 퀄컴이 시장 지배적 지위를 이용해 중국 시장에서 부당하게 높은 특허비용을 매기고 있다며 2013년 11월부터 퀄컴을 독점금지법 위반 혐의로 조사해 왔다.

하지만, 실제로 독과점금지법이 존재한다 하더라도 퀄컴의 사례와 같이 발동하는 것은 퀄컴처럼 시장의 지배력이 아주 높은 경우에만 발동하는 경우가 대다수이다. 우리 주변을 둘러보자. 차량에 연료를 채우기 위해 우리가 주위에서 선택할 수 있는 정유사는 몇 군데나 될까? SK에너지, LG칼텍스, 현대오일뱅크 등 국내 대기업 정유사 몇 곳이 운영하는 주유소들이 주위에서 쉽게 찾을 수 있는 주유소이다. 물론 알뜰 주유소가 있다고 말씀하는 분들도 계실 것이다. 그러나 알뜰 주유소가 과연 쉽게 찾을 수 있는 주유소일까? 우리가 최근 자주 찾는 편의점의 경우도 생각해 보자. 마찬가지로 대기업이나 중견기업들이 운영하는 CU, GS25, 세븐일레븐 등이 쉽게 찾을 수 있는 편의점일 것이다. 물론 다른 브랜드의 편의점도 있다. 하지만 다시 묻자면, 알뜰 주유소처럼 우리가 쉽게 찾을 수 있는 편의점일까?

이렇듯 사실상 우리 주위의 일상생활을 보면 독과점금지법이 존재한다 하더라도 이렇게 몇 개의 대기업들이 사실상 과점(소수의 생산자가 시장을 장악하고 수요의 대부분을 공급하는 시장형태를)형태로 시장을 지배하는 경우가 많음을 확인할 수 있다. 그렇다면 어떻게 독과점금지법이 작동하지 않는 걸까? 독과점금지법 즉, 우리나라의 경우에는 이를 공정거래법에서 다루고 있는데 우리나라 공정거래법에서 규정하는 시장지배적 사업자는 경쟁시장에서 시장점유율이 일정 기준(1개 기업이 50% 이상, 3개 이하 기업이 75% 이상)을 넘어야만 작동을 하는데, 주유소나 편의점처럼 몇 개의 대기업이 사실상 과점 형태를 유지하면서 이 기준을 아슬아슬하게 지키는 경우가 대부분이다. 국제경제에서 이 같은 독과점금지법이 중요한 것은 이를 적용하는 국가마다 적용기준이 다르기 때문에 국가별로 해당기준을 알아야 하고 이를 위반할 경우 퀄컴의 경우처럼 외국정부로부터 막대한 벌금이 부과될 수 있음을 알아야 한다. 국제적으로 활동하는 글로벌 기업들은 자국의 경제상황 뿐 아니라 세계적인 경제상황과 변수에 대처할 수 있도록 항상 국제경제에 관심을 가져야 한다. 2016년 발생한 독일 자동차 기업들의 디젤연료 조작 사건은 결국 현대자동차에 있어서는 경쟁자의 신뢰도 하락으로 새로운 시장개척이나 시장확대를 위한 기회의 요인이 될 수 있기 때문이다.

(4) 후생경제학

2007년 미국에서 발생한 서브프라임 모기지론 사태로 미국 경제는 악화되었다.

서브프라임 모기지 사태(영어: Subprime Mortgage Crisis): 미국의 초대형 모기지론 대부업체들이 파산하면서 시작된, 미국만이 아닌 국제금융시장에 신용경색을 불러온 연쇄적인 경제위기를 말한다. 사태의 발단은 2000년대 초반부터 시작되었다. 2000년대 초반 IT버블 붕괴, 911테러, 아프간/이라크 전쟁 등으로, 美 경기가 악화되자 이에 미국은 경기부양책으로 초 저금리 정책을 펼쳤다. 이에 따라 주택융자 금리가 인하되었고 그러자 부동산가격이 상승하기 시작했다. 주택담보대출인 서브프라임모기지의 대출금리보다 높은 상승률을 보이는 주택가격 때문에 파산하더라도 주택가격 상승으로 보전되어 금융회사가 손해를 보지 않는 구조여서 거래량은 대폭 증가하였다. 증권화된 서브프라임 모기지론은 높은 수익률이 보장되며 신용등급이 높은 상품으로 알려져 거래량이 폭증했다.
하지만, 2004년 미국이 저금리 정책을 종료하면서 미국 부동산 버블이 꺼지기 시작했으며, 서브프라임모기지론 금리가 올라갔고 저소득층 대출자들은 원리금을 제대로 갚지 못하게 된다. 증권화되어 거래된 서브프라임 모기지론을 구매한 금융기관들은 대출금 회수불능사태에 빠져 손실이 발생했고, 그 과정에 여러 기업들이 부실화 된다. 미 정부는 개입을 공식적으로 부정했고 미국의 대형 금융사, 증권회사의 파산이 이어졌다. 이것이 세계적인 신용경색을 가져왔고 실물경제에 악영향을 주었고, 이는 세계 경제시장에까지 타격을 주어 2008년 이후에 세계금융위기까지 이어지게 되었다.

그러나 이렇게 미국 경기가 악화되어 대규모의 공적자금이 투입되었음에도 불구하고 미국 자본의 상징이었던 월 가의 자본가들은 자신들의 이익을 포기하지 않았고, 심지어 공적자금이 투입된 미국의 대표적 대기업이었던 자동차 3사(GM, Ford, Chrysler)의 CEO들은 워싱턴에서 진행된 청문회에 자가용 비행기를 이용하여 출두하였다. 이런 자본가들과 CEO들의 도덕적 헤이는 미국 경기가 악화되면서 고통을 겪던 미국 시민들의 분노를 일으켰다. 이 분노의 움직임은 '월 가를 점거하라(영어: Occupy Wall Street, OWS)'가 촉발되는 사태의 원인이 되었다. 'Occupy Wall Street'는 2011년 기준으로 미국 뉴욕 주 뉴욕 월 가에서 진행된 시위이다. 뉴욕은 세계 최대 강대국 미국의 경제수도이며, 월 스트리트는 그러한 뉴욕의 경제중심거리이다. 사실상 지구상의 경제수도의 핵심 경제중심가에서 발발한 시위이다. 2011년 10월 15일에 대규모 시위를 미국의 주도적인 활동가들이 주장한 가운데 세계 주요 도시에서 반월가 시위가 전 세계 1,500여 개의 도시에서 일어났다. 우리나라 서울에서도 덕수궁과 여의도 주변에서 반월가 시위가 일어난 가운데 인터넷으로만 이뤄진 반월가 시위는 빈부격차 해소, 비정규직 처우 개선 등으로 국가에 따라 다양하게 발생했다. 이탈리아 로마에서는 폭력적인 시위대가 평화로운 시위대 주변으로 끼어들어 폭력 시위로 격화되면서 최소 70명이 체포된 것으로 보도됐으며 벨기에, 그리스, 스페인 등의 여러 도시에서 금융 권력의 집중과 정치인들의 부패에 대해 각성을 요구했다.

결국 이러한 사태는 성장에만 집중한 경제의 불평등 심화에서 그 원인을 찾을 수 있다. 사실 경제학의 창시자인 애덤 스미스는 원래, 경제 활동의 중심을 '생산력의 발달' 즉, 생산이론을 주축으로 발달시켰다. 하지만 생산이 발전함에 따라 소수 자본가들에게 경제적 이익이 독점되고 노동자들이 착취를 받으면서 '경제가 과연 성장에만 집중해야 하는가'라는 반문이 생기기 시작했다. 이에 데이비드 리카도는 경제 규모가 커짐에 따라, 시장 경제를 전제로 한 상태에서 생산활동의 발달이 만능이 아니라는 것을 설파하기 위해, '분배이론'을 최초로 제시하였다. 또한 자본론을 저작했던 독일의 정치경제학자 칼 마르크스는 데이비드 리카도와 궁극적으로 비슷하지만, 다른 논리로 '잉여가치설' 그리고 그에 따른 '이윤율 저하 경향'을 설파하여, 시장이 만능이 아니라는 점을 주장했다.

위와 같은 자본주의 폐해에 대한 논쟁이 진행된 이후 최초 경제학을 창시했던 고전파 경제학 내부에서 시장이 모든 경제 활동의 절대적인 위치를 점한다는 관점에 대해 벗어나게 되었다. 고전파에 속했던 사상가인 존 스튜어트 밀은 이러한 근거를 들어서, 기존의 애덤 스미스 원류의 경제학을 비판하고, 자본주의 자체를 유지하는 것을 전제로, 정부가 적극적으로 시장에 개입해서 분배 정책을 써야 한다고 자신의 저서 『정치경제학의 원리』에서 주장했다. 이런 밀의 주장은 당시 영국 사회에서 활발히 재생산되어, 영국 노동운동과 노동복지에 큰 도움이 되었다.

이에 따라 경제학자들은 '복지경제학'에 대해 관심을 가지고 시작했으며, 영국의 경제학자 아더 세실 피구(Arthur Cecil Pigou)는 1920년에 그의 저서 『후생경제학(*The Economics of Welfare*)』을 간행함으로 '후생경제학'이란 말이 경제학에서 본격적으로 등장하였다. 그는 "후생경제학은 경제적 건전성과 인류의 복리증진을 증대시키기 위한 경제 관점의 정책을 연구한 것이다"라고 정의했다. 그 외 수많은 후생경제학 분야의 경제학자들은, 시장 경제를 무정부적으로 나둘 때 나타나는 여러 가지 단점, 그리고 시장 경제가 만능이 아니라는 점에 대해서 정립했다. 이들은 새로운 복지 경제의 모델을 제시하고, 기본적인 후생경제 정책 실행의 과정을 이렇게 정의했다. 특정 재화에 대한 국민의 기수적 효용을 조사하고, 해당 효용 규모에 맞는 후생경제 제도를 마련한다. 정기적인 외생적 요인이 발생하는 상황에서 경제적 이윤을 추구하기 위한 여러 가지 척도와 성장의 장기균형이 안정적인가를 조사한다. 공공재는 빈곤한 소비주체에게 지속적으로 추가적 국민분배분을 제공한다.

하지만, 이때는 후생경제학의 영역이 거시경제 부분에서 정체되어 있었고, 미시적인 측면에서 연구가 이뤄지지 않았다. 이런 상태에서 경제학자였던 존 리처드 힉스는 후생경제학의 미시경제적 이론도 정립했다. 그는 "후생경제학이란 낭비되는 자원, 그리고 이로 인한 자원 분배의 비효율성에 따른 궁핍화에 대한 연구"가 후생경제학의 미시경제학적 측면이라고 설명했다. 즉 실제 경제적 분배를 위해서는 한 사회에서 어느 분야의 자원 분배가 제대로 않는지 확인하여 이 부분에 대한 분배가 개선되거나 보완책이 필요하다는 설명이다.

일반적으로 경제적 정의에는 대표적으로 효율성과 공평성이 제시된다.

효율성: 자원 배분의 효율성
공평성: 분배의 공평성

하나의 자원배분상태가 있다고 할 때, 어느 누구에게도 손해가 가지 않으면서 어떤 사람에게는 이득이 되도록 이를 변화시키는 것(파레토 개선)이 불가능하다고 하자. 그렇다면 이와 같은 자원배분상태는 파레토 효율적인 성격을 갖는다. 프랑스의 경제학자 파레토의 이름을 딴 파레토 효율성은 경제학에서 가장 많이 사용되는 효율성 개념이다. 미시경제학의 일반균형론에서 주로 사용되는 개념으로, 간단히 "파레토 개선이 불가능한 상태"를 파레토 효율 혹은 파레토 최적(Pareto optimum)이라고 부른다. 경제가 파레토 최적을 달성하게 되면 자원을 낭비 없이 효과적으로 사용하고 있다고 할 수 있지만, 실제로 파레토 최적이 달성된 상황에서도 공평성의 요구를 충족시키지 못하는 경우가 생길 수 있다. 이럴 경우 후생경제학 측면에서 보상변화점과 정확한 사회적 후생 필요성의 측정 없이, 전 사회적으로 경제 불균형이 진행되면, 일련의 급진적인 정책들로 실행된다. 실제로 인도 케랄라 주의 집권당인 인도 좌파민주전선의 후생경제학 정책을 참고해서 현대적 후생경제학을 시도하였다. 인도 좌파민주전선은 시장만능주의는 이미 환경 문제와 빈부격차 문제를 파생시켰다고 보고 산업 발전의 척도에 맞춰 환경세, 독과점 규제, 재분배정책 등 여러 가지 후생경제적 정책들의 필요성을 천명했다. 하지만 어느 정도가 공정한지, 어느 정도씩 분배가 개선이 되면 모든 사람들이 만족하고 경제적 효율성을 이루고 있는지 그 기준이 명확하지 않은 이러한 정책들은 결국 시장실패를 가져왔다. 2010년 부의 양극화가 심화되면서 부각되고 있는 '국민기본소득제' 또한 마찬가지이다. 우리나라 뿐 아니라 핀란드, 스위스, 브라질 등 전 세계 여러 국가에서 관심을 일으킨 국민기본소득제도 결국 그 재원을 마련하는 것 뿐 아니라 그 기준이 모호하기에 도입에 대한 많은 논란을 불러일으키고 있다.

기본소득(基本所得, 영어: Unconditional Basic Income, Citizen's Income, Basic Income Guarantce, Universal Basic Income, Universal Demogrant)

은 재산이나 소득의 많고 적음, 노동 여부나 노동 의사와 상관없이 개별적으로 모든 사회 구성원에게 균등하게 지급되는 소득이다. 적어도 18세기 말에 미국의 사회 사상가 토머스 페인이 주장했다. 1970년대 유럽에서 논의가 시작되어 2000년대에 들어 급격히 논의가 확산되었다.

2016년 6월 5일 기본소득에 대한 스위스의 국민투표를 실시했으나 부결되었으나 미국 알래스카 주는 1982년부터 기본소득제를 시행하고 있다. 미국 알래스카 주의 사례는 석유에서 나오는 수입으로 이루어진다. 1982년 이 프로그램의 시행 이후 알래스카에 적어도 1년 이상 공식적으로 거주한 모든 사람은 매년 일정한 배당을 받아왔다. 이 배당은 초기에는 매년 1인당 300달러 수준에 머물렀지만 2000년에는 2,000달러 가까이에 달했다. 한편, 2002년 이전 10년간의 통계를 보면, 미국의 부유한 가구 20%의 평균 소득이 26% 증가한 반면, 가난한 가구 20%의 평균 소득은 12% 증가했다. 그러나 알래스카에서는 같은 기간 동안 부유한 가구 20%의 평균 소득이 7% 증가에 그친 반면, 가난한 가구 20%의 평균 소득이 28% 증가했다.

이같이 국민기본소득제와 같은 경제불평등을 해결하기 위해서는 기준의 명확화나 사회적 합의가 전제되어야 한다. 공평한 분배에 대한 사람들의 생각을 정리해 찾아낸 공통분모를 다음과 같이 제시하고 있다. 조금 모호하기는 하지만 참고가 될 수 있을 것 같다.

1) 평등성(Equality): 재산과 소득 등이 사람들 사이에 고르게 나누어져 있는가?
2) 정당한 권리(Rights): 사회 구성원 모두의 정당한 권리가 보장되고 있는가?
3) 공정성(Fairness): 미리 정해진 규칙에 따라 분배가 이루어지고 있는가?
4) 받을 만한 자격(Deserts): 받을 만한 자격이 있는 이들에게 부가 주어지는가?

더 많이 노력한 자가 더 많이 받는 것도 필요한 일일 것이고, 그러면서도 되도록 많은 이들이 '비슷한 수준'의 부를 누리는 것도 필요한 일일 것이다. 적법한 절차에 따라서 부가 분배되어야 할 것이며 모두가 당연히 누려야 하는 정당한 권리를 사회가 보장해야 할 것이고, 더 나아가 권력과 경제력이 함께 움직인다는 점을 감안하면 권력의 배분 또한 심각하게 고민해야 하는 문제일 것이다.

공평성은 효율성과 대립하는 경우도 있지만 반드시 그렇다고 볼 수는 없다. 수정자본주의가 태동한 이유 중 하나는 고른 부의 배분을 통해 총수요의 기반을 마련해 경기를 활성화하고자 한 의도가 있었기 때문이다.

> 수정자본주의(修正資本主義, Modified Capitalism)는 1920년대 미국 대공황으로 인해 자본주의는 더 이상 세이의 법칙과 같은 공급위주의 경제에 대한 확신을 유지할 수 없었으며 시장에 대한 정부의 개입을 적극 고려하게 되었다. 이 결과 케인즈 경제학과 같은 적극적인 정부 주도의 경제가 도입되었으며, 이를 기존의 자본주의와 구별하여 수정자본주의라 한다.
>
> 수정자본주의는 일정정도의 계획 경제를 자본주의에 도입하여 시장을 규제함으로써 투자의 유지와 불경기 국면에서의 시장 회복력을 얻고자 하였다. 또한, 수정자본주의는 복지 정책을 통한 사회 구성원의 기본적 생활 보장을 도모하여 복지국가를 이상적인 국가 형태로 보았다.

우리나라에서는 특히나 성장과 분배가 서로 상충하는 것으로 여기는 정서가 강한데, 경제란 각 부문이 유기적인 관계를 갖기 때문에 '효율성'과 '공평성'이 항상 상충된 결과를 가져오는 것은 아니라는 점을 알아두어야 할 것이다.

(5) 재정학/공공경제학

재정(財政, Public Finance)은 국가나 지방공공단체가 맡은 일을 수행하기 위해 하는 경제 활동이다. 국가는 모두 일정한 정부조직을 가지고 일정한 기능의 수행을 위해서는 경비가 필요한데 이 경비를 충당하기 위해서는 수입을 조달해야 한다. 이러한 경비지출과 수입조달의 과정이 재정이다. 이 재정은 국가의 예산과 직결된다. 예산은 일정기간의 국가경비 및 수입의 예정적 계획이다. 국가활동은 원칙적으로 사경제(私經濟)에서 볼 수 있는 영리추구와 같은 구체적인 목표가 없을 뿐 아니라 그 활동의 성과에 직접 이해관계가 없는 관료에 의하여 운영되기 때문에 국가활동과 이에 수반되는 화폐수지를 합리화하고 집행을 엄정히 하기 위해서는 사전에 체계적인 계획표를 작성할 필요가 있다. 더욱이 현대 민주주의 원칙하에서는 국가의 수지에 대하여 국민의 동의를 얻지 않으면 안 된다. 이러한 의미에서 현대국가의 예산은 국가수지를 합리적으로 정리한다는 국고적 기능뿐 아니라 정부의 모든 정책을 집약적으로 체계화하여 표현한 것으로 의회 내외에서 정치적 토론의 주요한 대상이 된다. 예산안은 행정부에서 편성하여 의회에 제출되며 의회의 최종적인 심의확정을 받아 성립된다.

현대의 경제안정정책은 고용안정 및 가격의 안정이라는 이원적 목표를 추구하게 된다. 자본주의 경제조직에 있어서는 가격 및 임금통제 등 직접적인 수단은 배척되므로 경제안정을 위한 유효한 조치는 주로 재정 및 금융정책에 한정된다. 그런데, 미국에서 1930년대 이후 금융통화정책에 대한 신뢰가 무너지고 특히 케인스에 의하여 경제안정을 위한 재정정책의 이론적 토대가 제시된 이래 안정정책에 있어서의 재정정책의 그 유효성이 확인되었다.

재정정책은 정부가 국가 경제를 원하는 방향으로 이끌기 위해 재정수지를 변동시키는 정책을 말한다. 보통 통화 정책과 함께 정부의 경제 정책의 쌍두마차를 형성하고 있다. 물론 통화 정책은 대부분 중앙은행이 관장하는 경우가 많으므로 엄연히 따지자면 정부가 임의로 시행할 수 있는 경제정책은 오로지 이 재정 정책뿐이라고 말할 수도 있다. 용도는 통화 정책과 비슷하며 경기 확장 국면에서는 재정의 흑자를 유도하여 세율을 높이고 정부 지출을 낮추어 경기의 과열을 억제하며 경기 축소 국면에서는 재정의 적자를 유도하여 세율을 낮추고 정부 지출을 늘려 경기의 활성화를 노리는 식이다. 정부의 지출은 국민소득이나 GDP(둘은 같은 것이나 마찬가지지만)를 계산할 때에 반드시 들어가는 항목으로 정부의 지출이 얼마나 되느냐에 따라 그 해 경제의 GDP가 변경될 정도로 정부의 재정 정책은 그 영향력이 크다. 그러나 재정 정책보다 통화 정책 쪽이 정책 시행이 더 빠르고 의회의 눈치를 볼 필요가 없기 때문에 통화 정책을 더 애용하는 국가들도 많다.

재정정책의 큰 특징 중 하나는 정부가 필요하다고 생각되는 부문에 핀포인트(중요 포인트를 정해서)로 지원이 가능하다는 점일 것이다. 물론 의회, 우리 나라의 경우 국회의 예산 심사를 거쳐야 하는 경우가 다반사지만, 특정 기술의 지원이나 부진한 시장을 부양하고 싶다면 해당 부문에 배정된 예산의 크기를 늘려서 집행하면 그만이다. 통화 정책의 경우 반대의 특징을 지니는데, 물론 정부가 직접적으로 개입하기는 어렵지만 국회의 눈치를 볼 필요 없이 필요하다고 생각되는 시점에 그대로 정책을 집행할 수 있지만 생산물 시장에 직접적으로 개입하는 것은 사실상 불가능하다. 재정정책의 경우 필요한 부문에 정확한 집행이 가능한 대신 의회의 심사를 거치기 때문에 집행까지는 꽤 시간이 걸리며, 예산이 집행될 때는 너무 늦었거나 시점이 미묘하게 어긋나는 문제가 발생하기도 한다. 일반적으로 재정 정책은 정부가 필요하다고 생각하는 요소와 즉각적으로 대응할 수 있는 문제들에 관해 한정된다. 정책의 효과가 즉각적으로 나타나지 않기는 하지만 보통 충분히 예측이 가능하다. 세율을 낮추면 소비와 투자가 증가할 것을 예상할 수 있고 정부 지출이 증가하면 경기의 개선이 예상되는 식이다. 반대의 경우 정부지출의 감소는 경기의 축소를 야기할 것이고 세율의 인상은 소비와 투자를 억제하게 될 것이다. 재정정책은 다음과 같이 세 가지로 시장에 영향을 줄 수 있다.

1) 적자재정: 세입 〈 세출

불황일 경우 경기를 개선하기 위해 일반적으로 시행하는 재정 정책이다. 세수를 줄이고 지출을 늘리기 때문에 정부 예산은 적자가 되며 적자로 부족한 예산은 국채 매각 등으로 확충한다. 존 메이너드 케인스는 적자 재정이야말로 경기 개선에 대한 정부의 유일한 대응 방안으로 보았으며 통화 정책은 유동성 함정 등의 이유로 제대로 효과를 보기 어려울 것으로 생각했다. 정부가 직접 자금을 활용하면서 수요를 견인하기도 하고 정부의 자금이 민간에 풀려 민간의 수요도 견인하는 것을 기대하며 시행한다. 그러나 적자 재정은 필연적으로 정부 부채의 부담을 유발한다. 또한 국채의 발행이 증가함에 따라 국채의 만기 수익률은 증가할 수밖에 없고 그에 따라 시장 전체의 전반적인 이자율의 상승으로 투자는 오히려 줄어들 가능성이 높아진다. 케인스는 투자는 이자율의 영향을 많이 받지 않고 즉흥적으로 이루어지며, 정부 부채는 이후 경기 상승 국면에서 세수의 증가로 탕감할 수 있다고 보았기 때문에 적자 재정의 유효성을 설파한 것이지만 실제로 투자는 이자율의 영향을 강하든 약하든 받게 되어 있고, 재정 정책의 결과로 경기가 확실하게 확장된다는 보장이 없다는 점을 생각하면 맹점이나 위험성이 없는 것도 아니다.

2) 흑자재정: 세입 〉 세출

경기가 호황일 경우 경기의 과열을 막기 위해서 세율을 높이고 지출은 줄이는 재정 정책이다. 기업이라면 필수이나 반면 정부 예산은 흑자가 되며 정부의 지출이 줄고 세금이 증가함에 따라 총수요는 줄어든다. 최근 들어서는 정말 구경하기 힘든 정책이지만 이론상으로는 확실하게 존재하는 정책이다. 소비가 줄어듦에 따라 일반적으로 저축이 증가하겠지만 정부가 흑자를 내는 상황이므로 국채 수익률은 낮기 때문에 일반적으로 이자율도 낮다. 투자가 증가하기에는 좋은 조건이다. 그러나 선불리 흑자 재정을 선택했다가는 경기 축소에 불황까지 올 위험성도 있기 때문에 이 또한 위험성이 아주 없다고는 말하기 힘들다.

3) 균형재정: 세입 = 세출

정부의 수입과 지출이 일치하는 상태. 경기가 그럭저럭 적절한 상태일 때 실행하는 경우가 일반적이지만 역으로 경기가 축소할 때나 확장 국면일 때 쓰이는 경우도 종종 있다. 상기한 재정 정책의 위험을 걱정하는 경우에 많이 쓰인다. 이런 경우에는 보통 통화 정책을 주요 정책 수단으로 삼는 경우가 많다. 아무래도 실행이 즉각적이고 경제 전 부문에 골고루 영향을 주는 쪽은 통화 정책이기 때문이다. 그러나 균형 예산이라고 해서 완벽하게 0이 되는 경우는 거의 없고 일반적으로 GDP 대비 1~2% 정도의 오차는 허용하고 있다. OECD에서도 1~2%정도의 적자 예산은 균형 예산으로 간주하고 있다.

공공경제학(公共経済學,영어: Public Economics)은 정부나 지방자치단체 등의 공공부문이 행하는 경제 활동을 경제학의 측면에서 분석하는 학문이다. 또 공공부문과 민간부문의 사업 분담의 관련해 시장 실패의 문제, 소득 분배의 공평성 문제, 사회적 의사 결정 기구의 문제 등도 다룬다. 공공경제학은 자원 배분의 효율성과 소득 분배의 형평성의 달성을 목적으로 공공경제 부문을 분석하는 학문 분야이다.

시장에 의한 조정은 다음과 같은 2가지의 결점이 있다. 첫번째로 시장에 의한 조정이 최적의 자원 배분을 달성하려면 먼저 다음의 4가지 조건이 필요하다.

1. 비용 체감 산업이 존재하지 않는다.
2. 외부 효과가 존재하지 않는다.
3. 공공재가 존재하지 않는다.
4. 불확실성이 존재하지 않는다.

이러한 조건들이 충족되지 않을 때, 시장은 최적의 자원 배분을 달성할 수 없으므로, 이것을 '시장실패'라고 부른다. 이 때 공공 경제 부문이 시장에 개입해 시장 기능을 보강하거나 또는 시장 기능이 전혀 마비된 경우에는 다른 자원 배분 기구를 마련하고, 최적의 자원 배분을 실현하는 것이 요구된다.

두 번째로 시장에 의한 소득 분배는 반드시 공평성이라는 사회적 윤리 기준을 충족할 수는 없다. 이 경우 공공 경제 부문이 사회 보장 정책 등에 의한 공평한 소득 분배를 달성하기 위해 개입할 필요가 있다.

경제학은 시장을 전제로 하고 그 중에서 재산 등의 생산, 분배, 소비의 문제를 연구하는 것이 많다. 그러나 제2차 세계 대전 이후 환경 문제, 도시 문제, 복지 문제에 관심이 고조되어 비시장적 분야에서 공공 서비스의 제공 및 공공교통, 수도 사업 등의 준 공공재를 제공하는 공공 부문의 경제 활동과 그 자원 배분 문제에 경제 분석의 방법을 확대시키는 것이 필요했다. 이러한 비시장적 분야와 공공재 또는 준 공공재를 대상으로 하는 경제학은 마이크로 분석의 후생 경제학과 연계되어 공공 경제학으로 발전했다. 공공 경제학은 아직 체계화되지는 않았지만, 다음과 같다.

• 비용 편익 분석에 의한 공공시설의 결정

(사례) 영남지역의 김해공항 포화상태로 제2의 공항을 어디에 짓느냐를 두고

이슈가 되었던 부산 가덕도와 경남 밀양의 복수의 후보지를 정해 각각에 대해 총 비용과 편익의 합계를 내고 상호 비교하여 두 후보지 대신 김해공항을 확충하기로 한 사례

• 한계 비용 가격 형성 원리의 적용

(사례) 지방 자치 단체가 운영하는 공익 사업에 관해 수확 체증에서 준공공재의 공급을 실시할 때 바람직한 요금 수준 · 요금 체계의 결정 사항으로 서울시가 강남북을 잇는 남산터널의 체증을 해결하고자 터널 통과차량에 대해 2천원의 요금을 부과한 사례

• 일반 재정에서 보조할 때 기준을 명확히 하는 것

(사례) 시장 실패환경 개선을 위한 과징금 정책이나, 외부성의 경제학을 적용한 것으로 서울시, 인천시, 경기도 등 수도권 지자체와 '노후 경유차 운행 제한 제도(LEZ, Low Emission Zone)'를 합의한 사례

(6) 노동경제학

간혹 '노동'이라는 이름에서 반감을 느끼는 사람이 있으나 노동경제학은 노동의 가치를 경제적으로 이용하고자 하는 분야의 학문이다. 노동경제학(영어: Labour Economics, 勞動經濟學)은 노동 시장의 기능을 경제학 관점에서 연구한 학문이다. 19세기 이전의 경제학자들은 노동에 관련된 문제를 사회 현상에 기인하여 찾으려고 했다. 20세기 초반에 제도파 계열 경제학자들은 유럽과 미국의 노동 시장의 역사와 실증적인 노동 시장의 수요, 공급, 파급 현상을 연구했다. 그 결과 노동 시장에서 나타나는 여러 현상을 실증적으로 학문화하였고, 그것들에 대한 법칙을 수학적, 지표적으로 발달시켰다. 노동과 관련된 여러 문제를 해명하고 노동 복지를 향상할 목적으로 경제학의 일종으로서 등장했다. 이런 이유에서 노동경제학은 학술적으로 그 역사는 짧다. 노동경제학은 미시경제학의 한 분야로 알려졌지만, 실업과 임금 문제는 거시적인 경제 관점에서 보기 때문에 노동경제학은 미시, 거시경제학의 일부로 나누는 것보다는 응용경제학의 한

분야로 보는 것이 옳다. 요즘에는 노동경제학의 기법을 이용한 노동 시장, 노동 문제 분석도 활발하게 이루어지고 있다.

노동경제학은 미시경제학의 분석수준과 분석도구를 가지고 노동시장 참여자들의 행동을 분석하는 경제학의 한 분야이다. 전통적으로 보면 크게 노동시장에서 노동공급의 주체인 가계와 노동수요의 주체인 기업의 의사결정을 수요-공급 모형을 통해 분석하는 분야와, 개인의 노동공급 의사결정을 임금과 노동시간의 측면에서 분석하는 분야로 구분할 수 있다. 현대에는 넓은 의미에서 노동경제학의 주제라고 할 수 있는 교육, 직업훈련, 결혼과 출산, 노사간 임금협상의 계약이론 등도 포함되는 추세이다. 노동경제학은 노동을 공급하는 가계와 노동을 소비하는 기업을 양대 축으로 한다.

노동력의 공급 주체는 가계이다. 노동 공급의 이론에는 더글라스의 법칙이 있는데, 이는 남편의 소득이 낮을수록 아내의 노동 참여율이 높다는 법칙이다. 이 같은 사실 외에도 노동경제학에서는 노동 공급력의 변수를 연구하고, 그것에 밀접한 사회-경제적 현상을 연구한다. 노동력 수요 주체는 기업이다. 미시경제학에 따르면, 기업의 노동력 수요(고용량)는 실질 임금과 한계 생산력이 일치하도록 결정된다. 그리고 실질 임금과 한계 생산력에 맞춰 노동력 수요를 하는 것을 그리고 이를 고용 조정 능력이라고 한다. 노동 공급력과 노동 수요력과는 밀접한 관계가 있다. 노동자는 고용을 통해 임금을 받게 되는데 이를 명목임금이라 한다. 명목임금이 근로의 대가로 정당하게 받는 임금이라면 실질임금은 현재 물가지수와 명목임금의 관계가 결합하여 사회 수준에 실질적으로 보상되는 임금을 말한다.

실질임금 = (명목임금/물가지수) × 100

나한국씨의 명목상 임금이 3백만이고 올해 소비자 물가지수가 150이라면 위 공식으로 실질임금을 계산해 보면 다음과 같다.

나한국씨 실질임금 = (3,000,000/) × 100 = 2,000,000

이 공식으로 나한국씨의 실질임금을 구하면 나한국씨는 3백만의 급여를 받지만, 실제 시장에서 물가수준을 고려하면 실질적인 임금은 3백만원이 아닌 2백만원의 급여를 받기 때문에 명목상 임금과 실질 임금이 차이가 나는 현실을 말해준다.

또한, 노동력의 대가인 임금 결정 방식을 설명하는 가설은 아래와 같이 크게 세 가지이다.

• **한계생산력 가설** : 임금이 최종 고용노동자의 생산액(한계생산력)과 같게 된다는 이론이다. 이 학설은 노동수요측, 즉 경영자측에 선 임금결정이론이다. 자본량이 일정할 때 그것과 결합되는 노동량을 한 단위씩 점차 증가시켜나가면 노동량 1단위를 증가시킬 때마다 증대하는 생산물의 수량증가분, 즉 노동의 한계생산력은 수확체감(노동투입량이 증가할수록 실제 노동생산에 대한 결과는 감소)의 법칙에 따라 점차 감소하므로, 일정노동량의 최종 단위의 한계생산력이 임금수준을 결정하게 된다는 것이다. 이론적 난점은 자본량의 고정 및 노동력 이외의 생산요소의 가격이 일정하다는 조건이다. 그러나 반대로 고임금이 높은 생산성을 가져오는 경우도 있다. 실제로 최근 매력적인 중소기업으로 취업경쟁률 500:1의 경쟁률을 보여 화제가 된 '마이다스 아이티' 기업은 모든 직원이 정규직에 높은 급여를 지급하면서 고임금 정책을 추구하면서도 높은 노동생산성을 보여 회사의 큰 성장을 가져온 사례가 실제로 있다.

• **보상 임금 가설** : 일의 특성(난이도, 매력)에 따라 임금이 조정되어 있다는 가설이다. 이 가설에 따르면, 일의 특성의 차이에 따라 임금 차도 달라지므로 3D 직종 계열은 임금이 높아질 것이다. 실제로 호주의 경우 보상임금가설이 잘 적용되는 국가로 배관공의 임금이 대학교수의 임금보다 높아 일의 난이도에 따라 그 보상이 제대로 이루어지는 국가로 호주가 손꼽힌다.

• **효율 임금 가설** : 근로자의 임금은 근로자의 생산성에 따라 결정된다고 설명하는 전통적인 임금이론에 대해, 효율성 임금 이론은 이를 정반대로 설명하고

있다. 즉, 근로자의 임금이 높으면 생산성이 올라간다고 보는 것이다. 임금이 생산성을 결정하기 때문에 일반적으로 기업은 노동자에게 시장임금보다 높은 임금을 지불하게 되는 동기가 작용하고, 이는 실업이란 시장의 역할만으론 해결이 불가능하다는 것을 암시한다. 효율성 임금 이론이 실제로 적용된 사례로는 2015년 미국의 신용카드 결제 회사 'Gravity Payments'의 사장 댄 프라이스의 경우를 들 수 있다. 당시 이 회사의 직원은 120명, 평균 연봉은 5,350만원, 사장의 연봉은 10억원이었으나, 평균연봉을 7천만원으로 맞추고 그것을 위해 사장도 7천만원만 받겠다는 인터뷰였다. 4월 시행되면서 방만경영을 하면 회사가 망할 거라며 2명의 직원이 사표를 썼고, 댄 프라이스는 주식을 팔고 자기 집을 담보로 대출을 받으며 경영 악화에 직면했다. 하지만 불과 반년 지난 2015년 10월, 매출과 이익이 종전의 2배로 상승했다. 직원 숫자도 10명이 더 늘었다. 프라이스의 '깜짝 선언' 직후 한주 동안 이 회사에는 이력서가 4,500통이나 몰렸다. 그 외에 대기업에서 높은 연봉을 주는 것도 이런 시선에서 해석할 수 있다. 업계 최고 임금을 주지 않으면 업계 최고가 될 수 있는 잠재력을 지닌 지원자들이 다른 기업에 신입사원으로 취직할 것이기 때문에, 그들을 빼앗아 오기 위해 높은 연봉을 주는 것이다. 또 임금도 계속 높은 수준으로 유지함으로써 이직을 방지한다. 꼭 대기업에만 해당되는 얘기는 아니지만 그만큼의 여력이 있는 고용주가 시장임금(원하는 인적자본을 갖춘 노동력을 원하는 만큼 구할 수 있는 수준의 임금이론이다. 결국 최저임금을 주고 공학 박사를 채용할 수는 없을 것이기 때문이다.

(7) 법경제학

법경제학은 "법(또는 그와 유사한 규칙들)을 경제학의 방법론을 통해서 설명하려는 학문"이다. 경제학으로 유명한 시카고 대학교에서 창안되었으며 법을 경제학적인 개념, 효율과 계량적 분석 등을 이용해 접근하는 방식이다. 법경제학은 현실의 판결과 갈등 해결 절차에서 주요한 학문적 도구로서 조력하고 있으며 그 영역이 날로 성장하고 있다. 경제학에서는 기본적으로 효율을 추구하는 바 정의와 다소 충돌하는 면이 있으나, 법경제학에서는 효율과 정의의 상당한 공통점을 발견할 수 있다고 본다. 또한 평등을 달성하기 위해 어떤 비용이 발생하는지에 대해 답을 내리며, 효율적으로 정의를 달성하는 방법이 무엇인지에 대해 연구한다.

'법경제학'은 법에 대한 경제학적 분석이다. 법경제학은 법이 경제에 어떤 영향을 주는지, 그리고 어떤 법이 바람직한지 등을 주로 분석한다. 정부가 법을 통해 경제에 간섭하기 시작하면서부터 경제학은 자연스럽게 법에 대해 관심을 갖게 됐다. 미국에서는 1890년 독점금지법인 셔먼법(Sherman Act)이 제정되면서부터 법경제학이 시작됐다고 할 수 있다. 초기 법경제학자들의 주된 관심은 기업의 각종 관행에 대한 법적 규제가 바람직한 결과를 초래하는지를 분석하는 것이었다. 그 후 이들의 관심은 단지 경제를 규제하는 법률을 넘어서 민법, 형법, 소송법 등 전통적인 법의 영역으로까지 확대됐다.

법경제학은 법에 대한 법조인의 생각을 바꾸는 데 상당한 기여를 하고 있다. 세부적인 법률 분야에는 다양한 법리들이 있다. 법경제학은 이처럼 서로 관련이 없는 것처럼 보이던 법리들이 많은 부분 관련되어 있다는 것을 밝혀냈다. 결국 자본주의 사회에서는 모든 법리의 근저에는 부(富)의 극대화라는 논리가 자리한다. 그래서 대부분의 법리는 경제적 효율성이라는 측면에서 해석할 때 가장 잘 이해될 수 있다는 것이다.

법경제학의 정의실현과 부의 극대화에 긍정적 영향을 주었다. 법을 경제적으로 이해하는 것은 법의 이념을 편협하게 해석한 것으로 여겨질 수도 있다. 법이 갖는 도덕적 측면이 무시될 수 있기 때문이다. 그렇지만 많은 경우 법이 추구하는 정의의 개념과 부의 극대화는 모순되지 않는다. 자원이 희소한 사회에서 자원의 낭비는 정의에 어긋날 수 있기 때문이다. 사실 정의의 실현에도 경제적 자원이 필요하다. 자원을 효율적으로 쓸 수 있다면 정의를 실현할 수 있는 기회도 증가할 것이다.

또한 사회가 경제적 가치를 중히 여기지 않더라도 이를 따져보는 것은 합리적일 수 있다. 사회가 중시하는 가치를 위해 지불해야 하는 비용이 무엇인지를 따져봐야 합리적 선택이 가능하기 때문이다. 사회가 추구하는 가치가 무엇이든 이를 달성하는 데 비용이 가장 적게 드는 방법이 바람직할 것이다. 현재 법경제학은 미국의 법조계에서 무시할 수 없는 흐름으로 자리잡고 있다. 법경제학의 연구 성과가 판례에서 인용되는 경우도 많아졌다. 우리의 법 체계는 영미법과 달리 대륙법 체계이기 때문에 이러한 연구 성과를 우리 사회에 바로 적용하는 것은 문제가 될 수 있다. 하지만 법이 지향하는 보편적 가치는 나라에 따라 다를 수 없을 것이다. 특히 법치주의가 강조되고 있는 요즈음 법에 대한 경제적 분석은 더욱 필요하다고 본다. 또한 트럼프정부출범 이후 한국의 경우 철강, 석유화학 등 한국산 제품을 대상으로 미국에서 반덤핑과세 문제로 무역분쟁이 진행되고 있다. 글로벌 경제에서 법경제학은 향후 중요한 역할을 하게 될 것이다. 이 사례 외에도 법경제학에 대한 이해를 돕기 위해 몇 가지 사례를 살펴보면 이런 사례들이 우리 사회에 시사하는 바가 무엇인지도 생각해 볼 것이다. 이를 통해 법경제학이 법이나 규칙 등을 이해하는 방식을 알 수 있을 것이다.

예를 들어, 교차로에 신호등이 없다면 교통사고가 늘어날까?

그렇지 않다. 경우에 따라서는 오히려 신호등 때문에 교통사고가 일어날 수 있다. 인적이 드문 곳에 설치된 신호등이나 차량 통행이 뜸한 새벽에 작동하는 신호등은 교통사고를 유발하기 쉽기 때문이다. 여러분이 차량 운전자라고 하자. 그리고 차량의 통행이 뜸한 새벽에 신호등이 작동하는 교차로에 접근한다고 하자. 신호등은 녹색 신호로 진행이 가능하다. 이 경우 여러분은 교차로를 바로 지나가겠는가? 이는 다른 사람들이 새벽에 신호등을 잘 지키느냐의 여부에 달려 있다. 대다수 사람들은 불편하더라도 여전히 교통신호를 지킬 것이다. 하지만 교통량이 많은 낮에 비해서는 신호를 지키지 않는 사람이 늘어날 것이다. 신호를 지키지 않더라도 사고가 발생할 가능성이 낮보다는 적기 때문이다. 이처럼 신호를 지키지 않는 사람이 늘 것을 안다면 여러분은 신호등만 믿고 액셀러레이터를 밟진 않을 것이다. 그래서 녹색 신호등이 켜져도 많은 이들은 주변을 주의깊게 살피며 교차로를 지나갈 것이다.

(8) 행동경제학

행동경제학(行動經濟學, Behavioral Economics)은 이성적이며 이상적인 경제적 인간(Homo Economicus)을 전제로 한 경제학이 아닌 실제적인 인간의 행동을 연구하여 어떻게 행동하고 어떤 결과가 발생하는지를 규명하기 위한 경제학으로 최근 부각되고 있다.

애덤 스미스 이래 경제학은 많은 이론적 발달이 있었음에도 실제의 경제에서 현실과의 괴리를 보였다. 이는 사람이 갖는 여러 사회적, 인지적, 감정적 이유와 편향에 의해 일어나는 심리학적 현상에 관련이 있다고 보았다. 특히 실험 심리학의 발달이 행동경제학의 발전에 깊은 관련이 있는데 이상적인 경제인을 전제로한 종래의 경제학 모델이 실제에서 맞지 않는 이유를 다양한 인간의 심리에 관련된 실험 연구를 통해 새로운 모델을 제시하였다. 행동경제학의 가장 큰 공로는 '합리적 행위자인 인간'이라는 명제에 대해 제대로 도전을 했고 그 도전이 일정 성과를 거뒀다는 것이다. 즉, 인간은 제한적으로, 쉽게 말해 '적당히 합리적이라는 것'이다.

실제로 행동경제학의 사례는 우리가 쉽게 찾아볼 수 있다. 쇼핑을 한다고 치자. '합리적인 고객이라면' 각각의 상품을 소비했을 때 얻을 수 있는 효용을 계산해서 상품을 선택할 것이다. 초고성능컴퓨터를 사용할 때 상품수가 10가지인 경우 0.001초, 30가지면 17.9분이면 결정이 끝나지만 40가지면 12.7일, 50가지면 35.7년이 걸려야 계산이 끝난다고 한다. 경제적 인간이라면 블랙커피를 좋아한다면 아침과 저녁이 다르지 않고 열 잔을 마셨으니 녹차를 마셔야겠다는 식은 있을 수 없다. 또 담배나 설탕이 몸에 좋지 않기 때문에 금연이나 다이어트에 실패하는 일 또한 있을 수 없다. 또 경제적 인간에게는 윤리나 도덕, 이타적 행동은 기대할 수 없다.

행동경제학은 원래 경제학 분야의 비주류 경제학에 속했으나, 90년대 이후 주류경제학의 일부로서 거의 편입된 경제학의 세부 분야로 부각되고 있다.

행동경제학은 행동하는 경제란 뜻이 아니고 행동주의 심리학의 방법론을 통해 경제학에 중요한 영향을 미친 이론이다. 행동주의 또는 행태주의는 소위 말하는 과학화라는 목적을 가지고 출발한다. 때문에 입증할 수 없는 주체의 의도 등을 일단 배제하고, 실제로 겉으로 드러나는 행위만을 주요 대상으로 삼는다. 이걸 행동과학이라고 부르고, 1950~1960년대 즈음에 인문사회분야에 있어서 행동과학혁명이라고 할 정도로 폭발적인 반향을 일으켰다. 다만 받아들여진 성향은 조금씩 달라서, 경제학과 같이 개혁적이라는 평가를 받은 곳도 있고, 행정학 같이 이합집산하고 드라마틱한 부분에서는 '현실적합성이 부족하다'라는 이유로 1970~80년대에 이미 한물 간 이론 취급 받기도 했다.

하지만, 최근 부각되고 있는 행동경제학의 가장 큰 공로는 '합리적 행위자인 인간'이라는 명제에 대해 제대로 도전을 했고 그 도전이 일정 성과를 거뒀다는 것이다. 즉, 인간은 제한적으로, 쉽게 말해 '적당히(?) 합리적'이라는 것이 행동경제학의 전제이다. 행동경제학은 허버트 사이먼이 경제학의 기본이 되는 '인간이 합리적인 선택을 한다'라는 가정을 약화시켜 합리적 행동을 보이지 않는 인간을 분석단위로 삼은 데서 출발하였다. 행동경제학에 따르면 인간은 항상 합리적인 것은 아니고 발견법(Heuristic)에 의존하는 경우가 많다고 한다. 따라서 경제활동에서 비합리적인 결과물들, 예컨대 투기나 극단적 공황이 나타나기도 한다고 설명한다.

본격적으로 행동경제학이라는 분야를 개척했다고 알려진 대니얼 카너먼은 행동 경제학을 설명하는데 있어 상당 부분을 심리학적 설명에 의존하고 있고 실제로 심리학과 출신이다. 카너먼은 심리학자이면서 그의 대표 이론인 전망 이론(Prospect Theory)으로 노벨경제학상을 수상하기도 했다.

• **전망이론**: 위험을 수반하는 대안들 간에 의사결정을 어떻게 내리는지를 설명하고자 하는 이론이다. 이 이론은 위험이 수반된 상황에서 제시되는 대안들을 어떻게 사람들이 결정하는지를 설명하고 있다. 실험에 의한 증거에 기반하여 이 이론은 어떻게 잠재적 이득과 손해를 개인이 평가하는지 설명하고 있다.

이 이론은 두 가지 단계의 의사결정을 보여주고 있다. 첫째로 어떤 발견법에 의해 얻어진 경험에 의해 가능한 의사결정의 결과가 순서대로 정리되었다. 특히 사람들은 기본적으로 이득과 손해가 같을 것이라고 생각되는 점을 준거점으로 잡고 이보다 낮은 경우 손해 높은 경우 이득이라고 보고 있다. 다음의 평가 단계에서 사람들은 어떤 결정에 대한 효용이 어떠할 것인가를 평가하게 되는데 이것은 그들의 전망에 따른 확률에 따라 행동한다. 그리고 여기서 높은 효용을 가진 대안을 선택하게 된다.

다음과 같은 문제를 주고 A, B 중 선택을 하고 그 다음 문제에서 C, D중 선택하게 하였다.

문제 1: A:400만원을 받을 확률 0.8 B:혹은 300만원을 다 받기
문제 2: C:400만원을 잃을 확률 0.2 혹은 D: 300만원을 잃을 확률 0.25

실험의 결과는 문제1에서는 B를 택한 사람이 80% 그리고 문제2에서는 C를 택한 사람이 65%였다. 이 결과는 기대효용이론과 맞지 않는데 이것은 사람들이 결정할 때 이득의 경우 위험을 회피하려고 하고 손해가 될 경우 위험을 받아들이려는 경향이 있기 때문이다.

본질적으로 행동경제학에서 관측되는 인간의 행동 양상은 미시이론의 기반이 되는 인간선택의 합리성을 부정하기도 한다. 특히 행동경제학에서 일어나는 인간의 자그마한 비이성적 선택이 주식과 증권 가격에는 충분히 유의미한 변화를 일으키기도 한다. 예를 들어, A라는 회사의 구체적 성장 가능성이 충분히 입증되지 않았더라도 SNS에서 A사의 주식이 급증하고 있다는 소식을 접하게 되면 사람들은 합리적이지 않게 A사의 주식을 매입하는 행동들을 보이게 된다.

행동경제학은 기존의 경제학이 가정하던 목표를 극대화하는 합리적 인간이라는 가정을 공격한다. 현재까지 밝혀진 '합리적 인간' 가정과 반대되는 사례들은 다음과 같다.

• **현상유지 편향**(Status Quo Bias)

사람들은 기존에 내린 자신의 선택에서 벗어나지 않으려는 경향이 강하다. 1988년 새뮤얼슨과 잭하우저의 연구에서 처음으로 단어를 정의했다고 한다. 현상유지 편향의 예를 들자면, 1번 후보와 2번 후보가 있고 내가 기존에 1번 후보를 찍었을 경우 나는 다음에 1번으로 나오는 후보를 뽑을 가능성이 높아진다는 것이다.

• **공정성 선호**(Fairness Preference)

최후통첩게임 등의 상황에서, 합리적인 경기자와 반대로 행동하는 경향이 있다. 최후통첩게임은 두 명의 경기자가 순차적으로 선택하는 게임이다. 첫 번째 경기자는 주어진 몫을 나누고 배분하며, 두 번째 경기자는 그 제안을 수용하거나 수용하지 않을 수 있다. 합리적 인간이 자신의 이득을 극대화하는 선택은, 첫 번째 경기자는 두 번째 경기자에게 최소한의 몫을 제안하고 두 번째 경기자가 그것을 무조건 받아들이는 것이다(말하자면 99를 가지고 1을 제안하더라도 이를 받아들인다는 것이다. 두 번째 경기자는 어쨌든 제안을 거절하면 0을 받을 수밖에 없기 때문이다.) 그러나 실제 실험을 통해 보면 99를 제안하는 경우는 거의 없고 40~50 정도를 제안하는 것으로 나타난다.

• **현재편향**(Hyperbolic Discounting)

2010년대 이후로는 인기를 끌고 있는 개념으로, 경제학자들의 사람들이 예상보다 더 급격하게 미래가치를 과소평가하는 경향이 보인다는 게 골자이다. 예를 들어, 월소득이 200만원인 사람이 100만원 짜리 새로운 노트북 컴퓨터 구매와 월 10만원의 연금저축가입이라는 선택이 있을 때, 연금저축을 선택하는 사람들도 있지만 새로운 노트북 컴퓨터 구매를 선택하는 사람들도 꽤 있다라는 사실이다.

3
chapter

국제경제학은 왜 필요한가?

앞에서도 언급하였듯이 이제 경제학은 경제학 전공자 뿐 아니라 취업과 승진 뿐 아니라 재테크와 세상을 보는 관점을 키우는 데에 필수적이 되어 가고 있다. 경제학의 분야 중 국제경제학(International Economics)은 국가 사이의 경제 활동을 분석 대상으로 하는 경제학이며, 서로 다른 나라의 사람들 사이에서 일어나는 거래와 상호 작용, 교역, 투자, 이민 등의 유형과 결과를 설명한다. 국제무역은 수요와 공급 요소와 경제 통합, 생산요소들의 국제적인 움직임, 관세와 수입 할당제와 같은 정책 변수에 의한 상품과 용역의 흐름을 다룬다. 무엇보다 한국과 같이 무역의존도가 높은 국가에서는 국제무역과 함께 국제경제가 필수적인 관심분야가 되어야 한다.

국제무역과 함께 국제 금융은 국제 금융 시장에서의 자본의 흐름과 환율의 변동에 따른 효과들을 다룬다. 국제 화폐 경제학과 국제 거시경제학은 화폐의 국제적인 흐름과 전체로서 경제에 미치는 영향을 설명한다. 국제관계학의 하위 범주인 국제정치경제학은 국제 분쟁과 국제 협상, 국제 제재 등의 요소와 영향을 다룬다. 다시 말해 소위 말하는 글로벌 시대에 있어 일반인들도 글로벌화에 따라 세계 각국이 서로 어떻게 영향을 받는지를 알아야 할 필요성이 있는 경제학 분야가 국제경제학 분야인 것이다. 이렇게 설명하면 국제경제학이 매우 어려워 보이지만 결국은 국제경제학의 필요성은 이렇게 요약할 수 있다.

국제경제학 : 국가, 국제기구, 기업, 개인의 국경을 초월하여 재화(물건), 화폐(외환), 인력의 교류와 거래를 다루고 서로 어떠한 영향을 주고받는지를 분석하는 경제학의 분야

국제경제학은 크게 무역이론, 국제금융 그리고 세계화의 세 분야로 나누어서 살펴볼 수 있다. 그리고 무역이론은 다시 고전무역이론과 현대무역이론으로 나뉘어진다. 국제 무역의 경제학적 이론은 주로 자본과 노동의 국제적인 유동성이 비교적 제한적이기 때문에 나머지 경제학 이론들과 다르다. 이런 관점으로 봤을 때 멀리 떨어진 지역과 교역하는 것과 원리는 비슷하지만 정도가 다르다. 그러므로 국제 무역 경제학의 방법론은 나머지 경제학(미시경제, 거시경제)의 방법론과는 다르다. 그러나 정부가 종종 국제 무역에 제한을 가하려 한다는 사실이 국제 무역 경제학의 학문적 연구의 방향에 영향을 미쳤고, 무역 이론을 발전시키려는 동기는 종종 무역에 가해진 제한의 영향을 밝혀내기 위함이었다. 관습적으로 "고전"으로 분류된 무역 이론의 분야들은 주로 연역 논리학을 적용하며, 데이비드 리카도의 비교 우위 이론과 실용적 가치에 의존하는 다양한 정리의 발달을 이끌었다. 반면 "현대" 무역 이론은 주로 경험적 분석을 적용한다.

1) 무역이론

• 고전 무역 이론

비교 우위의 법칙은 지역간 차이에서 오는 상대적인 이득의 합리적인 결과로서 국제 무역의 논리적인 해설을 준다. 리카도의 이런 해석으로 인해 신고전학파 경제학자들은 이 법칙을 상대적인 이득의 다양한 가상적 원천을 원인으로 하는 무역의 유형을 모형화하는 데 쓴다. 하지만 이론적인 분석에서 문제를 처리할 수 있도록 하기 위해 상당히 제한적이고 종종 비현실적인 가정들을 쓰기도 한다.

대표적인 모형인 헥셔 올린 모형은 국가들 사이에 기술과 생산성 또는 소비자의 취향이 모두 같고, 완전 경쟁 시장이며 규모의 경제가 없다는 가정에 의존한다. 이러한 가정 아래에서 국가들 사이의 노동과 자본의 상대적인 풍족함의

차이만 나타나는 무역 유형의 모형을 얻는다. 결과적으로 그러한 가정에 따르면 상대적으로 자본이 많은 나라는 자본집약적인 상품을 수출하고 노동집약적인 상품을 수입한다. 이 가정은 레온티에프의 역설 등에 의해 매우 제한적인 예측치로 입증됐다. 레온티에프의 역설에 따르면 미국은 상대적으로 자본이 많았지만 노동집약적인 상품(옥수수, 밀 등의 농산품)을 수출하고 자본집약적인 상품(가전제품)을 수입했다. 그렇지만 헥셔 올린 모형을 유도하기 위해 쓴 이론적인 방법과 가정은 그 뒤에 다른 정리를 만드는 데 쓰였다.

종종 헥셔 올린 모형의 결과로 여겨지는 스톨퍼 새뮤얼슨 정리는 기초적인 예시가 된다. 스톨퍼 새뮤얼슨 정리의 가장 기초적인 형태는 상품의 가격이 오르면 그 산업에서 집중적으로 쓰인 요소들의 가격이 오르고 다른 요소의 가격은 떨어진다는 것이다. 무역이 제품의 부족한 요소의 실질 임금을 낮추고 무역으로부터 보호하는 것이 실질 임금을 올린다고 말한다.

헥셔 올린 모형의 또다른 결과는 무역이 상품의 가격을 같게 만들며 상품의 요소들에 들어간 비용도 같게 만든다는 폴 새뮤얼슨의 생산 요소 가격 균등화 정리이다. 이 이론들은 가끔 선진국과 개발도상국 사이의 무역이 선진국 비숙련공들의 임금을 낮춘다는 근거로 쓰이기도 한다. 2016년 전 세계의 관심을 모았던 미국의 대선에서 트럼프와 힐러리의 대결에서 언론의 예상을 뒤엎고 트럼프가 대선에서 승리하는 데 있어서 폴 새뮤얼슨의 이론이 어느 정도 맞는다는 사실을 입증하였다. 트럼프가 승리하는 데 있어서 소위 미국의 '러스트 벨트'의 백인 노동자들이 압도적으로 트럼프를 지지하였다. 미국의 경우 한국이나 일본으로부터 자동차 수입이 늘면서 자동차 산업의 경쟁력이 약화되면서 핵심 기술자들이 아닌 비숙련 노동자들의 임금이 낮아지고 해고가 늘면서 국제 자유무역에 대한 반감이 늘면서 클린턴 대신 트럼프를 지지하여 트럼프의 승리에 기여하였다.

러스트벨트(Rust Belt, 녹슨 지대)

미국의 동북부 오대호 인근 과거 제조업 공업지대 지역이다. 펜실베이니아, 오하이오, 미시건, 위스콘신, 일리노이, 인디애나, 아이오와, 업스테이트 뉴욕 등이 포함된다.

20세기만 해도 미국은 영국을 제치고 포드식 대량생산으로 대표되는 '산업표준', '대량생산'의 상징과도 같은 제조업 국가였다. 2차대전 때의 말도 못할 생산력은 미국의 국력을 과시하는 좋은 기회가 되기도 했다. 그러나 20세기 말에서 21세기에 이르러 미국이 대외 무역에서 자유 무역 협정으로 저렴한 아시아산 공산품 수입을 대거 개방하면서, IT 붐과 맞물려 제조업이 커다란 타격을 받았다. 자유 무역이 러스트 벨트 사람들을 나락으로 떨어뜨린 것이다. 특히, 저렴하고 품질 좋은 일본산 승용차 러시에 의한 러스트 벨트의 간판 격인 디트로이트(미시건 주)의 몰락은 미국 중공업 몰락의 상징이자 씻기 힘든 충격으로 남아 있다.

• 현대 무역 이론

현대 무역 분석은 헥셔 올린 모형의 제한적인 가정에서 벗어나 기술과 규모의 경제를 포함하는 다양한 요소들의 무역에 미치는 영향들을 연구한다. 무역에 영향을 미치는 다양한 요소들 가운데 특정 요소들과 수치들로부터 정보를 얻기 위해 계량경제학 즉 수치를 많이 사용한다는 것이다. 하지만 경제학 전공자가 아닌 이상 이러한 수치를 전부 알 필요는 없다. 다만 수치들이 어떠한 의미를 주는지만 해석할 수 있을 정도이면 된다.

신기술을 발전시키는 것에서 나오는 일시적인 이익이 기여 요인이라는 주장도 있다. 몇몇 학자들은 일부 국가가 기술 혁신의 흐름을 만들어낼 수 있도록 하는 과학기술적 지도력의 지표가 연구와 개발 비용이나 특허, 숙련된 노동자 등에 있다고 말한다. 다른 계량경제학 연구는 규모의 경제에서 나라의 크기와 수출 점유율이 서로 상관관계가 있다는 것도 연구되었다. 이 연구에서, 국제적으로 거래되는 상품은 크게 세 가지 형태로 나뉘며 각각 상대적인 이익의 유형이 다르다는 것을 주장했다.

석탄, 석유, 밀과 같이 이용 가능한 천연 자원을 추출하거나 통상적인 방법으로 처리해서 생산하는 상품은 개발도상국들이 주로 다른 상품의 종류보다 상대적으로 이익이 나타날 수 있으며 '리카도재'라고 부르기도 한다. 섬유나 철강과 같은 중간급 기술 수준의 상품은 적절한 부존 자원이 있는 나라에서 주로 생산하며 '헥셔 올린재'라고 부르기도 한다. 컴퓨터나 비행기와 같은 높은 기술 수준과 높은 규모의 경제의 상품은 연구개발 자원, 특정 기술의 이용 가능성과 정교한 수준의 큰 시장의 접근성에서 상대적인 이익이 발생하게 된다.

두 나라 사이에서 어떠한 교역이라도 자유롭게 이뤄진다면 모두가 이익을 본다는 강한 추측이 있지만, 이 추측은 모두에게 해가 될 수 있다는 가능성을 배제하지는 않는다. 하지만 폴 새뮤얼슨은 국제 무역에서 이익을 가져가는 측이 손해를 보는 측에게 보상을 할 수 있는 가능성이 언제든지 있다고 주장했다. 더욱이 새뮤얼슨은 그 증거로 더 넓은 소비자의 선택, 생산 활동의 국제적인 특화와 그에 따른 규모의 경제, 기술혁신, SNS 확산으로 인한 이익의 전달 등으로부터 오는 이득을 고려하지도 않았다. OECD 연구는 과거보다 더 나은 자원 할당과 심화된 특화, 커진 연구개발 수익, 기술 파급 등으로 더 큰 이익이 있다고 나타냈다. 연구원들은 무역의 개방성이 1%만큼 늘어나면 1인당 국내 총생산은 0.9%에서 2%까지 늘어난다는 강한 증거를 발견했다. 이러한 연구 결과들과 또 다른 이들은 무역이 상당한 순편익을 가져다주며, 정부가 무역에 개입하는 행위가 보통 손해를 입힌다는 광범위한 합의를 경제학자들 사이에서 이끌어냈다.

• 생산 요소 가격 균등화

새뮤얼슨의 생산 요소 가격 균등화 정리는 만약 두 나라 사이에서 생산성이 같다면, 무역의 효과로 인해 임금이 같아질 것이라고 나타낸다. 이 정리는 선진국과 개발도상국 사이의 무역이 선진국 비숙련공들의 임금을 낮춘다는 근거로 쓰인다. 다만 저임금 개발도상국과 고임금 선진국의 생산성이 같다고 가정하는 것은 무리가 있다고 주장하는 의견도 있다. 한 연구 결과는 국제적인 임금률의 차이가 이에 상응하는 생산성의 차이와 연결돼 있다는 사실을 찾았다. 학자들은 비록 개발도상국에서 임금률에 단기간 압력이 있다고 하더라도 개발도상국에서 고용주 사이에서의 경쟁이 결국 임금을 노동자의 한계생산량과 같게 만들 수 있을 것이라고 논쟁해 왔다. 어떠한 국제적인 임금 격차는 생산성의 차이의 결과일 것이기 때문에 개발도상국과 선진국의 단위 노동 비용의 차이는 없을 것이고, 선진국의 임금을 낮추는 압력은 없을 것이라고 말한다.

• 유치산업

유치산업은 장기적으로 비교우위를 가질 수 있으나 수입 상품과의 경쟁에서 살아남을 수 없는 새로운 산업을 뜻한다. 이런 현상은 잠재적인 규모의 경제를 이루거나 잠재적인 학습곡선의 경제를 이루기 위해 시간이 필요할 때 일어날 수 있다. 수입품에 대해 장애물을 부과하는 무역 장벽은 시행하는 나라에게 큰 이익을 주며 수입대체 산업화 정책으로 알려져 있다. 무역 장벽은 세관의 감독이나 높은 관세나 관세 할당제를 통해 수입품의 양을 제어하는 관세 장벽과 수출입 금지나 제한, 대외무역구제, 출입국 검사검역 제도 등으로 감독하는 비관세 장벽으로 나눌 수 있다. 무역이 시작된 뒤 관세 장벽은 점차 낮아졌으나 비관세 장벽은 더 높아졌으며, 후진국보다 오히려 선진국이 비관세 장벽을 세우고 있다.

2) 국제금융

국제 금융은 국제 무역 경제학의 원리와 다르지 않지만, 강조하는 부분이 크게 다르다. 국제경제에서 금은 국제경제 분야에서 가장 큰 불확실성과 위험성을 갖고 있는 경향이 있다. 금융자산 시장은 종종 결정이 바뀌거나 효과를 빠르게 내므로 상품과 용역 시장보다 변화가 심하다. 자유로운 거래가 모두를 이롭게 한다는 가정이 있지만 모두에게 해로울 수 있다는 위험이 더 크다.

• 환율과 자본 유동성

국제 금융 조직의 큰 변화는 20세기 말에 나타났으며, 경제학자들은 그 영향을 두고 논쟁을 하고 있다. 제2차 세계 대전이 끝난 뒤 브레튼 우즈 체제에 서명한 나라들은 각자의 화폐를 미국 달러와 고정 환율로 유지하는 것과 미국 정부는 금을 1온스당 35달러의 고정된 비율로 구입하는 것에 동의했다. 서명한 대부분의 나라들은 이 협의를 지지하기 위해 외화 사용과 국제 금융 자산 거래를 엄격하게 제어했다. 금본위제에서는 금의 유출입을 통한 자동 조절 기능에 의해 국제수지의 균형과 환율의 안정을 취할 수 있었다.

브레튼 우즈 체제(Bretton Woods system, BWS)는 국제적인 통화제도 협정에 따라 구축된 국제 통화 체제로 2차 세계대전 종전 직전인 1944년 미국 뉴햄프셔 주 브레튼 우즈에서 열린 44개국이 참가한 연합국 통화 금융 회의에서 탄생되었다. 이 협정을 브레튼 우즈 협정이라 부른다. 협정에 따라 국제통화기금(IMF)과 국제부흥개발은행(IBRD)이 설립되었다. 통화 가치 안정, 무역 진흥, 개발도상국 지원을 목적으로 하며 환율을 안정시키는 것이 주요한 목표였다. 이 체제가 지속되는 동안 제1세계 국가(서방선진국)들은 자유무역을 기반으로 기록적인 고도성장을 이루었다. 무엇보다 브레튼 우즈 체제는 유럽 국가들에 비해 후발 산업혁명국가였던 신흥 강대국 미국의 화폐가 세계의 기축통화가 되면서 다른 국가들이 신흥 강대국인 미국 경제에 대한 100%신뢰를 보내기가 어려웠기에 금으로 달러 가치를 선정하고 교환해 주어야 하는 과도기적 시스템이었다.

제2차 세계 대전 후 피폐된 서구 각국에 대해 압도적인 금보유를 배경으로 한 미국 달러는 절대적 우위를 차지했고 국제경제상 커다란 지위를 차지하는 한편 IMF 체제 아래서도 달러는 금의 대리(代理)라는 탁월한 지위를 인정받아 왔다. 또한 미국 달러는 전후 유럽, 일본 등의 부흥, 나아가서는 대한민국에 대한 원조 등 자유세계의 번영기금으로 천문학적인 금액이 투하되었다. 그러나 1950년대 말부터 서구의 눈부신 경제성장에 비해 미국경제는 정체하고 국제수지도 만성적이고 대폭적인 적자를 누적시켜 금 준비와 대외 단기달러채무 잔고의 비율이 악화되기 시작했다. 이렇게 비롯된 달러의 지위 동요는 1960년 가을에 표면화되어 그 후 이런 경향은 만성화되고 심각화되어 금융 위기인 달러 위기로 이어졌다. 베트남 전쟁 등으로 인한 미국의 국제수지 적자가 발생하고, 전비조달을 위한 통화량 증발에 의한 인플레이션으로 인해 달러 가치가 급락하자 일부 국가들이 금태환을 요구하였고, 결국 금태환 정지선언인 1971년의 8·15 닉슨 조치는 이런 달러위기의 타개를 꾀하는 것으로 받아들여지나 이 조치에 따라 브레튼 우즈 체제가 붕괴, 국제 통화제도는 혼란에 빠지고 세계무역은 축소화의 경향을 지지게 되며 한편 후진국에는 악영향을 주었다.

국제금융 전문가들은 금본위제도가 유동성문제와 신뢰성 문제라는 양자의 딜레마 속에서 무너질 수밖에 없는 체제였다고 지적한 바 있다. 유동성 문제란 세계 경제의 발전과 함께 달러의 수요는 많아지나, 금의 생산량은 제한적이므로 발생하는 문제이다. 만약 유동성 문제를 해결하기 위해 달러의 공급을 증가시킨다면 달러 가치에 대한 신뢰성이 하락하는 문제가 발생하는 구조적인 딜레마에 봉착한다는 것이다. 금환본위제는 국제수지 자동조절기능의 약화와 통화팽창 가능성이란 약점 때문에 1929년 대공황을 계기로 1931년 붕괴하게 된다. 따라서 이때의 무역정책을 보면 강력한 보호무역조치가 만연하는 경향이 나타났었다. 특히 1930년대의 세계대공황은 국제통화질서를 회복하기 어려운 결정타를 가하였다. 주식시장의 붕괴는 급속히 전 세계로 확대되어 유럽각자의 연쇄적인 파산을 불러일으켰고, 그 후 미국마저 달러화의 평가절하를 단행하여 주요선진국은 일시적인 변동환율을 채택하게 되었다. 여기서 금본위제도는 붕괴되고 말았다.

결국 1971년 미국 정부가 달러의 금본위제를 중단하기로 발표했고, 이어 변동 환율제로 바뀌자 대부분의 나라들은 더 이상 환율에 개입할 수 없었고 외환이나 국제 금융 자산을 제어할 수 없었다. 국제 자본의 이동성이 높아지면서 단기 수익만 쫓아 빠르게 이동하는 자본의 특성 때문에 금융의 불안정성이 높아졌다. 이로 인해 국제 환율은 변동이 상당히 심해졌고 여러 차례의 금융 위기가 일어났다. 연구 결과는 1971년부터 2000년까지 총 26번의 금융 위기와 86번의 외환 위기, 27번의 복합적인 금융 및 외환 위기가 발생하였다. 1997년에 발생했던 한국의 IMF구제 금융도 이 같은 상황하에서 발생하였다. 하지만, 2000년대 이후에는 환율 변동과 국제적인 투기로 인해 20세기 말에 발생했던 금융 및 외환 위기는 더 자주 빈번하게 발생하고 있는 상황이다.

IMF(국제통화기금; International Monetary Fund)

아마도 한국에서 사람들이 UN, OECD 다음으로 가장 많이 알고 있는 국제기구일 것이다. 한마디로 특정 국가에 달러가 부족할 경우 달러를 빌려주는 기구이다. 각 선진국들이 일정량 펀드형태로 출자를 하여 기금을 조성한다. 물론 같은 비용으로 출자를 하는 것이 아니라 국가별 특별인출권(Special Drawing Rights)에 맞춰 쿼터(Quota) 형식으로 출자를 한다. 주로 유동성의 위기로 갑자기 달러화 부족을 겪는 국가나 방만한 재정정책으로 외화를 제대로 관리하지 못하는 국가들이 IMF에 요청을 하게 되는데, 요청을 하게 될 경우 해당 국가의 신용도가 깎이는 것은 물론이고, IMF의 지시에 따라 그 나라 경제 구조 자체를 재편해야 하는 것에 그 무서움이 있다. 물론 명분은 경제적 개혁이지만 그 과정에서 해당 국가의 기업 등이 외국에 싼 값으로 팔려 나가기도 한다.

18세기부터 전 세계의 1/3을 식민지배하면서 국제금융체제를 지배하던 영국 파운드 중심의 금본위제가 1차 세계대전과 전간기 대공황을 거쳐 마감하면서 새로운 국제금융체제와 국제무역체제 대한 논의가 대두됐다. 그래서 2차 세계대전이 진행되던 1944년 7월 22일 미국 뉴햄프셔 주의 브레튼우즈에서 국제연합 금융·재정 회의를 통해 브레튼우즈 체제(Bretton Woods System)가 출범하게 됐다. 이 브레튼우즈 체제를 통해 IMF와 세계은행(IBRD)이 창설됐다. 하지만 국제무역기구(ITO)는 창설하지 못하고 50년 동안 무역과 관세에 관한 일반협정 체제(GATT, 1947)에 의해 유지되다 비로소 1995년 우루과이 라운드가 시행되면서 세계무역기구(WTO)가 출범하게 된다. IMF의 첫 참가국은 29개국이었고 1947년 3월 1일 IMF 협정이 발효되어 업무 개시, 국제연합과 협정을 맺어 전문 기관이 되었다.

• **환율정책과 국제기구**

현재 우리 나라를 비롯한 대부분의 선진국이 변동 환율제를 하고 있지만 많은 개발도상국과 일부 선진국은 미국 달러 혹은 유로와 고정 환율 제도를 유지하고 있다. 중앙은행이 외환 시장에 개입해야 고정 환율 제도를 할 수 있으며, 보통 국민들이 국제 시장에 접근하는 것을 통제하는 것과 함께 이루어진다.

IMF는 위에서 설명한 대로 1944년 금융 문제에 관해 국제적으로 협동하고 환율은 안정시키기 위해 설립되었다. IMF의 주요 활동은 회원국들이 국제수지 문제를 해결하는 데 자금을 지원하는 것이다. 하지만 IMF의 자금 지원은 IMF의 경제학자들이 내놓은 경제 지표의 조건에 따른다. IMF가 추천하는 경제 정책은 미국과 다른 주요 선진국들이 채택한 정책이며 종종 새로운 투자에 관한 모든 제한을 없애는 것을 포함한다. 하지만, 최근 IMF가 생각하는 그러한 정책들의 불필요한 집행을 하는 것과 지원을 받는 나라들에게 자본 이동의 유동성을 높일 수 있다는 위험을 경고하지 않는다는 것을 비판이 제기되고 있다.

3) 세계화

한국 세계화의 시작을 알리는 책이 있었다. 지금은 해체된 대우그룹의 김우중 전 회장님의 저서인 『세계는 넓고 할 일은 많다』가 출판되던 1989년을 기점으로 한국에 '세계화'라는 말이 회자되기 시작하였다. 아마 필자의 경우도 국제경제나 세계를 처음으로 인식하게 했던 책도 바로 이 책으로 기억된다.

세계화는 다양한 뜻이 있으나 경제학적으로는 자본과 노동, 상품의 자유로운 이동의 방향으로의 움직임을 말하며, 세계 경제가 전체적으로 통합되는 방식을 말한다. 정치적으로 쌓은 장벽과 운송, 통신의 비용을 줄이는 것이 세계화의 원동력이다. 세계화는 거시적 경제 정책을 수행하는 데 큰 영향을 준다. 세계화에 대한 대표적 이론인 먼델-플레밍 모형과 그 뒤의 연구들은 자본의 유동성을 분석하는 데 쓰이며, 폴 크루그먼은 아시아 금융 위기를 설명하는 데 쓰기도 했다. 하지만 세계화는 긍정적인 면도 있지만 부정적인 면도 존재한다. 전 세계은행 부총재였던 조지프 스티글리츠는 개발도상국의 보호를 위한 유치산업(유치산업(Infant Industry)은 국가 등의 특정 경제 단위에서 성장 가능성이 있지만 아직은 미성숙한 산업) 주장을 발전시켰으며 IMF가 자금 지원을 하면서 개발도상국에 부과한 조건들을 비판했다. 하버드 대학교 교수 대니 로드릭은 세계화로부터 오는 이익이 불공평하게 나눠졌으며, 이로 인해 소득 불평등이 일어나고, 이민으로 인한 사회적인 부담이 일어난다고 주장했다.

먼델-플레밍 모형

멘델-플레밍 모형은 수요측면의 거시경제이론과 환율과 국제수지라는 개념을 통합할 수 있는가를 살펴보는 이론이다. 기존의 국제거시경제이론은 국제수지와 환율사이의 관계나 통화량과 국제수지사이의 관계만을 단편적으로 설명해줄 뿐이었다. 예를 들어, 달러화의 수요가 늘게 되면 달러화의 가치가 상승하게 되고 달러화의 가치가 상승하면 상대적으로 원화가치가 하락하게 되고, 이로 인해 달러화로 결제해야 하는 외국 제품에 대한 국내 수입은 상대적으로 줄 수 있다는 것이다. 하지만 물가, 인플레이션, 생산, 실업, 통화량, 이자율, 국제수지, 환율과 같은 주요 거시경제변수들을 모두 통합해서 설명하는 이론을 만들어 내지 못하였다. 그런데 이러한 상황에서 로버트 먼델과 마커스 플레밍은 각기 동일한 형태의 거시경제모델을 발표하는데 이것이 바로 먼델-플레밍 모델이다. 이런 새로운 경제이론의 처음 목적은 환율제도(변동환율제 or 고정환율제)에 따라서 국가가 어떤 경제충격에 어떤 영향을 받을 것인지 규명하는 것이었다. 이는 브레튼 우즈 체제의 붕괴와 그 이후 각국의 변동환율제도로의 이행과정에 있어서 재정정책(경기 확장 국면에서는 재정의 흑자를 유도하여 세율을 높이고 정부지출을 낮추어 경기의 과열을 억제하며 경기 축소 국면에서는 재정의 적자를 유도하여 세율을 낮추고 정부 지출을 늘려 경기의 활성화를 추진하는 정책) 및 금융정책(통화량 조절을 위해서 정부나 중앙은행은 국채의 발행이나 일반 은행이 중앙은행(우리의 경우 한국은행)으로부터 대출할 경우에 적용되는 금리(재할인율) 조정, 지급준비율(시중은행 등의 금융기관이 지급준비금으로 불리는 일정량의 현금 또는 그에 준하는 자산을 중앙은행에 예치한 것)을 조정하는 수단을 사용하는 정책)을 어떤 식으로 펼쳐야 하는지에 대한 물음의 답을 구하기 위한 것이었다. 물론 그 답은 쉽지 않다.

폴 크루그먼의 국제경제학

노벨경제학상 수상자인 폴 크루그먼의 국제경제에 대한 공적은 "국제무역과 세계화의 영향은 무엇인지, 전 세계적인 도시화를 이끄는 힘은 무엇인지에 답할 수 있는 새로운 이론을 만들었다"는 것이다. 지금까지 분리돼 있던 국제무역과 경제지리학이라는 연구 분야를 통합한 것이다. 크루그먼은 기본적으로 많은 재화와 서비스는 이른바 '규모의 경제'에서 더 싼값에 생산될 수 있다는 사실로부터 접근했다. 소비자는 다양한 제품을 원한다. 그 결과 특정한 지역시장을 겨냥한 소규모 생산이 세계시장을 겨냥한 대량 생산을 대체하게 된다.

전통적인 무역이론은 '왜 일부 국가는 농업 제품을 수출하는 반면 다른 국가는 공업 제품을 수출하는지'에 초점을 맞춘다. 하지만 크루그먼의 이론은 국제무역이 유사한 제품을 거래하는 국가에 지배된다고 지적한다. 예를 들어, 한국은 자동차를 수출하기도 하지만 수입하기도 한다. 한국은 이때 세계시장에서 한국산 자동차가 우위를 점할 수 있는 분야, 예컨대 중소형차에 집중하는 전략적 선택을 한다. 이는 전통적인 '비교우위론'과는 다른 설명 방식이다.

규모의 경제와 교통비 및 물류비 감소로 인해 점점 많은 인구는 도시에 살게 되고 유사한 경제 활동이 특정 지역에 집중되는 경향이 나타난다. 도시 인구가 늘어나면서 도시의 구매력이 높아지면 더 많은 인구가 도시로 유입된다. 그 결과는 첨단기술이 집중된 도시의 핵심지역과 덜 개발된 지역으로 나뉘게 된다.

이렇게 각국의 지리적인 위치가 경제 발전 및 무역에 어떤 영향을 미치는지를 분석한 국제경제학 분야의 연구성과 뿐만 아니라 미국의 막대한 무역적자와 아시아 국가들의 과잉저축에서 초래된 세계불균형(Global Imbalance)이 결국에는 세계적인 위기를 초래할 것이라는 경고를 했다.

폴 크루그먼은 1994년에 발표한 논문 '아시아 기적의 신화'를 통해서는 아시아 경제 발전이 생산성 향상에 기반한 것이 아니라 '노동인력 투입' 때문이라고 지적해 논란을 빚기도 했다. 1997년 한국을 포함한 아시아 국가들이 외환위기에 빠졌을 때에는 국제통화기금(IMF)이 외자 유치를 위해 고금리 처방을 한 것에 대해서도 "잘못됐다"고 비판해 관심을 끌었다.

국제경제학이 필요한 이유는 무엇보다 '세계화'라는 것이 남의 일이 아니라 실제 우리의 일상생활에 많은 영향을 주고 있다는 사실이다. 당장 내가 취업할 회사나 산업에 영향을 주어 채용인원이 늘어날 수도 있고 줄어들게 할 수도 있다. 뿐만 아니라 제테크에 있어서 많이 활용되고 있는 주식과 채권의 경우도 국내경제 뉴스만 보아서는 제대로 제테크를 할 수 없다. 뿐만 아니라 지금껏 많이 활용되지는 않았지만 국제펀드나 선물, 외환 등과 같은 새로운 재테크에 대한 시도도 국제경제학에 대한 기본적인 상식을 쌓음으로 시도할 수 있다.

한미FTA에 대한 재협상 논란이 계속되는 2017년의 현실은 더 이상 한 나라의 경제는 자국의 문제만이 아니라 국제 환경과 여러 나라가 서로 밀접하게 연결되어 영향을 준다는 사실을 잊어서는 안된다. 국제뉴스가 내 지갑과 통장잔고를 좌우한다는 것은 이미 상식이 되었다. 하지만 여기저기서 빵빵 터지는 세계경제 뉴스들이 서로 어떤 관계가 있고 어떤 과정을 거쳐 나에게 영향을 주는지 알기엔 세계가 너무 크고 복잡하다. 물론 경제학의 세계도 복잡하고 다양하다. 우리는 경제학도가 아니기 때문에 국제경제에 대한 기본적인 상식을 배우고 국제경제 뉴스를 보면서 우리가 반드시 알아야 할 세계경제 이슈는 무엇이며, 그것이 우리 삶에 구체적으로 어떤 영향을 주는지, 그리고 그 흐름을 이해하기 위해서는 무엇부터 알아야 하는지를 쉽고 체계적으로 설명한다. 단순 지식보다 원리를, 사건보다 흐름을 중심으로 설명하고 있어 경제지식에 해박하지 않아도 국제경제에 대한 해박한 사람이 될 수 있다.

생전 들어본 적도 없던 가상화폐인 비트코인과 이더리움에 투자하여 많은 수익을 거두는 사람들을 보면 해박한 국제경제 상식을 가졌거나 최소한 국제경제에 대한 관심을 가진 사람들이 많다.

국제경제에 대해 꼭 알아야 하는 것은 대단한 이론과 사상이 아니다. 바로 국제경제에 대한 흐름이다. 국제경제에 대해 중요한 것은 국제경제의 사건들이 따로따로 일어나는 것이 아니라, 서로 자연스럽게 넘나든다는 점이다. 사실 어느 한 나라에서 발생하는 경제 문제는 다른 나라들과 물고 물리면서 생겨나는 것이고, 그 영향도 전 세계로 일파만파 퍼져 나가는 것이 현실이다. 따라서 필자는 여러 흐름을 타듯이 여러 경제권을 두루 돌아보면서 큰 시각을 기를 것을 강조하고 싶다. 사막을 걸어갈 때 내가 어느 방향으로 어디쯤 와 있는지 아는 사람은 결국 사막을 빠져나갈 수 있지만, 그렇지 않은 사람은 결국 제자리를 뱅뱅 돌다가 쓰러지고 만다. 마찬가지로 국제경제를 볼 때도 중요한 것은 흐름과 방향이다.

4 chapter

국제경제뉴스와 기사를 이해하기 위한 주요 경제이론은?

1. 국제무역이론

1) 비교우위론

비교우위(比較優位)란 국제 무역에서 한 나라의 어떤 재화가 비록 상대국의 것에 비해 절대우위에서 뒤처지더라도 생산의 기회비용을 고려하였을 때 상대적인 우위를 지닐 수 있다는 개념이다. 비교우위는 비록 한 국가의 모든 재화가 상대국보다 절대우위에 있다 하더라도 상호 무역을 통해 이익을 창출할 수 있는 이유를 설명한다. 고전경제학 경제학자인 데이비드 리카도에 의해 개념이 정립되었다. 한 나라가 두 재화 생산에 있어 절대우위 혹은 절대열위라 하더라도 양국이 상대적으로 비교생산비가 낮은 재화생산에 특화하면 이익이 가능하다는 이론이다.

1815년 영국의 로버트 토런은 곡물법에 대한 논문에서 비교우위개념을 최초로 도입하였다. 그는 이 논문에서 잉글랜드가 비록 곡물 생산력이 폴란드에 비해 뒤처지더라도 폴란드로 곡물을 수출하는 것이 유리하다고 주장하였다.

1817년 데이비드 리카도는 토런의 주장을 확대하여 그의 저서 『정치경제학과 과세 개론』에 비교우위론을 수록하였다. 리카도는 잉글랜드와 포르투갈간의 교역을 예로 들었다. 즉, 포르투갈이 포도주와 옷감을 모두 잉글랜드보다 적은 비용으로 생산할 수 있는 반면, 잉글랜드는 포도주 생산에는 막대한 비용이 들고 옷감 생산은 비교적 적은 비용이 든다고 할 때, 절대우위만을 고려하면 잉글랜드는 무역으로 이익을 볼 수 없으나 생산에 관련된 제반 비용을 고려하면 포르투갈은 더 큰 이익이 남는 포도주를 수출하고 잉글랜드는 포도주를 포기하는 대신 옷감을 수출하여 상호 이익을 볼 수 있다. 그는 이와 같이 국가마다 비교우위에 있는 재화와 용역을 특화하여 생산하여야 한다고 주장하였다.

비교우위론은 다음과 같은 가정을 전제로 하고 있다.

- 생산요소는 노동뿐이다.
- 노동의 질은 동일하다. 그러나 국가 간에는 차이가 있다.
- 1단위 생산을 위한 노동량은 일정하다.
- 생산요소의 국제간 이동은 없다.

이 이론을 쉽게 설명해 보도록 하자. 이웃한 두 섬에 각각 한 명씩 사람이 살고 있다고 하자. 두 사람은 생존을 위해 물을 찾고 물고기를 잡으며 거처를 마련하고 관리하여야 한다. 한 사람은 젊고 건강하며 교육을 받아 모든 면에서 다른 사람보다 쉽고 빠르게 일을 할 수 있는 반면, 다른 한 사람은 늙고 허약하여 느리고 힘들게 일을 하여야 하는 상황이다. 두 사람이 생존을 위해 해야 하는 경제 활동을 비교해 보면 어떤 것은 그 차이가 매우 큰 반면 어떤 것은 차이가 적은 것도 있을 것이다.

이 때 두 사람이 따로 떨어져 모든 경제 활동을 독자적으로 하는 것보다는, 서로 잘 할 수 있는 부분을 생산하고 교환하는 것이 둘 모두에게 이득이 된다. 즉 성과 차이가 큰 일은 젊은이가 하고 그 동안에 노인은 그나마 잘할 수 있는 것을 하여 교환하면 둘다 전체 노동 시간을 줄이고 더욱 풍족하게 살 수 있다.

비교우위(比較優位)란 국제 무역에서 한 나라의 어떤 재화가 비록 상대국의 것에 비해 절대우위에서 뒤처지더라도 생산의 기회비용을 고려하였을 때 상대적인 우위를 지닐 수 있다는 개념이다. 비교우위는 비록 한 국가의 모든 재화가 상대국보다 절대우위에 있다 하더라도 상호 무역을 통해 이익을 창출할 수 있는 이유를 설명한다. 이 비교 우위론을 도표를 이용해서 좀더 자세히 살펴보도록 하자. 국가적 사례를 비교하기 위해 같은 규모의 두 나라 북국과 남국이 있다고 하자. 이 두 나라는 모두 음식과 옷을 생산한다.

두 나라가 모든 자원을 음식 생산에 투입할 때 생산량이 다음과 같다고 하자.
북국: 100톤
남국: 200톤

두 나라가 모든 자원을 옷에 투입한다면 생산량이 다음과 같다고 하자.
북국: 100톤
남국: 100톤

이제 사례의 고찰을 간단히 하기 위해 두 생산품의 생산 기회비용은 일정하고 두 나라 모두 완전 고용상태라 가정하고, 한 나라의 모든 생산 요소는 오직 두 산업에만 투입되며 국외로 유출되지 않는 것으로 한다. 또한 상품의 가격은 완전 경쟁에 의해 결정되는 것으로 한다. 위와 같이 가정할 때 남국은 음식 생산에서 북국에 대해 절대우위에 있다. 한편 옷은 동등한 경쟁력을 갖는다. 절대우위만을 고려한다면 북국은 무역을 통해 아무런 이득을 얻을 수 없다. 그러나 기회비용을 고려하면 두 나라의 생산량을 조절함으로써 양국 모두 이익을 얻을 수 있다. 북국은 음식 1톤당 옷 1톤의 기회비용의 발생하며 결국 두 산업의 기회비용은 동등하다. 그러나, 남국의 음식 1톤 당 기회비용은 옷 0.5톤으로 옷 1톤을 생산하기 위해서는 음식 2톤을 생산할 수 있는 자원을 소비하여야 한다. 즉, 북국은 옷에, 남국은 음식 생산에 비교 우위가 있다. 이상의 것을 표로 나타내 본다. 우선 양국이 무역없이 동등한 기회비용으로 두 재화를 생산할 경우는 아래와 같다.

〈무역전 생산 및 소비량〉

	음식	옷
북국	50	50
남국	100	50
합계	150	100

이제 상호 비교 우위에 있는 상품만을 생산하여 교역한다고 하면 다음의 표와 같다.

〈무역 후 생산량〉

	음식	옷
북국	0	100
남국	200	0
합계	200	100

위와 같이 하면 양국이 무역 없이 독자적으로 생산할 때보다 음식의 총 생산량이 늘어난다. 이제 북국이 50톤의 옷을 남국에 수출하고 남국이 75톤의 음식을 북국에 수출하면 소비량은 다음과 같다.

〈무역 후 소비량〉

	음식	옷
북국	75	50
남국	125	50
합계	200	100

이와 무역을 하게 되면 양국 모두 독자적으로 생산할 때보다 많은 양의 재화를 소비할 수 있게 되어 이익을 얻는다. 위 예에서 무역을 통해 양국은 음식에서 25톤의 이익을 얻었다. 그러나, 모든 이론이 그렇듯이 비교우위론은 다음과 같은 한계를 가지고 있다.

• 생산요소를 노동 한 가지만 가정한다.

- 교역조건이 결정되는 점을 설명하지 못한다.
- 각국은 한 재화 생산에 완전특화 한다고 가정한다.
- 양국에서의 생산성 차이에 의해 비교우위가 발생되나 생산성 차이가 발생되는 원인을 설명하지 못한다.

또한, 한국의 저명한 경제학자인 장하준은 그의 저서 『사다리 걷어차기』에서 선진국과 후진국 및 개발도상국 간의 무역에서 비교우위론은 선진국의 발달된 산업의 이익만을 지지하고 있다고 비판하였다. 그는 이 책에서 고전경제학자들의 비교우위론에 입각한 자유 무역이 실은 압도적인 기술 우위에 입각한 선진국의 이익을 보호하기 위한 것이며, 영국, 미국을 비롯한 선진국 역시 그들의 유치산업이 경쟁력을 확보할 때까지 보호 무역 제도를 유지하여 발전하였다고 지적하였다. 비교우위론에 따르면 농업에 비교 우위가 있는 국가는 굳이 자국의 공업 발전을 도모하기보다 공업 선진국의 제품을 수입하는 것이 유리하다고 할 것이나, 현실의 역사에서 이와 같은 산업 분업은 후진국의 경제를 고착시키는 타성으로 작용하였으며, 대한민국, 일본, 중화민국 등 아시아권 국가 뿐만 아니라, 독일, 스웨덴, 벨기에와 같은 유럽권 국가 등 경제 발전에 성공한 거의 모든 국가들의 성공요인은 비교 우위에 입각한 자유 무역이 아니라 유치산업의 보호 육성이었다. 사실 이러한 비교우위론은 조선시대 실학자인 유수원이 주장한 바 있다. 조선 영조시대인 18세기 초 실학자 유수원은 그의 저서 『우서』에서 비교우위론을 주장하였다. 아마도 유수원의 주장이 실행되었다면 조선은 세계화의 선봉에 섰을 것이다.

2) 헥셔 · 오린 정리

데이비드 리카도의 비교우위론만 가지고 국제무역을 설명하기에는 현실은 복잡하다. 리카도는 '노동'이라는 생산요소로만 무역을 설명했다. 하지만 상품을 생산하기 위해서는 노동 이외의 또 다른 생산요소가 필요하다. 바로 '자본'이다. 여기서 자본을 철광석 · 석유 같은 천연자원으로 생각해도 좋고, 기계 등의 설비장치로 생각해도 좋다. 노동 뿐 아니라 자본을 고려한다면 데이비드 리카도의 비교우위론은 약간의 수정이 필요하지 않을까? 직관적으로 생각하면 쉽다. 중동 산유국들은 석유를 수출하고 호주는 철광석을 수출한다. 최첨단 기술력을 가진 독일은 첨단 의료기기 등을 수출한다. 인구가 많은 국가들은 많은 노동력이 요구되는 섬유·신발 등을 수출한다. 즉, 자본풍부국은 자본집약적 산업을 수출하고, 노동풍부국은 노동집약적 산업을 수출하고 있다. '노동'만을 유일한 생산요소로 바라보는 데이비드 리카도의 비교우위론은 이러한 현실을 설명하기 어렵다.

경제학자 헥셔와 올린이 고안해 낸 단순한 국제무역이 가능한 경제모형으로, 데이비드 리카도가 주장한 비교우위의 발생원인을 규명하기 위해 사용되었다. 이 모형을 통해 헥셔-오린 정리, 요소가격 균등화 정리, 스톨퍼 새뮤얼슨 정리, 립친스키정리 등의 분석결과 등이 도출되었으며, 레온티에프는 이모형을 실제 미국의 무역 통계분석에 적용한 결과 헥셔-오린정리와는 상반되는 결과가 나오는 레온티에프의 역설이라는 실증결과 등이 발표되었다. 각 국은 자국에 상대적으로 풍부한 부존요소를 집약적으로 사용하는 재화생산에 비교우위가 있다는 이론이다. 비교우위론과 마찬가지로 헥셔-오린 정리는 국제무역에 관한 복잡함을 줄이고 단순화하기 위해 다음과 같은 가정을 기반으로 한다.

- 생산요소는 노동과 자본 두 가지다.
- 두 나라의 생산함수는 동일하다.(이는 생산기술 동일 ⇒ 생산성 동일을 의미)
- 두 나라 수요상태도 역시 동일하다.(두 나라 선호도 동일)
- 두 나라의 부존자원 비율이 상이하다.(이로 인하여 요소공급량 차이 발생
- 요소가격 차이 발생 ⇒ 재화가격 차이 발생 ⇒ 무역의 발생이 나타난다.)
- 기타 다른 가정은 생략한다.

헥셔-오린 정리는 리카도의 비교우위론에 '자본'이라는 생산요소를 추가하여 국제무역 현상을 설명한다. 그리고 리카도는 (이전 글에서 예시로 든 음식·옷과 같이) 임의의 두 산업이 존재한다고 가정했으나, 헥셔와 오린은 한 국가안에 '노동집약적 산업'과 '자본집약적 산업'이 존재한다고 가정한다.

이런 상황에서 각 국가들이 무역을 하는 이유는 '서로 다른 자원(resource)을 보유했기 때문'이다. 어떤 국가는 자본에 비해 노동이 풍부하고, 또 다른 국가는 노동에 비해 자본이 풍부하다. 노동풍부국은 자본집약적 상품이 부족할테고, 자본풍부국은 노동집약적 상품이 부족하다. 따라서 각 국가들은 무역을 통해 부족한 상품을 수입함으로써 가지지 못한 자원을 보충할 수 있다. 계속 반복해서 말하자면, 리카도는 '각 국가들이 노동생산성(혹은 기술)이 다르다'는 것에 초점을 맞췄으나, 헥셔-오린은 각 국가들의 보유자원이 다르다는 것에 초점을 맞춘다. 헥셔-오린 모형이 알려주는 사실은 간단하다.

> '자본풍부국은 자본집약적 상품을 수출하고, 노동풍부국은 노동집약적 상품을 수출한다'는 것이다. 반대로 말하면, '자본풍부국은 노동집약적 상품을 수입하고, 노동풍부국은 자본집약적 상품을 수입한다.

'자본'이라는 생산요소를 추가한 헥셔-오린 모형은 리카도가 알려주지 못하는 또 다른 정보를 알려준다. 바로 '무역이 소득분배에 끼치는 영향'이다. 리카도는 '노동'만을 생산요소로 보았기 때문에 무역이 소득분배에 어떤 영향을 끼치는지 알려주지 못했다. 소득 '분배'를 논하려면 당연히 노동 이외의 다른 무언가도 있어야 하기 때문이다. 따라서 노동 이외의 자본도 고려하는 헥셔-오린 모형은 소득 '분배'를 논할 수 있다. 무역이 노동에 어떤 영향을 미치느냐, 자본에 어떤 영향을 미치느냐에 따라 소득분배는 달라진다.

이때, '무역이 소득분배에 끼치는 영향'을 알 수 있게끔 기반을 제공해준 경제학자가 1970년 노벨경제학상 수상자 폴 새뮤얼슨(Paul Samuelson)이다. 폴 새뮤얼슨은 '노동집약적 상품가격이 올라(내려)갈수록 노동자의 실질임금이 상승(하락)하고, 자본집약적 상품가격이 올라(내려)갈수록 자본가의 실질소득이 상승(하락)한다.'는 것을 보여주었다.

> 여기서 중요한 점은 전세계에서 무역이 동일하게 이루어진다면 세계상품가격은 동일해진다는 것이다. 이렇게 되면 무역을 하는 국가들 사이에서 각국의 노동자 실질임금은 서로 같아진다. 각국의 자본가 실질소득 또한 서로 같아진다. 이 사실을 지금은 쉽게 이해하지 못할 수 있다.

※ 상품가격 ↔ 생산요소 가격 ↔ 집약도(집중도)의 차이

헥셔-오린 모형에서 생산자는 '노동'과 '자본' 두 생산요소를 사용할 수 있다. 이때 생산자는 노동비용(임금)과 자본비용이 어떻게 변하느냐에 따라, 노동과 자본의 비중을 조절할 수 있다. 만일 노동비용이 비싸다면 노동보다는 자본을 많이 사용하고, 자본비용이 비싸다면 자본보다는 노동을 많이 사용한다. 따라서 생산요소 가격의 변화가 노동·자본 집약도의 변화를 가져온다. 노동비용이 비싸지면 노동집약도가 하락하고, 자본비용이 비싸지면 자본집약도가 하락한다.

노동비용↑ → 노동집약도↓
자본비용↑ → 자본집약도↓

이때, 주의할 점은 노동(자본)비용이 비싸다고 해서 노동(자본)집약적 산업이 사라진다고 생각하면 안 된다. 노동집약적 산업은 자본집약적 산업에 비해 언제나 노동을 더 많이 쓰고, 자본집약적 산업은 노동집약적 산업에 비해 언제나 자본을 많이 쓴다. 노동(자본)비용이 증가하면 두 산업 모두에서 노동(자본)의 비중이 감소하지만, 노동(자본)집약적 산업은 자본(노동)집약적 산업에 비해 언제나 노동(자본)을 더 많이 쓴다. 즉, 노동(자본)비용이 증가하면 노동(자본)집약도가 하락할 뿐이지, 노동(자본)집약적 산업이 사라지는 것은 아니다. 그렇다면 노동비용과 자본비용을 결정하는 것은 무엇일까? 그것은 바로 노동집약적 상품의 가격과 자본집약적 상품의 가격이다. 노동집약적 상품가격·노동비용, 자본집약적 상품가격·자본비용은 일대일 관계에 있다. 쉽게 생각하자. 노동비용이 증가하면 생산비용이 상승했기 때문에 노동집약적 상품가격도 올라간다. 마찬가지로 자본비용이 증가하면 생산비용 상승으로 인해 자본집약적 상품가격도 올라간다. 따라서, '노동비용'을 결정하는 것은 '노동집약적 상품가격'이고, '자본비용'을 결정하는 것은 '자본집약적 상품가격'이라는 사실을 도출할 수 있다(이것은 '무역이 소득분배에 끼치는 영향'을 이해하기 위해서 꼭 알아야 하는 논리이다).

따라서, '상품가격 ↔ 생산요소 가격 ↔ 각 산업의 집약도'는 서로 연결되어 영향을 미친다. 노동집약적 상품가격이 상승(하락)하면 노동비용이 증가(감소)하고 노동집약도는 하락(상승)한다. 자본집약적 상품가격이 상승(하락)하면 자본비용이 상승(감소)하고 자본집약도는 하락(상승)한다. '상품가격'이 변하지 않는다면 '생산요소 비용'은 변하지 않고 '각 산업의 집약도' 또한 변하지 않는다.

그럼 이제 노동풍부국과 자본풍부국의 차이점을 생각해 보자. 예시로 베트남과 일본을 생각해 보자. 우리는 직관적으로 '노동풍부국인 베트남은 노동집약적 산업이 발달하고, 자본풍부국인 일본은 자본집약적 산업이 발달하겠지'라고 생각할 수 있다. 경제학자 립친스키(Tadeusz Rybczynski)는 이러한 직관을 논리적으로 뒷받침해 주는 설명을 제공한다. 노동·자본 자원 보유비율이 동일한 두 국가 베트남과 인도네시아를 떠올려보자. 이때 베트남에서 노동이라는 자원이 증가했다면 베트남이 노동풍부국이 된 것이다. 이때, 주의할 점은 '노동풍부국'과 '자본풍부국'을 결정하는 건, 절대량이 아니라 비율이라는 점이다. 가령 미국의 인구는 한국보다 절대적으로 많다. 그렇지만 노동/자본 비율은 한국이 더 높기 때문에, 한국은 노동풍부국이 되고 미국은 자본풍부국이 된다.

이렇게 증가한 노동 자원은 각 산업에 배분된다. 직관적으로 '증가한 노동 자원이 노동집약적 산업으로 더 많이 가지 않을까?'라고 생각할 수 있다. 맞다. 증가한 노동자원은 노동집약적 산업으로 더 많이 배분된다. 그런데 우리는 앞서 '상품가격'이 변하지 않는다면 '생산요소 비용'은 변하지 않고 '각 산업의 집약도 또한 변하지 않는다.'는 사실을 배웠다. 앞에서 이야기한 베트남의 노동 자원이 증가하였으나 상품가격은 변하지 않은 상태이다. 그렇다면 각 산업의 집약도 또한 변하지 않아야 한다. 노동집약적 산업으로 노동이 더 많이 배분된 가운데 집약도는 이전과 같아야 한다. 노동집약적 산업이 쓰는 자본량은 이전과 같은데 노동량만 증가한다면 노동집약도는 상승하기 때문에 문제가 있다. 따라서, (집약도 유지를 위해) 노동집약적 산업의 노동뿐 아니라 자본 또한 이전에 비해 더 많아진다. 노동력이 증가한만큼 급여를 지급해야 하기 때문에 자연스럽게 자본 또한 증가하는 것이 일반적이기 때문이다.

결과적으로, 최근 베트남에서 노동이라는 자원이 많아졌기 때문에, 노동집약도 산업이 쓰는 노동·자본의 양도 증가했다. 생산요소량 증가에 따라 노동집약도 산업이 만들어내는 노동집약적 상품양도 많아진다.

> 노동풍부국에서 노동집약적 산업이 편향적으로 발전되게 된다. 노동풍부국인 베트남은 일본에 비해 노동집약적 상품을 더 많이 생산할 수 있다. 노동을 자본으로 바꾼다면, 자본풍부국에서 자본집약적 산업이 편향적으로 발전한다는 것과 자본풍부국은 자본집약적 상품을 더 많이 생산한다는 것을 알 수 있다. 이를 '립친스키 정리'(Rybczynski Theorem)이라 한다.
> ※ 풍부한 보유자원의 증가 → 편향적 발전을 초래한다.

노동풍부국은 노동집약적 상품을 더 많이 생산하고, 자본풍부국은 자본집약적 상품을 더 많이 생산하고 있다. 그리고 국내수요에 따라 생산량 균형이 이루어진다. 무역개방 이전, 노동풍부국은 노동집약적 상품의 공급이 많기 때문에 '노동집약적 상품가격이 낮게 형성'된다. 반대로 무역개방 이전, 자본풍부국은 자본집약적 상품의 공급이 많기 때문에 '자본집약적 상품가격이 낮게 형성'된다. 이때 무역이 이루어지면 어떤 일이 발생할까?

무역은 각 나라별로 다른 상품의 가격을 하나로 수렴시키는 역할을 한다. 어려운 말이 아니다. 무역이 없다면 국내수요와 국내공급에 따라 상품가격이 정해지기 때문에, 각 나라들은 서로 다른 상품가격을 가지고 있다. 하지만 무역을 한다는 것은 '각 나라가 똑같은 가격에 상품을 거래·교환한다'는 것을 의미한다.

따라서, 무역 이후 세계 각국의 상품가격은 똑같아진다. 이때 무역 이후 하나로 결정된 국제가격은 무역 이전 두 국가 상품가격의 가중평균이다. 이제 노동풍부국의 노동집약적 상품가격은 상승하고, 자본풍부국의 노동집약적 상품가격은 하락한다. 그리고 자본풍부국의 자본집약적 상품가격은 상승하고, 노동풍부국의 자본집약적 상품가격은 하락한다. 무역이후 상품가격이 하나로 동일해진 결과, 각국에서 초과공급이 만들어진다. 쉽게 생각하자. 본래 노동(자본)풍부국 국민들은 낮은 가격에 노동(자본)집약적 상품을 이용하고 있었다. 그러나 무역개방 이후 새로운 국제가격이 결정되면서, 노동(자본)집약적 상품가격이 상승했다. 가격상승은 수요감소를 불러오고, 노동(자본)풍부국에서 노동(자본)집약적 상품은 초과공급 상태에 놓이게 된다.

만약 무역이 없다면 초과공급 상태에 놓인 상품은 가격이 다시 하락하면서 시장균형을 찾는다. 하지만 무역개방 이후 상품가격은 국내시장이 아니라 '세계시장에서 국제가격으로 결정'되기 때문에, 국내시장에 존재하는 초과공급이 '국제가격'을 변동시킬 수 없다. 즉, 무역개방 이후 노동풍부국은 노동집약적 상품 국내수요보다 더 많은 노동집약적 상품을 생산하고 있다. 그리고 무역개방 이후 자본풍부국은 자본집약적 상품 국내수요보다 더 많은 자본집약적 상품을 생산하고 있다.

따라서, 국내 초과공급을 해결하기 위해, 노동풍부국은 노동집약적 상품을 해외로 수출하고, 자본풍부국은 자본집약적 상품을 해외로 수출한다. 이것이 바로 헥셔-오린 모형의 결론이다.

2. 무역정책이론(관세 및 비관세 장벽)

1) 관세

관세는 관세선을 통과하는 물품에 대해 부과하는 세금으로, 조세법률주의에 의거하여 각 국가별로 관세법에 의해 부과된다. 현대 무역에서는 수출을 장려하기 위해서 각 국가에서 수출물품의 제조 등에 사용하기 위하여 수입하는 물품(수출용 원재료)에 대해서는 대부분 관세가 0%로 책정되어 있다. 외국에서 수입되는 물건들로부터 국내 산업을 보호하는 용도로 많이 쓰여 왔으며, 그 정도가 심해 관세장벽(Tariff-Barrier)이라는 표현까지 나왔을 정도다. 세관에서 걷는다. 일반적이지는 않지만 수출품에 붙이는 관세도 존재한다. 또한 물건을 운송하는 과정에서 특정 국가를 통과한다는 이유만으로 붙이는 세금도 있었으나, 현재는 폐지됐다.

자유무역이라는 이름하에 없어져야 한다는 주장도 있긴 하는데, '관세장벽이 생긴 취지를 생각하면 부유한 국가들만 더 잘 살려고 그런 소리 하는 거냐'는 주장도 나오는 현실이다. 참고로 많은 사람들이 잘 모르는 부분이 있는데, 무역에서 관세가 매겨져 있지 않은 품목들은 물건이 세관을 통과할 때 세금이 없다는 것이 아니라, 통관이 불가능하다는 의미이다. 예를 들면 대한민국에서 생쌀은 2014년까지만 해도 국내 농민 보호를 이유로 관세가 없는 품목이었다. 때문에 해외에서 거래를 위해 생쌀을 대한민국에 들여오는 것은 불가능했다. 좀더 정확히 말하면 정부가 WTO와의 협상에 의해 의무적으로 수입하는 쌀 물량(쌀 MMA 쿼터)이 있다. 이외에 민간에서 생쌀을 수입하는 것이 불가능했던 것. 굳이 수입을 하고자 한다면 농림축산식품부에서 추천을 받는다면 MMA 쿼터에 의한 수입은 가능하며(관세 5%), 2015년부터는 513%의 관세를 부담한다면 누구라도 수입이 가능한 상황이다.

최소시장접근(Minimum Market Access - MMA)

농산물협정상의 시장접근 방식의 하나. 이전까지 세계무역질서를 이끌어 온 관세 및 무역에 관한 협정(GATT)체제 문제점을 개선하려는 우루과이 라운드에서 시작된 농산물협상에서 관세화 품목의 기준년도 수입이 국내소비량의 3% 미만일 경우 우루과이 라운드 이행기간 내에 저율관세의 시장접근 기회를 보장하도록 하였으며, 초기년도 3%에서 최종년도 5%까지 증량토록 합의되어 양허표에 반영됨. 최소시장 접근물량에 대해서는 양허표에 제시된 저율관세가 적용된다.

최근, 구매대행 및 전자상거래 등이 증가하고 있다. 이를 이용하여 물품대금을 결제한 후, EMS 등 국제우편을 이용하여 물품을 수령하는 경우가 대폭 늘고 있다. 이러한 경우 자가사용 물품으로 인정되는 경우 일정 한도 내에서는 관세를 면세하여 준다. 자가사용 목적이 아니라고 판단되는 경우는 무조건 세금이 부과되며, 수입신고를 해야 할 수도 있으니 관세사와 상담해야 한다.

2015년 12월 1일 통관분부터, 소액면세 기준이 물품가격(현지소비세 포함) US$150으로 변경되었다. 보험+배송비는 소액면세 기준금액에서 제외된다. 다만, 물품가격 150달러를 초과하는 경우 기존의 과세표준금액을 그대로 적용하여 세금을 계산한다. 이는 한-미 FTA 발효 이후, 타국 발송 우편물은 1) 물품가격 외에 보험+배송비를 포함하여 면세범위가 산정되며, 2) 원화 15만원 기준은 환율에 따라 면세기준이 바뀌는 문제가 있어 불공정하다는 지적에 따른 것이다. 미국에서 발송되는 물품 중 일부 품목은 한-미 FTA 협정에 따라 목록통관이 진행되며, 이 경우 물품가격 200달러 이하는 면세이다.

대표적인 면세품목으로 책이 있다. 책만 수입하는 경우 모든 세금이 면세된다. 다만 면세품과 과세품이 하나의 우편물로 배송되는 경우, 면세품의 취득가액과 과세품의 취득가액을 합친 가격 전체가 과세표준금액으로 인정되므로, 배송료와 관세를 고려하여 가급적 면세품은 따로 발송하는 게 유리하다. 해외우편물이라도 취득가액이 1,000달러가 넘어가면 정식으로 통관절차를 밟아야 하니 고액의 오덕물품(물론 책 제외)을 우편으로 구매하려면 참고하자.

또한, 해외여행객은 꾸준히 증가하고 있다. 해외여행 후 귀국시, 원칙적으로 해외에서 구매하여 영구히 국내로 반입하는 물품은 모두 과세대상에 포함된다. 하지만 현실적으로 해외에서 구매한 생활 일용품 등을 모두 과세하는 것은 불가능하므로 대체로 고액의 물품만을 선별하여 관세를 물리는 경우가 대부분이다. 시계나 명품백 등이 여기에 해당된다.

해외여행 귀국시 1인당 면세해 주는 범위는 다음과 같다. (달러는 모두 미국달러 기준)

- 주류 1L미만, 400달러 미만 1병(미성년자는 해당 없음)
- 담배 궐련(일반담배) 200개비, 또는 엽궐련 50개비, 또는 기타 담배 250g (미성년자는 해당 없음)
- 향수 60mL까지
- 기타 출국시 세관에 사전 신고한 물품(특히 카메라 등의 병행수입품, 고가품을 들고 나간다면 사전에 공항 세관에서 신고하자)
- 상기 물품을 제외한 물품, 합계 600달러까지(단일물품이 600달러를 초과하는 경우 분할 면세는 되지 않는다)

한국행 귀국 비행기에서 세관신고서류를 나누어준다. 성실신고시 신고금액 그대로 인정(영수증 불필요), 관세 일정금액 감면 및 통관후 사후납부(14일 이

내) 등의 혜택을 주는 반면 불성실신고 적발시 유치 및 가산세가 부가되어 세금이 2배 이상 차이 나기도 한다. 입국심사 후 수하물을 찾았는데 반짝반짝 빛도 나고 소리도 나고 모두의 주목을 받는 자물쇠가 캐리어에 채워져 있다면, X-레이 검사에서 이상한 물품이 발견되어 수검사가 필요하거나, 또는 해외에서 돈을 너무 많이 써서 세관에서 요주의자로 찍혔거나, 아니면 그냥 임의검사에 당첨된 경우이다. 신고장 앞에서도 세관신고서 작성이 가능하니 순순히 자진신고 하도록 하자. 참고로 환전 및 해외ATM출금, 면세점 쇼핑 등의 정보는 모두 국세청과 관세청에서 관리된다.

이러한 관세는 다음과 같은 4가지 기능을 수행하고 있다.

(1) 소비억제

수입물품에 관세를 부과 ▶ 수입물품의 가격이 상승 ▶ 그 물품에 대한 수요감소 및 소비억제

관세의 소비억제 효과는 수요의 가격탄력성에 따라 달라진다. 일반적으로 생필품은 탄력성이 작기 때문에 소비억제가 작은 반면 사치품은 탄력성이 커 소비억제 효과가 크게 나타난다. 따라서 고급사치품에 대해 고율의 관세를 부과하면 소비도 억제되고 재정수입도 증대시킬 수 있다.

(2) 수출의 촉진 및 교역조건의 개선

(3) 수입의 대체 및 국제수지의 개선

(4) 국내산업의 보호

관세는 국내산업을 보호할 뿐 아니라 다음과 같은 경제적 효과를 가지고 있다.

① 국내산업보호

자원의 배분기능 수입상품에 대한 관세부과는 수입상품의 가격인상을 통하여 외국상품의 수입을 억제하고 자국상품의 국내시장에서의 가격경쟁력을 강화시켜 국내생산공급을 증대시키고 국내의 유치산업을 보호, 육성하는 역할을 한다. 또한 수입상품에 대한 관세의 부과로 특정의 산업이 보호되면 그 업종에 대한 투자를 유발시켜 자원을 배분하게 되므로 보호관세에 의하여 보호를 받는 산업은

보호를 받지 않는 산업보다 더 많은 자원을 배분받게 되어 자원배분의 기능을 수행한다. 즉 관세부과로 수입재의 국내생산이 증가하고 수입재에 대한 국내총수요량이 감소하며 교역상대국간의 무역량이 감소한다는 자원배분상의 효과가 발생한다. 그 효과는 수입재에 대한 국내총수요곡선 및 국내공급곡선이 탄력적일수록 크다. 한편 보호의 목적 또한 보호를 받는 산업이 보다 많은 자원을 지배하게 하는 데 있다고 볼 수 있다.

② 재정수입 확보가능

관세는 그 발상이 국가경비를 조달하기 위한 재정수입을 목적으로 하였듯이 조세수입을 증대시키는 기능을 한다. 관세의 이러한 기능은 국민소득이 낮고 내국세의 비중이 적은 후진국일수록 더욱 두드러진다. 따라서 이러한 나라일수록 관세의 설정 및 세율의 결정에 대하여는 재정수입을 확보한다는 것이 일차적 목적으로서 국내산업의 보호효과가 있더라도 그것은 부수적인 의미를 가질 뿐이다. 그러나 산업의 공업화나 산업구조의 고도화라는 측면에서의 관세의 역할은 산업보호가 우선하게 된다.

③ 소득의 재분배 가능

관세의 부과는 소득을 각계각층에 재분배하여 주는 기능을 한다. 즉 관세의 부가로 그만큼 관세의 전가현상이 발생하여 물가가 상승되어 이들 수입품을 소비하는 소비자가 부담하게 되므로 소비자의 실질소득을 감소시킨다. 그러나 이 경우 수입품과 경쟁적인 국내생산품이 있다고 한다면 그 생산성은 물가의 상승으로 소득을 제고시킬 수 있을 것이다. 또한 수입품에 대한 관세의 부과로 그만큼 가격이 오르므로 국내소비는 줄고, 그에 따라서 외국인의 구매력 또한 감소하게 될 것이므로 수출업자는 수입품의 가격을 하락시키지 않으면 안 되므로 수출업자의 소득을 수입품과 경쟁적인 국내생산자에게 재분배하는 기능을 갖는다.

④ 소비억제의 기능

관세의 부과는 수입상품에 대한 가격을 상승시켜 소비를 억제한다. 소비자는 관세부과액만큼 수입상품에 대하여 높은 가격을 지불하여야 하며, 또한 국내시장에서의 국산품의 가격도 수입상품과 동일가격수준까지 인상될 수 있기 때문에 국내에서 생산되는 동종의 상품에 대하여도 높은 가격을 지불하지 않으면 안된다. 이 때 인상된 가격차만큼 소비자의 실질소득을 감소시키므로 소비는 억제된다고 할 수 있다.

⑤ 교역조건개선 및 국제수지개선 기능

관세의 가격효과에 따라 관세부과 후에는 무역상대국의 수출가격이 인하되므로 무역조건이 개선된다고 할 수 있다. 그러나 관세가 부과된다고 하여 관세부과국의 교역조건이 반드시 개선된다고는 할 수 없다. 관세부과국의 교역조건이 어느 정도 개선되느냐 하는 것은 교역상대국의 오퍼곡선(주어진 재화의 가격비율 즉, 교역조건하에서 한 국가가 수출하고자 하는 양과 수입하고자 하는 양)의 탄력성에 달려 있다. 가령 교역상대국의 오퍼곡선의 탄력성이 작을수록 관세부과국의 교역조건은 현저히 개선되지만 반대로 교역상대국의 오퍼곡선이 완전히 탄력적이라면 교역조건은 개선되지 않는다. 즉, 수출공급량이 늘어나더라도 수출가격이 하락하지 않는다면 관세를 부과하더라도 교역조건은 개선되지 않는다는 것이다.

한편 관세를 통한 교역조건의 개선은 곧 국제수지의 개선을 의미한다. 그러나 이러한 교역 조건의 개선은 무역의 축소를 초래하므로 장기적으로 볼 때 국제수지개선을 위한 최선의 관세정책이라고 할 수 없을 것이다. 그러므로 국내유치산업보호와 불필요한 사치품에 대한 소비억제를 위하여 관세를 통한 수입억제는 국제수지를 개선하는 일석이조의 효과를 기대할 수 있는 관세정책이라고 할 수 있다.

관세는 고율의 관세를 수입품에 적용시켜 그 가격을 인상함으로써 같은 종류의 상품 또는 경합상품을 생산하는 국내 산업을 보호하는 조치로서, 수입품에 대해 장벽과 같은 효과를 가진다는 점에서 관세장벽이라 한다. 관세장벽은 제1차 세계대전 후 세계적인 공황이 일어났을 때, 여러 후진국에서 악화되어 가는 국제수지를 극복하고 불경기로 허덕이는 국내산업을 보호·유지하기 위하여 채택되었던 것인데, 이러한 조치는 선진국에서의 관세인상이라는 연쇄반응적인 대응 조치를 낳게 하여 관세전쟁이 되고 말았다. 대표적으로 상계관세, 보복관세, 반덤핑관세가 있다.

가. 상계관세

어떤 국가에서 자기 나라 산업을 보호하기 위해서 기업이나 농가에 보조금을 주고, 각종 특혜를 주어서 수출을 장려한다면 수출하는 나라의 입장에서는 수출이 늘어서 좋겠지만 수입하는 나라의 입장에서 별로 달갑지 않은 일이다. 더욱이 그런 수입품 때문에 자기 나라 산업이 피해를 본다면 무역전쟁으로 확대될 가능성도 있다.

상계관세란 이처럼 보조금을 받은 상품이 수입될 경우 보조금이나 기타 지원액에 해당하는 금액만큼 수입품에 관세를 부과하여 자기나라 산업을 보호하려는 목적으로 부과하는 관세를 의미한다. 2017년, SK 하이닉스에 대한 금융지원에 대하여 미국정부가 SK 하이닉스의 반도체 제품에 대한 상계관세를 부과하려고 하는 것이 대표적인 예이다.

나. 보복관세

다른 나라에서 우리나라의 수출상품에 대하여 부당하게 높은 관세를 부과하거나 또는 우리나라의 선박이나 항공기에 대해서 불리한 대우를 하는 경우, 그런 부당하고 불리한 대우를 한 나라의 수입물건에 대해서 보복적으로 높은 차별관세를 부과하는 제도이다. 실제로 1993년부터 6년간 지속된 유럽과 미국사이의 바나나를 둘러싼 무역분쟁도 결국 보복관세의 결과로서 이처럼 보복관세는 어떠한 나라를 선정하여 불리한 조치에 대해서 보복적으로 관세를 부과하는 것이므로 보복을 당한 나라가 다시 보복함으로써 관세전쟁을 유발시킬 가능성이 높다. 그러므로 이 제도는 어디까지나 상대국의 편파적 조치를 반성하게 하는 정도에서 그치는 것이 바람직하다.

다. 반덤핑관세

덤핑이란 수출을 하면서 국내에서 팔리는 가격보다 싸게 팔거나 원가보다 싸게 판매하는 것을 의미한다. 예를 들어 삼성전자가 우리나라에서는 냉장고를 200만원에 판매하면서 미국에서는 100만원에 판매한다면 이것이 바로 덤핑이다. 덤핑을 하는 이유에는 여러 가지가 있다. 국내에서 남아도는 재고를 처리하기 위해서 하는 경우도 있고, 손해를 보고서라도 시장점유율을 높이기 위해서라든지, 또는 달러가 필요해서 원가보다 낮게 파는 경우도 있다. 반덤핑관세란 외국업체가 덤핑을 해올 경우 국내시장을 보호하기 위해서 일반적인 관세에 추가해서 부과하는 관세를 의미한다. 흔히 덤핑방지관세라고도 한다.

2) 비관세장벽

비관세장벽이란 수입상품에 대하여 비용증가나 수입수량제한 혹은 수출업자에게 보조금이나 특혜금융 등을 실시함으로써 수출을 촉진하고 수입을 억제하는 관세 이외의 모든 무역장벽이라 정의한다. 비관세장벽의 특성은,

첫째, 복잡성으로서 선진국에 있어서 비관세장벽의 적용 및 운영은 일반적으로 매우 복잡하며 다양하다. 어떠한 비관세장벽은 처음부터 법률로서 제정되기도 하지만 또 다른 비관세장벽은 행정기관의 통일적이고 체계적인 조정 없이 사용되기도 한다.

둘째, 불확실성의 경우, 정보부족 및 변칙적인 제도의 운영으로 인해 발생한다. 수출업자들은 수입국의 비관세 장벽실시로 수출에 대한 보장 및 예측을 전혀 할 수 없다.

셋째, 비관세장벽은 완화 및 철폐하는데 어려움이 따르는데 그 이유는 관세완화를 위한 지표의 설정이 곤란하기 때문이다.

비관세장벽은 크게 다음의 6가지 종류가 있다.

(1) 수입할당제(Import Quota)

수입할당제(Import Quota)란 일정기간 동안 특정제품의 수입규모(수량 및 금액)를 일정한도를 정하여 할당하여 주는 조치를 의미하며 일명 수입쿼터제라고도 한다. 다시 말해서 정해진 수입할당량(한도)까지는 자유무역 상태에서 교역이 이루어지고 그 할당량이 완전히 채워지면 그 때부터는 수입이 전면 금지된다. 이 제도는 수입가능 규모 자체를 정부가 통제하기 때문에 수입억제 효과가 직접적이고 매우 강력하다고 할 수 있는데 1931년 프랑스가 최초로 실시한 이래 오늘날까지 보호정책의 주요 수단으로 널리 사용되고 있다.

(2) 수출자율규제(Voluntary Export Restraint: VER)

수출자율규제(Voluntary Export Restraint: VER)란 수입국의 수입증가에 따른 수입국내의 시장교란을 예방하기 위해 수출국이 자발적으로 자국의 특정상품의 수출량을 제한하는 무역제한조치를 의미한다. '수출자율규제'라는 용어상으로 보면 수출국이 자율적으로 채택하는 것처럼 보이나 이는 어디까지나 형식적이고 외교적 표현일 뿐이고 실제로는 타율규제라고 보는 것이 타당하다. 왜냐하면 실제 수출자율규제가 도입되는 과정을 보게 되면 수입국은 수입량을 제한하기 위해 수출국에 대해 설득하거나 보복조치 등 통상압력을 가함으로써 수출국으로 하여금 스스로 수출자율규제를 도입하도록 하는 과정을 거치기 때문이다.

(3) 수입과징금(Import Surtax)

수입과징금(Import Surtax)이란 수입억제, 국내산업보호, 국제수지개선 등을 위해 수입상품의 일부 또는 전부에 대해 부과하는 일종의 조세를 의미한다. 즉 수입과징금제는 일종의 조세적 성격을 갖는 비관세무역장벽을 의미한다. 수입과징금제는 세금이라는 점에서 관세와 성격이 비슷하나 일시적으로 사용되는 수단이며 관세는 개별상품별로 부과되나 수입과징금은 전 상품에 대해 부과될 수 있는 차이점도 있다. 또한 이 제도는 과징금 부과에 따른 가격상승을 통해 수입을 억제하는 제도로서 관세와 마찬가지로 가격메커니즘을 이용하는 제도이다. 즉, 가격이 상승하면 수요가 줄고 공급은 늘어나게 되며 가격을 통해 수요와 공급이 균형을 이루는 가격메커니즘이 작동하는 것이다.

(4) 수입예치금(Advance Deposit for Import)

수입예치금(Advance Deposit for Import)란 수입업자로 하여금 외국상품 수입에 앞서 수입대금의 일부 또는 전액을 자국 금융기관에 예치토록 하는 제도를 말한다. 현금자산을 담보로 하여 수입을 시도한다는 의미에서 수입담보금제 또는 수입적립금제라고도 한다. 이 제도 역시 수입을 억제하여 국제수지 악화를 방어하려는 목적으로 도입되기도 하며 통화를 환수하여 물가를 안정시키기 위한 목적으로 사용된다.

(5) 생산보조금(Production Subsidy)

생산보조금(Production Subsidy)이란 수입상품에 대한 국내산 상품의 경쟁력을 강화하기 위해 수입국 정부가 국내생산자에게 부여하는 금융 및 재정적 기원을 말한다. 이 제도는 국내생산자에게 보조금을 지원함으로써 국내생산자의 국내시장점유율 하락을 방어하고 수입상품의 경쟁력을 약화시켜 수입억제 효과를 강화하려는 목적에서 실시되는 것으로, 보조금 지급을 통하여 수입억제 효과가 간접적으로 나타나는 비관세무역장벽이라 할 수 있다.

(6) 수출보조금(Export Subsidy)

수출보조금(Export Subsidy)이란 일국의 정부가 자국생산 상품의 수출증대와 국제경쟁력 강화를 목적으로 자국 수출기업에게 제공하는 금융 및 재정적 지원을 의미한다. 또한 수출보조금 제도는 단순한 수출장려 목적뿐만 아니라 외국제품의 수입억제와 자국 수출제품의 국내시장으로의 역 유입 현상을 방지할 목적으로 실시되기도 한다. 이와 같이 수출보조금 제도는 수출증대, 수입억제, 국내생산증가 등의 효과를 겨냥하고 실시되기 때문에 아주 강력한 수출장려정책수단으로 많은 국가들이 도입하고 있다.

이러한 비관세장벽은 글로벌 시장에서 어떻게 분류되는가? 비관세장벽은 범위가 넓고 종류가 다양해서 분류작업이 쉽지 않으며, 따라서 학자, 국가, 국제기구마다 분류를 달리하고 있다. 가장 대표적인 분류방식 중 1970년에 발표된 볼드윈의 분류방식은 12개 카테고리로 '지역적 영업관행', '제한적인 이민정책', '선별적 통화통제 및 환율 정책' 등 국가 내부 정책이 많이 포함되어 있다.

UNCTAD는 비관세장벽을 7개로 분류하고 있으며, 이 중 수량통제조치, 금융통제조치 및 가격통제조치가 가장 무역제한적인 조치이며, 각국이 가장 빈번하게 적용한다고 판단하여 이를 핵심비관세장벽(Core Non-Tariff Barriers)으로 규정하고 있다.

유엔 무역 개발 회의(國際聯合貿易開發會議, United Nations Conference on Trade and Development, 약칭 UNCTAD)는 1964년 설립된 유엔의 정

부간 협의체이다. 개발도상국의 경제 개발 촉진과 남북문제의 경제 격차 시정을 위해국 유엔이 마련한 회의에서 설립한 유엔 보조 기관이다. 사무국은 스위스의 제네바에 있으며 4년에 한 번 개최된다.

GATT/WTO는 비관세장벽을 6개로 분류하고 있으며, 이 분류체계는 특정 장벽이 WTO 규정에 합치하는가를 판단하는 분쟁해결의 관점에서 사용되어 왔다.

관세 무역 일반 협정(關稅貿易一般協定, GATT, General Agreement on Tariffs and Trade)은 세계무역기구 체제 이전의 체제이다. 이는 제2차 세계대전 후반인 1944년 미국 뉴햄프셔 주의 브레튼우즈에서 있었던, 브레튼우즈 회의의 결과 창설되었다.

GATT는 국제 협정으로, 조약과 매우 유사하다. 미국법하에서는 집행력이 있는 협정으로 분류된다. GATT는 "무조건 최혜국대우 공여원칙"에 의거하고 있다. 이는 다자간 교역규범의 가장 중요한 원칙인 비차별성을 강조한 것으로, 가장 혜택을 입는 국가에 적용되는 조건이(즉 가장 낮은 수준의 제한) 모든 다른 국가에도 적용되어야 한다는 것을 의미한다.

세계무역기구(世界貿易機構, World Trade Organization)는 회원국들간의 무역 관계를 정의하는 많은 수의 협정을 관리 감독하기 위한 기구이다. 세계무역기구는 1947년 시작된 관세 및 무역에 관한 일반협정(General Agreement on Tariffs and Trade, GATT) 체제를 대체하기 위해 등장했으며, 세계 무역 장벽을 감소시키거나 없애기 위한 목적을 가지고 있다. 이는 국가 간의 무역을 보다 부드럽고, 자유롭게 보장해 준다.

비관세장벽에 대한 주요 분류 기준은 다음 표와 같다.

〈표 4-1〉 비관세장벽 분류 비교

<table>
<tr><th>관세</th><th>볼드윈</th><th>UNCTAD</th><th>WTO</th><th>미국</th><th>EU</th><th>일본</th></tr>
<tr><td>세금차별</td><td>선별적 간접세</td><td></td><td></td><td rowspan="3">수입정책</td><td>관세이외 세금</td><td></td></tr>
<tr><td>수입허가</td><td></td><td>자동허가조치</td><td rowspan="2">수입에 관한 특정제한</td><td>수입감시</td><td></td></tr>
<tr><td>수량규제</td><td>쿼터, 무역</td><td>수량통제</td><td>수입금지</td><td>수량규제</td></tr>
</table>

관세	볼드윈	UNCTAD	WTO	미국	EU	일본
	제한적 국영무역정책				수입허가 수량규제	
통관절차	무역제약적 통관절차		세관 및 행정사의 수입절차		등록, 서류, 통관절차	
무역구제법	반덤핑규제					
가격통제		가격통제정책			최초수입가	
독점행위		독점적 조치		독점방지관행	국영무역기업 수입카르텔	
기술장벽	행정 및 기술규제	기술조치	제품기준	표준, 검사, 라벨링, 인증(환경포함)	표준 및 기술적 요건	표준, 적합성 평가제도 원산지 규정
수출제한	수출세				수출제한	
정부보조	수출보조금 및 선별적 국내보조금		정부관여	수출보조금	보조금	
정부조달	차별적 정부조달			정부조달	정부조달	정부조달
투자장벽	외국인 투자제한			투자방벽	투자관련조치	무역관련 투자규정
지적재산권				지적재산권 보호미비	지재권 관련조치	지재권 보호
서비스업 제한				서비스업 장벽		서비스 교역
전자상거래 제한				전자상거래 장벽		
기타	지역적 영업관행 제한적 이민정책 선별적 통화정책	금융통제정책 기타조치	가격에 의한 규제 기타규제	기타	로컬컨텐츠 규정 수입밸런싱 규정	차별관행

> 쿼터(Quota): 일정량 이상 수입금지(수입허가권자만 수입가능)

비관세장벽은 통관절차, 표준, 인증 등 유형이 다양해 각 유형마다 경제적 효과를 설명하기는 매우 어렵다. 이러한 비관세장벽과 앞서 언급한 관세장벽 중 어느 것이 효과가 더 좋다고 확언하기는 어렵다. 다만, 관세장벽과 비관세장벽의 경제적 효과를 비교하여 설명하면 다음과 같다.

첫째, 관세의 보호효과는 가격 메커니즘을 통하여 간접적으로 영향을 미치는데 반하여 보조금의 효과는 기업의 채산에 직접적으로 영향을 미친다.

둘째, 관세가 경쟁상대국의 부담인데 반하여, 보조금은 자국의 부담이 되는 것이 일반적이다. 따라서 납세자는 관세에 대해서는 별로 관심이 없지만, 보조금의 지급에 대해서는 일반적으로 관심이 높고 엄격하다. 강력한 보조금정책이 이용될 수 있는 것은 보호육성을 함으로써 국민경제에 공헌이 매우 크고 그 이익이 국민의 대다수에게 미치는 것이 아니면 안 된다.

셋째, 관세는 그 상품의 상대가격을 인상시키는 데 비하여, 보조금은 이를 인하시키는(부의 관세) 방향으로 움직인다.

유치산업보호의 경우에는 그것이 외부경제(당사자가 아닌 제3자에게 이익을 주는 경제체제)를 가진 경우 관세에만 의존하기보다는 보조금정책을 적극적으로 활용하는 것이 유리할 것이다. 특히 기술전파에 관한 경제효과를 가진 경우 기술의 습득에는 일반적으로 코스트가 높은데, 관세는 이러한 지출을 하거나 또 습득한 기술의 전파와 같은 것을 보장해 주지 않는다. 유치산업보호를 위해서는 직접적인 효과가 좋은 생산요소에 대한 작용이 필요하다. 관세는 한번 실시되면 폐지시키기 어려운데 반하여 보조금은 폐지시키기 쉽다. 때문에 지나치게 많은 보조금을 필요로 할 때 보조금에만 의존하는 것은 부담이 지나치게 크므로 관세의 병행이 필요할지도 모른다. 그러나 이들 정책수단은 그 비용도 효과도 다르기 때문에 비교하기 어렵다. 그래서 일정한 목표를 달성하기 위해 어느 정책이 좋은가를 알아보기 위해서는 동일량의 효과를 얻는 데 얼마만큼의 비용이 필요한가 아니면 동일량의 비용으로 달성되는 효과가 얼마인가 하는 두 가지 방법 가운데 어느 하나로 비교하여야 할 것이다. 여기서는 각 정책수단의 효과당 비용을 비교해 보다 먼저 국내생산을 증가시키기 위해서는 생산보조금의 비용이 적다는 의미에서 바람직하며, 관세나 수입품에 대한 수량제한은 뒤떨어진다. 수입감소가 목적이라면 네 가지 정책수단의 단위당 코스트가 모두 동일하게 된다. 그러나 수입량 그 자체의 감소효과를 고려하면 수량제한 관세의 순이며 생산보조금과 내국소비세는 가장 뒤떨어진다. 그리고 재정수입의 증가를 목적으로 한다면 내국소비세가 바람직하며 관세장벽이 뒤떨어진다. 수입에 대한 수량제한은 직접적인 재정수입효과는 없지만 수입업자가 얻는 초과이윤을 간접적으로 세금으로 흡수할 수 있다고 해도 관세보다는 역시 뒤떨어진다. 그리고 생산보조금은 수입이 아니라 지출이기 때문에 뒤떨어지기보다는 반대의 효과가 있다고 할 수 있다. 현재 대부분의 나라 특히 선진공업국에서 무역정책을 실시할 경우 국내산업의 보호를 가장 많이 기대하고 있는 것이 생산보조금이나 내국소비세가 아닌가 한다. 만약 국제수지상의 효과를 노린다면, 환율정책이나 재정, 금융정책이 오히려 유효할 것이다. 또 관세장벽은 현재 선진국에서는 평균적으로 낮게 운영되기 때문에 재정수입의 효과는 미미하다. 그러므로 소비억제 또는 소비자극을 위해 무역정책을 사용하는 것은 간접적 방법이 될 것이다. 보호정책으로는 생산보조금이 관세나 수량제한보다 바람직하다는 것은 두말할 필요가 없다.

3. 환율결정이론

사실 우리가 해외여행을 가든, 국제무역을 하든 가장 중요한 것은 바로 환율이다. 환율은 고정되어 있는 것이 아니라 항상 변화하기 때문이다. 물론 '어떤 국가에서는 고정환율제를 이용하고 있기 때문에 환율 변화가 없는 것 아니냐'는 질문도 받긴 하지만, 고정환율제를 이용하는 국가라고 할지라도 환율은 1달 또는 분기에 한 번씩은 환율변화가 일어나게 된다. 물론 한국과 같이 변동환율제를 채택한 나라는 시시각각 환율이 변동하게 된다.

그렇다면 이렇게 변화하는 환율에 어떻게 대응할 것인가? 가장 중요한 것은 우리가 부동산 가격을 예측하여 부동산 가격이 오를 때는 되도록 구매를 지양하고 가격이 내릴 때 구매에 적극적으로 나서듯 국제경제에 있어서도 환율 변동을 예측하여 경제적 행동에 나서는 것이 바람직하다. 그렇다면 우리가 알아야 할 것은 바로 환율 변동에 영향을 주는 요인이다. 환율에 대해 알아보자.

1) 환율의 의미

환율(Exchange Rate)이란 외국 통화 한 단위를 받기 위해 자국 통화를 몇 단위 지불해야 하는가를 나타내는 것으로 자국 통화와 외국 통화간의 교환비율을 의미하며 두 나라 통화의 상대적 가치를 말한다. 환율이 자유롭게 변동하는 변동환율제도하에서 환율은 외환시장의 수요와 공급에 따라 결정된다. 예를 들어 우리나라의 국제수지가 흑자(수출>수입)인 경우 외환시장에서 외환의 공급이 수요보다 커지게 된다. 따라서 외환의 가치가 떨어지면서 미달러화에 대한 원화 환율이 하락한다. 이와는 반대로 외환의 수요가 공급보다 많아지면 원화환율이 상승한다. 환율은 외환의 수요·공급 이외에도 다양한 요인에 의해서도 변동한다. 장기적으로는 한 나라와 다른 나라의 물가변동에 따른 상대적 구매력 변화나 생산성, 교역조건 변화, 경기변동 등에 영향을 받으며 단기적으로는 시장참가자들의 환율에 대한 기대나 각종 뉴스, 경쟁국의 환율 변동 등에 따라 움직이게 된다.

국제수지(Balance of Payments)는 일정 기간에 한나라의 거주자와 비거주자 사이에 발생한 모든 경제적 거래를 종합적으로 기록한 통계로써 대외경제거래재(서비스, 소득의 거래, 대외자산)를 기록한 것이다.

국제간에 있어서의 경제 거래의 결과 화폐가 이동한다. 지급의 흐름(해외에 지급 계정)과 수취의 흐름(해외로부터의 수취 계정)이 그것이다. 이 두 가지 흐름을 어떤 일정 기간—보통은 1년—에 걸쳐 종합적으로 기록한 것이 국제수지표이다. 따라서 국제수지는 국제 거래의 화폐적 측면에서 착안한 것이며 또 그것은 일정 기간의 유동성을 초전으로 삼은 것으로 국제대차표는 다르다. 후자는 대차대조표(재무제표로 자산과 자본 및 부채를 표시)처럼 어느 일정 시점을 문제로 한 것이며, 일정 시점에서 나라와 나라 사이에 존재하는 채권 채무의 현 상황을 나타낸 것이다. 그런데 국제수지의 내용은 대별하여 경상 계정(또는 소득 계정)과 자본 계정으로 나뉜다.

경상 계정 속에는 상품 수출입, 해운·보험·여행·관광 등 서비스의 이전, 송금·증여(贈與) 등 일방적 지불이 들어가고, 자본 계정 속에는 장기 자본 이동, 단기 자본 이동 및 금(金)의 이동이 포함된다. 경상 계정은 상품과 서비스의 수출입과 증여에 대해서 자국에 유입되는 수취액을 좌측란에, 지급액을 우측란에 총거래액으로 기록하는데, 자본 계정은 경상 거래에 의해 야기된 대외채권 채무의 변화와 화폐용 금의 이동을 나타낸다. 다만 대외채권 채무의 변화는 자산 부채의 순 증감액으로 표시된다. 경상 계정의 잔고와 자본 계정의 잔고는 복식 부기의 원리에 따라 일치한다.

국제 거래 중, 상품 무역(눈에 보이는 무역)이 중요한 위치를 차지하고 있다는 사정도 있어서 중상주의 이래 무역 수지와 무역외 수지로 나누는 습관이 있는데, 이론적으로는 경상 계정과 자본 계정으로 나누어야 한다. IMF의 표준 형식이 이 방식을 채택하고 있는 것은 이 때문이며 대한민국에서도 IMF 표준 형식을 채택하고 있다. 국제수지표의 좌변의 합계와 우변의 합계는 항등적으로 같고 국제수지는 사후적·형식적으로는 반드시 균형을 취한다. 또한 국제수지의 순조(흑자)나 역조(적자)라 할 경우에는 경상 계정의 수지에 대해서 말하는 것으로서 일반적으로 국제수지가 불균형하게 되었다든가 혹은 적자가 되었다고 할 경우는 경상 계정을 가리키고 있는 것이다.

경상수지는 한 나라에서 무역과 서비스 거래를 이용해서 벌어진 돈이나 해외로 지출한 적이 있는 돈이다. 돈을 구별하여 상품 및 거래를 즉시 해외 여행과 유학 연수, 운수 서비스 등의 수입에 따라 지출을 합쳐서 계산하게 된다.

무역수지(Balance of Trade)란 무역으로 생기는 국제수지를 말한다. 무역수지는 수출과 수입을 비교한 개념이라는 점에서 무역수지를 교역조건의 면에서 분석해 볼 필요가 있다. 왜냐하면 무역수지는 무역거래를 화폐액으로 표시한 것이며, 그 화폐액은 가격과 수량에 의하여 결정되는 것이기 때문에 무역수지의 변동에는 수출품과 수입품의 가격면과 수량면의 변화가 포함되기 때문이다.

환율의 변동은 국민경제에 많은 영향을 미친다. 일반적으로 환율이 상승하면 경상수지가 개선된다. 수출기업은 수출의 대가로 이전과 같은 금액의 외환을 받지만 원화로 환산할 경우 더 많은 금액을 얻게 되므로 수출단가를 낮추어 더 많은 물량을 수출할 수 있다. 반대로 수입기업은 환율이 상승하면 원화로 지불해야 할 금액이 늘어나므로 수입을 줄이게 된다. 이렇게 원화환율이 상승하여 수출이 증가하고 수입이 감소하면 국내 생산이 늘어나 고용이 증대됨으로써 경제성장이 촉진된다. 그러나 원화환율이 상승하면 원자재나 부품 등을 수입하는

데 더 많은 원화가 필요하므로 제조업 제품, 곡물, 원유 등의 가격이 상승해 국내 물가수준이 높아지게 된다. 또한 환율상승은 기업이나 금융기관의 외채상환 부담을 커지게 한다. 이는 동일한 금액의 외채를 갚기 위해서 더 많은 금액의 원화가 필요해지기 때문이다.

환율은 국가경제에서 매우 중요한 문제로 잘못될 경우 엄청난 피해를 주기도 한다. 2008년 한국에서 발생한 'KIKO사태'가 대표적인 사건이다.

〈환율변동과 원화가치〉

위의 그림을 보고 환율변동을 다시 한 번 짚고 넘어가도록 하자. 1달러=950원에서 960원으로 변동될 경우 환율은 상승하였다. 이 경우 원화로 미화 1달러를 교환할 경우, 950원에서 960원을 주어야 하기 때문에 환율이 상승할 경우 원화의 가치는 그 가치가 오히려 떨어진다. 이것을 원화가치의 하락 즉, '원화의 평가절하'라고 이야기한다. 환율이 상승하게 되면 우리들은 '환율상승이 나에게 어떠한 영향을 미칠까?'라는 궁금증 대신 자신과는 상관없는 일이라고 생각하기 마련이다. 하지만 이렇게 환율이 상승하게 되면 수입품 즉, 외국에서 수입하는 물건이나 서비스의 가격이 오르기 때문에 국내 물가 상승이 이어질 가능성이 높다. 특히, 우리 나라와 같이 수입의존도가 높은 국가에서는 환율상승이 물가

상승으로 이어질 가능성이 크다. 또한 최근 해외여행을 가는 사람들이 증가하고 있는데, 환율상승은 해외여행에도 중요하다. 가령, 해외여행을 가서 쇼핑을 할 경우 신용카드로 결제를 할 때, 우리는 신용카드의 해외수수료만을 걱정한다. 하지만, 우리가 해외에서 쇼핑을 하고 신용카드로 결제하게 되면 결제금액에 대해서는 한 달 후 결제를 하게 된다. 이 때, 해외여행을 가서 쇼핑한 국가가 미국이 아니라 하더라도 해외에서 결제한 금액은 결제한 만큼의 현지 화폐가 미국 달러로 전환되고 다시 원화로 전환되어 신용카드를 결제한 사람에게 청구되게 되어 있다. 환율이 상승 국면에 있는 경우 해외 쇼핑 후 한 달 후에 결제를 하기 때문에 환율이 계속 인상될 경우 현지에서 현지화폐로 결제할 경우 한 달 후 미국 달러로 전환되어 원화로 청구되기 때문에 환율이 지속적으로 상승하는 시기에 있으면 해외여행 쇼핑시에 원화로 결제하는 것이 유리할 수 있다. 이렇게 환율은 우리도 모르는 사이에 우리의 일상생활에 영향을 주고 있다.

반대로 1달러=950원에서 940원으로 변동될 경우 환율은 하락하였다. 이 경우 원화로 미화 1달러를 교환할 경우, 950원에서 940원을 주어야 하기 때문에 환율이 하락할 경우 원화의 가치는 그 가치가 상승한다. 이것을 원화가치의 상승 즉, '원화의 평가절상'이라고 이야기한다. 이렇게 환율이 하락하게 되면 우리의 일상에 어떠한 영향을 줄 것인가? 일단 환율 상승기와는 반대로 수입이 많은 우리 나라의 경우, 수입물가가 하락하기 때문에 국내물가가 하락할 가능성이 높다. 해외여행시 쇼핑의 경우도 환율이 상승할 때와 반대로 쇼핑을 하는 것이 유리하다. 즉, 환율이 지속적으로 하락하는 시기라면, 현지에서 달러나 현지화폐로 결제하면 한 달 후 원화로 그 비용이 청구될 때, 환율이 하락하기 때문에 결제 금액이 유리할 수 있다. 이렇게 환율의 변동을 우리가 조금만 신경을 쓰더라도 우리의 경제생활에 조금이나마 보탬이 될 수 있다. 이렇게 환율 변동이 일상생활에도 영향을 주는 것을 보면, 환율 변동은 국가 및 기업활동에는 더 큰 영향을 준다는 것을 알아야 한다. 다음의 사례를 살펴보자.

1985년 9월, 미국 뉴욕에 있는 플라자호텔에 미국, 영국, 프랑스, 일본, 독일 등 세계에서 가장 부유한 국가의 재무장관들이 모여서 미국의 무역적자를 줄이는 방법을 모색하기로 했다. 미국은 세계에서 경제규모가 가장 크지만 동시에 무역적자가 아주 큰 나라이다. 당시에도 미국은 무역적자가 매우 컸는데 이대로 수출로 잘 나가던 세계경제에도 큰 위험이 될 수도 있다는 걱정에 재무장관들은 "일본 엔화와 독일 마르크화의 환율을 내리자"라는 결정을 내리게 되었다. 일본과 독일의 환율이 하락하면 어떻게 미국의 무역적자가 줄어든다는 이야기일까? 환율변동이 어떻게 수출, 수입과 무역수지에 영향을 주는지 좀더 알아보자.

환율이 상승하면 수출에 어떠한 변화가 일어날까? 만일 우리가 반도체를 세계시장에서 5달러에 판매한다면 환율이 1,000원/1달러일 경우 우리는 반도체 1개를 팔아서 원화로 5,000원을 벌게 된다. 이 때 환율이 1,100원/1달러로 상승할 경우 똑같은 5달러로 반도체를 팔아도 우리의 원화수입은 5,500원가 될 것이다. 결과적으로 해외에서 5달러라는 똑같은 가격에 반도체를 팔았어도, 환율이 오르면 기업의 수입은 500원(5,500원-5,000원)이 늘어나게 된다.

환율이 상승했을 때 또 하나의 경우로 기업은 해외 시장에서 달러로 표시된 반도체 가격을 내릴 수 있다. 예를 들어 반도체 하나를 팔아 원화로 5,000원의 수익을 받고 싶은 기업은 환율이 1,000원/1달러일 경우 5달러를 받아야 하지만, 환율이 1,100원/1달러로 올라갈 경우 약 4.5달러만 받아도 된다. 4.5달러를 1,100원으로 곱하면 약 5,000원이 되기 때문이지요. 이럴 경우 우리 기업들이 0.5달러(5달러-4.5달러)이나 더 저렴한 가격으로 해외에 제품을 판매할 수 있기 때문에 다른 국가들의 상품에 비해 가격경쟁력이 생겨 수출이 늘어나게 된다.

그러면 환율 상승은 수입에 어떤 영향을 미칠까? 예를 들어 10달러에 향수를 수입하는 경우를 생각해 보자. 과거 1,000원/1달러였을 경우 원화로 10,000원에 수입이 가능하지만, 1,100원/1달러로 환율이 상승하였을 경우 원화로 11,000원에 수입이 가능하게 된다. 결국 환율이 상승하면 원화로 표시된 수입가격이 상승하여 소비자들은 수입 향수 사용을 줄이게 되고 결과적으로 수입이 감소하게 된다. 지금까지 살펴본 바와 같이 환율이 상승하면 수출이 증가하고 수입이 감소함으로써 무역수지(수출-수입=무역수지)가 개선되는 방향으로 이어진다. 이와 반대로 환율이 하락하면 수출이 감소하고 수입이 늘어서 무역수지는 악화된다. 물론 이같은 논리가 모든 산업과 상품에 적용되지는 않지만 일반적으로는 적용되는 논리이다.

무역수지가 개선된다는 점에서 환율이 오르는 것은 반가운 일이다. 그러나 환율이 오른다고 항상 좋은 것은 아니다. 우리나라는 수출에 필요한 원유 등의 원자재를 외국에서 많이 들여와야 하는데 환율이 오르면 석유를 수입하기 위해 필요한 원화의 금액이 올라가게 되어 기업의 부담이 늘어나게 된다. 아울러 앞서 얘기한 바대로 환율변동은 국내 물가에도 영향을 주게 된다. 원유의 수입가격이 1배럴당 50달러일 경우, 원화환율이 1,000원/1달러라면 원유를 수입하는 회사는 1배럴당 50,000원을 지불하게 된다. 그러나 환율이 1,100원/1달러로 상승하면 원유의 1배럴당 수입가격이 55,000원으로 상승하게 되어 원유를 수입한 회사는 원유를 더 비싼 가격을 국내 소비자들에게 팔게 된다. 여기에 원유가 들어가거나 원유를 사용해서 만드는 모든 제품의 가격이 높아지기 때문에 우리나라의 전반적 물가가 불안한 모습을 보이게 된다.

이렇듯 환율은 동전의 양면과 같다. 환율은 국가 간 화폐의 이동으로 자연스럽게 상승하거나 하락하지만 환율의 급격한 변화는 경제 여러 면에서 충격을 줄 수 있습니다. 따라서 환율이 안정된 수준을 유지하는 것이 바람직하다.

2) 환율의 종류

(1) 직접표시법과 간접표시법

환율의 변동을 표시하는 방법에는 직접표시법과 간접표시법이 있다. 환율은 두 국가의 통화간 교환비율을 의미하므로 어느 국가 통화를 기준으로 계산하느냐에 따라 표시방법이 달라진다. 환율을 외국통화 한 단위당 자국통화단위수로 표시하는 경우 이를 직접표시법(Direct Quotation)이라 하며, 반대로 자국통화 한 단위당 외국통화 단위수로 표시하는 경우는 간접표시법(Indirect Quotation)이라 한다. 예를 들어 우리나라의 경우는 직접표시법을 이용하므로 미달러화에 대한 원화 환율이 $1=1,150원과 같은 형식으로 고시된다. 대부분의 국가에서는 직접표시법에 의해 자국 통화의 환율을 고시하고 있으나 영국, 유로지역, 호주 등 일부 국가에서는 간접표시법을 이용하고 있다.

(2) 매입환율과 매도환율

환율은 다른 나라의 화폐를 살 때와 남아서 이를 다시 팔 때 그 가치가 서로 다르다. 이를 매입환율과 매도환율이라 한다. 외환시장에서 환율은 일반적으로 매입환율(Bid Rate 또는 Buying Rate)과 매도환율(Asked Rate 또는 Offered Rate)의 두 가지 환율로 동시에 고시된다. 우리가 해외여행시 환전을 할 때에도 이 표시는 손쉽게 볼 수 있다. 매입환율이란 은행이 외환을 매입할 의사가 있는 가격(환율)을 뜻하며, 반대로 매도환율은 은행이 외환의 매도가격으로 제시한 환율을 의미한다. 예를 들어 한 은행이 원/달러환율을 1,150.0원 - 1,150.5원으로 제시하였다면 이는 1달러당 1,150.0원에 달러를 매입할 의사가 있으며 1달러당 1,150.5원에는 매도할 의사가 있음을 나타낸다.

매도환율과 매입환율의 차이는 매매율차(Bid-Ask Spread)라고 불리며 거래비용의 성격을 띠고 있다. 따라서 매매율차는 거래통화의 유동성 상황이나 환율전망, 거래 상대방 등에 따라 그 크기가 달라진다. 일반적으로 거래빈도가 높은 국제통화간에는 매매율차가 작게 나타나며, 대고객거래보다 은행간거래에서 더 작게 나타난다.

(3) 교차환율과 재정환율

교차환율(Cross Rate)이란 자국통화가 개재되지 않은 여타 외국통화간의 환율을 의미한다. 우리나라에서는 엔/달러환율이나 달러/유로환율 등이 교차환율에 해당한다. 재정환율(Arbitraged Rate)이란 원/엔환율이나 원/유로환율과 같이 국내 은행간 외환시장에서 직접 거래되지 않는 통화와의 환율을 계산할 때 원/달러환율과 국제금융시장에서 형성되는 엔/달러환율 또는 달러/유로환율을 이용하여 산출한 환율을 말한다. 예를 들어 원/달러환율이 달러당 1,100원이고 국제금융시장에서 교차환율인 엔/달러환율이 달러당 110엔으로 형성되어 있다면 재정환율인 원/엔환율은 1,100÷110으로 계산되어 100엔당 1,000원으로 결정된다.

(4) 현물환율과 선물환율

현물환율(Spot Exchange Rate)이란 외환거래 당사자가 매매계약 후 통상 2일 간의 영업일 이내에 외환의 결제가 이루어지는 환율을 말한다. 반면 선물환율(Forward Exchange Rate)은 외환의 매매계약 체결일로부터 2일 간의 영업일 경과후 장래의 특정일에 결제가 이루어지는 환율을 말한다. 선물환율은 금리평가이론(Covered Interest Rate Parity)에 따라 두 통화간의 금리차와 일치하게 되므로 다음 산식에 의해 이론값이 산출된다.

$$F = S \times (1+i)/(1+i^*) \text{ 혹은 } (F-S)/S \fallingdotseq i - i^*$$

F : 선물환율 i : 국내금리 S : 현물환율 i^* : 해외금리

선물환거래

환율변동으로 야기되는 위험부담을 덜기 위해 이루어지는 외환거래이다. 달러를 매개로 원화를 거래하면서 미래의 일정 시점에 특정 가격으로 달러를 사고 팔겠다는 약정을 맺으면서 이루어진다. 국내에서는 금융기관과 기업 등 일반고객 사이에 이 같은 거래가 이루어지고 있으나 활성화되지 못했다. 이에 따라 홍콩, 싱가포르 등 역외지역에서 달러를 매개로 한 원화대상 선물환거래가 이루어졌다. 선물환거래는 국내와는 달리 전체 금액을 거래하는 것이 아니고 약정가격의 차액만을 주고받는 방식이어서 NDF(역외선물환)거래라고 하기도 한다. 원화거래는 1995년부터 시작됐다. 적극적인 의미에서는 환차익을 극대화하기 위한 환투기 수단으로 이용된다. 선물환거래는 약정된 결제일까지는 매매쌍방의 결제가 보류된다는 점에서 현물환거래와 다르다.

선물환율

선물환거래에 적용되는 환율. 일반적으로 현물환율과의 차액으로 표시되며 이 차액을 선물마진이라 한다. 선물환율이 현물환율보다 높은 경우를 프리미엄, 낮은 경우를 디스카운트라 하며 선물마진 옆에 P 또는 D의 부호를 쓰고, 같은 경우에는 F 또는 E로 표시한다. 선물환율은 일반적으로 현물환율과 내외국간의 금리차(이자율 차이)에 의해 결정된다. 자국통화 표시의 경우 일반적으로 고금리국에서는 선물환율이 현물환율보다 높고 저금리국에서는 그와 반대이다.

현물환율

외환매매 계약일로부터 2영업일 이내에 외환의 수도결제가 이루어지는 외환거래에 적용되는 환율을 말한다. 현물환율은 결제일에 따라 거래계약체결 당일에 결제가 이루어지는 당일물 환율과 거래일로부터 1영업일 후에 결제가 이루어지는 익일 물 환율 그리고 거래일로부터 2영업일 후에 결제가 이루어지는 스폿일 물 환율로 구분된다. 흔히 환율이라고 말할 때에는 현물환율을 뜻하며, 이 중에서도 스폿일물 환율을 뜻한다. 스폿일물 환율은 환율 중 중심적인 역할을 담당하는 것으로서, 선물환거래와 스왑거래시에도 선물환율 및 스왑 레이트 책정의 기준환율이 된다.

국내금리가 해외금리보다 높은 경우 선물환율과 현물환율의 차이($F-S$)인 스왑포인트는 양(+)의 값을 가지며 미달러화가 원화에 대해 '선물환 프리미엄 상태에 있다'고 말한다. 반대로 해외금리가 국내금리보다 높으면 선물환율이 현물환율보다 낮아지며 이를 미달러화가 원화에 대해 '선물환 디스카운트 상태에 있다'고 말한다.

(5) 실질환율과 실효환율

실질환율(Real Exchange Rate)은 외국 통화에 대한 자국 통화의 상대적인 구매력을 반영한 환율로서 구매력평가이론(PPP: Purchasing Power Parity)에 근거하고 있다. 가령 우리나라의 물가가 미국 물가에 비해 더 크게 상승하게 되면 같은 금액의 원화로 구매할 수 있는 재화의 양이 줄어들기 때문에 원화의 구매력이 상대적으로 더 떨어져 원/달러 명목환율이 변하지 않더라도 실질환율이 하락(원화 절상)하게 된다. 실질환율은 다음의 산식으로 표시할 수 있다.

구매력 평가설

구매력평가설은 한 나라의 화폐가 어느 나라에서나 동일한 구매력을 지니도록 환율이 결정된다는 이론으로서 일물일가의 법칙(Law of One Price)을 국제시장에 확장하여 적용한 것이다. 일물일가의 법칙이란 한 물건의 가격은 어디에서든지 같아야 한다는 것이다. 예를 들어 A사 펜이 부산보다 서울에서 저렴하게 판매된다면 이러한 가격 차이를 이용하여 서울에서 A사 펜을 구매하여 이를 부산에 팔아 이윤을 남기는 사람들이 생길 것이다. 이러한 과정을 통해 서울에서는 A사 펜에 대한 수요가 증가함에 따라 가격이 상승하고 부산에서는 A사 펜의 공급이 증가함에 따라 가격이 하락하여 결국 두 지역에서의 펜 값은 동일해질 것이다.

이를 국제시장으로 확장하여 환율은 1달러당 1,000원, 재화는 A사 펜 단 하나, A사 펜 가격은 우리나라에서 500원, 미국에서 1달러인 상황을 상정해보자. 미국보다 우리나라에서 A사 펜이 싸게 팔리고 있으므로 무역업자들이 우리나라에서 A사 펜을 저렴하게 들여와 미국에서 판다면 우리나라에서의 A사 펜의 가격은 상승하고 미국에서는 가격이 하락할 것이다. 이러한 과정은 1달러로 구입할 수 있는 펜의 양이 어느 나라에서나 같아질 때까지, 즉 1달러가 우리나라와 미국에서 동일한 구매력을 지닐 수 있을 때까지 지속된다.

$$e = s \times (p^*/p)$$

e : 실질환율 p : 자국 물가수준　s : 명목환율 p^* : 외국 물가수준

일반적으로 실질환율은 자국의 수출경쟁력을 나타내는 지표로 활용된다. 가령 실질환율이 하락(자국통화의 절상)하면 세계 시장에서 우리나라 상품의 가격이 상대적으로 비싸져서 가격경쟁력이 떨어진 것을 의미하고 반대로 실질환율이 상승하면 가격경쟁력이 높아졌음을 의미한다.

수출경쟁력을 나타내는 또 다른 지표로는 실효환율(Effective Exchange Rate)을 들 수 있다. 지금까지 논의된 환율개념은 모두 교역상대국이 한 국가인 경우를 가정하고 있다. 하지만 실제로는 교역상대국이 여러 국가이므로 수출

의 가격경쟁력을 평가하는 데는 한계가 있다. 예를 들어 원/달러환율에는 변화가 없지만, 엔/달러 환율이 상승하였다면 원화 대비 엔화 가치 또한 하락하게 되어 일본 상품에 비해 우리나라 상품의 가격경쟁력이 떨어지게 된다. 실효환율은 이러한 점을 고려해 자국통화와 주요 교역상대국의 명목환율을 무역비중으로 가중평균하여 산출한 지표이다.

(6) 실질실효환율

실질환율과 실효환율을 결합하여 실질실효환율(REER: Real Effective Exchange Rate)을 구할 수 있다. 즉, 실질실효환율은 자국과 주요 교역상대국 간의 물가상승률 차이를 반영하여 계산된 실효환율로서 실질실효환율지수가 100 이상이면 기준시점 대비 원화의 고평가, 100 이하이면 원화의 저평가를 나타낸다. 실질실효환율지수는 구매력평가이론을 바탕으로 균형환율 수준을 판단하는 지표로 활용되고 있다. 그러나 구매력평가에 의한 균형환율은 장기균형환율로서 단기간 내에 성립하기 어려운 데다 기준년도 및 물가지수의 선정, 국가별 가중치 부여 방법 등에 따라 상이한 결과를 보일 수 있다. 이에 따라 환율의 중기 변동요인 및 거시경제여건 등을 감안한 기조적 균형환율(FEER: Fundamental Equilibrium Exchange Rate)과 행태균형환율(BEER: Behavioral Equilibrium Exchange Rate) 등 다양한 개념의 균형환율 이론들이 도입되었다.

3) 환율제도 선택의 문제

환율제도는 크게 고정환율제와 자유변동환율제를 양자택일으로 하여 이 두 가지를 절충하는 다양한 형태로 분류할 수 있다.

(1) 고정환율제

고정환율제(Fixed Exchange Rate)란 각국 화폐 사이의 환율을 일정수준에 고정시키는 제도를 의미하며, 대표적인 것으로 1870년대에 확립된 금본위제도와 제2차 세계대전 후에 국제통화기금(IMF)에 의해 운영된 브레튼 우즈(Bretton Woods)제도를 들 수 있다. 고정 환율제의 장점은 불의의 환율변동으로 인한 손해를 입을 염려가 없다는 점으로서, 환율에 관한 불확실성이 없으므로 국제거래를 촉진하고 국제시장을 확대하는 데 도움이 된다. 실제로 금본위제도에서는 환율의 변동이 금의 자유로운 유·출입에 의해 금수출과 금수입 사이의 좁은 범위에서 이루어졌다.

그러나 1930년대에는 세계적 불황이 지속되는 가운데 환율이 자유로이 변동함으로써 국제거래의 발전을 방해하고 국내경제의 안정을 교란하는 결과를 가져왔다. 이러한 경험을 바탕으로 전후에 형성된 브레튼우즈 체제에는 미국달러를 국제통화로 정하여 달러화의 가치는 일정한 금과의 교환비율에 고정되고, 다른 나라의 화폐는 달러화와 고정된 환율에 의해 연결됨으로써 간접적으로 금과의 평가가 설정되도록 하였다. 이후 각국의 중앙은행은 국제수지의 근본적 불균형(Fundamental Disequilibrium)이 없는 한 그 환율을 유지하기 위해 적절한 조치를 취하도록 하는 협약이 이루어졌다. 그러나 고정 환율제는 국제수지의 불균형을 자동적으로 조정할 능력이 제약되어 있다는 단점을 갖고 있다. 환율의 조정을 통한 국제수지의 조정이 제약되어 있으므로 국제수지적자가 발생하는 경우에는 긴축정책을 사용하거나 수입을 줄이기 위한 각종 통제를 실시하여야 한다. 고정 환율제 아래서 국제수지적자가 나타날 때 긴축정책을 사용함으로써 불황과 실업을 야기시키는 현상은 흔한 사례이다.

이러한 국제수지의 균형을 위해 상당히 큰 대가를 국내적으로 치러야 하는 것이다. 한편 수입통제(Import Control)의 경우, 외국의 보복도 고려해야 하겠지만 장기적으로는 자원배분을 왜곡하여 경제의 효율적인 발전을 저해할 수 있다. 브레튼우즈 체제는 미국의 달러를 기축통화(Key Currency)로 삼았기 때문에 달러의 가치가 안정적일 때에는 제도의 유지가 가능했다. 그러나 단기달러채무가 미국이 보유한 금준비양을 초월한 1960년부터 달러불안이 발생하였다.

미국은 국제수지의 적자를 통화발행을 통하여 해결할 수 있는 입장이어서 국제수지의 조정에 느슨해지기 쉬웠다. 미국경제가 세계경제에서 차지하는 상대적 지위가 약화됨에 따라 1950년대 후반부터 미국의 국제수지는 악화되었다. 한 나라의 국제수지가 불균형상태를 지속하면 환율의 변경이 예상되어 환투기가 일어남으로써 국제통화의 불안정이 조성되기 쉽다. 결국 1971년 8월 미국은 경제불황, 인플레이션 및 국제수지적자의 지속을 해결하고자 닉슨 성명에 의해 달러화의 평가절하를 단행함으로써 브레튼우즈 제도는 사실상 붕괴되었다.

그 후, 각국의 변동환율제도 채택 및 외환관리가 국제거래에 미치는 영향을 조정하고자, 1971년 12월 스미소니언 체제(Smithsonian System)를 발족시켜 각국 통화의 평가를 재조정하고 환율의 변동폭을 확대할 것에 합의했다. 그러나 국제수지의 불균형에 비해 평가조정이 부족하였기 때문에 1972년 영국 파운드(Pound)화의 대량매각사태가 발생하여 영국이 변동환율제로 이행하고, 1973년 미국의 달러화평가절하 이후 주요선진국이 잇달아 변동환율제로 이행함에 따라 스미소니언 체제는 붕괴하였다.

(2) 자유변동환율제

변동환율제(Flexible Exchange Rate)는 환율제도의 일종으로서 통화 가치가 외국환시장에 따라 변화하는 체계를 말한다. 변동환율제를 택하는 통화를 변동 환율이라고 부른다. 반대는 앞서 언급한 고정 환율제이다. 변동 환율제의 경우 환전 시 통화의 가격이 자동적으로 조절되기 때문에 경제 상황에 급작스런 충격이 올 경우 위험성이 줄어든다. 외국인 투자자 및 기업의 투자 시에도 상대적으로 유리할 수 있다. 그러나 확실성과 예측성이 불가능하다는 점에서 고정환율과 비교해 단점도 있다. 이는 의도적으로 자국 통화를 절하하려는 노력에 따라 조절될 수 있기 때문에 반드시 맞지 않다고 지적하는 학자들도 있다. 먼델 플레밍 계획에 따라 환율제에 대한 결정이 이뤄지게 됐으며 이는 고정환율제가 자유로운 자본 시장 운용과 함께 병행되기 어렵다는 관점에 따른 것이었다.

만일 극단적인 화폐 절상 혹은 절하 시에 중앙은행이 개입하여 통화 안정에 나설 것이다. 이럴 경우 변동 환율제는 계획적으로 변동폭을 유지한다. 예를 들어 중앙은행은 주기적으로 통화가격이 올랐다 내려가게 함으로써 가격을 조정하는 한편 무역 거래를 위한 조처에 나서게 될 것이다. 순수한 변동환율제도는 환율의 변동이 외환시장의 수급에 의해 결정되며 통화당국의 외환시장에 대한 개입이 없는 제도를 의미한다. 그러나 이러한 순수한 변동환율제도는 현실적으로 존재하지 않으며 오늘날 대부분의 국가는 관리변동환율제도(Managed Flexible Exchange Rate)를 채택하고 있다. 1973년 이후 실시되기 시작한 변동환율제도는, 이행 당시에는 국제수지의 불균형을 시정하기 위해서 환율변동에 충분한 신축성을 부여하는 제도가 필요하다고 판단되어 순수변동환율제도를 채택하였다.

그러나 실시결과 균형환율로의 복귀보다는 불규칙하고 대폭적인 환율변동이 반복되어, 각국 정부는 인플레이션 방지나 대외경쟁력유지 등의 이유를 들어 빈번히 외환시장에 개입하게 되었다. 이러한 외환시장에 대한 개입은 처음에는 불결한 변동환율제도(Dirty Float)라고 비난을 받았지만 점차 그 필요성을 인정받게 되었다. 적어도 이론상으로는 국제수지의 불균형을 자동적으로 시정할 수 있다는 것이 변동환율제도의 가장 큰 장점이다. 따라서, 국내의 재정・금융정책이 국제수지에 미치는 영향을 고려함 없이 자유로이 국내의 경제목표를 달성하기 위해 사용될 수 있다. 물론, 환율변동에 따른 손해인 환위험(Exchange Risk)으로 인해 국제거래가 저해되고 환투기가 발생한다는 점에 유의해야 한다.

1970년대 석유파동 때는 심각한 국제수지의 불균형이 발생하여 변동환율제도 아래서도 새로운 경험을 하였다. 즉, 종래의 국제수지불균형은 미국의 적자, 일본과 서독 등 주요선진국의 흑자, 개발도상국의 적자라는 양태를 보였으나, 원유가격이 대폭 인상된 이후에는 산유국과 비산유국간의 불균형이 두드러졌다. 한편, 환율이 자유롭게 큰 폭으로 변동함으로써 환투기를 억제하고 국제통화의 혼란을 진정시킬 수 있다는 본래의 역할이 예상대로 이루어지지 못했다. 강세통화와 약세통화 사이의 격차가 오히려 확대되었으며 이와 함께 인플레이션의 격차도 오히려 커졌다. 즉, 인플레이션의 억제에 성공한 독일・스위스・일본 등의 강세통화국에서는 통화가치가 점차 상승하여 물가안정과 통화가치 상승이 동시에 이루어진 반면, 인플레이션이 계속 진행된 영국・이탈리아 등 약세통화국에서는 환율의 상승으로 인하여 임금과 물가의 지속적인 상승이 이루어졌다. 더욱이 강세통화국은 환율의 하락에도 불구하고 국제수지의 흑자가 계속된 반면, 약세통화국은 환율의 상승에도 국제수지의 적자가 줄어들지 않았다. 그러나 이러한 현실이 변동환율제의 단점에서 기인한 것은 아니다. 오히려 석유파동이라는 새로운 위기를 맞아 국제적인 통화혼란이 발생하지 않았던 것은 변동환율제가 지닌 충격흡수장치로서의 역할, 즉 변동환율제의 장점에 의한 것이라는 평가가 있다. 만약 각국의 1978년 이후에도 고정환율제에 머물러 있었다면 전례없는 국제통화 혼란으로 인하여 세계경제는 붕괴되었을지도 모른다.

이 두 환율제도의 장단점을 살펴보면 고정환율제는 환율변동에 따른 충격을 완화하고 거시경제정책의 자율성을 어느 정도 확보할 수 있는 장점이 있으나, 이를 위해서는 자본이동의 제약이 불가피하여 결과적으로 국제유동성이 부족해질 우려가 있다. 이 경우 대외불균형이 지속되거나 기초경제여건이 악화되면 환투기공격에 쉽게 노출되는 단점이 있다.

반면 변동환율제하에서는 통상 자본이동이 자유롭게 이루어지므로 국제유동성 확보가 용이하고 외부충격이 환율변동에 의해 흡수됨으로써 거시경제정책의 자율적인 수행이 용이한 장점이 있다. 다만 외환시장 규모가 작고 외부충격의 흡수능력이 미약한 개도국은 환율변동성이 높아짐으로써 경제의 교란요인으로 작용할 가능성이 크다. 이 밖에 통화위원회제도의 경우 국내통화를 미달러화 등에 일정 비율로 고정시킴으로써 유동성을 확보하고 환위험을 방지할 수 있다. 그러나 외환의 공급에 비례하여 국내통화가 자동적으로 공급됨으로써 통화정책의 자율성이 크게 제약을 받는 단점이 있다.

한편 어떤 환율제도의 경우라도 ① 통화정책의 자율성(Monetary Autonomy), ② 자본자유화(Financial Integration), ③ 환율안정(Exchange Rate Stability) 등 세 가지 정책목표를 동시에 만족시키기는 현실적으로 어려우며 이를 삼불원칙(Impossible Trinity 또는 Trilemma)이라고 한다.

4. 환율의 변동요인

변동환율제도하에서 환율은 외환시장의 수요와 공급에 따라 결정된다. 즉 외환의 공급이 수요를 초과하면 환율이 하락(자국 통화가치 상승)하고 반대로 외환의 수요가 공급을 초과하면 환율이 상승(자국 통화가치 하락)한다. 그러나 현실적으로 환율은 다양한 국내외 경제·금융여건, 기대요인 및 기술적 요인 등 복합적 요인에 의해 영향을 받기 때문에 외환수급만으로 설명하는 데는 한계가 있다. 우리나라의 경우 1998년 이후 대부분의 기간 동안 국제수지 흑자를 기록하였음에도 불구하고 환율이 지속적으로 하락하기보다는 상승과 하락을 반복하는 모습을 보였다. 만약 환율이 외환의 수급요인에 의해서만 변동한다면 원/달러환율은 추세적인 하락(원화의 절상)을 보여야 할 것이다. 이하에서는 환율변동에 영향을 미치는 다양한 요인들을 주로 기초경제여건에 관련된 중·장기적 요인과 시장기대나 국제금융시장 동향 등과 같은 단기적 요인으로 분류하여 살펴보도록 하자.

1) 중·장기 요인

각국의 물가수준, 생산성 등 경제여건의 변화는 장기적으로 통화의 가치에 영향을 미친다. 환율을 결정하는 가장 근본적인 요인으로는 해당 국가와 상대국의 물가수준 변동을 들 수 있다. 통화가치는 재화, 서비스, 자본 등에 대한 구매력의 척도이므로 결국 환율은 상대 물가수준으로 가늠되는 상대적 구매력에 의해 결정되기 때문이다. 예를 들어 한 나라의 물가가 상승할 경우 그 나라 통화의 구매력이 떨어지므로 통화의 상대가격을 나타내는 환율은 상승하게 된다. 가장 간단한 방법으로서 전 세계에서 영업하고 있는 맥도날드 햄버거의 국가별 가격을 비교한 빅맥지수(Big Mac Index)를 이용하여 환율 수준을 평가해 볼 수 있다. 예를 들어 보면 우리나라의 빅맥 햄버거 가격은 3,400원이고 미국에서의 가격은 3.73달러이다. 만약 구매력평가이론에서 가정하는 일물일가의 법칙(Law of One Price)이 성립한다면 원/달러환율은 911원(=3,400원/3.73달러)이 되어야 한다. 그런데 2017년 7월 기준 실제환율(명목환율)은 1,204원이므로 원화가 약 24% 저평가되어 있다고 볼 수 있다. 반면 일본의 빅맥 햄버거 가격은 320엔으로서 실제 환율(87.2엔)을 이용하여 환산하면 미국내 가격보다 약간 싼 3.67달러를 나타나고 있다. 따라서 일물일가의 법칙에 따라 두 재화의 가격이 동일해지기 위해서는 엔화환율이 달러당 85.7엔이 되어야 하므로 엔화환율은 비교적 균형 수준에 근접하였음을 알 수 있다.

일물일가의 법칙(The Law of One Price)

간단히 말해서 한 물건에는 오직 하나의 가격만 존재한다는 경제학적 가설이다. 이 가설의 논거는, 어떤 물건이 다른 가격으로 판매될 경우 차익거래를 통해 결국 하나의 가격으로 수렴한다는 것이다. 예를 들어 금 1그램이 한 곳에서는 만원에, 한 곳에서는 9천원에 판매된다면 9천원짜리 금을 사서 만원에 팔아서 차익을 남길 수 있다. 이런 행위가 계속되면 결국 만원에 팔리던 곳에서는 금의 공급이 늘어 가격이 떨어지고, 9천원에 팔리던 곳에서는 금의 공급이 줄어 가격이 오를 것이다. 그리고 이것은 두 곳의 금의 가격이 비슷해질 때까지 지속된다.

실제 경제에서 일물일가의 법칙이 정확하게 성립하는 일은 별로 없다. 물건의 운송에 드는 비용, 정보 획득에 들어가는 비용 등으로 인해 같아 보이는 물건도 서로 다른 가격으로 판매되는 경우가 빈번하다. 다만 외환시장 같은 경우 각종 거래비용이 적어서 이 법칙이 비교적 잘 지켜지는 편이다.

이론적으로 국가 간의 재화거래에서 관세나 운송비용 등과 같은 요인이 없다면 일물일가의 법칙에 따라 재화가격은 같아야 한다. 즉 국가간 햄버거 가격이 차이를 보인다면 환율의 조정이 일어나 실질적인 가격은 동일해져야 한다. 그러나 현실적으로 재화시장에는 예를 들었던 햄버거 이외의 여타 교역재와 비교역재를 포함한 다수의 재화가 존재하므로 환율이 햄버거가격만을 기준으로 움직인다고 보기 어렵다. 또한 국가별로 각종 세금이나 거래비용 등이 상이하므로 일물일가의 법칙이 항상 성립하기는 어려울 것이다. 다만 대체로 장기적으로 구매력평가가 성립한다는 연구결과에 비추어 볼 때 각국의 물가수준은 환율을 결정하는 중요한 요소로 볼 수 있다.

장기적으로 환율에 영향을 미치는 또 다른 요소로 생산성의 변화를 들 수 있다. 예를 들어 한 나라의 생산성이 다른 나라보다 더 빠른 속도로 향상(악화)될 경우 자국통화는 절상(절하)된다. 이는 생산성이 개선될 경우 재화생산에 필요한 비용이 절감되어 더 싼값에 재화를 공급할 수 있게 되기 때문이다. 이에 따라 물가가 하락하고 통화가치는 올라가게 된다.

중기적 관점에서 보면 환율에 영향을 미치는 중요한 요인으로 대외거래를 들 수 있다. 상품·서비스 거래, 자본거래 등의 대외거래 결과 국제수지가 흑자를 보이면 외환의 공급이 늘어나므로 환율은 하락하게 된다. 반대로 국제수지가 적자를 보여 외환의 초과수요가 지속되면 환율은 상승하게 된다. 이러한 환율 상승(하락)은 국제수지의 개선(악화)요인으로 작용하여 국제수지가 다시 균형을 회복하는 데 도움이 된다. 외환시장에서의 외환수급 상황은 국제수지표(Balance of Payments)를 이용하여 종합적으로 파악할 수 있다. 즉 경상수지와 자본·금융계정의 합계는 대략적으로 그 기간중 외환시장의 초과공급 또는 초과수요 규모를 나타낸다고 할 수 있다. 다만 국제수지표는 통상 경제적 거래를 발생주의 원칙에 따라 기재하고 있으므로 실제 외환시장에서 발생한 수요 및 공급과는 다소 차이가 있다.

통화정책 등 거시경제정책도 환율에 영향을 미친다. 통화정책을 긴축적으로 운용하면 통화공급이 감소하는데, 이 때 외국의 통화량에 변화가 없을 경우 원화의 상대적인 공급이 줄어들어 환율이 하락(원화 절상)한다. 한편 국내금리 상승은 이론적으로 국내외금리차를 확대시켜 주로 채권투자자금을 중심으로 자본유입을 증가시키므로 환율하락을 초래하게 된다. 그러나 국내금리가 상승하면 경기가 위축되어 외국인 주식투자자금이 유출됨으로써 환율상승 요인으로 작용할 수도 있기 때문에 금리 상승이 환율에 미치는 영향은 명확하지 않다.

또한 중앙은행의 외환시장개입은 환율 수준에 직접적인 영향을 미칠 수 있다. 국제 단기자본이동 등 대외충격에 의해 환율이 짧은 기간 내에 큰 폭으로 상승할 수 있다. 이런 경우 중앙은행이 직접 외환시장에 참여하여 외환보유액을 매도하고 자국통화 유동성을 흡수하여 환율의 급격한 절하를 방지할 수 있다. 이와 같이 거시경제정책이 환율에 미치는 영향을 분석하기 위한 경제모형으로는 자산시장접근법이 대표적이다. 다만 이같은 모형은 통화 이외의 다양한 자산의 존재가능성, 통화정책 변화가 환율에 미치는 파급경로 등에 대한 가정이 단순하여 실제 환율변동을 만족스럽게 설명하는 데에 한계가 있다.

2) 자산시장접근법에 의한 환율결정이론

자산시장 접근법에 의한 환율결정이론은 외환의 수요와 공급에 의해 환율이 결정된다는 앞에서 언급한 전통적인 플로우접근법과는 달리 환율이 통화라는 자산에 대한 상대적인 수요와 공급에 따라 결정되는 것으로 생각한다.

(1) 신축적 가격하의 통화모형

가격은 기본적으로 신축적으로 조정되며 구매력평가 및 안정적 화폐수요함수를 가정하므로 환율은 그 나라의 상대적 통화공급의 차이 및 내외금리차가 커질수록 상승하고 실질소득차가 커질 경우에는 하락하게 된다. 공식은 다음과 같지만 알 필요는 없고, 핵심은 국내외 금리차에 의해 발생된다는 사실만 알아두자.

$$st = (mt - mt^*) - \alpha(yt - yt^*) + \beta(- \ ^*)(\alpha, \beta > 0)$$

s: 명목환율, $m - m^*$: 양국간 통화공급 차이, $y - y^*$: 실질소득 차이, $i - i^*$: 내외금리차

(2) 경직적 가격하의 통화모형

실물부문에서는 가격이 더디게 조정되나 금융부문의 가격인 환율은 신속하고 과도하게 반응함에 따라 환율이 단기적으로 균형환율 수준보다 많이 움직이는 오버슈팅(Overshooting)현상을 잘 설명할 수 있다. 장기적으로 환율은 양국간의 통화공급차나 실질소득차가 확대될 경우 신축적 가격하의 통화모형과 동일하게 각각 상승 및 하락하나 내외금리차가 확대되었을 때에는 금리평가를 반영하여 환율이 하락하는 것으로 본다. 마찬가지로 공식은 아래와 같지만 알 필요는 없고, 공식의 원리는 물가변동이라는 것만 알아두도록 하자.

$$st = (mt - mt^*) - \alpha(yt - yt^*) - (1/\theta)(- \ ^*)(\alpha, \theta > 0)$$

θ는 물가변동에 대한 환율의 조정속도를 의미

(3) 포트폴리오밸런스 모형

금융자산(국내통화, 국내채권, 해외채권 등)은 불완전 대체재(서로 대체할 수

있지만 대체가 불완전한 재화)로써 리스크 프리미엄(기대소득과 확실한 소득간의 차이)이 존재하므로 환율은 위험회피적인 투자자가 금융자산의 포트폴리오 구성을 변화시키는 과정을 통해 변동하는 것으로 본다. 단기적으로는 통화공급의 증대 → 부의 증대 → 국내채권 및 해외채권 수요증대 → 국내금리 하락 및 환율 상승(자국통화 절하)을 초래하게 된다.

3) 단기 요인

앞에서 서술한 중·장기적 요인으로 매일 혹은 실시간의 환율변동을 설명하는 데에는 한계가 있다. 환율은 단기적으로 외환시장 참가자들의 기대나 주변국의 환율변동, 각종 뉴스, 은행의 움직임과 대응 등에 따라서도 많은 영향을 받기 때문이다.

첫째, 다양한 요인들에 의해 시장참가자들의 환율에 대한 기대가 변하게 되면 자기실현적인 거래에 의해 실제환율의 변동이 초래된다. 예를 들어, 대부분의 시장참가자가 환율상승을 예상할 경우 환율이 오르기 전에 미리 외환을 매입하면 이익을 볼 수 있으므로 외환에 대한 수요가 증가하게 되어 실제환율이 상승하게 된다. 이와 같이 시장참가자들의 환율상승(또는 하락) 기대가 같은 방향으로 형성될 경우 매입 또는 매도주문이 한 방향으로 집중되는 동반효과(Bandwagon Effect)가 나타나면서 환율이 급변동하고 외환시장이 불안정하게 된다.

둘째, 주요 교역상대국의 환율변동은 자국 통화가치에 많은 영향을 주게 된다. 예를 들어 수출경쟁관계에 있는 나라의 통화가 절하될 경우 자국의 수출경쟁력약화로 인해 외환공급이 감소할 것이라는 시장기대가 형성되어 자국의 통화도 절하된다. 우리나라 원화의 경우 과거에는 일본 엔화의 가치변동과 밀접한 관련을 보였지만 최근에는 유로/달러환율의 움직임과 매우 유사한 변동패턴을 보이고 있다. 이는 유로화 강세시 시장참가자들이 달러화 약세를 기대함에 따라 원화가치 또한 달러화에 대하여 강세를 보이는 것으로 해석할 수 있다. 물론 한국의 위상이 과거보다 높아졌기 때문에 발생하는 현상이기도 하다.

셋째, 각종 뉴스도 시장참가자들의 기대변화를 통해 단기 환율변동에 영향을 미치게 된다. 경제 뉴스, 정치 뉴스와 함께 국내뉴스, 해외뉴스도 모두 영향을 미친다. 일례로 2010년 5월 신용평가회사인 Moody's사가 포르투갈의 국가신용등급을 2단계 하향할 수 있다고 보도하면서 남유럽 재정위기에 대한 우려가 심화되자 하향 안정세를 보이던 원/달러환율이 상승세로 전환되었다. 또한 북한의 미사일 도발이나 핵실험을 강행하면 이에 따라 한국의 지정학적 위험이 부각되자 원/달러 환율이 일시적으로 큰 폭 상승한 것도 뉴스가 환율에 영향을 미친 좋은 사례이다. 특히 최근의 가짜뉴스들은 실제로 환율에 직접적인 영향을 미치고 있다.

넷째, 은행의 외환포지션 변동도 환율에 영향을 미친다. 은행의 외환포지션(외화자산-외화부채)이 매도초과 혹은 매입초과의 한 방향으로 크게 노출될 경우 포지션조정을 위한 거래가 일어나고 그 결과 환율이 변동하게 된다. 예를 들어 은행의 선물환 포지션이 큰 폭의 매도초과를 보일 경우 환율변동에 따른 위험에 노출되지 않도록 하기 위해 현물환 매입수요를 늘림으로써 환율이 상승하게 된다.

환율을 일정수준에서 유지하기 위하여 금리조정, 외환시장 개입의 두 가지 정책수단을 활용한다. 예를 들어 달러화에 대한 수요가 늘어나 자국통화 가치가 큰 폭으로 떨어질 경우,

- 국내금리를 인상하여 자국통화에 대한 수요를 자연스럽게 확대하거나,
- 아니면 중앙은행이 외환시장에 직접 참여하여 달러를 팔고 자국통화를 매입함으로써 달러에 대한 초과수요를 충족시키게 된다.

환율을 일정하게 고정시킨다는 것은 자국의 사정에 맞는 통화정책을 수행할 수 없다는 뜻이다. 남미의 베네수엘라의 경우, 석유가격이 하락하면서 국가재정이 위기를 맞으면서 이 상황에 직면하여 있다. 환율은 외환의 수급사정에 따라 변화하는데 이를 일정수준에서 묶어두려면 앞서 지적한 대로 중앙은행이 직접 외환시장에 개입하거나 금리를 조절하여 외국통화와 자국통화간의 상대수익률을 조절해야 하는데 이는 통화정책 여력을 제약하게 된다. 달러에 대한 수요가 크게 늘어 외환시장에서 달러가격이 상승할 경우 중앙은행은 시장에 개입하여 달

러를 공급함으로써 달러가격을 다시 낮출 수 있다. 그러나 달러를 시장에 팔고 받은 국내통화는 중앙은행 계정에 흡수되기 때문에 결과적으로 통화를 긴축 운영한 셈이 된다.

또한 중앙은행이 금리를 올리는 것도 국내통화로 표시된 금융자산의 수익률을 높이면서 달러가격을 낮추게 된다. 그러나 외환시장 개입의 경우와 마찬가지로 금리가 높아지면 통화정책은 긴축정책이 되어 버린다. 만약 당시 경제상황이 긴축을 필요로 하는 시점이었다면 별 문제가 없겠으나 경제가 침체되어 있어 경기부양이 필요한 시점에서 이런 정책을 쓴다면 경기는 더욱 침체될 것이다. 다시 말해 중앙은행이 환율을 고정시키기 위해 사용하는 정책이 국내 경제사정에 맞는 정책선택이 아닐 수도 있으며 이러한 의미에서 통화정책의 자주권을 상실하게 된다. 이는 대내외 경제정책의 관계를 설명하는 삼불원칙(Trilemma 또는 Impossible Trinity)이라는 원리로 설명할 수 있다. 이 원리는 이론적으로 볼 때 ① 고정환율제도 ② 자본자유화 ③ 국내상황을 고려하는 독자적 통화정책의 세 가지를 한꺼번에 수용할 수는 없으며 이 중 두 가지만 선택할 수 있다는 것이다. 예를 들어 1930년대 이전의 금본위제도는 자본의 자유로운 이동이 보장된 상태에서의 극단적 고정환율제도였다. 따라서 모든 나라들은 독자적인 통화정책을 포기할 수밖에 없었다. 한편 브레튼우즈 체제는 고정환율제도였지만 재정·통화정책은 거시경제 안정을 도모하는 주요한 수단으로서 독자성을 인정받았다. 따라서 자유로운 자본이동은 제약될 수밖에 없었다.

다시 한번 강조하지만 아무리 생산성이 뛰어나고 경쟁력을 갖춘 국가나 기업이라 하더라도 환율에 무지하고 관심이 없다면 그 생산성과 경쟁력은 지속되지 않는다. 우리가 환율에 대해 큰 관심을 가져야 하는 이유이다.

5
chapter

국제경제에 영향을 주는 관련 국제기구들은?

우리는 흔히 국제기구를 생각하면 가장 먼저 떠오르는 기구가 바로 유엔(UN)이다. 그렇다면 유엔은 국제경제에서 어떠한 역할을 하는가? 유엔(UN) 또는 국제 연합(United Nations)은 세계 거의 모든 나라를 아우르는 국제 기구이다. 1945년 10월 24일에 제2차 세계대전 종전 이후 출범했다. 설립 목적은 전쟁 이후 국제법, 국제적 안보 공조, 경제 개발 협력 증진, 인권 개선으로 세계 평화를 유지하는 데 있다.

1945년 제2차 세계 대전 이후에 발족됐으며 원칙적으로는 각국의 전쟁을 막고 대화 교섭을 찾자는 명분으로 국제 연맹의 역할을 사실상 대체하게 되었는데, 기존 국제기구와는 달리 군사력을 동원할 수 있는 등 세계적으로 행사할 수 있는 힘을 가지게 되었다. 현재 주권국으로 인정되는 거의 대부분의 국가가 유엔 회원국이다. 뉴욕에 있는 본부에서는 매년 총회를 열어 주요 안건을 상정 및 논의한다. 본부는 미국 뉴욕에 있으며, 네덜란드 헤이그에 국제 사법 재판소를 두고 있다. 사무국은 케냐 나이로비(유엔 나이로비 사무국), 오스트리아 빈(유엔 빈 사무국), 스위스 제네바(유엔 제네바 사무국)에 위치하고 있다.

현재 유엔의 주요 기구는 다섯 곳이다. 유엔 신탁 통치 이사회도 포함됐으나 1994년에 팔라우가 미국으로부터 독립하면서 이 기관의 실질적인 기능이 사라지게 되어 주요 기구에서 제외하고 있다. 주요 기구 다섯 곳은 다음과 같다.

- 유엔 총회: 회원국이 모두 모여 심의.
- 유엔 안전 보장 이사회(안보리): 국제 평화·안전 유지.
- 유엔 사무국: 일상 업무 처리. 사무총장이 수장.
- 유엔 경제 사회 이사회: 전문기구 활동 조정.
- 국제 사법 재판소: 법적 분쟁 해결.
- 유엔 신탁 통치 이사회: 신탁통치 지역 감독(현재는 기능이 정지된 상태).

다섯 곳 중 네 곳은 뉴욕에 위치하며 국제사법재판소는 네덜란드의 헤이그에 위치한다. 각 국가들이 모이는 유엔 총회나 정부간 회담에서는 6개국 언어가 사용되지만 실제로 유엔 사무국에서는 일반적으로 영어와 프랑스어를 사용한다. 아랍어를 뺀 다섯 개의 언어는 설립 당시부터 공식 언어로 지정됐으며 그 뒤 1973년에 아랍어가 현재의 지위를 얻었다. 유엔 내 영어는 공식적으로 영국식 영어 사용법에 준하며 중국어는 간체자로 기준으로 정하고 있다. 대만이 사용하던 번체자 중국어가 누리던 공식어의 지위도 1971년 유엔 총회 결의 제2758호에 의거하여 대만의 중국 대표 자격이 정지되고, 중국이 새로운 중국 대표로 자격을 취득하면서 동시에 옮겨갔다. UN의 실질적인 5기구 중 국제경제에 영향을 주는 기구는 바로 유엔 경제 사회 이사회이다.

유엔 경제사회이사회(The Economic and Social Council, ECOSOC)는 세계 경제사회의 협력개발을 증진하고자 정기 총회의 업무를 보필하는 역할을 맡는다. 유엔 총회에서 2/3 이상의 다수결로 선출된 54개국이 3년 간 이사국을 맡는 식이다. 의장은 대개 중립국이나 강소국 출신의 인물이 1년 간 임기를 수행하는 것이 보통이다. 경제사회국 회의는 해마다 7월 4주간 열리며 1998년 이후로 4월에 세계은행과 국제통화기금 위원회가 참석하는 가운데 세계 경제부장관들이 모여 회의를 갖는다. 경제사회 이외에 세계 각국의 정보를 수집하며 특정 사안이나 우려가 있을 경우 관련국에 통보 및 권고안을 내놓기도 한다. 또한 유엔 내부 기구 중 유엔 자체의 업무에 가장 충실히 입각하는 기관이기에 국제 사회에서 논의된 정책이나 다른 기관들과의 조율을 이루도록 노력하며 이런 면에서는 가장 활동이 두드러진다고 볼 수 있다. 따라서 유엔경제사회이사회가 국제경제에 영향을 주는 면은 크게 두 가지로 각국간 경제갈등시 이를 조정하고 중재하는 역할과 주로 개발도상국들의 경제적 원조라고 할 수 있다. 그렇다면 UN말고 국제경제에 영향을 주는 국제기구들이 있는가? 결론은 있고 UN보다 훨씬 더 강력하게 국제경제에 영향을 주고 있다는 사실이다. 국제경제에 중대한 영향을 주고 있는 대표적인 국제기구들을 살펴보도록 하자.

1. 세계무역기구(World Trade Organization, WTO)

WTO는 회원국들간의 무역 관계를 정의하는 많은 수의 협정을 관리 감독하기 위한 기구이다. 세계무역기구는 1947년 시작된 관세 및 무역에 관한 일반협정(General Agreement on Tariffs and Trade, GATT) 체제를 대체하기 위해 등장했으며, 세계 무역 장벽을 감소시키거나 없애기 위한 목적을 가지고 있다. 이는 국가 간의 무역을 보다 부드럽고, 자유롭게 보장해 준다.

세계무역기구의 본부는 스위스 제네바에 위치해 있다. 2017년 기준으로 159개의 회원국이 있으며, 대부분의 회원국가는 개발도상국이다. 모든 회원국은 "무조건 최혜국대우 공여원칙"을 지킬 것을 의무로 갖는데, 이는 (일부 예외를 제외하고) 하나의 회원국이 받는 특권이 모든 다른 국가에게도 적용되어야 한다는 것을 의미한다. 1990년대 후반, 세계무역기구는 반세계화 운동의 주요한 공격 대상이 됐다. 세계무역기구는 1995년 1월 1일, 제2차 세계 대전 후 자유무역을 지향하기 위해 만들어졌던 관세 및 무역에 관한 일반협정(GATT) 체제를 대체하기 위해 설립되었다. 세계무역기구는 GATT의 원칙과 협정을 수용하며, 나아가 이를 관리 감독, 확대하는 것 또한 목적으로 삼고 있다. 무형의 협정 체제였던 GATT와는 달리 세계무역기구는 실제로 기구가 존재한다.

세계무역기구는 실질적으로는, GATT 체제를 대체하기로 했었던 국제무역기구의 후임이다. 국제무역기구는, 1948년 3월 아바나에서 있었던 유엔의 무역 및 고용에 관한 회의 결과 합의 되었지만, 미국 상원의회에 의해서 기각되었다. 일부 역사가들은 이 실패는 국제무역기구가 대형 사업을 자유롭게 하는 것이 아니라, 오히려 규제하는 데 사용될 것이라는 미국 기업가들의 두려움에서 야기된 것이라고 한다.

WTO의 모든 회원국은 항소심, 분쟁해결기구, 다자간회의를 제외한 모든 이사회, 위원회 등에 참여할 수 있다. 세계무역기구는 여러 단계의 계층적 조직을 가진다.

• 최고 단계: 각료회의

세계무역기구의 최고의사결정기관은 각료회의이다. 이는 최소한 2년에 한 번은 개최되는 비상설 기관이다. 각료회의는 모든 회원국을 소집하며 모든 협정에서 발생하는 모든 문제에 대한 결정을 내릴 수 있다. 제1차 각료회의는 1996년 싱가포르에서 개최되었다.

• 2차 단계: 일반이사회

일상적인 문제는 일반이사회, 분쟁해결기구, 무역정책검사기구의 3기구에서 다루어진다.

일반이사회 - 일반이사회는 제네바에 위치한, 최고 수준의 의사결정기관이며, 세계무역기구의 역할을 수행하기 위해 규칙적으로 소집된다. 이는 모든 회원국 정부가 파견한 대표(대개 대사나 동등한 직위)로 구성되며, 매 2년 개최되는 각료회의를 대신하여 직무를 행할 권리가 있다. 이사회는 세계무역기구의 모든 사무를 각료회의를 대신하여 이행한다.

-분쟁해결기구: 분쟁해결기구는 모든 회원국의 대표(대사나 동등한 직위)로 구성된다.

-무역정책검사기구: 일반이사회는 회원국의 무역 정책을 검사하기 위해 무역정책검사기구를 구성한다. 그러므로 무역정책기구는 모든 회원국에게 열려 있다.

• 3차 단계: 상품이사회 등

상품이사회는 일반이사회 하에 존재한다. 이는 서로 다른 역할을 수행하는 상품이사회, 서비스이사회, 무역관련 지적재산권이사회의 3개 이사회로 구성된다. 이러한 3개의 이사회와는 별개로, 6개의 다른 기구가 있으며 이러한 기구에서는 일반이사회에 무역, 개발, 환경, 지역무역협정, 가입 등의 문제를 보고하는 역할을 한다.

-상품이사회: 상품의 국제 무역을 정의하는 관세 및 무역에 관한 일반협정(GATT)의 역할은 현재 상품이사회 소관이다. 이는 모든 회원국의 대표로 구성된다.

-무역관련 지적재산권이사회: 무역관련 지적재산권에 관한 모든 협정 및 이와 관련된 세계무역기구의 문제는 무역관련 지적재산권이사회의 소관이다.

-서비스이사회: 서비스이사회는 일반이사회의 규정하에서 서비스무역 관련 일반협정을 감독하는 역할을 수행한다. 모든 회원국에 열려 있으며, 임의의 보조기구를 생성할 수 있다.

세계무역기구의 목표는 무역장벽을 낮추고 무역 협상의 기반을 제공함으로써 원활하고 자유로운 무역을 지원하는 것이다. 또한, 회원국들간에 분쟁이 일어날 경우 이를 조정하는 역할도 수행한다. 주요한 목적은 상품 및 서비스 생산자, 수출입자 등을 돕는 것이다. 세계무역기구의 심의는 다음과 같은 무역의 기본 원리를 따라야 한다.

1. 무역 체계는 차별이 없어야 한다. 즉 국가는 다른 국가에 대해 우월적 권리를 행사하거나, 외국 상품이나 서비스를 차별해서는 안 된다.
2. 무역 체계는 자유로워야 한다. 즉 관세이든 비관세이든 최소한의 무역장벽을 유지해야 한다.
3. 무역 체계는 예상할 수 있어야 한다. 즉 외국 기업이나 정부는 무역장벽이 갑작스럽게 높아지지 않으리라는 것과 시장은 그대로 열려 있을 것을 보장받아야 한다.
4. 무역 체계는 보다 경쟁적이 되어야 한다.

5. 무역 체계는 개발도상국들을 고려해야 한다. 즉 유예기간, 유연성, 권리 등을 보장해 줘야 한다.

세계무역기구는 두개의 기본적인 임무를 가지고 있다. 하나는 새로이 도입되었거나 혹은 기존에 존재하는 무역 규약을 의논하기 위한 협상의 장으로의 임무이다. 다른 하나는 무역 분쟁이 발생했을 때, 이를 진정시키는 임무이다.

1) 협상

대부분의 범국제 기구가 '일국 일표제'나 혹은 '비례 표수제'를 도입해 투표를 통해 의결하는 반면, 세계무역기관의 협정과 같은 대개의 결정은 컨센서스에 의해 정해진다. 이는 모든 회원국의 찬성을 의미하는 것이 아니다. 단지 하나의 회원국이라도 반대를 하지 않으면 되는 것이다. 투표는 특별한 경우에만 이용된다.

컨센서스의 장점은, 가장 널리 받아들여지는 결론을 도출하기 위한 국가 간의 상호 노력을 장려하는 것이다. 반면 단점으로는, 오랜 시간 및 수많은 협상 과정이 필요하다는 것이다. 리차드 스타인버그(2002년)에 따르면 세계무역기구의 협상 방식인 컨센서스는 법 기반의 협상을 의도하였음에도, 현재의 협상 과정을 보면 유럽이나 미국의 힘에 의한 협상으로 마무리되고, 파레토 개선을 이끌어내지 못한다고 비판하였다. 컨센서스에 실패한 최근의 가장 유명한 예로는, 1999년 시애틀과 2003년 멕시코 칸쿤에서 있었던 각료회의인데, 일부 개발도상국의 거부가 원인이었다. 세계무역기구는 2001년 11월 도하에서 제4차 각료회의의 협상을 시작하였다. 회담은 논쟁에 휘말려 있으며, 캉쿤, 제네바, 파리에서의 계속된 협상에도 불구하고 합의는 아직 도출되지 않았다. 제6차 각료회의는 2005년 12월 13일부터 12월 18일까지 홍콩에서 열렸다.

2) 분쟁 해결

다른 범국제 기구와 달리, 세계무역기구는 어떤 회원국이 다른 회원국에 대해 불만을 표시할 때 이를 중재하기 위해 내린 결정을 강제할 힘을 가지고 있다. 만약 WTO 분쟁해결기구가 내린 결정을 이행하지 않는다면, 이는 "보복 수단"

을 허가할 근거는 되지만, 다른 강제 수단은 존재하지 않는다. 이는 경제적으로 강력한 미국과 같은 국가는 상대적으로 경제가 취약한 국가, 다시 말해 보복 수단을 통해 미국 무역에 손해를 입힐 힘이 없는 국가가 불만을 표시할 때 이를 실질적으로 무시할 수 있다는 것을 의미하다. 예로, 2005년 3월 상고심 판결에서 미국의 목화 보조금이 불법이라고 선언한 'DS 276사건'을 들 수 있다.

세계무역기구는 설립당시 76개 회원국을 가지고 있었다. 이후 10년간 73개 회원국이 추가로 가입하였으며, 그 중 중국과 대만이 개별관세영역에 2001년 가입하였으며, 2005년 각료회의를 이틀 앞둔 2005년 12월 11일 사우디아라비아가 가입하였다. 2008년 7월 23일 아프리카의 카보베르데가 153번째로 가입했다. 2011년 12월 16일, 러시아가 18년간의 협상 끝에 가입 승인이 이루어졌다. 현재의 회원국 목록은 여기에서 찾을 수 있다. 많은 수의 비회원국이 참관국으로 세계무역기구에 참가하고 있다. 총 30개국으로, 안도라, 아제르바이잔, 바하마(2001년 가입 협상 중지), 벨라루스, 부탄, 보스니아 헤르체고비나, 카보베르데, 적도기니(2007년 이전에 회원국 가입을 시작할 것으로 예측), 에티오피아, 바티칸(가입 협상을 고려하지 않고 참관국으로 있도록 예외 적용), 이란, 이라크, 카자흐스탄, 라오스, 레바논, 리비아, 사모아, 세르비아, 몬테네그로, 상투메 프린시페, 세이셸(1998년 이후 협상 중지), 수단, 타지키스탄, 우크라이나, 우즈베키스탄, 바누아투(2001년 참관이 허용되었으나, 바누아투 스스로 인가하지 않았다), 마지막으로 예멘이다. 이중 많은 수가 회원국 가입을 고려하고 있다.

이란은 세계무역기구에 1996년 처음으로 가입을 신청했다. 하지만, 미국이 국제적 테러에 대한 테헤란의 지원을 비난하면서, 이란의 가입을 22번 저지하였다. 하지만 2005년 3월 미국은 이란의 가입 협상에 거부권을 행사하지 않겠다는 의사를 밝힌바 있다. 이는 미국과의 핵협상의 일환으로 이란의 회원국 가입의사를 미국이 더 이상 막지 않겠다는 것이다. 다음 16개국 및 2개령은 아직 세계무역기구와 어떠한 관계도 맺지 않고 있다. 이는 에리트레아, 소말리아, 라이베리아, 시리아, 투르크메니스탄, 북한, 모나코, 산마리노, 동티모르, 코모로, 나우루, 투발루, 팔라우, 키리바시, 미크로네시아, 마셜 제도, 서사하라, 팔레스타인 자치 정부이다.

세계무역기구는 현재 국제법 지위를 가지는 20개 이상의 협정을 지니고 있다. 회원국은 반드시 모든 협정을 서명·비준하여야 한다. 세계무역기구의 모든 협정의 목록은 여기에서 찾을 수 있다. 몇몇 중요한 협정과 그 내용은 다음과 같다.

(1) 농업협정

농업협정(Agreement on Agriculture, AoA)은 1995년 초, 세계무역기구의 설립과 함께 효력을 발휘하기 시작했다. 이 협정은 개발도상국에게는 소규모 농가를 보호해주던 무역 보호를 줄이게 하며, 부유한 나라에게는 엄청난 보조금으로 자국의 농민을 지원해 주는 것을 합리화시켜 주는 역할을 한다. 농업협정은 3개의 중요한 개념을 가지고 있다. 이는 국내보조, 시장접근, 수출경쟁이다. 농업협정체제의 국내보조(보조금)는 녹색상자, 황색상자, 청색상자의 3개 항목으로 나뉜다. 이는 신호등의 색과 같이 녹색상자는 허용, 황색상자는 지원감소이며, 청색상자는 특별한 경우로 조건부 녹색을 의미한다.

- 녹색상자(허용 보조) - 시장을 왜곡하지 않거나 최소한으로 왜곡하는 한 국가 재정으로부터(소비자에게 떠넘기지 않으며) 상한 없는 지원금을 제공할 수 있다는 것을 의미한다.
- 황색상자(감축대상 보조) - 정부가 보조금을 완전히 없애지는 않지만, 줄이기로 합의한 것을 의미한다. "De Minimis"는 최소허용 보조를 의미하며, 선진국 5%, 개발도상국 10%의 수준이다.
- 청색상자(생산제한 아래 허용보조) - 보조금이 생산제한조치에 관련이 있는 한 상한 없이 제공될 수 있다는 것을 의미한다.

이에 추가로 "S&D상자" 즉 '개발도상국 특별 우대 조치'라는 예외 조항도 존재한다.

농업협정의 국내보조는 현재 유럽과 미국이 매년 농업 지원금조로 약 3,800억 달러를 사용하도록 허용하고 있다. 이러한 지원금은 소규모농가에게 가지 않고, 거의 대부분이 대규모 사업농가에게 간다. 미국에서는 70%의 지원금이 10%의 농가에게 가며, 유럽에서는 지원금의 절반이 1%의 농가에게 흘러간다.

이러한 지원금은 원가 이하의 농산물로 세계 시장을 넘치게 하며, 가난한 국가에서 가격상승을 억제하며, 저임금 노동을 유발한다. 아프리카나 아시아의 커피 농장에서 커피가격 상승을 억제하기 위해 많은 아동들이 노동착취를 당하는 이유가 되기도 한다.

• 서비스무역에 관한 일반협정

1947년 GATT(General Agreement on Tariffs and Trade: 관세와 무역에 관한 일반협정) 설립 이후 국가 간 상품거래가 크게 증가해 온 것과 달리, 서비스 거래는 1970년 이전까지 주로 국내에서만 이루어져 왔다. 때문에 상품 분야에 있어서는 그동안 국제적으로 꾸준히 무역 자유화가 추진돼 왔지만, 서비스 분야에서는 대부분의 국가 특히 개도국들을 중심으로 상당한 무역 장벽이 유지돼 왔다. 1980년대 들어 서비스교역이 급격히 증가하는 추세를 보이자, 서비스무역장벽을 둘러싸고 많은 논란이 일기 시작했다. 그리고 1986년 9월 우루과이라운드(UR) 출범 당시 선진국들의 강력한 주장으로 서비스무역 자유화 문제를 협의키로 합의했다. 이후 1994년까지 진행된 UR 협상에서 서비스교역의 장벽을 제거하고 서비스교역의 자유화를 가속화하기 위한 다자간 규범으로 GATS(General Agreement on Trade in Services: 서비스무역에 관한 일반협정)가 제정됐다. GATS는 총 6부 29개 조항과 8개의 분야별 부속서, 그리고 각국의 양허표로 구성돼 있다. GATS는 양자간 항공분야와 정부조달(Government Procurement) 부문을 제외하고 모든 서비스 분야에 적용된다. 협정문은 서비스 거래 방식을 크게 4가지 형태(Mode)로 구분하고 있다. 모드 1(Mode 1: Cross-Border Supply, 국경간 공급)은 서비스 공급자(수출자)와 서비스 소비자(수입자)가 각각 자국에 있으면서 인터넷이나 우편 등을 통해 서비스만 국경을 넘어 이동하는 방식이다. 예를 들면 인터넷을 통한 경영컨설팅, 법률자문 서비스나, 국제화물운송, 통신서비스 등이 이에 해당한다. 모드 2(Mode 2: Consumption Abroad, 해외소비)는 서비스 소비자(수입자)가 서비스 공급자(수출자)가 있는 국가로 이동해 서비스를 구매하는 방식이다. 예를 들면 해외유학, 해외의료진료, 해외관광 등이 이에 해당한다. 모드 3(Mode 3:

Commercial Presence, 상업적 주재)은 서비스 공급자(수출자)가 서비스 소비자(수입자)가 있는 국가로 자본을 가지고 이동해 서비스를 판매하는 방식이다. 예를 들면 외국 은행이 특정국에 법인이나 지사를 설립하고 그 나라에서 은행업을 수행하는 경우가 이에 해당한다. 마지막으로 모드 4(Mode 4: Movement of Natural Persons, 사람의 이동)는 서비스 공급자(수출자)가 서비스 소비자(수입자)가 있는 국가로 이동해 서비스를 제공하는 방식이다. 예를 들면 건설인력이 해외에 가서 건물이나 도로 등을 건설하는 경우나, K팝 스타들이 해외공연을 가는 경우 등이 이에 해당한다.

회원국들이 지켜야 할 GATS 의무로는 크게 일반의무(General Obligation)와 구체적 약속(Specific Commitment)이 있다. 일반의무(General Obligations)는 모든 회원국과 서비스 분야에 자동적으로 적용되는데, 최혜국 대우, 투명성 조항 등이 이에 해당한다. '최혜국 대우'는 특정국에 부여하는 '특혜 대우'를 모든 회원국에 동일하게 적용해야 한다는 규정이다. 최혜국 대우를 엄격하게 준수하는 GATT와 달리, GATS에서는 최혜국 대우에 대한 예외를 상당히 광범위하게 인정하고 있다. UR에서 서비스무역이 논의되기 이전에는 서비스무역에 관한 국제 협정이 없었기 때문에 각국은 각 서비스 분야별로 상호주의에 입각한 협정을 맺고 거래해 왔다. 이와 같은 기존 관행을 감안해서 GATS는 최혜국 대우를 원칙으로 하면서도 최혜국 대우에 대한 예외조치를 광범위하게 인정하지 않을 수 없었다.

'구체적 약속'은 개별 회원국들의 특정 서비스분야에 대한 '시장접근'과 '내국민 대우'에 관한 약속이다. 서비스무역에 있어서 시장접근과 내국민 대우는 특히 중요한 의미를 지닌다. 예컨대 유통분야에 있어서 상대국 시장에 현지법인의 설립이 가능한지의 여부(시장접근), 시장접근 후 진출국가의 유통업체와 비교해 차별조치를 받고 있는지의 여부(내국민 대우)가 자유화의 여부를 결정한다. 이러한 구체적 약속 내용은 개별 회원국의 양허표(Country Schedules)에 명시돼 있는데, 개별 국의 경제상황에 따라 상당한 편차를 보인다.

• 무역관련 지적재산권에 관한 협정

무역관련 지적재산권에 관한 협정(Agreement on Trade-Related Aspects of Intellectual Property Rights, TRIPs)은 특허권, 디자인 권, 상표권, 저작권 등 지적재산권에 대한 최초의 다자간규범이다. WTO협정 부속서로 발효된 동 협정은 총 7개장에 73개 조항으로 구성되어 있다. 제1장은 일반규정 및 기본원칙, 제2장은 보호기준, 제3장은 지적재산권 집행절차, 제4장은 지적재산권 획득, 유지 및 관련 내부절차, 제5장은 분쟁예방 및 해결절차, 제6장 경과조치, 제7장 제도관련규정(최종규정)이다. WTO에 가입한 국가에는 동 협정이 당연히 적용된다. 동 협정 제27조 제3항에 의하면 미생물을 제외한 동물과 식물은 특허의 대상에서 제외할 수 있더라도 식물변종의 보호를 규정하도록 하고 있다.

• 위생 및 검역조치에 관한 협정

위생 및 검역조치(Agreement on the Application of Sanitary and Phytosanitary Measures, SPS Agreement)는 1995년 적용되기 시작했으며, 국제 무역의 자유로운 흐름을 달성할 수 있도록 검역기준의 적용을 제한하는 것을 목표로 하고 있다. 위생 및 검역조치에 관한 협정 하에서, 세계무역기구는 동물 및 식물 보건(외산 해충 및 질병)과 마찬가지로 식품 안전(박테리아 오염, 살충제, 검사, 표식)에 관한 정부시책에 제한을 가할 수 있다. 검역기준은 사람 및 동식물의 보호에 매우 중요한 역할을 한다. 하지만, 세계무역기구의 위생 및 검역조치에 관한 협정에 따르면 이러한 검역기준은 외국의 경쟁사들을 배척하기 위한 이른바 '기술적인 무역 장벽'으로 적용될 수 있다는 것이다.

이 협정은 세계무역기구에 국가의 "예방 원칙"(사람이나 환경에 잠재적인 위협이 될 수 있는지에 관해 과학적인 확증이 없다면, 조심하는 편에서 행동하려는 원칙)을 무시할 수 있는 권한을 준다. 이 협정하에서는, 규제국 스스로가 해당 물품이 위험한지 과학적으로 증명하고 나서야 규제를 할 수 있다. 비록 과학자들이 해충 및 유해 식물이 유발할 수 있는 모든 형태의 피해를 예상하는 것이 불가능하다는 것을 알고 있지만 일단은 이렇게 규정하고 있다.

• 위생 및 검역조치에 관한 협정과 유전자 변형 농산물

세계 유전자 변형 농산물 생산량의 80%를 차지하는 미국은 위생 및 검역조치에 관한 협정을 언급하며 유전자 변형 농산물의 수입을 규제하는 유럽 연합의 법이 정당하지 않으며, 세계무역기구 하에서 불법이라며 공격하였다. 세계무역기구는 이 건을 2006년에 처리하였다. 만약 어떤 국가가 유전자 변형을 불법으로 간주하면, 해당 국가는 예방 원칙을 기반하여 유전자 변형체를 국가 차원에서 거부할 권리를 주었던 최초의 범국가적 협정인, "바이오 안전성에 관한 카르타헤나 의정서" 역시 위험에 빠질 우려가 있다.

2. IMF(국제통화기금, International Monetary Fund)

IMF. 국제통화기금은 아마도 국내에서 사람들이 UN, OECD 다음으로 가장 많이 알고 있는 국제기구일 것이다. 한마디로 특정 국가에 달러가 부족할 경우 달러를 빌려주는 기구이다. 각 선진국들이 일정량 펀드형태로 출자를 하여 기금을 조성한다. 물론 같은 비용으로 출자를 하는 것이 아니라 국가별 특별인출권(Special Drawing Rights, SDR)에 맞춰 쿼터(Quota) 형식으로 출자를 한다.

주로 유동성의 위기로 갑자기 달러화 부족을 겪는 국가나 방만한 재정정책으로 외화를 제대로 관리하지 못하는 국가들이 IMF에 요청을 하게 되는데, 요청을 하게 될 경우 해당 국가의 신용도가 깎이는 것은 물론이고, IMF의 지시에 따라 그 나라 경제 구조 자체를 재편해야 하는 것에 그 무서움이 있다. 물론 명분은 경제적 개혁이지만 그 과정에서 해당 국가의 기업 등이 외국에 싼 값으로 팔려나가기도 한다. 즉 국가 경제가 다른 나라로 많은 이득을 넘겨주게 된다. 사실 그렇기 때문에 구제금융을 받았거나 받았던 적이 있는 국가들에게 IMF가 좋은 소리를 듣는 경우는 그리 많지 않고, IMF의 정책에 따르는 정부에 대한 불만으로 정권이 뒤엎어지는 건 그나마 양반이고 심하면 사회적 갈등까지도 벌어져 전쟁까지 일어나게 된 일까지도 있기 때문에 더더욱 그렇다. 이 사례 중에서 그나마 긍정적으로 볼 수 있는 예라면 동구권 체제 붕괴에 거드는 역할을 했다는 점 정도가 있다. 한국의 경우는 그나마 다행인 사례일 것이다.

우리나라도 김영삼 정권(1997년 11월) 때 국가 부도로 이어져 결국 IMF로부터 기금을 차용하며 조달받는 대가로 한국 경제구조를 전반적으로 거의 재편하는 수준의 강도 높은 요구사항에 순응해야 했다.

잘 알려지지 않은 사실이지만, 한국이 IMF에서 돈을 빌린 것은 1998년이 처음이 아니다. IMF 공식자료에 따르면, 1965년부터 1985년까지 지속적으로 IMF에서 돈을 빌렸으나 97년 외환위기와 같은 IMF관리 체제는 아니었다. IMF 대출 계정에는 크게 두 가지가 있는데 하나는 마이너스 통장과 같이 제한된 한도 내에서 자유롭게 빌릴 수 있는 차입예약협정(Stand-by Agreement)과 무제한 한도인 대신 98년 IMF사태와 같이 부채상환이 완료될 때까지 IMF가 경제정책을 좌지우지 하는 긴급수혈자금(Supplemental Reserve Facility)으로 나뉘어진다. 지금까지 우리나라가 IMF에서 돈을 빌린 횟수는 차입예약협정과 긴급수혈자금 모두 합쳐 18회이지만 긴급수혈자금은 1997년이 처음이었고, IMF의 강도높은 경제개혁으로 인해 그 충격파가 어마어마했던 것이다. 이로인해 한국경제는 크게 IMF 이전과 IMF 이후로 나누기까지 한다.

IMF의 탄생배경을 살펴보자. 18세기부터 국제금융체제를 지배하던 영국 파운드 스털링 중심의 금본위제가 1차 세계대전과 전간기 대공황을 거쳐 마감하면서 새로운 국제금융체제와 국제무역체제 대한 논의가 대두됐다. 그래서 앞서 설명한 대로 2차 세계대전이 진행되던 1944년 7월 22일 미국 뉴햄프셔 주의 브레튼우즈에서 국제연합 금융·재정 회의를 통해 브레튼우즈 체제(Bretton Woods System)가 출범하게 됐다. 이 브레튼우즈 체제를 통해 IMF와 세계은행(IBRD)이 창설됐다. 하지만 국제무역기구(ITO)는 창설하지 못하고 50년 동안 무역과 관세에 관한 일반협정 체제(GATT, 1947)에 의해 유지되다 비로소 1995년 우루과이 라운드(GATT, 1994)가 시행되면서 세계무역기구(WTO)가 출범하게 된다. IMF의 첫 참가국은 29개국이었고 1947년 3월 1일 IMF 협정이 발효되어 업무 개시, 국제연합과 협정을 맺어 전문 기관이 되었다.

IMF 설립 최초에는 미국 달러화와 연동된 금태환제를 기초로 한 고정환율제로 운영됐다. 예를 들어 다시 한번 얘기하자면, 만일 A국이 유동성의 문제로 달러가 급히 필요한데 달러화를 융통하기 위해 A국이 보유한 금 1온스를 IMF

에 내고 이에 상응하는 35달러를 받는 구조였다. 즉 통화스와프(Monetary Swap)와 유사하다고 할 수 있다. 그리고 원칙적으로는 ±1% 범위 내에서 변동환율 조정이 가능하며, 국제수지의 근본적인 불균형이 있는 경우에만 예외적으로 그 이상의 변동이 허용된다.

통화 스와프(Currency Swap)란, 통화교환(스왑)의 형식을 이용하여 단기적인 자금 융통을 행하기로 하는 계약을 뜻한다. 통화스왑은 통화라는 기초자산을 스왑 계약이라는 방식으로 거래하는 것을 말한다. 스왑은 '바꾸다, 교환하다'는 의미가 있다. 국가간의 통화스왑 협정은 두 나라가 자국 통화를 상대국 통화와 맞교환하는 방식으로 이루어진다.

미국은 달러화를 융통해 주는 대신 어느 정도 통화수지의 적자는 감수해야 했지만 2차 세계대전 직후 세계경제를 좌지우지한 미국의 정책 때문에 가능한 얘기였다. 그러나 1960년대 들어 독일, 프랑스, 일본 등의 국가들이 전후 경제부흥을 통해 세계경제의 강대국으로 성장했고, 미국은 베트남 전쟁이 발발하면서 미국의 국제수지 적자가 늘어나게 되자 이 브레튼우즈 체제는 서서히 붕괴되기 시작했다. 또한 많은 나라들이 달러를 필요로 하지만 미국도 국가이기에 통화수지 정책을 시행하는데 있어 무한정 달러를 발행할 수는 없기에 자연스럽게 달러화의 유동성이 떨어지는 문제가 생겼고, 이와는 반대로 달러화의 국제수요를 충족시키기 위해 달러를 무작정 발행하면서 그만큼 달러화의 가치가 떨어지는 문제도 생기게 되면서 이른바 '트리핀 딜레마(Triffin Dilemma)'에 빠져들고 말았다.

이렇게 브레튼우즈 체제가 서서히 붕괴되는 과정에서 미국과 IMF는 이를 막아보고자 1971년 12월 미국 수도 워싱턴의 스미소니언 박물관에 모여 스미소니언 협정을 출범시켰다. 브레튼우즈 체제에서 금 1온스=35달러의 금태환을 금 1온스=38.02달러로 조정, 미국 달러의 평가절하와 여기에 상응하는 독일 마르크화 일본 엔화의 대 달러화에 대한 평가절상에 합의했다. 또한 브레튼우즈 체제에서 합의한 ±1% 변동환율폭도 2.25%로 넓히게 됐다. 하지만 이 스미소니언 체제도 2년도 안 되어 파기되고 다시 금 1온스=42.22달러로 다시 한번 평가절하되지만 이마저도 1973년 발생한 오일 쇼크로 인한 세계경제의 둔화라는 사태가 터지면서 이것 역시 붕괴되고 만다. 결국 1976년에 자메이카 킹스턴에서 기존의 미국 달러화와 연동된 금태환제를 포기하고 대신 과도한 환율 조작을 하지 않는 범위 내에서 국가의 외환시장 개입을 존중하여 국가가 고정환율제와 변동환율제를 자유롭게 선택하게 하는 킹스턴 체제가 출범하게 된다. 또한 미 달러화 연동 금태환제의 포기에 대한 보완으로 각국의 경제능력에 맞춰 특별인출권(Special Drawing Rights)을 지급하여 IMF의 펀드출자와 비상시 각국이 달러화를 융통할 수 있도록 조치를 취했다. 이후 국제금융질서는 1944년 브레튼우즈 체제의 기본 방향과 킹스턴 체제의 협정 내용에 의해 운용돼 지금까지 이르고 있다.

사실 우리나라 사람들에겐 IMF가 그다지 달갑지 않은 기구지만 그래도 파산위기의 한국경제를 도와준 기구라고 볼 수 있다. 일종의 필요악이었던 셈이다. 당시의 혼란의 원인제공이 IMF가 아니었던 만큼 학술적인 자리에서는 IMF 사태라는 말은 잘 사용하지 않고 대신 '외환위기'라고 한다. 한국만의 문제가 아닌 동아시아를 포함한 국가에서 연쇄적으로 일어났기 때문에 '아시아 금융위기'라고 묶어서 표현한다. 그런데 당시에는 사회적 혼란이 극에 달했던 터라 IMF를 너무 과도하게 한국을 침탈하는 외세로 봤던 사람들이 제법 있었다. 사실 비단 한국만의 일은 아니고 중남미 국가들이나 동유럽 국가들, 심지어 현재의 남유럽 국가들도 이런 이유로 IMF를 싫어하는 경향이 많다.

하지만 IMF를 '위기의 한국 경제를 구해준 기구'라고 믿는 것도 순진한 인식이다. IMF를 불을 끄는 소방서라고 비유한다면, 화재진압을 하면서 대신 화재방지 차원으로 건물 개조 계약서 먼저 요구하여 서명받는 곳인 셈이다. 불이 나서 불을 진압해야 하긴 하는데 불이 너무 번지는 바람에 119구조대를 부르는 거하고 비슷한 셈이다. 하지만 실제로는 IMF 사태가 터지기 전에도 우리나라만 해도 대출한 적이 수 없이 많고, 한국 뿐만 아니라 많은 나라가 대출을 받았다.

1980년대 이후 제 3세계의 외채위기를 빌미삼아 미국은 IMF를 가지고 새로운 글로벌 경제 판짜기를 시도한다. 1980년대에는 베이커 플랜, 1990년대에는 브래디 플랜이 IMF의 요구를 대표하여 등장한다. 1980년대에는 세계적 경제위기가 발생한 이유를 유동성의 부족에서 찾았다. 즉 자금의 통로만 터주면 제3세계가 국내산업을 육성하느라 투자한 고정자본을 곧 회수할 수 있으리라 본 것이다. 하지만 경제구조 문제로 바라보게 된다는 점에서 구조적 전환이 일어난다. 이로 인해 IMF 패키지 정책이라는 것이 만들어지는데, 이는 구조조정에 대한 요구로 정리될 수 있다. IMF의 구조조정의 핵심적 요구들은 다음과 같다. 공기업을 민영화하고, 이자율을 높여 해외자금을 유치하고, 대대적인 인원 삭감으로 기업 효율성을 높이고(구조조정), 고용의 유연성을 늘리고, 정부의 재정지출을 대폭 삭감하라는 것이다. 이것은 서유럽과 미국 등의 자본이 거의 절대적인 영향력을 발휘하는 IMF의 속성 때문에 발생한 일이다. 사실 이런 일이 세계적으로 벌어졌던 건 당시 미국과 영국에서 고금리 정책을 취하면서 제3세계 국가들이나 동구권 국가에서 이자율이 급속히 늘어난 이유가 컸는데 한창 이자율이 쌀 때 빌려서 갚을 시기가 되자 이자율이 급속히 올라가며 갚을 빚이 급속히 늘어나게 된 것이다. 그러나 늘어나는 빚에 대한 본격적인 대책은 80년대 후반에서나 나왔고 그 사이에 많은 제3세계 국가들이 파산의 길을 걷게 되어버리고 말았다. 이를 '워싱턴 컨센서스'라고 부르는데, 이에 반대하여 조지프 스티글리츠와 같은 IBRD(국제 부흥 개발 은행)측의 인사들이 포스트-워싱턴 컨센서스를, 중국에서는 베이징 컨센서스 같은 것을 내세우기도 하였다.

그럼에도 불구하고 한국은 3년 만에 자금을 모두 갚아서 IMF의 간섭을 빨리 벗어날 수 있었기에 이러한 위험성을 많이 회피한 사례이다. 하지만 우리를 위기에서 구한 은인이라 생각하는 IMF가 불러온 고금리 정책과 구조조정 정책으로 인한 엄청난 정리해고와 뒤이은 비정규직법의 등장으로 외환위기 이전과 이후의 한국 사회는 많이 다른 사회가 되었다.

IMF는 '세계'나 '국제'가 이름 붙은 다국가 기구 상당수가 그러하듯 이것도 미국과 일본 등 소위 강대국들의 영향을 상당히 받고 있다. WTO, 세계은행 그룹과 더불어 IMF는 세계화를 상징하는 3대 구성요소이다. 때문에 신자유주의자들에게는 글로벌 금융의 최후의 보루로 칭송받지만, 세계화 반대론자들에게는 만악의 근원으로 비난받고 있다. 이 양측의 입장에서 IMF를 비교해 보면 과연 같은 조직을 두고 한 말이 맞는지 의심이 갈 정도이다. 사실 1980-90년대의 일만 놓고 보면 거의 IMF는 사실 테러리스트에 가깝다고 볼 수도 있다.

앞서 IMF를 119구조대에 비교했는데, 불을 끄는 것 자체의 필요성은 많은 사람들이 공감하고 있지만 그걸 빌미로 건물 개조를 하는 게 삽질에다가 119구조대에 예산 주는 곳이 불난집의 자산과 구조를 좌지우지 할 수 있게 만드는 것이다.

그런데 이와 같은 설명은 사실 구제금융 정책안 자체에 포함된 내용이기도 하다. 보통 경제위기의 극복을 단기적인 안정화정책(Stabilization)로 주로 IMF가 맡으며, 구조적 비효율성을 제거하여 경제성장의 잠재력을 키우는 것이 장기적인 구조조정(Structural Adjustment)으로 주로 IBRD(세계은행)이 담당한다. 이 때 구조적 비효율성이란 정부의 지나친 개입에 대한 지양, 노동의 유연화, 금융과 무역의 자유화(개방화)로의 전환을 통해 해소된다고 가정된다. 그러나 대부분 안정화 자체가 구조조정과 연결되어 있으며 두 정책이 동시에 진행되기 때문에 정책목적상으로는 구분되지만 실제 시행의 효과를 엄밀히 구분한다고 보기 어렵다(특히 1980년대 남미와 아프리카 국가들).

또한 보고서를 위조하여 부채를 만들어낸 후 그것을 공표하여 해당국가를 파산 시킨 경우도 있다. 일이 없으면 불을 질러서라도 일을 만드는 센스도 있는 것이다. 현재까지 확실히 밝혀진 건 과거 IMF의 직원이었던 사람이 나오면서 양심선언을 해서 확인된 국가는 트리니다드 토바고뿐이긴 하지만, 알게 모르게 이런 식으로 당한 국가가 존재했다는 것이다. 물론 한국의 경우는 IMF의 공작은 아니었고, 단지 외환 유동성위기의 원인은 투기 자본 때문이었다. 그러나 외환대출을 요청하게 된 원인은 일시적 외환유동성 부족이었는데, IMF의 지나친 간섭으로 한국경제는 구조적 대변혁을 이행하였고, 이 과정에서 많은 기업들이 도산하고 완전변동환율제와 외국인 투자제한 철폐로 한국경제에 대한 글로벌 영향이 커지게 되었다.

이렇게 IMF가 밀어붙인 구조조정으로 인해 당시 직장에서 실직한 사람이 많았다. 이렇게 실직한 사람들의 퇴직금을 노리고 벌어진 사기로 인해 그 피해자가 자살하거나, 직장에서 짤린 충격으로 자살, 또는 이때까지 모은 돈으로 증권

같은 곳에 투자를 했는데 휴지조각이 되어 그 충격으로 자살하는 등 금전적인 문제로 인해 자살하는 일들이 많이 발생하여 당시 사회적인 큰 이슈가 되었다. 페루의 알베르토 후지모리 정권 당시 IMF는 페루 측에게 출산율을 줄이라는 권고를 했고 후지모리는 이를 이행하기 위해 불법적 강제 불임수술을 자행했는데 IMF측에서는 페루 정부가 이런 일을 하는 데에 우리가 간섭할 권리가 없다는 이유로 묵인했다. 참고로 후지모리 이전에 재임했던 알란 가르시아 정부가 은행 국유화 정책을 진행하자 페루에 대한 경제적인 지원을 완전히 끊어버려 페루를 파산직전에까지 몬 것에 비하면 참으로 대조적이지 않을 수 없다. 이 외에 볼리비아나 아르헨티나, 브라질, 베네수엘라 등 여타 남미국가에도 구조조정을 강요하다가 오히려 사회구조가 막장화되어 버리는 바람에 반미감정을 불러일으켜서 좌파정당들이 대거 집권하게 되는 계기를 마련하기도 했고 심지어 유고슬라비아 내전과 소말리아의 무정부화, 르완다 내전에도 IMF가 시행했던 경제정책이 영향을 주었다는 분석도 있을 정도이다.

사실 동아시아 국가들이 21세기 초에 비정상적이라 할 만큼 외환보유고에 집착하는 것도 20세기 말 IMF의 구제금융의 기억과 무관하다고 할 수 없다. 당장 외환이 모자라서 IMF구제금융을 신청했던 대한민국, 태국, 인도네시아, 말레이시아는 물론이고 중국(대만 포함)과 일본도 역시 외환 축적에 혈안이 되어 있다. 그러므로 동아시아 국가들이 세계에 산재한 달러를 거의 폭풍흡입하고 있다고 해도 과언이 아니다. 미국 국채 매입 역시 대부분은 동아시아 국가들이 차지하고 있는 상황이었다. 이미 동아시아 국가들의 외환보유고에 대한 집착은 세계경제에도 영향을 줄 정도로 커졌고 일각에서는 이를 '동아시아의 복수'라고 칭하기도 한다.

2000년대 들어 신흥국가들이 등장함에 따라 미국과 서유럽국가들 역시 눈치를 보지 않을 수가 없었다. 2010년 'G20' 경주 재무장관회의에서는 기존에 과대평가를 받았던 서유럽 국가들의 특별인출권과 쿼터를 줄이는 대신, 과소평가를 받던 신흥국가들의 특별인출권과 쿼터를 늘렸다. 그리고 그동안 IMF 사무총장이 미국이나 서유럽국가 출신이었던 관례를 깨고 2012년에 중국 경제학자 린젠하이(林建海)를 IMF의 새 사무총장으로 임명했고, 뒤이어 세계은행 총재에 한국계 미국인인 김용(Jim Yong Kim) 전 다트머스 대학교 총장을 임명했다. 2015년 12월에 중국 위안화가 10.92%의 비율로 미국 달러, 유로화 다음으로 3위의 특별인출권이 되었고, 중국의 주민(朱民)이 IMF 부총재직을 했었는데 이번에 물러나게 되면서 후임으로 또 중국 국적의 장타오(張濤)가 내정되었다. 이에 중국이 미국 주도 경제질서를 깨보려고 AIIB(아시아 인프라 개발은행)를 만들기도 했다.

3. 세계개발은행

세계은행(World Bank)은 개발도상국에 대부금을 제공하는 국제 금융 기관으로, 1946년 8월에 발족하였다. 이 기관은 1944년 7월 브레튼 우즈 협정에 기초하여 설립되었다. 세계은행 그룹의 일원인 세계은행은 다음 두 개의 기구로 이루어져 있다.

• **국제부흥개발은행(IBRD: International Bank for Reconstruction and Development)**

국제부흥개발은행. 세계은행의 2가지 구성체 중 하나이다(나머지 하나는 IDA:International Development Association, 국제 개발 협회).

IBRD는 세계은행 그룹(세계은행 2조직 + 추가 3조직)을 구성하는 다섯 개 조직 중의 하나다. IBRD는 국제적인 금융조직으로서 1945년에 설립되었다. 그 당시는 제2차 세계대전으로 파괴된 국가들의 부흥이 목적이었지만, 그 이후에는 빈곤 퇴치라는 쪽으로 임무가 확장되었다. IMF와 설립 시기도 비슷하고, 자동가입 때문에 IMF 회원국과 IBRD 회원국은 동일하다. 정부나 공적단체에만 자금을 대여해 주고, 항상 정부의 상환 보증을 요구한다. 대여에 사용하는 자금은 세계은행 채권을 발행해서 수급하는데, 그 채권은 신용도에 따라 금리가 달라진다. 왜냐하면 회원국들의 공유 자본에 의해 보증되고, 게다가 빌린 나라의 보증까지 같이 제공되기 때문이다. 신용도가 높으면 이자율이 낮고, 따라서 빌리는 국가도 역시 낮은 이자율로 빌릴 수 있게 된다.

한국은 1955년에 가입했고, 1970년에 대표이사국으로 선출되었다. 앞에서 언급한 바대로 전후 피해복구를 위해 한국도 IBRD 차관을 많이 받았다. 대체로 1968년부터 156억달러 정도를 도입하여 교육 및 산업 육성 등에 두루 쓰였다. 도입 당시에는 빌린 돈으로 구매하여 산 장비기 때문에 도입한 곳에서는 매달(또는 매주)이러한 장비들을 체크하였다. 1990년대까지 이런 혜택을 받은 중고등학교에서는 이러한 물품검사가 교사들이 방과 후 야간자율수업시간에 하는 주 일과 중 하나였다고 한다.

물론 1968년부터 거의 30년간 받아왔기 때문에 이 흔적은 아직도 남아 있다. 그 수혜는 99년까지 이루어졌다. 물론 IMF때문에 99년까지로 연장 간혹 중고등학교나 국공립대의 오래된 비품이나 실험장비 등에 붙은 표를 보면 IBRD 차관으로 구입한 것들이 보일 정도이다. 물론 상당수는 이미 더 이상 교과과정상 쓰이지 않거나 폐기되어 있으며, 이미 한국은 IBRD에 돈을 빌려주는 국가가 된 1995년 이후에는 그 장비들에 대한 관리가 매우 느슨해졌고, 결국 자의든 타의든 남용되거나 오용되거나 반출되기도 한다. 현재 관련되는 정부 기관은 기획재정부이다.

• 국제개발협회(International Development Association, IDA)

IDA는 개도국의 경제개발을 돕기 위해 설립된 국제금융기관이다. 국제투자보증기구(MIGA)와 함께 구조조정을 지원하는 IBRD의 3대 산하기구 중 하나이다. IBRD의 자매기구로서 저소득 국가에 대한 경제개발과 생산성 향상을 돕기 위해 1960년 9월에 설립되었다. 세계은행이라고도 부르는 IBRD보다 좀더 좋은 조건으로 융자해주기 위한 것인데 회원국이 되려면 먼저 세계은행에 가입해야 하며 임원진도 세계은행의 임원이 겸임한다. 재원은 부유한 회원국들의 기부금과 세계은행의 수익금을 전환하여 충당하며 본부는 미국 워싱턴에 있다. 융자대상국은 1인당 GNP 940달러 이하의 개발도상국으로 인도, 방글라데시, 파키스탄, 이집트, 인도네시아 등이 수혜를 받고 있다. 상환기간은 50년으로 10년 거치 후, 다음 10년간은 매년 원금의 1퍼센트, 나머지 30년간은 3퍼센트씩 갚으며, 무이자에 매년 0.75퍼센트의 수수료만 지급하면 된다. 또한 차입국 국제수지에 미치는 영향을 고려하여 차입국 통화로 상환할 수도 있다. 대한민국은

1961년에 가입하였다.

세계은행은 1969년 이전, 세계은행이 재건과 발전을 위해 제공한 대부금은 상대적으로 적었다. 최초로 세계은행의 대부금을 받은 나라는 프랑스였다. 당시 총재 머클로이는 다른 신청 국가였던 폴란드와 칠레를 두고 프랑스를 선택했다. 금액은 요구했던 양의 반인 2억 5천만 달러였으며, 엄격한 조건이 붙었다. 프랑스는 균형잡힌 예산을 갖출 것과, 다른 정부보다 세계은행에 상환 우선권을 부여하는 조건을 수락해야 했다. 세계은행측은 프랑스 정부가 조건에 맞는지 확인하기 위해 자금의 활용을 엄격하게 감시했다. 추가적으로, 자금을 빌려주기 전에 미국 국무부는 프랑스 정부에 우선 공산당과 관련이 있는 인사들을 없애야 한다고 했다. 따라서 프랑스 정부는 프랑스 공산당과의 연합 정부를 해체했다. 1947년 마셜 플랜이 효과를 보자 많은 유럽 국가들이 다른 출처를 통해 지원을 받기 시작했다. 세계은행은 이러한 경쟁에 맞서서 유럽 이외의 국가들로 눈길을 돌렸다. 1968년까지 세계은행의 대부금은 항만, 고속도로, 발전소 등 대부금을 갚을 수 있는 수익을 창출하기 위한 인프라 건설에 할당됐다.

1968년부터 1980년까지 세계은행은 개발도상국 국민들의 기본적인 수요를 만족시켜 줄 수 있는 수준에 도달하는 것에 중점을 두었다. 대출 대상을 인프라에서 사회복지 사업 등으로 확대하면서 대부금의 양은 크게 증가했다. 당시 총재 로버트 맥나마라는 은행 회계 담당자였던 유진 로트버그에게 새로운 수익원을 찾을 것을 요청했고, 로트버그는 사용 가능한 자본을 늘리기 위해 글로벌 채권 시장을 이용했다. 빈곤자 부양 대출의 결과 가운데 하나는 제3세계가 가진 빚의 급격한 증가였다. 1976년부터 1980년까지 개발도상국들의 연평균 부채 증가량은 20%였다.

1980년 맥나마라의 후임자로 클로센이 임명됐다. 클로센은 맥나마라 시기의 운영진들을 대폭으로 바꾸었고 새 이론적인 관점을 도입했다. 1982년에는 수석 경제학자로 개발 자금 제공에 대한 비판으로 유명했던 크루거를 임명했다. 1980년대에 세계은행은 제3세계의 대부금 정리와 개발도상국들의 경제 능률화를 위한 구조 조정 정책에 집중했다. 유니세프는 1980년대 말에 세계경제의 구조 조정 계획들이 아시아와 라틴아메리카, 아프리카의 수천만 아이들의 건강, 영양,

교육의 질을 낮춘 데 책임이 있다고 발표했다. 1989년 초, 세계은행은 다른 조직으로부터의 비판에 대한 대응으로, 비판을 불러 일으켰던 과거 개발 정책의 영향을 완화시키기 위해 환경 보호 단체와 비정부기구들에게도 대출을 시작했다. 이후로 세계은행은 개발을 장려하면서도 환경을 보존하기 위한 다양한 추가 정책들을 내놓는다. 일례로 1991년에는 삼림 파괴를 막기 위해 환경을 해치는 상업적 벌목이나 인프라 계획에 자금을 대지 않겠다고 발표했다.

오랫동안 세계은행은 비정부기구와 학계로부터 비판을 받아왔다. 전 세계은행 수석경제학자였던 핸리 해즐리트는 세계은행의 통화 제도가 세계적인 인플레이션과, 국제 무역을 국가가 주도하는 세계를 촉진시킬 것이라고 말했다. 노벨 경제학상 수상자이자 전 세계은행 수석경제학자 조지프 스티글리츠는 세계은행이 지지하는 소위 자유시장 개혁 정책이 경쟁력 없는 경제에서 너무 빨리, 나쁜 차례대로, 잘못 시행되면 경제 개발에 해를 끼칠 수 있다고 주장했다. 한국의 대표적 경제학자 장하준은 세계은행을 국제통화기금, 세계무역기구와 함께 '사악한 삼총사'로 지목하고, 세계은행이 개발도상국들의 경제를 악화시키고 있다고 주장했다.

세계은행에 대한 강력한 비판 가운데 하나는 세계은행의 관리 방식이다. 세계은행은 188개 나라를 대표하지만, 경제적으로 힘이 센 소수의 나라들이 운영하는 형태이다. 이 나라들은 세계은행의 고위 관리직을 임명하는 방식으로 세계경제를 지배하고 있다.

4. 아시아인프라개발은행(Asian Infrastructure Investment Bank, AIIB)

중국의 국가주석 시진핑이 2013년 인도네시아에서 제시한 국제 금융기구로, 아태지역의 대규모 인프라 투자를 위한 은행이다. 계획되어 있는 정식 출범일은 2015년 연말이다. 중국은 기존의 IMF, 세계은행이 미국과 유럽, 일본 등의 이익을 우선시한다고 주장하면서 AIIB의 창립 목적을 밝혔다. 앞서 애기한 IMF, 세계은행 등은 일부 선진국들이 국제기구들의 기능을 일부 가져와서 주도권을 잡으려는 의도로 설립되었다. 이에 반해 AIIB(아시아 인프라 개발은행)는 중국이 기존 미국 주도의 금융질서를 자국 중심으로 재편하여 아시아의 경제 맹주로 떠오르기 위해 구상중인 야심찬 계획의 하나이며, 또 다른 하나는 FTAAP(아시아태평양자유무역지대, APEC 자유무역협정)이다.

현행 미국 달러를 기축통화로 하는 제도의 출발점이 되었던 브레튼우즈 체제에서 창설된 것이 IMF와 세계은행이었던 만큼 AIIB를 창설하는 중국의 의지는 위안화의 기축통화화를 어느 정도 염두에 두었다고 해석할 수 있다. 세계은행이나 아시아 투자 은행에서는 "아시아의 대규모 투자는 많으면 많을수록 좋다." 찬성 입장을 밝히고 있다. 중국의 창설 명분은 아시아권의 인프라 건설에 대규모 투자를 하여 공동번영을 도모하겠다는 것이므로 미국은 중국의 영향력이 늘어날 것을 우려하여 공식적으로 AIIB 참가에 대해 "해당 기구의 국제적 기준 미달"로 반대입장을 표명했다.

아시아개발은행(ADB)은 미국과 일본의 영향력이 매우 커서, 개발도상국에 자금지원을 할 때, 개발도상국의 인권이나 그 밖의 문제에 관련된 여러 가지 조건을 제시하는데 중국은 이런 조건이 없는 자금지원을 약속하고 있기 때문에 세계기구의 내정간섭을 받기 싫어하는 여러 저개발국들이 참여하고 있다. 이로 인해 중국의 전통적 우방인 파키스탄이나 미얀마, 이란 뿐만 아니라, 중국과 크고 작은 마찰이 있는 베트남, 인도, 필리핀, 그리고 친서방 국가이지만 정치 체제, 국민 인권 문제로 인해 미국과 조금이라도 마찰이 있는 싱가포르, 쿠웨이트, 요르단도 참여하고 있다. 참여국들은 자본의 일정 지분을 보태는 대신 AIIB의 투자를 받는 구조이다. 설립초기 자본은 500억 달러로 대부분 중국의 자본으로 충당되었고, 점차 1,000억 달러까지 늘릴 예정인데, 나머지 500억 달러는 다른 참여국들이 나누게 된다. 2015년 3월 31일까지 참여할 국가는 창립가맹국으로 이후 가입국들보다 많은 발언권을 행사할 수 있게 되었다.

미중간의 금융질서 주도권 경쟁과 맞물려 주목되는 사항은 AIIB 내부의 투자 지분과 주요 의사결정을 위한 지배구조(일명 거버넌스)의 문제다. 중국의 주도로 세워지다보니 투자금의 과반수가 중국의 출자로 시작될 전망이고, 그 결과 의결권을 포함하는 지배구조에서 중국의 지분이 무려 48%에 달한다는 것이 문제로 지적되고 있다. IMF나 세계은행, ADB 등에서는 미국이 최대 지분을 차지하고 있다고는 해도, 전체의 20% 미만일 뿐인 것과는 대조적이다. 예를 들어 세계은행의 총재는 투자금 대비 85% 이상의 찬성이 있어야 취임이 가능한데, 미국이 16.05%로 거부권을 갖고 있는 식이다. 세계은행 헌장개정도 위와 같은 의결방식을 지니고 있기 때문에 미국의 동의 없이는 불가능하다.

이에 대해 중국은 "지배구조는 참가국의 GDP 규모 등에 따라 변동 가능하며, 경제규모가 큰 국가들의 참여가 늘어날수록 중국의 지분도 줄어들 것"이라면서 미국 등의 비판을 반박하고 있다. 이 점에서 중국은 가능한 한 경제력이 큰 타국의 참여를 확보해야 할 입장이다. 한때 중국이 거부권을 포기하겠다고 한 것으로 알려졌으나, 중국 재정부 관료가 "이른바 중국이 한 표 거부권을 추구한다거나 혹은 이를 포기한다는 것은 성립할 수 없는 명제"라고 말했다. 중국 측이 설정한 창립국 마감시한인 2015년 3월 31일까지 모두 54개국이 참여를 결정했다. 이후에도 가입은 열려 있지만, 계주격인 중국 측은 창설멤버에 특혜를 약속하고 있기 때문에, 마감시한 이후 가입국들은 지분 등에서 불리한 조건을 감수해야 할 것이다.

AIIB에 대해 2015년 3월 영국이 미국의 비난에도 AIIB에 참여를 발표했고, 미국의 다른 우방인 뉴질랜드는 2014년 일찌감치 참여를 결정했다. 중국경제에 매우 의존적인 호주가 분위기를 보고 있었으나 바로 참여하였다. 영국이 가입하자 바로 프랑스도 참여를 시사했다. 인도, 인도네시아, 터키, 사우디아라비아 등 세계 주요국들이 참여하기로 하고 영국, 프랑스, 독일, 이탈리아, 스위스 등 서유럽 주요국들도 공식적으로 참여를 결정하였다. 이들 서방국가들은 대체로 미국과 발맞춰 왔다는 점에서 아시아 지역에서의 미국 외교의 굴욕으로 인식되고 결국 미국도 마지못해 협력을 표명했다. 러시아도 2015년 3월 28일 푸틴 대통령이 직접 나서 참여희망한다는 말을 중국 보아오 포럼에서 러시아 경제차관이 말했으며 참여를 결정했다. 이에 앞서 브라질 역시 참여를 결정했다. 더욱이 일본은 참여를 유보한 입장이지만 투명성이 확보된다면 가입하겠다는 의지를 보이고 있다. 더욱이 미국의 이웃우방인 캐나다도 2016년 8월 31일에 AIIB에 가입을 공식 발표했다. 현재 일본을 제외한 아시아와 유럽의 주요국들의 참여를 확보하여 AIIB의 흥행은 매우 성공적으로 평가된다.

한편, AIIB는 상임이사국이 없이 운영되는 형태에서 이슬람교를 믿는 중동 국가들의 참여(전체의 42.4%, 2015년 3월 27일 기준)가 IMF에 비해 월등히 높은 특징이 있어 향후 이슬람 금융의 영역이 넓어질 것으로 전망된다. AIIB의 참여국에 대해 요약하면, 세계 20대 경제 대국 중, 미국, 일본, 멕시코 3개국을 제외한 모든 국가가 창립국으로 참여했다. 2017년 3월 캐나다와 홍콩, 벨기에 등 13개국이 신규 가입했고 5월 7개국, 6월에 3개국이 추가로 가입해 80개국이 가입했고 규모로는 이미 64개국이 가입한 ADB(아시아개발은행) 규모를 넘어선 상태이다.

우리 나라의 경우 2015년 초까지 공식적인 입장은 미결정이었다. 보다 정확히는 중국이 출자지분을 포함하여 절대 우위를 차지하고 있는 지배구조의 균형이 보장되어야 참여가 가능하다는 것이었다. 일단 참여하면 이 은행이 주도하는 아시아 각국의 개발 계획에 우선적으로 참여할 수 있는 기회가 생기지만, 다른 한편으로는 미국주도의 금융질서에 대한 중국의 도전에 도움을 주는 모양새가 될 걱정이 있었기 때문이다. 미국과의 동맹관계도 중요하지만, 수백억불로 예상되는 아시아 개도국의 인프라 건설 참여도 큰 동기부여가 되었기 때문에, 어떻게 결정해도 파장은 따를 수밖에 없다. 일본과 미국은 절대로 여기에 참여하지 않을 것으로 여겨졌으며, 이들은 한국이 참여하는 것도 반대해 왔었다. 당시 마크 리퍼트 주한미국대사는 한국에 불참을 권유했으나, 시진핑 중국 주석은 2014년 방한시 참여를 적극 권유했다. 중국 입장에서는 AIIB가 중국 주도라는 외부 비판을 불식시키기 위해 유력한 경제대국들을 최대한 참여시키는 것이 필요한 입장이고, 이 점에서 경제력뿐만 아니라 건설 등 해외개발에 경험이 많은 한국을 끌어들이는 데 많은 공을 들이는 상황이다. 결국 2015년 3월 26일 우리 나라는 AIIB 참여를 결정했다고 발표했다. 그리고 제 5지분국으로 3.8% 정도의 지분을 따내게 되었다. 이는 한국이 요청한 대로 정해진 것이 아니라, 참여국 간의 경제규모 순으로 정해진 것이다. 즉, 역내국으로 간주된 러시아 때문에 중국, 인도, 러시아, 독일(역외국)의 다음이며 역시 경제규모가 비슷한 호주와 비슷한 지분이었다.

한국이 막판에 가입을 결정한 것은 단순히 미국과 중국 사이에서 눈치보기하다가 대세를 따른 것이라기보다는, 경제력이 큰 선진국들의 참여를 통해 그동안 제기되었던 AIIB의 일방적인 중국 우위 지배구조가 해소될 수 있음이 보장되었고, 이에 따라 외견상 가입조건으로 내세워 온 "지배구조 개선"이라는 명분이 충족되었기 때문이다. 단순히 중국 외에는 경제력이 떨어지는 국가들만 가입한 AIIB에 급히 가입했다면, 한국은 어쩔 수 없이 중국에 복속되어 끌려다녀야 했을 것은 물론 친중국가로 낙인되었을 것이다. 더욱이 국제 사회의 약속이란 건 대놓고 거론해서 빠져나갈 구멍이 아예 없거나 국력이 강해야 안심하고 믿을 수 있는 것인데 한국이 중국에 약속을 지키라고 압력을 가할 국력이 없으므로 비공식적인 약속은 준수할 가능성을 기대하지 않는 게 좋은 것도 사실이다.

무엇보다도 AIIB의 주도권을 갖는 창립국 지위는 2015년 3월 31일까지만 신청하면 획득 가능하도록 되어 있었다. 이날 이후 뒤늦게 신청의사를 나타냈다면 모를까, 다른 나라보다 며칠 늦었다는 이유로 특별대우가 어려워졌다는 주장은 지나친 억측인 셈이다. 차라리 한국보다 경제력이 큰 국가들 때문에 출자 지분이 상대적으로 낮아질 수밖에 없어졌다는 지적이라면 더 설득력이 있었을 것이다. 물론 이 경우에도, 경제 선진국들이 참여 안한 상태에서 주요 출자국으로 가입할 경우 한국이 친중으로 돌아섰다는 미국과 일본의 비난을 면하기 어려웠을 것이다. 한국이 주변국을 뛰어넘는 강한 국력을 가지고 있었다면 미국과 일본에 내정간섭이라고 맞받아쳤을 테지만 이 경우 AIIB 가입이 제공하는 경제적 이익에 손상이 가해질 수 있는 상황이다. 게다가 중국이 한국을 미국과의 대결을 위한 제1도전선으로 여기는 사실을 상기해 보면 쉽게 생각할 문제가 아니라는 것이다.

우리 나라의 가입 결정이 늦어지면서 지분 증대를 비롯한 내부 발언권 증대, 특수 지위 확보의 기회를 놓쳤다는 비판에 대해서는 다음과 같이 반론한다. 한국이 AIIB 참여 조건으로 내세운 것은 'AIIB 내의 특수지위'가 아닌, 'AIIB의 지배구조 개선'이었다. 따라서 당초 50% 가까이 되었던 중국의 지분이 다수의 경제대국들이 참여하면서 그 절반 수준인 26%까지 낮아진 것으로 한국은 "중국의 경제 패권을 위한 도구"가 아닌, "정상적인 신흥 국제 경제기구"로서 AIIB의 일원이 된 것으로 충분히 목적을 달성했다고 주장한다.

우리 나라의 AIIB가입은 결국 한미관계에 악영향을 끼쳤다. 실제 미국은 AIIB 가입 결정 이전에는 당시 웬디 셔먼 국무부 차관이 일본에 대한 과거사 발언을 비판할 만큼 한국과 일본 사이에서 어느 정도 균형을 유지했지만 이후에는 한국의 TPP(환태평양경제동반자협정) 가입 자체를 한동안 꺼려했던 등 부정적인 자세를 보였었다. 더욱이 뚜렷한 미국과의 적극적 협력을 가동하는 것도 아닌 어정쩡한 입장으로 중국위협론에 대응을 안이하게 대응한데다가 사드 문제만 하더라도 당시에 매우 무관심한 모습으로 흔히 박근혜 행정부가 균형외교를 설파하면서 이야기하던 안보는 미국이라는 논리를 부정하는 행보를 하였다. 따라서 미국으로서는 한국의 AIIB 문제와 사드 배치문제와 연계된 사항에 대해서 매우 실망을 하게 된 모습이 나오면서 적극적인 안보 역할론을 강조하는 일본의 입장에 편승하는 형태의 행보를 하는데 매우 큰 결정적 역할을 한 가입결정이었다.

또한 앞서 언급한 대로 TPP에 대한 이상할 정도의 소극성이 지속되는 가운데에서 한국이 지나치게 중국에게 경제밀월을 포함한 정치적 협력의 밀월 모양새까지 보임으로써 박쥐외교를 하는 형태를 보인 점도 미국의 불신을 유도했다. 그러나 미국의 우방인 나라들(영국, 뉴질랜드, 호주, 캐나다)이나 유럽 대다수 국가들이 참여한 상황에서 한국에게만 비난의 화살을 돌리기는 어렵게 되었으며, 미국 역시 직접 가입하지 않아도 중국을 어느 정도는 제어할 수 있다고 판단하여 묵인한 측면도 있고, 무엇보다 미국은 웬디 셔먼 국무부 차관의 양비론(과거사 문제에 대해 한국과 일본이 모두 잘못이 있다는 입장)이 나온 만큼 그 이전부터 이미 중국을 견제한다는 명목 하에 일본 쪽으로 기울어져 있었다. 확실히 한국의 AIIB 가입이 미국이 일본 측으로 기우는 데 영향을 주기는 했지만 분명히 그 이전부터 균형은 무너지고 있었던 것이다. 더욱이 TPP 역시 타결 이후부터는 한국의 가입에 대해 긍정적인 반응을 보였고, 가입하라고 무언의 압력을 넣기도 했다. 그리고 2017년 트럼프 정부가 출범하여 미국이 TPP에서 탈퇴한 현 시점에서 TPP를 논하는 것은 아무 의미도 없는 일이 되었다.

TPP(Trans-Pacific Strategic Economic Partnership, TPP, 환태평양경제동반자협정

TPP는 아시아-태평양 지역 경제의 통합을 목표로 공산품, 농업 제품을 포함 모든 품목의 관세를 철폐하고, 정부 조달, 지적 재산권, 노동 규제, 금융, 의료 서비스 등의 모든 비관세 장벽을 철폐하고 자유화하는 협정으로 2005년 6월에 뉴질랜드, 싱가포르, 칠레, 브루나이 4개국 체제로 출범하였다. TPP는 투자자 국가 분쟁 해결 방법을 만들고, 관세 같은 무역 장벽을 낮추는 역할도 한다.

2010년부터 5개국(미국, 오스트레일리아, 페루, 베트남, 말레이시아)이 추가로 참여하였으며, 캐나다, 일본, 필리핀, 대한민국, 중화민국 또한 TPP 멤버십에 대한 희망을 표했다. 2013년 일본이 이 협정에 가입하였다. 2015년 10월 7일, 미국, 일본, 오스트레일리아, 캐나다, 페루, 베트남, 말레이시아, 뉴질랜드, 브루나이, 싱가포르, 멕시코, 칠레가 TPP 협정을 타결시켰다.

TPP는 창설 초기 그다지 영향력이 크지 않은 다자간 자유무역협정이었으나, 미국이 적극적으로 참여를 선언하면서 주목 받기 시작하였다. 버락 오바마 대통령은 TPP가 아시아·태평양 지역 경제 통합에 있어 가장 강력한 수단이며, 세계에서 가장 빠르게 성장하는 지역과 미국을 연결해 주는 고리라고 평가한 바 있다. 미국이 적극적으로 협정 가입을 추진하였으나 트럼프 정부 출범 이후 탈퇴하였다.

5. 아시아개발은행(Asian Development Bank : ADB)

ADB는 아시아와 태평양 인근의 개발도상국의 경제발전과 협력을 촉진한다는 목적으로 1966년 8월 22일 필리핀의 메트로 마닐라에서 창립했다. ADB에는 아시아 태평양 경제 사회 위원회의 회원국들이 참여하고 있으며, 그 외의 선진국들이 동참하고 있다. 창립 당시에 31개국이 참여했으며, 아시아 개발 은행엔 현재 67개 회원국이 참여하고 있다(그 중 아태지역 48개국과 그 외의 지역 19개국으로 구성됨). 아시아 개발 은행은 세계은행의 모델을 따르고 있으며, 참여국의 출자금액에 따라 투표권에 가중평균치를 둔다.

2013년도 말 기준으로 일본의 출자금이 가장 큰 15.67%를 차지하고 있다. 다음으로 미국이 15.56%, 중국이 6.47%, 인도가 6.36%, 오스트레일리아(호주)가 5.81%의 소유권을 가지고 있다. 아시아 개발 은행의 최고 의사결정 기구는 각 국에서 한 명씩 파견한 대표들로 구성된 '운영위원회'이다. 운영위원회는 또한 12명의 '이사회' 멤버를 선출한다. 12명의 이사회 회원국 중 8개국은 아태지역 회원국에서, 나머지 4개국은 기타 지역 회원국의 멤버로 구성한다. 운영위원회는 이사회를 대표하고 ADB를 운영할 아시아 개발 은행의 총재를 선출한다. 총재의 임기는 5년이며 재선이 가능하다. 아시아 개발 은행 설립시 가장 많은 자금을 출자한 일본이 대표로 매번 선출된다.

ADB는 1963년 3월 제19차 UN 아시아·극동 경제위원회(ECAFE : UN Economic Commission for Asia and the Far East) 총회에서 처음으로 창설 논의가 공식화되었고, 1966년 11월 동경에서 32개국 대표가 참가하여 창립총회를 열고 12월부터 업무를 개시하였다. ADB는 아시아·태평양지역의 경제성장과 경제협력을 촉진하고 역내 개발도상국(DMCs : Developing Member Countries)의 경제발전에 기여한다는 설립목적(협정문 제1조) 아래 이러한 설립목적을 달성하기 위하여 다음과 같은 기능을 수행하고 있다(협정문 제2조). ① 개발을 위한 공공 및 민간자본의 투자 촉진, ② 역내 개발도상국의 개발사업에 대한 자금 지원, ③ 역내 개발도상국의 경제개발계획 및 정책의 조정 지원, ④ 개발사업계획의 작성, 재원조달, 집행에 대한 기술적 지원, ⑤ UN 및 그 산하기관, 역내 투자에 관심이 있는 정부와 민간기구 및 기타 국제기구와의 협력, ⑥ 역내 경제 발전과 협력 증진을 위하여 필요한 기타 조치 등이다. 최근에는 ADB가 그동안 중점사업으로 추진해 온 역내 개발도상국의 경제개발사업에 대한 융자 제공 외에도 역내 개발도상국의 정책개혁과 성장능력 개발, 지역협력 강화 등에 대한 지원에 중점을 두고 있다. 그리고 경제개발사업에 대한 우선적인 지원을 계속하는 가운데서도 역내 개발도상국들이 당면하고 있는 사회문제에 대해서도 높은 관심을 나타내며 이 분야에 대한 지원을 강화하고 있다.

현재 세계의 양대 금융기구라 할 수 있는 세계은행(WB)과 국제통화기금(IMF)은 모두 미국이 최대 출자국으로, 미국은 이 두 기구에서 거부권을 갖고 있다. 또 세계은행과 ADB 규정에 따르면 개발도상국이 융자를 받으려면 정부 투명성, 이데올로기 형태 등에 대한 검증을 받아야 하고 환경보호, 고용, 입찰 등 다양한 규정도 통과해야 한다. 결국 중국은 이 같은 쏠림현상을 견제하면서 자국의 발언권과 경제적 이익을 옹호할 수 있는 AIIB를 출범시켰다. ADB는 AIIB의 출범이후 미국과 일본 주도에서 그 위상이 약해질 수밖에 없는 현실에 처해 있다.

6
chapter

중국 경제 무엇이 문제이고 어떻게 될 것인가?

현재 세계 경제는 중국의 영향력이 엄청나다. 이에 따라 현대 경제사는 1978년을 분수령으로 하여 중국이 등장하기 전의 경제사(BC: Before China)와 중국 등장 이후의 경제사(AC: After China)로 구분해야 한다(마틴 자크, 2010). 1870년 미국이 경제 도약을 시작했을 때 미국 인구는 4,000만이었고 성숙기에 들어선 1913년에는 9,800만이었다. 일본이 한국전쟁을 계기로 경제 도약을 시작한 1950년 당시 인구는 8,400만, 1973년엔 1억900만이었다. 이에 비해 개혁개방으로 도약을 시작한 1978년 당시 중국 인구는 9억6,300만, 경제개발계획이 끝나는 2020년의 예상 인구는 14억으로 경제도약 시작 시점 인구는 중국이 미국의 24배, 일본의 11.5배였고 2020년 인구는 1913년 미국 인구의 14배, 1973년 일본 인구의 13배로 추산된다. 미국 투자은행 골드만삭스는 2027년에 중국은 국내총생산(GDP) 규모에서 미국을 추월할 것으로 전망되고 있다. 이 압도적인 인구와 미국보다 더 넓은 광대한 영토, 한국·싱가포르 등 동아시아 '호랑이'들을 능가하는 빠른 성장속도를 지닌 중국 경제가 세계 경제에 가할 충격효과는 그야말로 전례 없는 것일 수 있다.

총인구뿐만 아니라 노동인구도 압도적이어서 앞으로 상당 기간 중국의 경제성장은 꾸준히 지속될 것이다. 중국 경제의 세계 경제 성장 기여도는 이미 1990년대에 27.1%로 미국의 21%를 능가했으며 세계무역에서 차지하는 비중도 최근 수위자리에 올랐다. 아울러 그에 따른 막대한 자원수입 또한 세계 경제 지형을 바꿔놓고 있는 중국 경제의 충격에 가세하고 있다. 그리하여 중국은 한국, 일본, 동남아국가연합(아세안) 등 동아시아 최대의 교역, 투자 파트너가 됐을 뿐 아니라 인도 등 서남아시아와 이란 등의 중동지역, 나아가 아프리카와 중남미 국가들의 경제까지 중국 의존형으로 급속히 재편하면서 지구촌의 지정학적 구조까지 바꿔놓고 있다. 물론 최근 여러 가지 악재로 중국의 경제성장률은 7% 밑으로 떨어졌지만, AIIB를 출범시키는 등 중국경제가 세계 경제에 주는 영향은 여전히 크다. 하지만, 중국 경제가 이렇게 전면에 등장한 것은 얼마 되지 않는다. 중국 근대부터 현대까지의 중국 경제 역사를 요약해서 살펴보자.

1. 중국 경제의 역사

세계 4대 발명품(종이, 나침반, 화약, 인쇄술)을 모두 발명하여 과거부터 유럽에 경제적으로 큰 영향을 끼쳐온 것이 중국이었으나, 산업혁명의 물결이 휩쓸고 지나간 유럽의 기세를 이기는 것은 불가능했다. 이로 인해 1839년 중국은 영국과의 아편전쟁을 계기로 여러 과정을 거쳐 홍콩을 비롯한 조계(조차지)를 설치하여 사실상의 식민지가 되었고, 철도 부설권(철도는 외국 군대가 영구 주둔함), 불평등 관세조약 등을 강요당하던 것이 19세기말, 20세기 초반의 중국경제의 현실이었다. 세계 2차대전을 거치며 일본에 의해 국토가 유린당하는 아픔을 겪기도 했다. 하지만 이후 미국과 소련 주도의 냉전 구도가 형성되면서 서서히 아시아에서의 영향력을 키워나가고, 일본이 앞서 언급한 플라자 합의로 인해 '잃어버린 10년'으로 자연스럽게 중국에게 GDP를 추월당하면서 현재는 중국이 아시아 최대의 패권국가로 성장한 상황이다.

하지만 중국이 개혁개방 이래 개혁개방으로 고도발전을 하면서 경제를 성장시킨건 신흥국가의 발호가 아니라 원래의 제자리를 찾아온 것, 즉 '왕의 귀환'에 불과하다는 견해가 있다. 역사적으로 보면 중국 대륙의 지리적 특성상 역사시대 다른 나라보다 규모나 인구에서 거대했기 때문이다. 근대 이전에는 세계화가 덜 이루어져서 한 나라가 전 세계에 패권을 미치는 것이 불가능했기에 당시 중국을 오늘날의 미국과 같은 초강대국이라고 보기에는 무리가 있지만, 어쨌든 로마나 페르시아 제국, 몽골제국 등을 제외하면 규모나 인구 면에서 정치적 통일성을 이룬 나라 중 전근대 중국의 통일 왕조를 넘은 국가는 많지 않았다. 근대 이전에는 경제력과 인구수는 비례관계였다. 예를 들어, 중국의 인구가 인도 인구에 근접하기 시작한 1500년경 중국의 경제력도 인도를 추월하기 시작한다.

GNP와 GDP

GNP(Gross National Product)는 국민총생산의 개념으로 우리나라 국민이 생산한 것을 모두 합한 금액을 의미한다. 우리나라 국민이 외국에 진출해서 생산한 것도 GNP에 모두 포함된다.

반면에 GDP(Gross Domestic Product)는 외국인이든 우리나라 사람이든 국적을 불문하고 우리나라 국경 내에서 이루어진 생산활동을 모두 포함하는 개념디다. 그러니까 GNP는 장소를 불문하고 우리나라 사람의 총생산을 나타내는 개념이고, GDP는 국적을 불문하고 우리나라 영토내에서 이루어진 총생산을 나타내는 개념이다.

따라서 극단적으로 말해서 외국과의 교역이 일체없는 완벽한 자급자족경제라면 GNP금액과 GDP금액은 꼭 같은 크기가 될 것이고 따라서 구별할 필요도 없다. 그렇지만 외국과의 교역이 늘어나더라도 GNP와 GDP의 차이가 반드시 교역의 확대에 비례해서 늘어나는 것은 아니다. 가령 우리나라 사람이 외국에 진출해서 버는 소득의 크기, 즉, 대외수취소득과 외국사람이 우리나라에 와서 올리는 소득, 즉, 대외지불소득의 크기가 균형을 이룬다면, 똑같아진다면, GNP 크기와 GDP크기는 똑같은 크기로 유지될 것이다.

그런데 우리나라 국민들(특히 기업들)의 해외진출이 늘어나게 되면서부터 대외수취소득을 제때에 그리고 정확하게 산출하는 것이 점점 어려워지게 되었다. 그런 점에서 GNP의 정확성이 전보다 못하게 된 측면이 있다. 이와는 대조적으로 우리나라에 와 있는 외국기업들의 소득창출액은 보다 신속정확하게 파악할 수 있다. 그리고 외국기업들이 우리나라 울타리 내에서 생산활동에 참여한 대가로 얻게 되는 소득의 상당부분은 사실은 국내에서 지출되거나 재투자 되게 된다. 한국에서 주거하면서 먹고 살뿐더러 얻은 소득도 국내에서 확대투자에 쓰거나 국내 자본시장에 무자되기 때문이다.

중국의 몰락이 시작된 기점은 앞에서 언급한 1839~42년에 일어난 아편전쟁을 꼽는다. 아편전쟁 이전까지 중국의 GNP는 전 세계 GNP의 거의 20-30%에 육박했다. 그러나 한 나라의 농업, 공업, 서비스업 등에서 생산되고 그것을 다시 분배 및 지출한 서비스와 재화의 총액을 시장가격으로 합계한 GNP방식으로도 제대로 된 통계를 내는 것이 불가능하다. 애당초 근대적 은행과 보험업, 주식시장에 노동자나 하층민을 위한 사회보장제도까지 시작되던 유럽과 전근대적 농본국가인 중국 청나라의 경제력을 비교하는 것 자체가 매우 힘든 일이다. 19세기 중반~20세기 중반에 걸쳐 중국은 과거 100여년간의 춘추전국시대와 위진남북조는 명함도 못 내밀 정도의 혼란을 겪었다. 이 당시 중국은 외부의 침략과 국민당 및 공산당의 내전 등 내부의 분열 때문에 지속적인 충돌이 이어졌다. 이 시기 10년 이상 안정을 이룬 기간은 거의 없었다. 그러나 이 기간에도 아시아에서 보자면 중국을 넘는 종합경제력을 가진 나라는 인도 제국이나 일본 정도를 빼면 드물었다. 일본의 국력이 최고의 시절이었던 중일전쟁 직전에도 경제규모만을 놓고 보면 중국과 일본은 큰 차이가 없었다. 물론 일본 국민들보다는 중국 국민들이 훨씬 못 살았지만, 이는 기본 인구 규모가 크게 차이 났기 때문이다(일본본토+(대만, 조선) 1억, 중국 4억 5천 명).

2. 중국 경제의 현황

중국 경제는 초대 국가 주석이었던 마오쩌둥 사후 실용주의자였던 덩샤오핑이 선부론(누구든 먼저 부자가 되라) 및 흑묘백묘론(쥐를 잡는 데에 검은 고양이든 흰 고양이든 상관없다)을 주창하면서 중국 남부의 심천, 광저우를 개방하고, 이어서 국가주석이던 장쩌민이 자신의 고향인 상하이를 추가 개방하면서 새로운 전성기를 구가하게 된다. 이로 인해 중국이 미국과 함께 G2 즉, 세계 2대 대국으로 성장한 것은 세계 최대의 인구와 함께 빠른 경제성장속도 덕분이었다. 중국경제는 개혁개방이 시작된 1980년대부터 30여 년 동안 연평균 10% 넘게 성장을 이어왔다. 비록 2015년 이후 7% 이상의 연평균 경제성장률이 꺾이긴 하였지만, 중국경제가 이렇게 초고속으로 성장한 비결의 배경은 투자와 수출이었다. 중국 안팎에서 많은 돈이 중국에 몰리면서 투자가 늘었고, 중국은 그렇게 투자된 자본과 기술을 가지고 값싼 노동력을 바탕으로 만든 제품을 전 세계에 수출하였다. 이렇게 수출된 중국 제품은 가격이 저렴한 것이 큰 장점이었다. 최근 유행어로 가성비가 좋은 제품이었다. 이렇게 가격은 저렴하면서 품질도 최고 수준은 아니더라도 소비자의 기본 요구를 충족해 줄 정도가 되면서 중국산 공산품은 전 세계에 공급되게 되었다. 중국 경제 현황을 보면 다음 표와 같다.

〈표 6-1〉 중국 주요 경제지표

항목	경제수치	세계순위
인구	1,374,370,000명	2019년, 세계 1위
경제 규모 (명목 GDP)	$11조 2,119억	2019년, 세계 2위
경제 규모(PPP[1])	$18조 9,758억	2019년, 세계 1위
1인당 명목 GDP	$13,801	2018년, 세계 75위
1인당 PPP	$ 8,152	2018년, 세계 91위
고용률	94.1%	2016년, OECD 2위
무디스 국가 신용등급	A3	2019년, 안정적

출처: 중국 인민은행

아이폰만 하더라도 애플본사는 미국에 있지만 여러 나라에서 생산된 부품을 중국공장에서 조립하여 생산하고 있다. 이렇게 다른 기업의 의뢰를 받아서 단순한 가공이나 제조공정을 담당하는 형태의 일을 OEM, 즉 임가공이라고 한다. 노동력이 저렴하고, 믿고 의지할 정도의 기술력도 갖춘 임가공으로 가장 적절한 국가가 바로 중국이었던 것이다. 앞에서 언급한 비교우위에 있어 노동비에 있어서 우리 나라보다 비교우위에 있는 것이다. 때문에 한국 뿐 아니라 전 세계 많은 기업들이 저렴한 노동력을 찾아서 공장을 중국으로 이전했고, 중국에서 제품을 생산하여 전 세계로 수출하였다.

1) 서로 다른 나라의 회폐가치를 비교하는 수단 중의 하나인 구매력 평가(購買力平價, Purchasing Power Parity)의 약어를 뜻한다.

OEM(Original Equipment Manufacturer)은, 주문자의 의뢰에 따라 주문자의 상표를 부착하여 판매할 상품을 제작하는 업체를 의미한다. 대한민국에서는 'Original Equipment Manufacturing'이라고 쓰고 '주문자 상표 부착 생산'이라고 번역하는 경우가 많다. 짧게 위탁생산 또는 임가공이라고 부르기도 한다.

그러나 이러한 저렴한 인건비를 바탕으로 한 수출주도형 중국경제의 성장방식이 한계가 찾아오게 된다. 2008년 미국에서 시작된 세계 금융 위기로 세계경제가 침체되면서 중국의 수출은 크게 줄었고, 이에 따라 실업률이 높아지게 된다. 선진국들의 경제상황이 나빠지면서 중국도 수출에 타격을 받게 된다. 뿐만 아니라 중국 정부는 경제를 계속 발전시키고 경기를 활성화하기 위해 유동성 공급, 즉 시장에 막대한 돈을 투자하였는데, 이렇게 인위적으로 경기를 활성화하려는 정책의 후유증이 발생하기 시작한다. 유동성이 풍부해지다보니, 즉 시장에 돈이 많이 풀리다 보니 소비자 물가가 상승하고 과잉 투자로 인해 부동산 가격이 폭등하는 문제가 발생하기 시작한 것이다. 주택이나 빌딩 같은 건물 등 부동산이 과잉공급되면서 미분양 사태가 나타나면서 투자자금이 회수되지 못하고, 금융권은 대출금 회수가 되지 않는 상황이 발생하기 시작했다. 기업도 경기가 활성화되면서 투자설비나 고용 인원을 지나치게 늘린 탓에 재정압박에 시달리게 되었다. 공급과 설비는 넘치는데 수요는 충분히 따라 주지 않는 문제가 이어진 것이다.

또한 중국 근로자들의 인건비가 꾸준히 상승되면서 중국산 제품의 가격이 동반 상승하면서 세계 시장에서 가격 경쟁력이 이전만 못해지고, 앞서 언급한 임가공 형태의 수출도 줄어들게 된다. 우리 나라 기업만 하더라도 의류나 신발 같은 제품을 중국 공장에서 대부분 생산하였으나 중국 인건비의 상승으로 수익이 나지 않으면서 많은 기업이 중국에서 철수하여 베트남, 인도네시아 등 동남아로 이전이 확산되고 있다.

이 뿐만이 아니다. 그 동안 경제성장만에 초점을 맞춘 정책으로 인해 공해와 환경오염의 문제가 심각해지고, 도시와 농촌사이, 동부와 서부사이, 부자와 가난한 사람 사이의 소득 격차가 더욱 벌어지면서 사회적 갈등도 심화되고 있다. 대규모 투자와 대외 수출에 의존해 경제를 발전시키던 중국경제의 성장방식이 한계에 이르는 상황이 된 것이다. 상황이 이렇게 되지 중국 정부는 2010년의 전후로 경제성장 방식을 전환하게 된다. 일반적으로 경제의 3대 주체를 가계, 기업, 정부라고 한다. 중국 정부는 이 중 가계, 즉 가정과 개인들이 소비를 늘림으로 전체 경제가 성장하는 전략을 택하게 된다. 소비를 늘려서 경제를 활성화시키는 정책으로의 전환에 나선 것이다. 개인이나 가계가 소득이 늘게 되면 기업의 활성화되고, 다시 이렇게 얻어진 이익을 설비와 고용에 투자하여 국가 전체 경제가 활성화되도록 하는 방식을 택한 것이다. 이전에 경제성장 정책이 중국산 제품을 세계 시장에 저렴하게 많이 수출하여 경제를 발전시켰다면 이제는 가계 소득을 늘려 중국 내 소비를 늘리는 정책, 특 내수촉진정책으로의 전환이다. 이런 정책 변화로 중국 경제에서 수출이 차지하는 비중은 줄어드는 대신 서비스 업종의 비중이 늘어나고 도시와 농촌, 동부와 서부의 빈부격차도 조금씩 감소하고 있다. 소득이 얼마나 균등하게 분배되는지를 보여주는 수치인 지니 계수를 보면, 2008년을 기점으로 중국 경제의 지니 계수는 조금씩 낮아지고 있다.

지니계수

소득 분배의 불공정성을 간접적으로 나타내는 지표로 전체 소득 계층을 모아 넣어서 저소득층과 고소득층의 비율을 통해 소득불균등 정도를 계산할 때 주로 쓰이는 계수다. 부의 분배, 즉 빈부격차, 평등 및 불평등에 관해선 자산격차에 대한 자료들 역시 참고해야 한다. 그 외에도 엥겔 계수와 10분위 분배율, 타일 지수 등이 많이 사용되고 있다.

지니계수가 높은 국가일수록 즉 소득불평등이 심각할수록 치안악화(범죄율 상승), 정치불안, 내수 경제 부진 등의 경향이 나타난다.

이렇게 수출주도형에서 내주활성화 정책으로 중국경제의 정책이 전환되면서 이제 중국이라는 국가가 거대한 공장에서 시장으로 전 세계의 관심 대상이 되고 있다. 이를 두고 'Made in China'시대에서 'Made for China'시대로 전환되었다고 표현한다. 중국이 전 세계에 중국산 제품을 공급하던 시대에서 전 세계가 중국 시장을 겨냥하여 제품을 만들어 파는 시대로 전환되고 있다는 것을 의미한다.

이 뿐만 아니라 중국이 수출주도형 전략도 완전히 포기한 것이 아니라 그 판을 새로 짜고 있다. 2013년을 기점으로 중국은 밖에서 해법을 찾는 '글로벌화 전략(와이퉁·外通)'을 꺼냈다. 그중 하나가 '해외 기업 인수·합병(M&A)'이다. 2014년 중국의 해외 기업 M&A 규모는 약 136조원으로 사상 최고치를 기록했다. 중국의 홍색 자본이 해외 기업 쇼핑에 나선 이유는 복합적이다. 단번에 선진 기술을 확보해 글로벌 경쟁력을 키우고, 피인수기업이 선점한 해외 시장을 장악하겠다는 의도다. 포화상태에 이른 중국에서 벗어나 글로벌 시장에서 규모의 경제 효과를 노린다는 전략도 담겨 있다. 나아가 세계 정치·경제의 주도권을 손에 넣겠다는 야심도 읽을 수 있다. 사실 일대일로나 아시아인프라투자은행(AIIB) 역시 중국의 외향성을 의미하는 '네이롄와이퉁' 전략의 일환이다. 아시아에서 유럽까지 육상교통과 해상교통으로 예전의 실크로드를 부활시키는 일대일로 정책에 따라 필요한 항구, 철도, 도로공사를 위해 AIIB가 해당국가에 투자하고 있다.

여기서가 끝이 아니다. 앞에서도 언급하였듯이 2015년 중국정부는 '바오치(7% 이상의 경제성장)'을 포기하였다. 이 소식을 접하고 우리 나라 사람들은 중국의 제조업 경쟁력이 한계에 이르렀다고 생각하는 사람이 늘기 시작했다. 그러나 사실은 다르다. 중국 제조기업들은 진화하고 있으며 결코 사라지지 않는다. 중국 제조기업의 비효율적인 프로세스는 중국 제조기업들의 생산성을 저하시키는 또 다른 원인이 되고 있다. 글로벌 컨설팅업체인 AT커니의 중국 기업들 대상 프로젝트 통계 분석에 따르면 중국 제조기업들은 글로벌 제조기업들 대비 원재료, 품질관리 등 주요 프로세스 공정에서 최대 70% 정도 비효율적이다. 인건비 경쟁력 저하와 비효율적인 제조 프로세스는 2000년 이후 중국의 PMI(구매관리자지수)를 3배 이상 인상시키면서 글로벌 선진국보다 훨씬 가파르게 상승하고 있다. 그리고 많은 중국 제조기업들이 원가 인상을 상쇄할 만큼 생산성 향상을 못하고 있다.

이에 따라 중국 정부는 저부가 제조품서 고부가상품으로 제조업의 중심 이동을 추구하고 있다. 중국 제조업체들은 인건비 상승과 생산성 향상 문제로 인해 사업 개선에 고충을 겪고 있다. 하지만 현재 위기를 벗어나기 위한 전략적 대응도 치밀하게 준비하고 있다. 중국 기업들은 기존에 구축된 탄탄한 공급망과 중국 특유의 근면성, 이공계 교육을 받은 고학력 인력들로 수혜를 받을 수 있다. 중국 제조기업들은 저부가가치 제품 중심에서 고부가가치 제품 생산으로 전략적인 이동을 추진하고 있다. '장성(Great Wall)'과 같은 중국 자동차 OEM들은 수입 고부가 SUV 브랜드와 경쟁에서 이기기 위해 엄청난 R&D 투자를 하고 있으며 해외 수입에 의존하던 고부가 부품 비중을 점진적으로 줄여 나가려고 노력하고 있다. 또한 국내 젊은 인재들을 바탕으로 한 고부가가치의 산업과 융합산업, 서비스 산업에 대한 창업을 활성화하고 장려하면서 유학이나 해외취업을 떠났던 젊은 기술인력 뿐 아니라 세계의 우수한 인재가 '차이나 드림'을 꿈꾸면서 수많은 창업으로 이어지면서 중국 경제의 새로운 기반으로 자리 잡고 있다.

3. 한국 경제와 중국 경제

이상에서 간략히 살펴본 중국 경제는 우리가 싫든지, 좋든지 서로 밀접하게 연결되어 있다. 우리 나라의 경우 1992년, 한중 수교 이후 꾸준히 중국 시장에 대한 진출을 활발히 하고 있다. 공산품에서 음식, 디저트, 화장품, 문화산업 등으로 그 분야도 다양해지고 있다. 하지만 아직 우리 나라의 중국 진출은 성숙기에 접어들었다고 말할 수 없다. 2017년 발생한 사드문제가 현실적인 사례이다. 중국시장에서의 부진을 사드 때문이라고 하지만 "핑계"일 뿐이다. '시장을 주고 기술을 얻은' 중국 기업의 무서운 굴기 때문이다. 중국의 변화를 정확히 읽고 줄 것은 주고 얻을 것을 얻어야 한다. 대중국전략 제대로 짜고 대응해야 한국 경제가 살 수 있다. 한국의 기업이든, 정부이든, 정당이든 간에 중국어도 안 되고, 중국 본토에서 살아본 적도, 공부한 적도, 일 해본 적도 없는 중국 전문가들로 꾸린 팀이 만든 전략으로는 성공할 수 없다. 중국 측과 중국어로 논쟁할 수 있는 진짜 본토 출신 중국통들로 제대로 팀 짜고 전략을 만들어야 한다.

1992년 한중 수교 이후 중국은 한국기업의 성장의 발판이었다. 많은 한국기업들이 '차이나 드림'을 꿈꾸며 중국에 앞다투어 진출하였다. 그러나 2010년 이후는 상황이 급변하였다. 중국이 한국기업의 무덤이 되어가고 있다. 지난 60여 년을 돌아보면 자동차와 정보기술(IT)이 강한 나라가 경제가 강한 나라였다. 1950~70년대 미국, 80년대의 일본, 1990~2000년대의 한국이 그러하였다. 그런데 2010년대 들어서는 세계 최대의 자동차와 IT시장이 중국이다. 2016년 중국에서는 2,800만 대의 자동차가 팔려 2위인 미국의 1,750만 대보다 1,050만 대나 더 팔렸다. 중국의 모바일 가입자는 13억2,000만 명으로 미국의 3억8,000만 명의 3.5배에 달하고 있다. 2016년에는 중국은 20억5,000만대의 모바일 폰을 만들었다.

현재에도 자동차와 스마트폰의 세계 최대 시장인 중국에서 한국의 추락이 심각하다. 한국의 대표적인 자동차회사의 점유율이 2014년 10%대에서 2016년 5%대로 추락했다. 1위였던 한국대표 스마트폰 회사의 중국시장 점유율도 5%대로 6위권으로 추락했다. 중국에서 잘나가던 한국기업들이 만리장성에서 길을 잃었다. 중국이 이젠 한국기업의 시장이 아니라 무덤이 되어가고 있다. 중국에서 한국자동차와 스마트폰의 부진은 고고도미사일방어(THAAD·사드) 체계 배치에 대한 보복 때문만은 아니다. 중국의 변화에 제대로 대응을 못한 때문이다.

중국 3,4선 도시(인구 300~500만 명의 중소도시)의 소비패턴의 변화, 그리고 인터넷과 모바일이 바꾼 중국의 디지털 경제의 위력을 과소평가했기 때문이다. 지난해 2,800만 대의 중국 자동차소비 중 SUV차량이 890만 대나 된다. 2억6,000만명의 중국 농민공들이 1, 2선 도시에서 돈 벌어 농촌으로 돌아간 것이 아니라 3, 4선 도시로 몰려갔다. 덕분에 3, 4선도시의 집값이 폭등하고 SUV 소비가 급증했다. 3, 4선도시의 도로 환경상 세단보다 SUV의 선호도가 컸기 때문이다. 또한 정부가 두 자녀 출산을 허용하면서 부모와 2명의 자녀, 그리고 4명의 조부모라는 '4+2+2'의 가족구조가 6~7인승 SUV의 수요 급증을 불러왔다. 하지만 한국 자동차회사들은 이런 트렌드를 놓쳤다. 사드 보복보다 무서운 중국기업의 굴기를 제대로 분석하여 대응하지 못했던 것이다.

중국에서는 상황이 어찌되었든 13억2,000만 대의 휴대전화 가입자의 눈높이에 못 맞추면 몰락은 명약관화하다. 공유경제의 대명사인 우버가 중국에서 망해서 중국의 디디추싱(滴滴出行)에 지분을 넘기고 물러났다. 지금 세계 공유경제의 메카는 미국이 아닌 중국이다. 공유를 기본으로 하는 공산주의국가 중국의 공유경제, 디지털경제를 무섭게 생각해야 한다. 중국 백화점 등의 오프라인 매장의 매출은 매년 10%이상 줄어드는데도 중국 전체 소비는 10%대의 성장을 유지하고 있다. 오프라인 매장에선 구경만하고 구매는 온라인에서 한다. 그래서 오프라인 매출은 줄고 있지만 온라인 매출이 30~40%증가한다. 이젠 유통과 온라인을 모르면 더 이상 중국에서 사업하면 안 되는 이유이다. 그간 중국에서 잘나갔던 한국의 화장품, 패션과 유통점들이 줄줄이 문 닫고 철수하고 있다. 전체인구의 43%에 불과한 20~30대들이 온라인 소비의 75%를 차지한다. 중국의 2030들이 중국 소비를 좌우하는데 한국 기업들은 중국 2030들의 온라인소비 패턴을 잘 몰랐다. 한국기업들의 중국시장에서의 부진을 사드 때문이라고 하지만 핑계일 뿐이다. '시장을 주고 기술을 얻은' 중국 기업의 무서운 굴기가 정답이다. 전 세계 모든 제조업에서 중국이 관심을 갖게 되면 짧으면 5년, 길면 10년 안에 모조리 도산하였다.

4차 산업혁명, 한국은 출발부터 늦었다. 뒷북을 치며 모방을 해봐야 돈만 쓰고 성과가 없다. 무조건 선진국을 따라할 것이 아니라 디지털·바이오·스마트팩토리 중 한국이 강한 것만 선별해서 집중해야 한다. 할아버지의 반도체를 보는 혜안이 30여 년 만에 오늘의 삼성을 만들었고 손자세대를 행복하게 만들었다. 4차 산업혁명 시대의 한국은 반도체처럼 향후 30년간 먹고 살 신수종산업의 씨를 제대로 뿌려야 한다. 4차 산업혁명을 입으로만 떠들고 공약으로만 내세우지 말고 미국과 중국, 독일과 일본이 하지 않는 것, 특히 중국이 못하는 것에 주력해야 성공한다. 지금 한국은 반도체를 제외하고 제조업에서 중국보다 경쟁력 있는 것이 거의 없는 상황이다. 이미 전기차·2차전지·드론 산업의 세계 최대 시장, 최대 생산국은 중국이다. 2017년 벌어진 중국의 사드 보복은 당황스러웠다. 대국이라고 하는 '중국이 이렇게 째째하냐'고 비난하지만 지금 한국이 당하고 있는 여행객 통제, 무역규제, 불매운동 등은 중국이 그간 일본·대만·홍콩 등의 주변국과 분쟁에서 매뉴얼처럼 습관적으로 사용해 온 수단일 뿐이다. 단지 우리가 중국경제 연구를 제대로 안 해서 몰랐을 뿐이다. 적을 알아야 적을 이긴다. 한국 수출의 3분의 1, 무역흑자의 절반을 중국이 차지한다. 한국 인구의 30배, 영토로는 100배 가까이 되는 중국이다. 그런데 중국 본토에서 공부한 진짜 중국통 박사가 단 10명이라도 있는 한국의 연구기관이 한 개라도 있을까? 중국의 변화를 정확히 읽고 줄 것은 주고 얻을 것을 얻어야 한다. 대중국전략 제대로 짜고 대응해야 한국이 산다.

미국에 의존하는 정책으로는 한중관계 풀 수 없다. 미국에 의존한 한국의 대중국문제 해법은 환상이다. 이젠 중국이 미국의 말을 들을 태도도 아니고, 그럴 생각도 없다. 그리고 중국은 미·중관계와 한·중관계는 따로 생각하고 있다. 미국에 묻어가서 꼬인 한·중관계를 해결한다는 것은 너무 낙관적인 생각이다. 외교는 자기의 힘으로 하는 것이지 타국의 힘으로 하는 것 아니다. 국민적 단합도 없이 사분오열하는 국론으로 어림없다. 세계 11등 하는 경제력으로는 어설프게 일본과 같은 대접을 요구하고 덤벼들다 보면 미·중·일의 동네북이 될 수 있다. 일본처럼 세계 3위의 경제력을 가지면 중국도 함부로 못한다.

한국은 중국의 사드 보복에 아프다고 소리 지르고 있을 때가 아니다. 한·중관계를 보면 지금 같은 사드 보복은 앞으로도 얼마든지 나올 판이다. '극일초중(克日超中)'할 수 있는 기술과 제품으로, 중국이 한국 없으면 아무것도 할 수 없게 만들어야 당당하다. 중국이 사드 제재 끝까지 가더라도 세계 시장의 70%를 장악한 한국의 메모리반도체는 제지할 수 없다. 이런 것이 중국이 찌르는 창을 막아낼 방패일 것이다. 중국경제에 대한 변화가 근시안적이 아닌 거시적인 대응이야 말고 중국경제에 영향을 직접적으로 받는 한국경제의 가장 근본적인 해법이 될 것이다.

7 chapter

일본 경제 무엇이 문제이고 어떻게 될 것인가?

일본은 전 세계적으로 근대화를 가장 잘 이룩한 국가이고, 고도의 경제발전을 이룬 국가이다. 하지만, 우리가 자주 들어본 '잃어버린 10년'이라는 일본 경제의 역사를 제대로 아는 사람들이 얼마나 될까? 가깝고도 먼 나라인 일본 경제의 역사와 한국 경제와의 연관성을 살펴보도록 하자.

1. 일본 경제의 역사

현재 일본은 GDP기준 세계 3위, 구매력평가 GDP(PPP)기준 세계 제 3의 경제대국이며 미국, 독일, 중국에 이어 세계 제4의의 무역대국이다. 일본의 경제대국 역사는 전국 시대(1467년~1603년)로 거슬러 올라간다. 일본은 15세기 귀금속들(특히 금)이 많이 생산되어 최초로 신항로를 개척한 포르투갈 상인들에 의해 '황금의 나라 지팡구'라고 지칭했다. 그 덕분에 일본은 전 유럽국가에 알려지게 되었고, 몰려들어온 유럽의 상선대들과의 교역을 통해 일본은 막대한 부를 축척하였다.

임진왜란을 거쳐 일본은 한국의 조선으로부터 전쟁포로들을 통해 도자기, 화약, 농업 기술을 얻게 된다. 임진왜란이 끝나고 도요토미 히데요시 사후 도쿠가와 시대(1603년~1868년)의 성세 절정기인 1720년 무렵(이 시기를 '겐로쿠 시대'라고 부른다)에 일본의 전 인구는 3,200만 명, 막부가 위치하였던 에도의 인구는 100만 명, 교토 시와 오사카 시의 인구는 40만 명을 돌파한다. 이때 일본인들이 만든 우수한 품질의 공예품과 회화들이 서유럽에 유입되어 서구 예술계에서 통칭 일본주의(Japanism)를 일으키기도 하였다. 그러나 호황기가 끝나면서 생산이 위축되고 흉작에 의해 기근이 발생하여 일본 농민들이 전국에서 폭동(이를 '잇키'라고 부른다)을 일으키고 일본의 경제는 혼란에 빠지게 된다. 1854년 남북전쟁 이후 미국은 일본을 중국 진출을 위한 중간 기지로 삼고자 페리 제독을 파견하여 일본과 미·일 화친 조약을 맺었다. 이 조약은 미국에 최혜국 대우를 인정한 불평등 조약이었다. 1858년 체결된 미·일 수호 통상 조약도 일본의 무역 제한을 철폐시켜 미국 상품의 일본 유입을 가능하게 하였으며, 미국에 영사재판권(치외 법권)을 인정한 불평등 조약으로 일본은 미국과 조약을 맺고 여러 항구를 개항하였으며, 일본에서 범죄를 저지른 미국인을 일본법으로 재판할 수 없었다. 또한, 협정 관세에 의해 관세를 자유로이 부과할 수도 없었다.

미국과의 개항 이후 물가 폭등, 조세 증가, 막부의 굴욕적인 개항에 대한 비판 고조되고 하급 무사들을 중심으로 '존왕양이' 운동이 전개되었다. 즉, 막부를 타도하고 국왕 중심의 새로운 정권 수립하는 왕정이 복고되었다. 이를 통해 메이지 정부가 수립된다. 메이지 정부 도쿄 천도하고 5개조의 서약문을 발표하고 근대화 정책을 추진하고자 한다. 이를 통해 문명 개화론, 부국강병을 표방한 위로부터의 급진적 개혁을 추진하게 된다. 그리고 천황을 중심으로 한 제국주의 시대를 맞이하게 된다.

제국 시대(1868년~1945년)의 일본 경제는, 메이지 정부의 "부국강병"(富國强兵)정책에서 시작되었다. 메이지 정부는 외국인 강사(고용 외국인)를 초빙하여 철도의 건설과 서양식의 공장 건설을 추진했다. 제국 시대에는 비단산업이 외화 획득 산업으로 중요시되고, 군함 보유수가 경제 지표가 되어 있었다. 또한 공업이 경제 기반인 지역도 있었다. 일본은 근대화에 착수한 지 반세기 후에도 여전히 농업에 경제를 의존하는 농업국이었다. 1900년, 일본 인구의 70%는 여전히 농업에 종사하고 있었고, GDP의 40%는 1차 산업으로부터 창출되었었다. 그러나 한반도를 비롯한 침략 전쟁의 지속적 수행 결과로 중공업과 운수업이 크게 발달하였다. 1928년에는 농업이 GDP에서 차지하는 비중이 20%까지 떨어졌다. 1931년의 만주사변 이후로 일본 제국 내의 타지역에 대한 투자가 늘어났다. 중일 전쟁, 태평양 전쟁 이후로 전쟁물자 원료에 대한 수요가 늘어나자 대규모의 석탄개발이 중국에서 이루어졌으며, 석유 수급이 미얀마와 네덜란드령 동인도에서, 식량자원 수급이 필리핀과 태국 등에서 이루어지는 등 일본 제국의 동남아시아에서의 경제적 개발과 수급이 박차를 가했다.

2차 대전 종전 후 일본은 국민주권 시대(1945년~현재)로 "Made in Japan"과 "일본의 다국적 기업"이 세계를 석권하고, 일본이 "경제 대국"으로 오른 시대가 된다. 일본은 2차 대전 종전 후 미국의 군정이 끝난 후 해방된 이후 경제재건에 매진했다. 이 때 일본이 추진한 정책이 '요시다 독트린'이었다. 일본의 안보 문제는 미국에 의존하는 한편, 군사적 예산은 최소한의 비용만을 지출, 경제발전에 국가 역량을 집중하는 정책을 취한 것이다. 또 한국 전쟁과 베트남 전쟁 특수를 통해 벌어들인 외화들과 미국의 19억 달러의 지원, 그리고 미국과의 안보동맹, 그리고 일본식 노동 윤리와 교육열 등 문화적 요인 등으로 인해 빠르게 발전하였다. 1953년에서 1965년 사이 일본의 평균 경제 성장률은 9%였다. 이 시기 일본은 수입대체산업을 중점으로 육성하여 무역적자를 줄이는 경제 전략을 채택하였다. 1965년에서 1970년에는 평균 성장률이 8%로 올랐으며, 부동산, 직물, 정보, 반도체 산업 등이 호황세를 타기 시작하였다.

일본은 현재 제조업에 있어서 세계 최정상의 국가이다. 그러나 60년대까지만 해도 일본의 제품은 세계 시장에서 3류의 취급을 받았다. 이러한 인식을 바꾸게 한 것이 혼다의 오토바이였다. 그것은 당시 일본을 패전국의 이미지로 그리던 미국인들의 사고방식을 바꾸는 데 공헌했다. 현재 일본 제일의 자동차 메이커인 도요타는 1951년엔 대략 300여대만을 미국에 수출했었으나, 1973년에는 유럽 메이커들을 제치고 미국시장 제 1의 자동차 수출기업이 되었다.

일본 제조업이 빠르게 발달한 요인은 적기생산(Just in Time)과 총체적 품질 관리 기법(Total Quality Management)에 있었다. 대표적인 예로 적기생산과 총체적 품질관리 기법적을 앞세운 적 도요타의 도요타 방식(Toyotaism)은 구시대적 소품종 대량생산 방식인 포디즘(Fordism)이 지배하는 제조업 세계를 무너뜨리고 유행을 탔다. 이 때문에 일본의 기술적 진보속도는 하루가 다르게 빨라졌고, 미국마저 일본 수출품에 대한 규제를 가하지 않으면 안 될 수준이 되었다.

일본 현대 경제사는 미국 경제와 맥을 같이 한다. 1950~1970년대는 미국은 지속적으로 번창했다. 전쟁이후 적자도 없고 브레튼우드 체제(1944년; 국제적인 통화제도 협정에 따라 구축된 국제 통화 체제로 2차 세계대전 종전 직전인 1944년 미국 뉴햄프셔 주 브레튼 우즈에서 열린 44개국이 참가한 연합국 통화금융 회의에서 탄생함. 미국 달러화를 기축 통화로 하는 금환본위제도의 실시 : 금 1온스를 35달러로 고정시키고, 그 외에 다른 나라의 통화는 달러에 고정)를 통해 달러는 금으로 달러를 고정하는 것을 합의하고 미국 경제는 호황의 시대를 맞게 된다.

그러나 큰 사건이 발생한다. 바로 1970년대 벌어진 베트남 전쟁으로 인해 엄청난 군비를 쓰고 재정적자가 심해지면서 닉슨대통령은 금으로 달러 고정을 철회한다(이를 닉슨 쇼크라 한다). 닉슨 쇼크가 터지자 세계 각국은 달러에 대한 신용도를 의심하고 달러는 엄청난 가치가 떨어지게 된다. 그렇기에 석유의 가격이 폭등하게 되는데 이것이 제 1차 오일쇼크의 원인이 된다. 1973년 1차 오일쇼크에 이어 1979년 2차 오일쇼크가 터지면서 미국에서 물가는 상승하는데 경기는 어려운 이른바 '스테그 플레이션'이 발생한다. 일반적으로 물가가 올라가는 것은 경기가 호황이어서 물가가 상승하지만, 이것은 원자재 가격 상승으로 인한 것이기에 전혀 새로운 위기였다. 이 상황에서 보수주의자인 공화당 레이건이 1980년에 대통령에 당선된다. 여기서 볼커를 연방 준비 위원회로 위촉하는데 볼커는 결정해야 했다. '높은 물가를 잡을 것인가' 아니면 '경기가 침체된 경기를 잡을 것인가'의 선택에서 볼커는 높은 물가를 잡는 것을 선택하게 된다. 미국의 연방 준비 위원회는 높은 물가를 잡기 위해 금리(이자율)를 높였다. 당시 미국의 국채의 금리는 무려 20%였기에 세계 각국은 모두 미국 국채를 사고 싶어했고 이로 인해 달러 강세로 돌아선다. 달러의 강세는 다시 말해 달러의 평가절상으로 미국의 수출이 어려워지기 시작한다. 이로 인해 미국 제조업은 수출타격으로 큰 어려움을 겪게 된다. 이로 인해 일본과 독일이 엄청난 이윤을 얻게 된다. 미국의 달러 강세로 상대적으로 화폐가치가 떨어지는 일본의 엔화와 독일의 마르크화가 가격경쟁력을 얻게 되면서 일본과 독일의 수출이 증가하게 된다. 이에 따라 미국은 1985년에 일본정부를 플라자로 불러서 엔화를 평가절상을 강요하는 이른바 '플라자 합의'를 단행하게 된다. 이 당시 일본 정부는 15%정도 엔화를 절상했다. 일본 정부 입장에서는 이 정도는 버틸 수 있다고 생각했다. 그런 플라자 합의를 통해 일본 엔화를 평가절상시켰으나 미국의 대일 적자는 해소되지 않고 더 심해지는 상황이 지속되었다. 다시 말해 이미 제조업의 경쟁력이 미국에서 일본으로 넘어간 상황이 된 것이었다. 당시 일본의 GDP는 미국의 70%에 육박했으며, 세계 각 국은 일본이 미국을 앞지를 것이라 확신했다. 이에 따라 엄청난 자금이 일본으로 몰리고 모든 사람이 일본 기업에 투자하고 싶어했다. 일본 기업은 소니는 휴대용 카세트인 '워크맨'을 히트치면서 수출로 엄청난 외화를 벌고 있었고 투자 자금까지 엄청나게 몰리면서 투자를 받기 싫을 정도의 지경에 오게 된다.

이렇게 일본에 전 세계의 엄청난 자금이 몰리면서 일본 경제에 대량의 거품이 발생한다. 이를 '거품경제시대'라고 한다. 1987년에서 1990년 사이의 평균 경제 성장률은 4.5%로 높은 수준이었으나, 1992년부터 1.7%로 추락하고 일본의 대표적 주가지수인 닛케이 지수가 10,000포인트 급락하는 등 경제불황의 조짐이 보였다. 이렇게 1980년대 후반 일본경제는 절정에 이르게 된다. 부동산 가격이 폭등하고 주가도 최고치까지 상승하게 된다. '도쿄를 팔면 미국을 살 수 있다'라는 말까지 생기게 된다. 기업들은 투기에 가까운 투자를 난무하여, 고흐와 르누아르 같은 유명화가의 작품을 최고 경매가로 사들였고, 뉴욕 중심가 빌딩과 하와이 리조트 등을 구입한다. 그 와중에 할리우드를 대표하는 전통있는 영화사인 콜롬비아사가 소니에 팔리기도 한다. 일본의 거침없는 투자와 전자 및 자동차 산업진출은 미국 내에 큰 반일 감정을 불러일으키게 된다. '일본 때리기'라 불린 일본에 대한 반감은 정책 차원의 재계부터 시작하여 민간에까지 번져서 일본자동차를 야구 방망이로 부수는 사건까지 발생하게 된다. 반면 일본에서는 경제력을 바탕으로 군사적으로 의존하던 미국에 강한 자신감을 표출한 이시하라 신타로의 책 'NO라고 말할 수 있는 일본'이 베스트셀러가 되었다. 그러나

1990년대 들어서자마자 순식간에 일본 경제의 거품이 꺼지면서 부동산 가격과 주가가 폭락하고 이를 담보로 대출을 해주었던 일본 은행이 무너지게 된다. 이로 인해 소비와 투자가 급속도로 위축되면서 2차 대전 이후 수십년 간 성장가도를 달렸던 일본 경제의 성장은 멈추게 된다.

1995년 일본은행(BOJ)이 금리를 인상하는 사건이 최종요인이 되어 버블이 깨지고 일본 경제는 침체를 거듭하게 된다. 1995년부터 일본경제는 장기 침체를 겪어 왔는데 이 시기를 70년대 남미의 장기 침체 상황을 일컫는 용어를 본따 '잃어버린 10년'이라고 부르기도 한다. 일본 경제는 2005년까지 회생의 기미를 보이지 않았으나, 고이즈미 준이치로 총리의 금융 개혁과 우정 개혁, 대학-기업 합자 법인 설립 합법화 등의 경제 활성화 정책에 힘입어 다시 활기를 띠기 시작했다.

2010년 일본은 2차 대전 종전 이후 54년 만에 자민당에서 민주당으로 정권이 교체된다. 하지만, 동일본 대지진 등으로 인해 민주당 정부는 2년 반 만에 다시 정권을 자민당에 내주게 되고, 아베가 2번째로 다시 일본 총리가 된다. 아베정부는 2013년 1월부터 매월 13조 엔 규모의 국채매입을 실시하고 물가상승률 목표치도 2%로 상향조정 하는 등 양적완화를 강화했다. 이를 아베노믹스로 지칭한다. 아베정부는 '일본 경제재생을 위한 긴급경제대책'(10.3조 엔)을 편성하였고 2013년도 예산에서는 공공사업비를 15.6% 인상하는 재정정책을 시행 중이다. 2013년 6월까지 구체적인 성장전략을 제시한다는 방침이며, 민주당 정부의 신성장전략과 비교되는 전략입안을 주도할 산업경쟁력 회의를 추진하고 있다.

아베노믹스는 저성장 탈출을 위한 일본의 새로운 시도라는 점에서 평가할 수 있으나 정책의 장기적 지속성, 성공 가능성 면에서 여전히 리스크가 존재하고 있다는 점에 유의해야 한다. 유동성 함정과 국가부채 기업의 투자 의욕 회복 여부가 핵심관건이다. 아베노믹스 정책 시행이후 2013년 5월까지 주가는 55% 급등하고 개인소비증가로 1분기에 연 3.5%의 경제성장을 했으며, 엔화는 평가절하되고 있고 부동산 가격도 상승하고 있다. 총리에 대한 지지율은 70%를 넘었다. 사학스캔들로 아베의 지지율이 하락하였지만, 경제적 성과는 달성하였다. 엔화약세는 수출과 내수경기를 활성화하는 효과를 가져오겠지만, 급증한 일본 정부의 국가부채는 큰 부담으로 작용하고 있다. 국제 전문가들은 아베노믹스로 인한 엔저의 최대 피해국가를 한국으로 꼽고 있으며, 실제 한국에선 외국인 투자금이 빠져나가고 자동차, 전기전자 등 일본과 수출 경쟁을 하는 산업의 실적이 떨어지는 문제가 발생하고 있다. 현재 일본 경제의 주요 지표는 다음표와 같다.

〈표 7-1〉 일본 주요 경제지표

항목	경제수치	세계순위
인구	1억 2,602만 명	2019년, 세계 11위
경제 규모 (명목 GDP)	5조 1,544억 달러	2019년, 세계 3위
경제 규모(PPP[2]))	5조 7,474억 달러	2019년, 세계 4위
1인당 명목 GDP	40,846달러	2019년. 12위
1인당 PPP	45,546달러	2019년, 11위
고용률	76.9%	2018년, OECD 6위
무디스 국가 신용등급	A1	2019년

출처: 일본 경제상

2. 한국 경제와 일본 경제

과거부터 한국 경제는 일본 경제와 뗄래야 뗄 수 없는 밀접한 관계를 맺고 있다. 물론 현재 일본 경제 규모나 발전 정도는 한국에 앞서 있다. 그러나 그 차이는 조금씩 줄어가고 있다. GDP규모 차이를 보면 1980년대 17배에서 2014년을 기준으로는 4배로 축소되었다. 1980년 한국의 GDP는 640억달러로 일본의 1조860억달러의 17분의 1 수준이었다. 그러나 10년 후인 1990년에는 2,700억달러로 4배가 늘어나 일본과의 격차를 11배로 줄였고 다시 10년 후인 2000년에는 9배 그리고 2010년에는 5배로 줄었으며 2013년에는 1조2,210억달러를 기록해 일본의 4조9,010억달러의 4분의 1 수준으로 좁혀졌다.

---

2) 서로 다른 나라의 화폐가치를 비교하는 수단 중의 하나인 구매력 평가(購買力平價, Purchasing Power Parity)의 약어를 뜻한다.

출처: 전국경제인연합회(2014)

전체 경제규모 뿐만이 아니라 기업경쟁력에서도 반도체 생산액이 일본을 제쳤으며 스마트폰 등 통신기기, 섬유, 전자부품 분야에서도 일본을 따라 잡은 것으로 나타났다. 산업별 대표기업을 비교해 보면 제조업의 주요 부문인 전자 부문에서는 삼성전자가 일본 1위인 파나소닉을, 자동차에서는 현대자동차가 도요타 자동차를 철강에서는 포스코가 일본제철보다 매출, 영업이익, 생산규모 등 부문에서 일본을 앞지르거나 일본과 비슷한 수준을 보여 우리 대표 기업의 경쟁력이 일본 대표기업의 경쟁력을 거의 따라잡은 것으로 나타났다. 다음 그림은 2014년을 기준으로 본 한국과 일본 기업의 글로벌 경쟁력을 비교한 것이다.

일본에 대해 20여년 전부터 관심을 가져왔지만, 요즘처럼 부러운 적이 없다. 다름 아닌 청년 일자리 때문이다. 한국의 젊은이들은 '헬조선'을 외칠 정도로 심각한 취업난을 겪고 있다. 반면 일본 청년들은 직장을 골라 갈 만큼 일자리가 넘친다. 기업들도 경쟁력을 되찾아 부동산과 주식시장이 살아났다.

한국이 외환 위기 이후 지속적인 경제 침체로 허덕이고 있으나 일본 경제는 '잃어버린 20년'을 끝내고 회생하고 있다는 분석이 많다. 공식 경제지표 호전은 물론 일본 국민들의 넘치는 자신감이 느껴진다. 불과 5~6년 년 전만해도 일본 경제를 기세좋게 추격해가던 한국 경제는 글로벌 경쟁에서 낙오되고 있다는 평가마저 나온다. 이에 따라 2000년대 초반까지 크게 좁혀졌던 한국과 일본의 국력 격차가 다시 벌어지고 있는 양상이다.

일본은 90년대 이후 장기간 성장없이 정체하면서 일본식 경영에 변화가 발생하기 시작한다. 기업은 종신고용을 해야 하는 정규직 대신 급여가 적고 해고하기 쉬운 비정규직을 늘려나갔다. 이는 바로 한국 경영에도 영향을 주어 비정규직의 문제가 확산되고 있다. 일본의 이러한 정규직과 비정규직의 구분은 소득 분배에도 영향을 주어 '일억총중류(1억 2천의 일본 인구 중 1억 명의 중산층이라는 의미)'의 시대가 종말을 맞게 된다. 이 대신 일본에도 '격차 사회'가 생기게 된다. 이로 인해 소비 생활도 양극화되어서 저가 상품만 싸게 파는 '100엔 샵', '무인양품'과 같은 브랜드들이 등장하게 된다. 이 같은 트렌드는 한국에도 영향을 주어 '다이소' 등 저가 브랜드들이 등장하였다. 이렇게 1990년대 들어 경제거품이 꺼진 후 태어난 세대를 가리켜 '사토리 세대'('사토리'=깨달음)라 부른다. 경제호황을 누렸던 버블 세대가 이상을 쫓고 허세에 넘쳤다면, 사토리 세대는 혹독한 현실을 깨달았기 때문에 큰 꿈이 없다. 과도한 소비, 여행, 연애, 결혼 등에 흥미가 없고, SNS를 통해서만 인간관계를 맺으려는 특징을 보이게 된다. 이런 현상은 한국의 연애, 결혼, 출산을 포기한 '3포 세대'와도 비슷한 면이 있다.

이러한 상황 속에서 일본은 중국에 뒤져 아시아 경제 2위로 내려앉자 일본 국민들은 대단한 실망에 빠지게 된다. 이 실망감이 경제 성장을 앞세운 자민당 아베 신조에 대한 지지로 이어지게 된다. 아베노믹스라 불리는 아베정권의 경제 정책은 양적인 팽창을 지향하여 시장에 자금을 풀고, 공공사업을 대규모로 확대한다. 2012년 동일본 대지진 피해 복구 및 2020년 도쿄 올림픽 준비 등이 있었기 때문에 아베 정권의 양적 팽창은 일본 경제에 큰 활력을 주게 된다. 일본은 이러한 아베노믹스(아베 신조 일본 총리의 경제정책) 성과에 힘입어 고용시장에서 고속질주를 하고 있다. 일자리와 임금이 늘어나면서 국민들이 자신감을 되찾고, 사회 안정도 더욱 튼튼해지고 있다. 하지만 고령화와 저출산이라는 근본적인 문제가 해결되지 않고 있어 양적 팽창 정책이 언제까지 효과적일 수는 알 수 없는 상황이다. 하지만 지금까지 살펴본 바와 같이 일본 경제는 한국 경제에 많은 영향을 주고 있으며 일본 경제가 겪은 상황은 연이어 한국 경제가 겪고 있는 상황이다. 더욱이 한국기업과 일본기업은 글로벌 시장에서 거의 전 분야에 걸쳐 최우선 경쟁대상이 되고 있다. 하지만 한국과 일본 경제는 상호보완적인 관계도 가고 있다.

우선 한국산 자동차부품이 일본시장에서 선전하고 있다. 이로 인해 자동차부품 분야의 무역적자는 점차 감소하고 있다. 자동차부품산업에서 일본에 대한 한국의 무역적자가 계속되고 있지만 그 차이가 급격히 줄어들고 있다는 점은 긍정적인 상황이다. 이렇게 자동차부품의 대일 무역적자가 개선된 것은 동일본 대지진 여파로 부품 수급 다변화를 추진해 온 일본 완성차업체가 한국 등 외국산 부품 조달을 확대했기 때문이다. 일본의 자동차생산업체 닛산은 주요 차종 부품의 해외 조달 비율이 40%를 웃돌고 있으며 대표적 일본의 자동차 기업은 도요타도 해외 조달 비중이 늘고 있다. 이렇게 자동차 시장에서 시작된 일본의 한국산 부품조달이 조선사업으로까지 확대되고 있다. 일본 업체들의 경우 엔고를 피해 가격경쟁력을 확보하려면 해외 부품 조달 확대가 필수적인데 이런 상황에서 기술력에 가격경쟁력까지 갖춘 한국 업체들에게 기회가 되고 있다. 한국과 중국에 빼앗긴 조선사업에 집중하고 있는 일본은 선박용 엔진부품 및 강판 등 주요 부품에 대한 해외 조달을 통해 가격경쟁력을 확보하고 있다. 중국에 비해 제조비용이 20% 이상 높은 데다 최근 엔화 강세 때문에 현재의 원가 구조로는 빼앗긴 시장을 되찾기 힘들다는 판단 때문에 한국산 부품 수입이 늘어가고 있다.

반면 반도체와 디스플레이 등 국내 주요 수출 장치산업은 장비나 부품소재 부분에 있어서 대일 의존도가 줄어들기는 했지만 여전히 높은 상황이다. 반도체 전 공정 장비의 국산화율은 25%, LCD(액정디스플레이)는 70% 전후라고 하며 반도체의 경우 장비보다는 핵심소재인 화학 소재 부문의 대일의존도가 30% 정도에 이르고 있다. LCD 부문은 한대에 100억 원 가량 하는 노광기(리소그라피) 등 핵심 장비가 일본기업에 대한 의존도가 높은 상황이다. 반도체 핵심 원재료인 웨이퍼의 경우도 일본 S사와 H사 등이 전세계 점유율 80%를 차지하는데 우리나라 전자회사도 이들로부터 조달하는 물량이 전체 조달물량의 절반을 넘어선다. 또한 반도체나 디스플레이 공정에 사용되는 화학 재료인 포토레지스터(PR)이나 절연막 등은 일본 신에츠, JSR 등에서 상당 부분을 조달하는 상황이다. 이렇게 일본이 강점을 보이는 첨단기술을 이용하지 않을 수 없는 상황인데 한국의 주요 수출제품이 전자기기 관련 제품이라는 점이 대일 무역의존도가 지속적으로 높은 이유라고 볼 수 있다. 한국 기업들도 그간의 노력을 통해 국산화율을 많이 끌어올린 상황이지만 핵심장비부분에 있어서는 아직 일본의 의존도가 높은 상황이다.

이렇게 한일 양국은 경제와 경영분야에서 정치적인 갈등 속에서도 상호의존도가 높은 상황이고 경제적 영향으로 받는 사회적 현상도 비슷한 상황이기 때문에 반일 감정 때문에 일본 경제에 대하여 무관심한 것은 결국 한국 경제에 대한 부메랑이 될 수 있다. 먼 나라보다 가까운 나라 간의 역사적 관계는 좋지 못한 것이 프랑스-독일, 프랑스-영국 등 세계 대부분 국가에서 볼 수 있는 현실이다. 과거의 역사적 문제와 대립으로 경제 분야까지 영향을 받는 것은 과거에서 배워 현재와 미래를 개선하려는 역사적 가르침을 스스로 버리는 행위일 수 있다. 우리가 지금까지 일본 경제에 대해 무관심했던 것을 반성하고 앞으로 일본 경제에 관심을 가져야 하는 이유가 바로 이것이다.

8 chapter

미국 경제 무엇이 문제이고 어떻게 될 것인가?

팍스 아메리카나. 미국이 세상을 지배한다는 의미의 용어이다. 미국은 군사적으로도 그렇지만 경제적으로도 세계를 지배하고 있다. 한국에 있어서 미국은 군사적 혈맹관계이고 중국에 이어 수출 2위 대상국가이기도 하다. 사실 한국에 있어서 미국이라는 국가를 빼고는 세계화를 논의할 수 없다. 흔히들 미국경제를 '리질리언스 경제(Resilience of Economy)'라 부른다. '고무공 경제'란 뜻으로 그만큼 미국경제는 탄성, 복원력, 회복력이 높다는 것이다. 한국 경제에 막대한 영향을 주면서 회복력이 강한 그동안 우리가 제대로 몰랐던 미국 경제에 대해 살펴보자.

1. 미국 경제의 역사

사실 앞에서 미국 경제에 대한 역사는 여러 번 언급되었다. 미국이 세계 자본주의의 중심지라는 사실을 부인할 사람은 없을 것이다. 산업 혁명을 가장 먼저 시작한 영국이 자본주의의 원조라고 할 수 있지만, 실제로 자본주의를 완성한 국가는 미국이라 볼 수 있다. 엄청난 인구를 토대로 세계 최대의 노동 및 소비 시장을 갖춘 중국이 떠오르는 신흥강자이지만, 여전히 미국은 세계 경제의 주도권을 쥐고 있는 국가이다. 미국 경제가 상징하는 자본주의는 개인이 돈을 가질 수 있고, 돈으로 물건을 사고팔 수 있는 사회경제 체제이다. 자본주의에서 중요한 것은 바로 '개인'이다. 이윤을 추구하는 개인의 경제적 행위를 어떤 조직이나 국가가 건설할 수 없다는 것이 자본주의의 핵심원칙이다. 경제학의 아버지라 칭송되는 영국의 애덤 스미스는 '국부론'을 통해 개인을 중심으로 상호 이익을 추구하는 것이 시장의 작동방식이며, 그 시장을 움직이는 국가가 아닌 '보이지 않는 손'에 맡겨야 한다고 했다. 이 국부론의 출간된 해가 1776년이고 바로 미국이 독립을 선언한 해이기도 하다. 이미 이 당시 미국은 스미스가 얘기한 대로 '보이지 않는 손'에 의해 시장이 작동하고 있었다.

미국은 시작부터 개인적 야망을 품고 유럽에서 이주한 사람들이 개척한 국가이다. 처음에는 청교도들이 종교적 이유가 컸지만, 시간이 지나면서 경제적 야망이 이주의 가장 주요한 요건이 되었다. 여러 가지 어려움을 극복하고 미국에 정착한 사람들은 국가나 다른 외부 세력이 그들의 경제적 행위를 규제하거나 간섭하는 것을 용납하지 않았다. 이것이 미국이 영국으로부터 독립한 근본적인 원인이기도 하였다. 이렇게 미국은 시작에서부터 자본주의적 토양을 가지고 출범한 국가였다. 이러한 토양은 시간이 지나면서 더욱 확고해졌고, 세계 곳곳에서 소위 '아메리카 드림'을 품고 미국으로 이주가 증가하였다. 미국이 세계 자본주의의 메카가 될 수밖에 없었던 중요한 배경이다.

자본주의의 가장 큰 매력은 개인이 자신의 경제적 성공에 대한 열쇠를 쥐고 있다는 데에 있다. 특히 유럽의 귀족주의와 같은 신분적 계급 차별이 없는 곳에서 누구든 노력한 만큼 자신의 의지와 열정으로 운명을 개척할 수 있다는 믿음은 미국이라는 국가에 자본주의가 확산되는 데에 중요한 밑거름이 되었다. 더욱이 미국의 자본주의는 시대적인 운도 잘 따라주었다. 영국을 중심으로 서부 유럽에서는 이미 산업혁명이 무르익은 시기였기 때문에 산업 혁명의 긍정적인 효과를 가장 많이, 직접적으로 볼 수 있는 국가가 바로 미국이었다. 영국이나 프랑스 등으로부터 산업혁명의 경험이 많은 기술자들이나 이주자들의 이주가 늘었다. 또한 미국은 기근으로 고통받지 않았다. 유럽의 경우 오랫동안 흑사병 같은 전염병과 기근으로 인해 많은 사람들이 죽어갔기 때문에 미국이라는 곳은 전염병과 기근에서 상대적으로 적은 매력적인 국가였기 때문이다. 더욱이 유럽 국가에 비해 넓은 면적을 가져 개척할 땅도 많았고, 슬럼화된 지역이 거의 없었으며, 인구밀도가 낮아 전염병이 확산될 가능성도 낮았다. 1800년에 미국인의 평균수명이 37세였는데 1900년에는 47세로 높아졌다. 이는 산업혁명을 먼저 시작했던 서유럽 국가보다 높은 수치였고, 매우 비약적인 진보였다.

자본주의를 통해 사람이 얻는 것은 자신이 가진 것을 지키려 하는 것은 당연한 일이다. 따라서 경제의 자본주의와 정치의 민주주의는 따로 떼어 놓고 생각할 수 없다. 미국과 같이 스스로 노력해서 얻은 것을 가진 사람들이 모인 사회에서는 자신의 것을 지키기 위해 갈등과 분쟁이 발생하게 되어 있고, 이로 인해 자신의 이익을 대변해 줄 정치적 대리인을 찾게 된다. 따라서 그 대리인을 선출하는 참정권을 마련하고 확대하는 민주주의의 발전으로 이어지게 된다. 1830년대 미국은 이미 백인 남성의 보통선거권이 시행되었다. 비록 흑인이나 여성에게는 적용되지 않았다는 한계가 있었지만, 세계 최초로 재산, 교육, 종료 등과 관계없이 성년에 도달한 백인 남성이면 누구나 평등하게 선거권을 부여한 것이다. 이러한 보통 선거가 시행된 시점은 1812년부터 3년간 벌어진 영국과의 전쟁에서 승리한 미국이 본격적으로 자본주의 중흥기에 들어선 시점과 맞물린다. 그 후 1920년대 미국에서는 세계 최초로 여성 참정권이 시행되게 된다. 이는 남성 중심적인 가부장제에 대항한 여성들의 어려운 투쟁이 있었기에 가능한 일이었지만, 19세기 후반 급속한 산업혁명으로 여성들의 노동력이 필요해지고 사회적 역할이 중요해진 것과 밀접한 관련이 있고, 이는 미국 경제 발전의 촉매제 역할을 하게 되었다.

미국은 개인의 경제적 야망을 추구하는 데 최적의 환경을 제공해 온 국가였다. 그러나 누구나 미국에서 성공할 수 있었던 것은 아니었다. 남북전쟁 이후 19세기 후반 미국은 급격한 산업화로 미국은 그야말로 세계에서 가장 강력한 경제대국으로 성장하면서 인구는 폭발적으로 증가한 반면, 일자리는 갈수록 줄어들게 된다. 미국 건국 초의 '아메리칸 드림'은 글자 그대로 꿈이 되어가게 된다. 이 때부터 빈익부 부익빈 현상이 심각한 사회문제로 대두되기 시작한다. '로버 베런(robber baron)'이라는 말이 있다. 이 말은 '날강도 귀족'이란 뜻으로 중세 영국에서 자기 영지를 지나가는 사람들에게 금품을 빼앗던 귀족으로 의미하는 말이었으나, 19세기 미국에서는 '악덕 자본가'라는 뜻으로 사용되게 되었다. 19세기를 '로버 베런의 시대'라고 할 정도로 미국에서 자본가들의 횡보가 극에 달하게 된다.

1929년 10월 24일을 '검은 목요일'이라고 한다. 미국 경제역사에서 가장 어두운 날이기 때문이다. 이날 사상 최대 규모의 증권이 매매되었는데, 대부분 가장 낮은 가격에 거래되었다. 당시 미국 경기가 최악으로 치닫았기 때문이다. 소문이 퍼져 나갈수록 손해를 무릅쓰고 증권을 헐값에 내놓기 시작했고, 미국 경제는 최악의 혼란으로 이어지게 된다. 미국은 '대공황'에 빠지게 된다. 대공황은 미국 경제의 최대위기였다. 당시 미국인들은 빵 배급을 받기 위해 긴 줄을 서야 했고, 버려진 사과 한 조각 하나라도 찾기 위해 쓰레기통을 뒤졌으며, 투신자살하는 사태가 줄을 이었다. 상황이 이렇게 되자 19세기에는 '골드 러쉬' 즉, 금을 찾기 위해 서부 캘리포니아로 떠났으나, 대공황 당시에는 기아를 벗어나기 위해 캘리포니아로 무작정 떠나는 이주민들이 증가하였다. 소설가 존 스타인벡이 1939년 발표된 '분노의 포도'가 바로 고향을 등지고 캘리포니아로 떠나는 이주민들의 애환을 쓴 것이다.

그러나 이 대공황은 급작스럽게 찾아온 것이 아니었다. 이미 앞서 이야기한 대로 미국 자본주의는 이미 심각한 문제를 안고 있었다. 급속한 산업혁명으로 엄청난 빈부격차가 벌어졌고, 거대산업 자본가들은 엄청난 불법을 저질렀으나 미국정부는 이들을 규제하지 않았다. 더욱이 유럽경제는 1차 세계대전 이후 공황상태에 빠져 유럽시장이 위축되어 수출이 줄어들자 미국 제조업은 위축되었고, 갈수록 실업률이 높아지면서 미국 내 소비시장도 최악의 상황에 빠지게 된다. 결국 이러한 악순환으로 공장이 문을 닫고, 자본가들은 보이지 않는 주식에 현금을 투자하면서 미국 사회는 주식 투자 광풍에 빠지게 된다. 경제 상황은 최악의 불황인데 주식의 가치만 치솟는 시한폭탄을 가지고 있는 셈이었다. 결국 이 시한폭탄은 1929년 10월 24일 터지게 된다.

대공황으로 미국경제는 사상 최악의 위기를 맞이하고 이는 다시 미국 민주주의의 위기로 이어지게 된다. 자본주의 국가로 시작하여 자본주의의 성장과 더불어 민주주의도 발전해 온 국가가 미국이었기에 경제적 위기는 곧 정치적 위기로 이어졌다. 이러한 상황에서 1932년 프랭클린 루즈벨트가 대통령에 당선되고 그는 바로 '뉴딜 정책'을 즉시 시행하게 된다. 뉴딜 정책은 미국 자본주의의 판을 새로 짠다는 의미였다. 루즈벨트는 대공황의 근본적인 원인이 과도한 자유주의적 경제정책에 있다고 판단하여, 이전 미국 경제정책에서 시행되었던 정부의 시장불개입을 적극적인 개입으로 전환한다. 미국 정부가 경제활동에 정책적으로 개입하고 정책의 초점을 소외되었던 계층에 맞추었다. 뉴딜 정책의 슬로건은 '구제, 부흥, 개혁'이었다. 빈곤과 불안에 떠는 국민들을 구제하여 경제적 부흥을 꾀하고 그 과정에서 미국 경제체제에 대한 개혁을 시도하고자 하였다. 대표적인 사례가 테네시 강 개발계획(TVA)'이었다. 테네시 강 유역에 거대한 댐을 조성하는 국토개발사업을 통해 일자리를 창출하고 이를 통해 실업률을 하락시키고 경기를 활성화하여 정부에 대한 국민들의 불신을 회복하려 했다.

뉴딜정책은 미국 역사에서 이정표가 되는 사건이었다. 미국 경제의 역사를 둘로 나누면 뉴딜 전과 뉴딜 후로 나눈다. 뉴딜은 개인과 기업에게 맡겨졌던 자유방임적 자본주의 체제에서 정부가 필요에 따라 경제에 개입하여 조직과 체질을 변화시키는 수정 자본주의 체제로 전환하는 계기가 되었다. 뉴딜정책은 분명 미국 경제에 상당한 체질 변화를 일으킨 혁명 같은 정책이었지만 이것이 지속적인 미국 경제 정책의 근간이 되지는 않았다.

뉴딜정책 이후 미국 경제는 2차 세계대전이라는 또 하나의 분수령을 맞게 된다. 2차 세계대전을 통해 미국의 제조업은 전쟁터가 된 유럽을 대신하여 전 세계를 시장으로 성장하게 된다. 군수물자 뿐 아니라 유럽의 제조업을 대신하여 미국산 제품이 전 세계에 수출된 것이다. 제2차 세계대전 후 15년 동안 냉전이 전개되었을 때, 미국은 경이적인 경제성장을 경험했다. 전쟁으로 해서 번영은 다시 돌아왔으며, 전후기에 미국은 세계에서 가장 부유한 나라로서의 지위를 공고히 했다. 미국의 국민생산량은 1940년의 약 2,000억 달러에서 1950년의 3,000억 달러로, 그리고 1960년의 약 5,000억 달러로 증가했다.

이러한 경제성장을 가져온 근원들은 여러 다른 부문에 있었다. 1946년부터 1955년까지의 기간 중에 연간 자동차 생산량 수가 4배로 늘어났기 때문에 자동차 산업에도 일부 원인이 있었다. 전쟁에서 돌아온 귀환병들을 위해 감당할 만한 조건으로 저당을 설정해 준 일로 일부 자극을 받은 주책 건설 붐도 경제팽창을 촉진시켰다. 냉전 확대에 따른 방위지출 증대도 한 역할을 했다. 1945년 이후에 미국의 주요한 회사들은 한층 더 커졌다. 1890년대와 1920년대에 회사 합병의 물결이 있었는데, 1950년대에 또 하나의 회사 합병의 물결이 일어났다. 새로운 복합기업들 - 갖가지 다른 산업에 소유주가 있는 회사들 - 이 앞장섰다. 예를 들어, 국제전화전신회사(IT&T)는 쉐라톤 호텔, 컨티넨탈 제과회사, 하트포드 화재보험회사, 에이비스 렌터카사 등을 사들였다. 맥도널드 등 간이식품 레스토랑과 같은 소규모의 독점 판매 활동은 또 다른 패턴을 만들어냈다. 대회사들도 흔히 인건비가 낮은 해외 지역에서 지주회사들을 발전시켰다.

미국의 산업이 변함에 따라 근로자들은 자신들의 생활이 변하고 있음을 깨닫게 되었다. 상품을 생산하는 근로자들은 적어졌으며, 서비스(용역)를 제공하는 근로자들은 많아졌다. 1956년에 이르러 미국민의 대다수는 회사 지배인, 교사, 외판원, 사무원 등으로 일하는 화이트 칼러 일자리를 갖게 되었다. 일부 회사들은 연봉, 장기 고용 계약, 그리고 이 밖의 혜택 등을 인정하고 보장했다. 이러한 변화로 해서 근로자의 투쟁 정신은 무너졌으며, 일부 사회계급 구별은 사라지기 시작했다.

한편, 농민들은 험난한 시대에 마주쳤다. 농업이 대기업화되자 생산성 증대는 농업의 합병을 초래했다. 또한 가족농업은 경쟁하기가 곤란해졌으며, 점점 더 많은 농민들이 농토를 떠났다. 기타 미국민들도 이동했다. 2차 대전 후 서부와 서남부는 계속 발전했는데, 이것은 20세기 말까지 지속되었다. 텍사스주의 휴스턴시, 플로리다주의 마이애미시, 뉴멕시코주의 앨버커키시, 애리조나주의 튜선시 및 피닉스시 등과 같은 선벨트(미국 남부를 동서로 뻗은 따뜻한 지역)도시들이 급속히 확대되었는데, 이들의 발전은 주로 이 지역의 군사시설 소재로 해서 촉진되었다. 캘리포니아주의 로스앤젤레스시는 미국에서 세 번째로 큰 도시로서 펜실베이니아주는 뉴욕주보다 더 많은 인구를 갖게 되었다.

한층 더 중요한 형태의 이동현상이 있었는데, 그것은 미국민들이 도심지로부터 새로운 교외로 나가는 이동이었다. 새로운 교외에서 그들은 전후 베이비 붐으로 해서 대량적으로 늘어난 많은 가구들이 그들의 힘으로 구입할 수 있을 만한 주택들을 발견하기를 바랬다. 레비트와 같은 도시개발업자들은 대량기술을 이용하여 모두 똑같은 모양의 주택들이 있는 새로운 지역사회의 건설했다. 레비트의 주택은 조립식으로 미리 제조된 것이거나, 아니면 공장에서 부분적으로 조립된 것이었다. 그 주택들은 수수했다. 그러나 레비트의 방법은 생산비를 절감시켜 새로운 소유자들로 하여금 적어도 '미국의 꿈'의 일부를 가질 수 있게 하였다.

도시 교외들이 발전함에 따라 사업체들이 새 지역들로 옮겨갔다. 갖가지 상점들이 들어 있는 대형 쇼핑센터들이 소비자 패턴을 변하게 만들었다. 이들 쇼핑센터의 수는 제2차 세계대전 종전 당시의 8개로부터 1960년대의 3,840개로 증가되었다. 소비자들은 용이한 주차와 편리한 저녁 시간으로 해서 도심지에서 쇼핑을 할 필요가 없었다. 이렇게 해서 미국의 아웃렛이 발달하게 된 것이다. 신설된 고속도로들로 해서 교외와 교외의 상점들에 보다 낫게 접근할 수 있게 되었다. 이 나라의 모든 지역을 서로 연결하는 장장 6만 4,000km를 웃도는 길이의 연방도로를 건설하기 위해, 1956년의 고속도로법은 미국사상 최대의 공공사업비인 260억 달러를 제공했다.

텔레비전도 사회 및 경제의 패턴에 강력한 영향을 주었다. 1930년대에 개발된 텔레비전은 2차 세계대전 후에야 비로소 널리 시판되었다. 1946년에 이 나라의 텔레비전 수상기 보유수는 1만 7,000대 미만이었다. 3년 후에 소비자들은 한 달에 25만대를 사들이고 있었으며, 1960년대에 이르러서는 미국 전가구의 4분의 3이 적어도 한대를 소유하고 있었다. 1960년대 중반기에 보통 가정은 텔레비전을 하루에 4시간 내지 5시간 시청했다. 어린이들에게 인기있는 쇼들에는 'Howdy Doody Time' 쇼와 'The Mickey Mouse Club' 쇼가 들어 있었으며, 나이 많은 시청자들은 'I Love Lucy와 Father Knows Best'와 같은 시튜에이션 코미디(연속홈코미디)를 더 좋아했다. 모든 연령층의 미국민들은 좋은 생활에 필요하다고 하는 상품들을 위한 점점 더 고도로 발달된 광고에 마주치게 되었다.

미국인들에게 1950년대는 만족스러웠던 시기인 반면, 1960년대와 1970년대는 대격변의 시대였다. 세계적으로 신생국가가 탄생했으며 기존의 정부를 전복하려는 반란이 일어났고, 미국에 맞먹을 만큼 일본, 독일과 같이 경제적인 강국으로 성장한 나라도 생겨났다. 또한 경제력 있는 국가가 세계를 지배함으로써 군사력만이 성장과 확대의 유일한 수단이 아니라는 인식이 점점 커져갔다. 존 F. 케네디 대통령(1961~1963 재임)은 강력한 통치력을 지니기 위해 행동주의자적인 접근방법을 활용했던 선도적인 인물이다. 그는 1960년에 치러진 대통령 선거운동에서 미국인들에게 '새로운 프런티어'의 도전에 대응하라고 외쳤다. 대통령이 된 그는 정부 지출을 늘리고 세금을 삭감함으로써 강력한 경제성장책을 썼으며, 노령자를 위한 의료 지원을 강력히 지시하고 대도시 빈민촌을 구제하며 교육기금을 확충했다. 미국인을 개발도상국으로 파견하여 지원하려는 케네디의 비전은 평화봉사단의 설립으로 현실화되긴 했지만 그가 제안한 것들 중 많은 부분이 실행으로 옮겨지진 못했다. 또 케네디는 미국의 우주개발계획에 착수했다. 그가 죽은 후에 미국의 우주개발계획은 소련을 뛰어넘었고 1969년에는 미국인 우주비행사가 달에 착륙하는 쾌거를 이루었다.

1963년 케네디의 암살로 국회는 그의 입법안을 대부분 법률화하기 위해 박차를 가했다. 후임인 린든 베인즈 존슨(Lyndon Baines Johnson, 1963~1969 재임)은 더 많은 시민들에게 경제적 혜택을 나누어주는 '그레이트 소사이어티(Great Society)' 정책을 펼쳤다. 정부가 메디케어(고령자를 위한 의료보험제도), 푸드 스탬프(빈곤층을 위한 식량지원), 수많은 교육사업(학교나 대학 설립은 물론 학생들을 지원하는 사업)과 같은 새로운 프로그램을 실시하다보니 연방정부의 지출은 급격히 늘어났다.

미국이 베트남전쟁에 참여하면서 군사비 지출도 늘어났다. 케네디가 재임할 당시엔 베트남 전쟁이 소규모 국지전으로 시작했던 것이 존슨 재임 기간에는 군사적 주도권을 차지하기 위해 군사비 지출이 점점 더 커졌다. 그런데 아이러니하게도 가난과의 전쟁 및 베트남전쟁 모두 단기간에 미국 경제성장률을 높이는 데 크게 공헌했다. 하지만 1960년대 말, 정부가 인플레이션 억제책으로 세금을 인상하는 데 실패하면서 성장률이 후퇴하기 시작했다. 1973년과 1974년에는 석유수출국기구(OPEC)의 회원들 간에 석유생산량을 줄이기로 결정함에 따라 에너지 가격이 상승하고 에너지 부족 사태가 일어났다. 이른바 오일쇼크가 터진 것이다. 심지어 생산량 감축이 끝난 후에도 에너지 가격은 계속해서 오르고, 거기다 인플레이션까지 겹쳐서 실업률도 높아졌다. 연방정부 예산은 적자였고 외국과의 경쟁은 치열해지고 주식시장은 침체되었다. 베트남전쟁은 지지부진하게 1975년까지 계속되었고 탄핵 위기에 처했던 리처드 닉슨 대통령(Richard Nixon, 1969~1974 재임)은 사임했고, 미국인들이 1년 넘게 이란 테헤란 주재 미국대사관에서 인질로 잡혀 있는 사건이 발생했다. 국가는 경제문제를 비롯해 어떠한 사건도 해결하지 못하는 것처럼 보였다. 자동차에서부터 강철, 반도체에 이르기까지 값도 싸고 품질도 좋은 수입품들이 늘어나자 무역적자가 발생했다.

인플레이션이 계속되면서 기업활동이 침체되고 실업률이 계속해서 높아지는 경제 상황을 가리켜 '스테그플레이션'이라고 한다. 사실 인플레이션은 그 자체로 장점도 있지만 단점이 더 많다. 사람들은 물건 가격이 계속해서 오를 것이라 생각하고 더 많이 사들인다. 이렇게 수요가 증가하면 가격도 상승하고, 임금 인상에 대한 요구도 생겨나며 물가는 더욱 오르고 다시 수요와 가격 등이 따라서 올라가게 된다. 근로계약서에는 생계비에 관한 항목이 자동으로 들어가게 되고, 정부는 대표적인 인플레이션 척도인 소비자 물가지수에 따라 사회보장 따위의 수당을 지급하기 시작했다. 이런 정책은 근로자나 퇴직자들이 인플레이션에 대처하도록 도와주긴 했지만 끝없는 인플레이션의 악순환을 방치한 꼴이었다. 정부가 필요로 하는 기금은 자꾸만 늘어나서 적자 예산이 되었고, 정부는 차관을 사용하는 바람에 이자 압박을 받으며, 기업과 국민들의 부담은 더욱 증가했다. 에너지 가격과 이자율이 높아지면서 기업의 투자는 감소하고 실업률은 위험수위까지 올라갔다. 이런 절망적인 상태에서 취임한 지미 카터(Jimmy Carter, 1977~1981 재임) 대통령은 경제의 악순환을 타파하고 정부 지출을 늘려 실업 문제를 풀어보려고 노력했으며 인플레이션을 잡기 위해 근로자들이 스스로 임금을 내리고 생산자가 가격을 낮추도록 정부 가이드라인을 제시했다. 하지만 두 가지 모두 별다른 성공을 거두지 못했다. 대신 항공, 화물트럭, 철도를 비롯해 여러 산업의 '규제를 철폐함으로써' 완만하게 인플레이션을 잡았던 것은 성공을 거두었다. 이들 산업은 그동안 요금이나 노선 등에서 정부의 철저한 보호와 규제를 받아왔다. 이러한 규제 철폐는 카터 행정부 이후에도 계속되었다. 1980년대에는 정부가 은행 이율이나 장거리통신 요금에 대한 통제를 완화시켰으며 1990년대에는 지역전화 요금에 대한 규제마저 풀어주었다. 하지만 인플레이션과의 전쟁에서 가장 주목할 만한 점은 1979년 연방준비제도이사회가 통화 공급을 단속하기 시작했다는 것이다. 연방준비제도이사회는 인플레이션을 유발하는 통화량의 공급을 억제함으로써 이율을 올렸다. 그 결과, 소비자 지출과 기업 대출이 급격히 줄어들었고 경제는 곧 깊은 침체 속으로 빠져들었다.

1982년 내내 미국은 깊은 침체의 늪에서 빠져나오지 못했다. 전년도에 기업은 50퍼센트나 도산했다. 특히 농민들이 타격을 많이 입었다. 농산물 수출이 줄어들고 곡물 가격이 떨어졌으며 이자는 올라갔다. 이에 정부는 급히 해결책을 모색했다. 경기 하락을 해결하기 위해 급히 처방한 치료약은 삼키기엔 힘이 들었지만, 경제가 처해 있던 악순환의 고리를 끊어주었다. 1983년 인플레이션이 진정되고 경제는 반등하기 시작했으며 경제성장도 그런대로 유지되었다. 하지만 1980년대 내내, 그리고 1990년대 들어서도 인플레이션 비율은 5퍼센트 아래를 밑돌았다.

1970년대의 경제 격변은 중요한 정치적 결과를 가져왔다. 미국인들은 1980년에 카터를 낙선시키고, 헐리우드 배우이자 캘리포니아 주지사 출신인 로널드 레이건(1981~1989 재임)을 대통령에 당선시킴으로써 연방정부의 정책에 대한 불만을 드러냈다. 레이건 정부는 세율을 줄여서 수입을 늘리는 공급 측면 경제학 이론에 충실한 경제정책 기조로 나아갔다. 이 이론은 세율을 낮춤으로써 사람들이 더 열심히 더 오래 일하도록 하고, 이렇게 하면 결국 더 많은 저축과 투자가 이루어져 생산성이 높아지고 경제가 전반적으로 성장하도록 자극한다는 것이다. 레이건이 추진한 감세정책은 주로 미국의 부유층에게로 이익이 돌아갔지만, 감세정책을 옹호하는 경제학자들은 기업투자가 많이 이루어지면 새로운 일자리도 많아지고 임금도 올라가기 때문에 저소득층에게도 혜택이 돌아간다고 주장했다.

그러나 레이건이 생각했던 국가적 아젠다의 중심주제는 연방정부가 그동안 너무 비대해졌고 경제에도 지나치게 개입했다는 것이었다. 1980년대 초에 그는 세금을 삭감하는 동시에 사회 프로그램을 수정하는 대수술에 들어갔다. 또 임기 내내 소비자나 근로현장, 그리고 환경에 영향을 미치는 정부 규제를 줄이거나 철폐하는 데 주력했다. 한편 미국이 베트남전쟁에서의 전철을 밟아 군사력 증강에 소홀해질까봐 두려워했다. 그래서 국방비 예산을 크게 늘렸다. 감세에다 높은 국방비 지출은 국내 정책에 지출해야 할 예산을 더욱더 삭감해야 하는 상황을 만들어 버렸다. 결국 연방 예산적자는 1980년대 초의 경기침체기 때보다 훨씬 불어나게 되었다. 연방정부의 적자는 1980년에 740억 달러에서 1986년에는 2,210억 달러에 이르렀다. 1987년에는 1,500억 달러로 떨어졌지만 이후 다시 증가하기 시작했다. 어떤 경제학자들은 연방정부의 과다한 지출과 차입이 인플레이션을 다시 유발할 것이라고 우려했지만 연방준비제도이사회는 물가상승을 조절하기 위해 불침법을 서면서 위험신호가 보일 때마다 재빨리 이자율을 인상했다. 연방준비제도이사회(FRB) 의장인 폴 볼커(Paul Volcker)와 그의 후임자인 앨런 그린스펀(Alan Greenspan)의 지휘하에 연방준비제도이사회는 경제의 교통경찰 역할을 수행하면서 국가의 경제를 이끌어가는 데 의회나 대통령을 뛰어넘는 영향력을 발휘했다.

연방준비제도(Federal Reserve System)

약칭 연준(Fed.) 쉽게 이야기하면 미국의 중앙은행시스템이자 세계경제의 주춧돌이다. 미국의회는 원래 중앙은행을 창설하려 했으나 정부의 권한이 제한적이어서 미국전역을 12개 연방준비구로 나누어 12개구 대표들이 모여 중앙은행 역할을 수행한다.

1980년대에 비로소 경제회복의 기미가 보이기 시작했지만 여전히 문제는 남아 있었다. 농민들, 특히 소규모 가족영농을 하는 농민들은 계속 생계를 걱정해야 했다. 특히 1986년과 1988년에 미국의 중부 지방에 심각한 가뭄이 닥쳤고 몇 년 후에는 홍수를 겪었다. 몇몇 은행은 금융 경색에 무분별한 대출 관행으로, 특히 저축대부조합이라고 하는 곳은 부분적인 규제완화 이후 흥청망청 대출을 남발하다가 휘청거리기도 했다. 연방정부는 이런 금융 기관들의 문을 닫게 하고, 납세자들에게 엄청난 피해를 끼치면서 예금자들에게 예금액을 지급해주었다. 레이건과 그의 후임자 조지 부시(George H. Bush, 1989~1993 재임) 대통령 임기 중에는 소련과 동유럽의 공산주의 정권이 붕괴했고, 1980년대에도 1970년대에 국가를 괴롭혔던 경제적 병폐는 완전히 치유되지 않은 상태였다. 미국은 1970년대 들어서는 10년 중 7년 동안 무역적자를 기록했고, 1980년대를 거치면서 무역적자액은 눈덩이처럼 불어났다. 게다가 빠르게 성장한 아시아는 경제의 발전소였던 아메리카 대륙에 도전장을 내밀었다. 특히 장기적인 경제계획과 기업, 정부, 금융이 긴밀히 관계를 맺고 효율적으로 협력했던 일본은 미국을 대신해 경제성장의 대안적인 모델처럼 보였다.

한편 미국에서는 기업들의 주식 가격을 끌어내린 뒤 재가공하여 경영권을 되팔거나 분해하는 '기업사냥꾼'이 등장했다. 기업들은 막대한 돈을 들여 자기 회사의 주식을 사들이거나, 아예 기업사냥꾼에게 돈을 지불하기도 했다. 이런 다툼을 우려하며 비판하는 사람들은 기업사냥꾼이 좋은 기업을 망가뜨리고 근로자들에게 실직의 슬픔을 안겨주며 기업을 재조직하는 과정에서 많은 사람들의 일자리를 빼앗는다고 비난했다. 그러나 어떤 사람들은 사냥꾼이 경제에 의미 있는 역할을 한다고 주장했다. 경영이 부실한 기업을 인수하여 조직을 슬림화한 후 다시 수익을 내는 회사로 변신시키거나, 투자자들에게 되팔아서 이익을 얻을 수도 있게 하고 그들이 재투자하여 생산성 있는 기업으로 거듭나게 만든다는 것이다.

1990년대에는 새로운 대통령 빌 클린턴(Bill Clinton, 1993~2001 재임)이 있었다. 신중하고 온건한 민주당원이었던 클린턴은 전임 대통령들과 몇몇 문제에 대해서는 같은 목소리를 냈다. 의료보험 수혜자를 확대하겠다는 야심찬 계획이 의회에 의해 좌절된 후 클린턴은 미국에서 '큰 정부'는 끝났다고 선언했다. 그는 몇몇 부문에서 시장세력을 강화하는 정책을 추진하면서 의회와 함께 지역통신 서비스를 경쟁체제로 개방하였다. 또한 복지혜택을 줄이기 위해 공화당과 손을 잡기도 했다. 클린턴은 지속적으로 연방정부의 업무 영역은 줄여나갔지만 국가 경제에서 정부의 역할은 더욱 중요해졌다. 뉴딜 정책의 중요한 혁신 과제 대부분과 그레이트 소사이어티 정책의 장점은 그대로 유지했다. 그리고 연방준비제도이사회가 계속해서 경제활성화의 전반적인 속도를 조절하고 인플레이션이 재발되는 징후가 보이는지 감시하게 했다.

그러는 사이 미국경제는 1990년대를 통과하면서 급속히 튼튼해지기 시작했다. 무엇보다 1980년대 소련과 동유럽의 공산정권이 몰락하면서 그들과 교역할 기회가 빠른 속도로 확대되었다. 기술 발전은 복잡하고 새로운 전자제품의 영역을 넓혀주었다. 원격통신과 컴퓨터 네트워킹 분야의 기술혁신은 방대한 컴퓨터 하드웨어와 소프트웨어 산업을 발전시켰고 기업들의 운영방식에 혁신을 가져왔다. 미국경제는 빠른 속도로 성장했고 기업의 수익은 놀랄 만큼 증가했다. 낮은 인플레이션과 낮은 실업률, 거기에다 높은 수익성으로 주식시장이 폭등했다. 미국의 대표적 증시인 다우존스 산업지수는 1970년대에 겨우 1,000포인트였던 것이 1999년에는 11,000포인트를 기록했고, 모두는 아니지만 많은 미국인들이 부자의 반열에 올라섰다.

반면에 1980년대 미국인들에게 하나의 본보기가 되었던 일본 경제는 장기 침체로 돌입했다. 많은 경제학자들이 더 유연하고 덜 계획적이고 더 경쟁적인 미국 방식이 새로운 세계경제 통합 환경에는 더 나은 전략이라고 결론지었다. 미국의 노동력은 1990년대를 거치면서 특색 있게 변화했다. 장기적인 추세에 따라 농민들의 숫자가 줄어들었다. 뿐만 아니라 공장에서 일하는 노동력은 얼마 되지 않았고, 더 많은 사람들이 가게 점원에서 재정분석가까지 다양한 서비스직에 종사하게 되었다. 더 이상 철강과 나이키 신발이 미국의 제조업을 이끌어가지 않았으며 컴퓨터와 소프트웨어가 그 역할을 대신했다. 1992년에 2,900억 달러로 최고를 기록한 후 연방예산은 경제 성장으로 세수는 늘어났지만 꾸준히 줄어드는 추세를 보였다. 1998년 정부는 30년 만에 처음으로 흑자를 기록했다. 비록 베이비 붐 세대에게 지급할 미래의 사회보장기금 형태로 많은 빚을 지고 있기는 하지만 말이다. 빠른 경제 성장에도 불구하고 낮은 인플레이션이 지속되자 이에 놀란 경제학자들이 지난 40년 간의 경험을 근거로 들며 과연 미국의 '새로운 경제'가 언제까지 빠른 성장을 유지할 것인가를 두고 논쟁을 벌였다.

미국 경제는 과거 그 어느 때보다 세계경제와 밀접히 연관되어 있다. 클린턴은 전임 대통령들과 마찬가지로 무역장벽을 없애는 정책을 추진했다. 북아메리카 자유무역협정(NAFTA)은 미국과 가장 큰 교역상대국인 캐나다와 멕시코

간의 경제적 유대를 한층 더 돈독히 했다. 1980년대에 급속히 성장한 아시아는 유럽과 함께 완성품의 주요 공급자이자 미국 수출품의 중요한 시장이 되었다. 복잡하게 얽혀 있는 전세계 통신 시스템은 세계의 자본시장을 하나로 연결시켜 주었다. 몇 년 전만 해도 상상할 수 없는 일이었다.

많은 미국인들이 세계경제 통합이 모든 나라에 이익이 되지만 상호의존도가 깊어지면 그만큼 혼란스러워질 거라고 생각했다. 첨단기술 분야에 종사하는 근로자들(미국이 상대적으로 우수하다)은 비교적 높은 임금을 받지만 전통적인 제조업 부문에서는 더 낮은 임금을 받는 외국과의 경쟁으로 인해 임금 수준이 내려가는 추세이다. 1990년대 말 일본과 아시아의 신흥공업국이 휘청거리자 세계 금융시스템에 충격파가 밀려왔다. 미국의 경제정책 입안자들은 국내 경제의 방향을 잡는 데 있어 세계경제의 상황이 중요하다는 사실을 점점 더 확실히 인식하게 되었다. 여전히 미국인들은 자신감을 회복한 채 1990년대를 마감했다. 1991년 3월부터 1999년 말까지 지속적으로 성장해온 미국 경제는 역사상 가장 긴 평화기를 누렸다. 1999년 11월 현재 실업률은 겨우 4.1퍼센트로 30년 만에 최저치를 기록했다. 그리고 소비자물가는 1998년에 겨우 1.6퍼센트 상승했고 (1964년 이후 1년을 제외하고 계속해서 조금씩 증가했다), 1999년에 다소 빠르게 상승했다(10월에 2.4퍼센트). 여전히 많은 도전들이 도사리고 있지만 미국은 20세기를 헤쳐 오면서 더욱 튼튼해졌다.

1990년대 미국경제는 이렇게 오랜 호황을 경험했다. 미국의 공식적인 경기순환을 공표하는 NBER(National Bureau of Economic Research)에 따르면, 1990년대 경기순환의 확장국면은 1991년 1/4 저점을 통과한 이후 2001년 1/4 정점에 이르기까지 무려 120개월이나 지속되었다. 이러한 확장국면은 1854년 이후 지금까지 미국의 32번의 경기순환 중 가장 긴 확장국면을 의미한다.

이러한 오랜 호황은 1970년대 이후 쇠퇴하던 미국경제에 새로운 활력을 불어넣는 것이었다. 특히 1990년대 초반보다는 1990년대 후반의 경제성과가 훨씬 좋았다. 1990년대 후반의 경제성과는 1970년대 이후 가장 높은 수준에 이른 것이었고 전후 '황금기(Golden Age)'에 기록했던 경제성과에 맞먹는 수준이었다. 1990년대 후반의 경제성장률은 4.1%를 기록했으며, 이는 1960년대 경제성장률

4.2%와 거의 같은 수준이다. 또한 생산성 증가율이나 실업률도 황금기와 비슷한 수준이었으며 오히려 인플레이션은 1960년대보다 더 낮은 수준을 기록했다.

1990년대 후반 미국경제가 높은 성장을 기록한 것은 기업들의 이윤율이 상승했기 때문이다. 1980년대 중반부터 회복되기 시작했던 이윤율은 1990년대 지속적으로 상승했고 1997년 정점에 이르렀다. 1990년대 이윤율 상승은 1970년대 이후 오랜 기간 하락하던 경향을 저지시켰다. 또한 1990년대 이윤율 상승은 1970년대 이전 '황금기'에 기록했던 이윤율 수준을 어느 정도 회복한 것이었다. 이러한 1990년대 이윤율 회복은 투자를 증가시키고 축적을 가속화해 경제성장을 촉진했으며 1990년대 호황의 근본적인 토대가 되었다.

그런데 이윤율 회복은 노동계급을 쥐어짜서 이루어진 것이었다. 1990년대 노동계급은 실질임금의 하락에 직면해야 했으며 더 긴 노동시간을 감내해야 했다. 1990년대 이후 실질임금은 크게 하락했으며 심지어 1970년대 수준에 머문 것이었다. 예를 들어 1973년 실질연평균 시간당임금은 14.85달러였다. 이후 이것은 하락하기 시작해서 1982년 14.34달러, 1989년 14.04달러, 1995년 13.95달러, 2000년 14.59달러를 기록했다.

이러한 실질임금의 하락과 함께 노동시간의 증가도 이윤율 회복에 기여했다. 미국의 BLS(Bureau of Labor Statistics)의 추계에 따르면, 1995-98년 동안 경제성장에서 노동시간의 증가가 평균노동생산성 증가보다 더 크게 작용했다. 이러한 사실을 놓고 보면 1990년대 이윤율 회복에 따른 경제성장은 노동계급의 처지와 조건을 개선시키는 형태로 이루어진 것은 아니었다. 따라서 1990년대 경제호황의 열매는 노동자들에게 돌아간 것은 아니었으며 1990년대 미국경제가 기록한 높은 수준의 성장의 이면에는 노동자의 희생이 자리 잡고 있는 것이다.

다른 한편 1990년대 후반의 경제성장은 '소비붐'과 직접적인 관련이 있었다. 1991-95년 민간소비지출은 연평균 2.5%를 기록했고 이후 1996-2000년 연평균 4.4%로 증가했다. 이에 따라 민간소비는 GDP 증가에 크게 기여했다. 예를 들어 소비가 GDP에서 차지하는 비중은 1995년 67%에서 2004년 70%로 증가했다. GDP에서 소비가 차지하는 비중과 기여가 증가한 것과 함께 가처분소득에서 소비가 차지하는 비중도 1990년대 이후 급격하게 증가했다. 따라서 1990년대 후반 이러한 '소비붐'은 이윤율 회복에 따른 투자의 증가와 함께 미국경제의 성장에 큰 기여를 했다.

1990년대 후반 이후 '소비붐'은 대내불균형을 심화시키는 주요 요인이었다. 그런데 이러한 대내불균형은 대외불균형에 그대로 반영되었다. 다시 말해 1990년대 후반 이후 미국경제는 저축을 줄이면서까지 소비를 했으며 이러한 소비는 외국으로부터 상품을 수입하는 형태로 충당되었다. 게다가 1990년대 후반 이후 실질임금의 하락과 '소비붐'이 가지고 있는 계층별 특성을 고려한다면, 소비를 주도한 상위계층이 많은 외국상품을 구매했을 뿐만 아니라 소비를 줄인 하위계층은 자신의 소비수준을 유지하기 위해 값싼 외국상품을 구매했다는 것을 알 수 있다. 1990년대 후반 이후 지속적으로 증가하는 대외불균형은 2001년 경기침체 이후 더욱 악화되어 미국역사에서 유례없는 수준에 이르렀다. 2001년 이후 경상수지 적자의 악화는 경기침체에도 불구하고 민간소비가 줄어들지 않은 상황에서 2001년 들어선 부시 행정부의 정책과 관련이 있다. 2001년 부시 행정부가 들어 선 이후, 특히 9·11테러 이후 '대테러전쟁'을 수행하는 과정에서 나타난 대규모 군비지출과 '감세정책'에 따른 대규모 재정수입의 감소로 인해 1990년대 후반의 재정수지 흑자는 재정수지 적자로 반전되었다. 이러한 재정수지 적자는 민간소비지출의 증가와 함께 경상수지 적자를 더욱 심화시키는 역할을 했다. 다른 한편 2000년대 들어 석유가격이 급격하게 상승한 것도 경상수지 적자를 악화시킨 주요 원인이라고 할 수 있다. 2002-5년 동안 석유가격은 배럴당 거의 $30 이상 증가했다. 이러한 석유가격의 인상은 1970년대 석유가격의 급격한 상승에는 미치지 못하는 것이지만, 미국의 경상수지 적자가 악화되는데 큰 기여를 했다.

다른 한편 막대한 경상수지 적자는 미국경제가 해외로부터 막대한 자본을 유입함으로써 유지될 수 있었다. 2001년 주식시장의 갑작스런 하락으로 인해 자본유입이 줄어들 것처럼 보였으나 주식시장은 다시 회복되었고 다른 나라 정부가 외환보유고를 이용해 미국재무성채권을 구입하는 비중이 늘어남으로써 해외로부터의 자본유입이 지속적으로 늘어났고 이로 인해 경상수지 적자를 보전할 수 있었다. 물론 이러한 해외로부터의 자본유입은 미국경제의 대외불균형의 악화를 대가로 이루어진 것이다.

그렇다면 이러한 상황은 언제까지 지속될 수 있을까? 대부분의 경제전문가들은 이러한 상황이 오래 지속될 수 없으며 언젠가는 미국경제가 불균형을 조정해야 할 것이라는데 대체로 동의한다. 그렇다면 미국의 대외불균형은 어떤 방식으로 조정될 수 있을까? 미국의 대외불균형이 조정되는 과정에서 세계경제에 미칠 영향을 고려한다면, 금리를 조정함으로써 달러약세를 유도하여 불균형을 조정하는 방법이 중요하다. 이 방법은 다음과 같은 논리를 가지고 있다. 미국의 금리인하는 미국에 대한 투자수익을 낮출 것이며 이에 따라 미국에 대한 투자가 가지고 있는 매력은 하락할 것이다. 이 경우 달러수요는 감소할 것이며 이에 따라 달러가치가 하락해서 수입수요가 감소하고 수출이 증대되어 경상수지 적자를 조정할 수 있을 것이다. 달러약세와 관련해서 또 다른 방법은 1985년 '플라자합의'와 같이 달러약세를 의도적으로 강제해서 불균형을 해결하는 것이다. 이러한 방법은 미국이 무역상대국의 통화가치 상승에 대해 직접적인 압력을 가해 의도적으로 달러가치를 떨어뜨리는 방법이다. 이 경우 중국 위안화에 대한 평가절상 압력이 중요한 이슈가 될 것이다.

그런데 이러한 방법은 세계경제에 심각한 영향을 줄 것이다. 만일 미국이 대외불균형을 조정하기 위해 금리인하를 통한 달러약세의 방법을 사용한다면, 금리인하는 미국에 투자된 해외자본의 유출을 부추길 것이며 이에 따라 미국에 투자된 대규모 해외자본이 다른 나라로 옮겨가는 현상이 발생할 것이다. 이러한 대규모 자본유출은 달러에 대한 신뢰도를 약화시켜 세계공황을 야기할 수도 있으며 그렇지 않더라도 세계경제에 심각한 위협을 가할 것이다.

미국 경제가 세계 경제에 악영향을 준 대표적인 사례 중 하나가 닷컴 버블이다. 닷컴 버블은 인터넷 버블 또는 IT 버블이라고도 한다. 1995년부터 2000년까지 주로 인터넷 관련기업의 주가가 폭등한 현상을 말한다. 기술 관련 기업의 주가지수를 나타내는 나스닥지수는 이 기간에 5배 넘게 폭등했다. 특히 2000년 3월 지수가 최고점을 찍기 전 6개월 동안 83%나 상승했다.

나스닥지수는 2000년 3월 이후 하락하기 시작해 1년 만에 반 토막이 났고 2년6개월 후에는 최고점의 20% 수준으로 떨어졌다. 이런 주가 폭락으로 2004년까지 미국 닷컴기업의 52%가 파산했고 4조달러가 넘는 가치가 공중으로 사라졌다. 현재까지도 나스닥지수는 2000년의 최고점에 훨씬 못 미치는 상태에 머물러 있다. 주가 폭락은 미국의 실물 부문에도 영향을 줘 미국의 실질 국민소득 증가율은 2000년 5%에서 2001년 0.3%, 2002년 2.45%로 하락했고 실업률은 2000년 3.97%에서 2001년 4.74%, 2003년 5.99%로 상승했다.

무엇이 주가의 급격한 상승을 초래했는가에 대한 논의는 많다. 버블이 진행되는 동안에는 미국의 생산성 향상이나 신경제의 도래를 들어 주가 상승을 합리화하는 주장이 많았다. 그리고 버블 이후에는 주로 일본의 저금리나 투기적 금융자본, 부적절한 통화정책 등을 지적하는 주장이 제기됐다. 또한 경제적 요인보다 투자자들의 비합리적 기대라는 심리적 요인으로 설명하는 주장도 등장했다. 닷컴 버블은 그런 요인에 의해 영향을 받았겠지만 신산업의 등장에서 비롯됐을 가능성이 크다. 새로운 산업이 등장하면 그 산업의 미래 수익은 예측하기 쉽지 않다. 흔히 주식의 가치는 미래 수익의 현재가치로 평가한다. 그래서 현재의 주가가 미래 수익의 현재가치보다 높으면 주식이 과대평가된 것으로 여길 수 있으며 이를 흔히 버블이라고 한다. 하지만 미래 수익을 알 수 없다면 주가의 버블 여부를 알 수 없다. 투자자들이 장밋빛 전망에 기초해 미래가치를 높게 평가하면 주가는 지속적으로 상승하게 되는 것이다. 그래서 닷컴기업의 주가가 지속적으로 상승한 것을 사전적 의미에서 비합리적이라거나 버블이라고 여기기 어렵다는 것이다.

미국의 환율 또한 전 세계의 경제에 직접적인 영향을 준다. 예를 들어, 미국의 달러약세는 미국의 무역상대국의 수출경쟁력을 떨어뜨려 그 나라들의 수출을 줄일 것이며 이는 그들 나라의 경제성장에 큰 영향을 줄 것이다. 이러한 달러약화로 인한 다른 나라들의 경기위축은 2000년대 들어서서도 경제가 회복되고 있지 않은 많은 나라들에 심각한 타격을 줄 것이며 높은 수준의 경제활동을 수행하는 나라들을 위축시켜 전 세계의 동반침체를 만들어 낼 수도 있을 것이다. 게다가 2000년 이후 미국에 대규모로 투자한 동아시아 나라들은 달러하락으로 인해 자국통화 기준으로 엄청난 자본손실을 당했다. 이렇게 2000년대 미국 경제가 전 세계 경제에 악영향을 미친 사례가 바로 2007년 발생을 '서브프라임 모기지 사태'이다. 2007년에 발생한 서브프라임 모기지 사태(Subprime Mortgage Crisis)는 미국의 초대형 모기지론 대부업체들이 파산하면서 시작된, 미국만이 아닌 국제금융시장에 신용경색을 불러온 연쇄적인 경제위기를 말한다. 사태의 발단은 2000년대 초반부터 시작되었다. 2000년대 초반 IT버블 붕괴, 9·11테러, 아프간·이라크 전쟁 등으로, 美 경기가 악화되자 이에 미국은 경기부양책으로 초저금리 정책을 펼쳤다. 이에 따라 주택융자 금리가 인하되었고 그러자 부동산가격이 상승하기 시작했다. 주택담보대출인 서브프라임모기지의 대출금리보다 높은 상승률을 보이는 주택가격 때문에 파산하더라도 주택가격 상승으로 보전되어 금융회사가 손해를 보지 않는 구조여서 거래량은 대폭 증가하였다. 증권화된 서브프라임 모기지론은 높은 수익률이 보장되며 신용등급이 높은 상품으로 알려져 거래량이 폭증했다.

하지만, 2004년 미국이 저금리 정책을 종료하면서 미국 부동산 버블이 꺼지기 시작했으며, 서브프라임모기지론 금리가 올라갔고 저소득층 대출자들은 원리금을 제대로 갚지 못하게 된다. 증권화되어 거래된 서브프라임 모기지론을 구매한 금융기관들은 대출금 회수불능사태에 빠져 손실이 발생했고, 그 과정에 여러 기업들이 부실화된다. 미국 정부는 개입을 공식적으로 부정했고 미국의 대형 금융사, 증권회사의 파산이 이어졌다. 이것이 세계적인 신용경색을 가져왔고 실물경제에 악영향을 주었고, 이는 세계 경제시장에까지 타격을 주어 2008년 이후에 세계금융위기까지 이어지게 되었다. 미국 상류층의 투기세력이 자국의 경제뿐 아니라 전 세계적인 손실을 끼친 대표적인 사례이다. 이러한 경제 위기 속에서 2008년 버락 오바마는 '담대한 변화'를 외치며 미국 최초의 유색인 대통령에 취임했다. 하지만 정치·사회적으로는 오바마는 많은 변화를 이끌어 내었지만 경제적으로는 오바마가 '담대한 변화'를 이룩하지 못했다고 평가를 받는다. 구체적으로 미 국민들의 사회경제적 삶의 개선에 유의미한 변화를 이끌어내지 못했다는 것이다. 몇몇 전문가들은 오바마가 대대적 재정 투입에 의한 경기 부양, 금융위기로 집을 잃은 수백만 중산층 가구들에 대한 구제, 월가의 약탈적 금융 행태에 대한 규제 등에 실패함으로써 그를 지지했던 미국 서민들의 기대를 저버렸다고 지적한다. 공화당 보수세력 및 부유층과 정면으로 맞서 싸우기보다는 어설픈 타협에 만족함으로써 담대한 변화를 이루지 못했다는 것이다. 그리고 이러한 경제적 실패는 미국 국민으로부터 또 다른 선택을 이끌어내게 된다. 오바마의 유지를 이으려는 힐러리 대신 미국 우선주의의 트럼프를 선택하게 된다.

트럼프 당선이후 미국은 정치적인 방법으로 다른 국가에 경제적 압력을 행사하고 있다. 다른 나라의 환율조정에 대한 정치적 압력을 행사하는 방법은 경제적인 조정이 아니라 정치적인 과정을 통해 이루어질 수밖에 없기 때문에 무역상대국과 정치적 긴장을 일으키고 있다. 특히 미국의 최대 무역수지 흑자국인 중국은 자국의 금융시장 불안정을 이유로 위안화 평가절상을 기피하고 있는 상황이기 때문에 미국과 중국의 외교적 갈등을 피하기는 어려운 상황이다. 따라서 미국경제의 대외불균형이 달러약세를 통해 이루어지는 한 세계경제에 심각한 영향을 줄 것은 명백하다. 그렇다고 대외불균형을 해소할 수 있는 다른 수단이 마땅히 없는 상황에서 세계경제에 영향을 주지 않고 미국의 대외불균형을 해결하는 것은 거의 불가능하다. 따라서 오늘날 세계경제는 미국의 대외불균형으로 인해 크게 위협당하고 있다고 볼 수 있다. 결국 미국의 대외불균형으로 이러지도 저러지도 못하는 불안한 상황이 오늘날 세계경제의 실상인 것이다. 현재 미국 경제의 현황은 다음 표와 같다.

〈표 8-1〉 미국 주요 경제지표

항목	경제수치	세계순위
인구	3억 3,034만 명	2019년, 세계 3위
경제 규모 (명목 GDP)	21조 5,619억 달러 (약 2경 4367조 원)	2019년, 세계 1위
경제 규모(PPP[3])	21조 5,619억 달러 (약 2경 4367조 원)	2019년, 세계 2위
1인당 명목 GDP	65,294달러	2019년. 8위
1인당 PPP	65,594 달러	2019년, 6위
고용률	72%	2019년, OECD 13위
무디스 국가 신용등급	Aaa	2019년, 1등급

출처: 미국 재무부

3) 서로 다른 나라의 화폐가치를 비교하는 수단 중의 하나인 구매력 평가(購買力平價, Purchasing Power Parity)의 약어를 뜻한다.

2. 한국 경제와 미국 경제

앞서 얘기한 대로 19세기 산업 자본가들의 횡포가 심해지고 시간이 흐르면서 이런 산업 자본가들의 횡포를 규제하는 정책이 등장해 미국의 자본주의는 어느 정도 보완이 되게 된다. 하지만 미국은 기본적으로 부자들의 천국이다. 지금도 1%의 부유한 사람들이 미국 전체 부의 40%를 점유하고 있다. 반면 미국의 하위계층에 자리한 흑인이나 히스패닉계 미국인들의 입장은 좀처럼 나아지지 않고 있다. 도시 빈민가에서 하루를 버티며 살아가는 흑인들이 좋은 교육을 받을 수 있는 기회가 제한되고, 대학 등록금은 갈수록 인상되어 중산층도 감당하기 어려워지면서 흑인과 히스패닉계 가정의 자녀들은 성년이 되어서도 저임금 노동자로 전락하게 된다. 글로벌 자본주의 경쟁 속에서 경쟁하려면 교육 기회의 불균형을 극복해야 하는데 현재 미국의 상황은 그 실마리가 보이지 않고 있다. 세계 자본주의의 상징이던 미국은 어떻게 기회의 평등이나 소득 분배의 문제를 해결해 갈지 한국 경제에도 많은 시사점이 되고 있다. 무엇보다 전 세계적으로 미국 경제의 영향을 받지 않는 국가는 거의 없지만, 한국경제가 미국경제에 받는 영향은 어마어마하다.

실제로 앞에서 언급했던 2007년 미국의 서브프라임 모기지 사태는 미국경제뿐 아니라 아래 표처럼 한국을 포함한 전 세계에 악영향을 주었다.

미국 경제의 침체 → 대출자들의 상환능력 저하 및 연체자 급증 → 은행의 담보처분으로 인한 주택공급 → 주택가격 하락 → 부동산 경기 침체 → 은행의 파산 → 미국 경제의 위기

실제로 한국 주식시장이 미국 서브프라임 모기지 사태로 받은 영향의 크기가 세계 3위에 이를 정도로 큰 것으로 확인되었다. 미국 서브프라임 모기지 사태로 전 세계 국가가 미국발 금융 시장 위기에 대응하기 위해 전 세계 자금이 안전한 미국 국채 등에 쏠리면서 한국의 주식·부동산 시장도 영향을 받을 수밖에 없었던 것이다. 2008년 8월 10일 코스피지수가 무려 80.19(4.2퍼센트)나 떨어

져 약 40조 원이 순식간에 사라진 것은 한국 경제가 미국 경제에 깊숙이 편입돼 이에 직접적 영향을 받고 있다는 점을 잘 보여 주었다. 신자유주의자들이 찬양해 온 '세계화'와 금융 투기에 대한 규제 완화가 금융 위기의 '세계화'를 낳고 있는 것이다. 대출에 의존한 소비로 지탱해 온 미국 경제가 '신용경색'으로 인해 실물 경제마저 불황에 빠지면 미국 수출에 크게 의존하는 중국 경제가 흔들리고, 미국과 중국 수출에 의지해 온 한국 경제 더 큰 영향을 받아 수출이 감소되었다. 또한 한국에서 미국의 저금리 정책, 즉 낮은 이자를 유지했기 때문에 한국도 미국과 같은 기조를 유지하기 위해 금리를 계속적으로 낮추었다. 이러한 저금리 정책은 한국 부동산의 지속적인 상승으로 이어졌고 한국의 부동산 폭등에서 저금리 가계 대출이 지렛대 구실을 한 것이 확인되었다.

향후 한국 경제는 미국 경제의 이러한 경제적인 요인 뿐 아니라 향후 미국경제가 한국경제에 영향을 주는 요인에서 정치적인 요인은 확대될 것이다. 2017년 트럼프 대통령 당선인이 오바마 전 대통령에 이어 미국의 제45대 대통령으로 공식 취임하면서 트럼프 시대가 본격적으로 시작되었다. 앞서 언급한 대로 오바마의 기대 이하의 경제정책이 오바마의 기조를 유지하려는 기성 정치인 힐러리에 반감이 큰 백인 중장년층과 러스트벨트 지역에서는 트럼프가 잃어버린 일자리를 되찾아주고 미국을 다시 강하게 만들기를 기대하고 있다. 반면 유색인종과 미국 이외의 국가에서는 차별의 벽이 높아지지 않을까 우려하고 있다.

트럼프는 취임사를 통하여 향후 국정운영과 관련한 철학을 내비쳤다. 트럼프는 취임사에서 'America'라는 단어를 총 35차례나 사용하면서 '미국 우선주의(America First)'를 추구할 것임을 숨기지 않았으며 '미국산 제품을 사고, 미국인을 고용한다(Buy American and Hire American)'라는 두 가지 원칙을 강조했다. 한편 트럼프 행정부는 출범과 동시에 백악관 홈페이지에 에너지, 외교, 고용, 군사, 법, 무역과 관련된 6대 국정기조를 제시했는데 여기에도 전 분야에 걸쳐서 '미국 우선주의'가 강하게 적용 되고 있다. 먼저 에너지와 관련해서는 셰일가스 및 천연가스 등 화석 에너지 생산을 확대해서 에너지 자립도를 높이고, 경제를 활성화하겠다고 강조했다. 이에 따라 오바마 정부에서 억제됐던 에너지 개발 프로젝트가 제개될 것으로 보인다. 트럼프는 화석 에너지 산업 강화로 향후 7년간 300억 달러 이상의 임금상승 효과와 40년 동안 6조 달러의 누적 세수 증대효과가 기대된다고 밝혔다.

트럼프는 또한 고용회복 및 성장과 관련해 향후 10년간 2,500만 개의 일자리를 창출하고 연평균 4%의 성장을 추진하겠다고 선언했다. 이를 위해 10년간 1조 달러를 교통, 항만, 수로 등 인프라에 투자하고, 법인세 및 소득세 인하, 상속세 폐지 등 '친성장' 세제개혁을 통해 기업이익을 도모하고 소비를 자극할 계획이다. 또한 기업에 대한 각종 규제가 경영활동의 효율성을 저해하고 성장기회를 제 한한다며 기존 규제를 철폐하겠다고 언급했다. 무역협정 부문에서는 '미국 우선주의'를 바탕으로 환태평양경제동반자협정(TPP)을 즉시 탈퇴 하고 북미자유무역협정(NAFTA)을 재협상한다는 구체적인 목표를 제시했다. 미래에 새로 맺을 무역협정도 강경한 태도로 임하겠다고 설명했다. 트럼프 행정부는 이를 통해 "무역협정이 미국에 고소득 일자리를 가져다주고 미국 경제 중추인 제조업을 지원할 수 있도록 하겠다"고 역설했다. 중국 등 대규모 대미흑자를 기록 중인 국가에 대해 징벌적 상계관세 부과, 슈퍼 301조(국제기구인 WTO를 제외한 미국정부 단독의 경제보복조치) 부활, 환율조작국 대응 등 무역보복 정책이 여전히 진행 중인 상황이고 이에 따라 전 세계적으로 보호무역과 함께 자국 우선주의가 확장기로에 놓여 있다. 그리고 이러한 미국경제의 정책 변화는 미국경제와 동조화 현상을 보이고 있는 한국경제에게는 여전히 크고 불확실한 변수가 될 것이다.

9
chapter

유럽 경제 무엇이 문제이고 어떻게 될 것인가?

2000년대 이후 유럽경제 위기와 문제는 국제적인 뉴스에 자주 등장하곤 했다. 대표적인 뉴스가 '유로화 위기', '그리스를 필두로 한 남유럽 국가의 경제위기' 그리고 2016년에 세계를 떠들썩하게 했던 영국의 EU탈퇴를 선언한 '브렉시트'까지 유럽경제는 안정보다 불안이 가중되는 모습을 보이고 있다. 유럽의 경제는 유럽연합 즉, EU를 통해 확인할 수 있다. 유럽의 정치 경제 통합을 실현하기 위하여 1993년 11월 1일 발효된 마스트리히트 조약에 따라 유럽 12개국이 참가하여 출범한 연합기구다. 2015년 5월 현재 가입국은 28개국이다. 28개국을 모두 합치면 인구는 약 5억, 경제규모는 미국과 맞먹는 거대한 집단이라서 세계 주요 정치, 외교, 안보, 경제, 사회, 환경 현안에서도 EU 집행위원장은 강대국의 대통령과 버금가는 대우를 받는다. 현재 지구상에서 가장 구속력 있게 단결되어 있는 국가집단이라고 할 수 있다. 유로화는 특별인출권(SDR)에서 미국 달러 다음으로 2위의 비율을 차지하고 있다.

현재 EU가 세계에서 총 GDP 측면에서 가장 큰 경제권은 아닌지만, 브렉시트 이전인 2015년 시점에서 유럽연합 GDP는 이미 미국 GDP에 추월당했다. 창립 이후부터 2010년대 초반까지는 전체 경제규모에서 미국을 능가하며 절대 무시못할 영향력을 지녔었지만, 2008년 미국 서브프라임 모기지 사태와 이후 유로존 사태로 이어지는 만성적인 경제 불황으로 인해 미국에 추월당했다. 2018~2019년으로 예정된 영국의 탈퇴가 완료되면 단일 국가로 세계 GDP 2위인 중국과 경제 규모 경쟁을 할 가능성이 크다. 사실 우리와 유럽은 거리상으로는 멀지만, 유럽경제는 한국경제의 10% 이상의 수출을 책임지고 있는 중요한 시장인데, 우리는 유럽경제를 제대로 모르는 상황이다. 유럽경제에 대해 살펴보도록 하자.

1. 유럽 경제의 역사

유럽 연합은 유럽 대륙의 대부분을 포함하는 특이한 지정학적 독립체이다. 수많은 조약하에 설립되었으며, 6개의 회원국이 27개의 유럽 주요국로 팽창하는 과정을 겪었다.

유럽 연합의 발생일은 제2차 세계 대전 후의 시대인 1951년의 파리에서 "쉬망 선언"에 따라 설립된 유럽 석탄 철강 공동체, 또는 로마 조약이 설립한 유럽 경제 공동체까지로 거슬러 올라간다. 두 조직 모두 1993년에 지금의 이름으로 탄생한 유럽 연합의 일부분이 되었다. 다음 그림은 이렇게 탄생한 유럽연합, 즉 EU의 현재 가입국가들이다. 물론 이 지도에서 영국은 현태 탈퇴는 아니지만, 탈퇴협상을 진행 중인 상황이다.

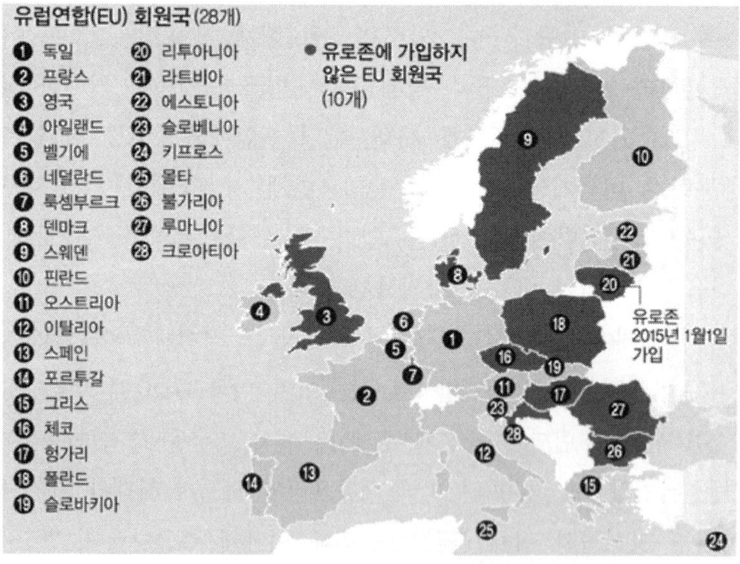

유럽의 많은 지역들은 이전에 로마 제국, 프랑크 왕국, 신성 로마 제국, 프랑스 제1제정, 나치 독일과 같은 무력으로 세워진 제국에 의해 통일과 분열을 반복하였다. 평화적 의미의 유럽 영토의 통합은 왕조 간의 결합에 의해 이루어지기는 했지만, 폴란드-리투아니아 연방, 오스트리아-헝가리 제국과 같은 국가 단위의 결합은 일반적인 것보다 적었다. 주로 전쟁이 가져오는 황폐화 효과 때문에 많은 사람들이 통합된 유럽의 형태에 대한 몇 가지 생각을 했는데, 대표적인 인물이 윌리엄 펜, 빅토르 위고, 쥐세페 마치니 같은 사람이다. 이러한 생각들은 수많은 생명을 앗아간 제1차 세계 대전 이후에 더욱 커져갔고, 국제 범유럽 연합과 같은 조직을 만들기에 이르렀으나, 제2차 세계 대전 이후까지 이어지지는 못했다. 왜냐하면 통일과 분열을 반복하기는 했지만, 유럽 대부분의 지역은 자체적 독립성이 강한 소규모 국가들이 오랫동안 전통을 지켜왔기 때문이다. 또한 통일이 되었다 하더라도 강력한 중앙집권체제를 유지했던 국가는 사실상 로마 제국을 제외하고는 없었기 때문에 유럽의 지역적 전통은 꾸준히 유지되어 왔다.

1939년부터 1945년까지의 제2차 세계 대전은 인적, 경제적 대가가 유럽을 강타한 것을 잘 보여주었다. 예를 들면 홀로코스트를 통해 전쟁과 과격주의의 공포를 보여주었다. 다시 한번 전쟁이 발생하지 않기를 갈망했고, 특히나 전쟁이 가져온 핵무기나 초강대국들에 의한 이데올로기적 대립 같은 것이 일어나지 않길 바랐다. 독일의 평화위협을 불가능하게 하기 위해, 독일은 분단되었고 독일의 중공업은 부분적으로 철거당했다. 그리고 주요 석탄 생산지역도 분리하거나(자를란트, 실레시아), 국제적인 관리 하게 두게 하였다(루르 지방). 1946년, 윈스턴 처칠의 "유럽 합중국"("United States of Europe") 발언은 점차 커져서, 1949년에 유럽 이사회가 최초의 범유럽적인 기관으로 설립되었다. 다음해인 1950년 5월 9일, 프랑스 외무부 장관 로베르 쉬망이 유럽의 석탄과 철강 산업 – 이 두 자원이 전쟁 무기를 만드는 데에 필요한 필수 자원이다 – 을 통합하는 공동체를 만들자고 제안했다(쉬망 선언). 이 연설을 기초로 하여 1951년에 프랑스, 이탈리아, 베네룩스 3국(네덜란드, 벨기에, 룩셈부르크)과 서독이 함께 파리 조약에 서명하고 유럽 석탄 철강 공동체를 설립하였다. 다음해인 1952년에 루르 지방의 국제적 권한을 이양받았고, 독일의 몇 가지 산업 생산력의 제한을 줄이게 하였다. 이것은 최고의 권위(지금은 유럽 위원회)와 공동 모임(지금은 유럽 의회)을 가진 첫 번째 기관의 탄생이었다.

방위(유럽 방위 공동체)와 정치적 공동체(유럽 정치 공동체)를 만들려는 시도가 실패로 돌아간 후, 메시나 회의에서 만난 지도자들은 스파크 위원회를 설립하고 스파크 보고서를 발간했다. 이 보고서는 비엔나 회의(1956년 5월 29일-30일)에서 나온 정부간 협의회를 조직한다는 결정을 수용했다. 공동 시장 및 유라톰에 관한 정부간 협의회에서는 경제적인 단일화에 초점을 맞추어, 로마 조약에 따라 1957년에 유럽 경제 공동체와 유럽 원자력 공동체(유라톰)를 설립하였다. 이 새로운 두 개의 공동체는, 비록 이들이 같은 재판소와 공동 회의를 공유하지만, ECSC와는 별개로 만들어졌다. 새로운 공동체의 임원은 ECSC(유럽석탄철강공동체)의 "최고의 권위"에 대응하는 의미로, 위원회라고 불리었다. EEC는 월터 홀슈타인(홀슈타인 위원회)이 이끌었고, 유라톰은 루이 아르망(아르망 위원회)이 이끌었다. 유라톰은 핵에너지에 관한 부분을 통합하였고, EEC(유럽경제공동체)는 회원국간의 관세 동맹을 발전시켰다.

1960년대에 제한적인 초국가적 힘을 추구하는 프랑스와 회원국이 되길 거부하는 영국간에 갈등이 나타나기 시작했다. 그러나 1965년에 세 공동체를 하나로 합치자는 제안이 나왔고, 이 합병 조약이 브뤼셀에서 체결되어 1967년 7월 1일에 유럽 공동체가 설립되었다. 진 레이가 첫 번째 통합 공동체의 의장이 되었다. 많은 협상 끝에 프랑스 정권이 교체됨에 따라서 덴마크, 아일랜드, 영국(지브롤터도 함께 가입)이 1973년 1월 1일에 유럽 연합에 가입하였다. 이것은 최초의 유럽중심 정책지역으로의 확대이다. 1979년, 유럽 의회는 전반적인 찬성에 의해 최초의 직접 선거를 치렀다. 410명이 선출되었고, 이들은 최초의 여성 의장을 선출하였다. 그 후의 확대는 그리스였는데, 가입 신청 6년 만인 1981년 1월 1일에 회원국이 되었다. 1985년에는 덴마크의 지방자치 정책에 의해 그린란드가 공동체를 탈퇴하는 투표를 하였다. 1986년 1월 1일에는 스페인과 포르투갈(1977년에 가입 신청)이 세 번째 확대로 회원국이 되었다.

1985년에 선출된 의장 자크 들로르(들로르 위원회)는 1986년에 유럽기를 도입하였다. 합병 조약 이래로의 유럽 연합의 조약의 최초의 주요 개정에서, 1986

년 2월, 지도자들은 단일 유럽 법령에 사인하였다. 제도의 개정과 함께 공동체 세력의 확장 – 특히 외무 정책에 관한 것을 포함하여 – 을 포함한 개정본이 배포되었다. 이것은 단일 시장으로 만드는 데에 중요한 요소이고, 단일 유럽 법령은 1987년 7월 1일에 효력이 발생되었다.

동유럽의 공산주의 체제 붕괴인 철의 장막의 붕괴가 유럽 연합의 확대를 동쪽으로 가능하게 하였다. 1987년에 터키가 공식적으로 공동체에 가입 신청을 하였고, 어떤 국가보다 더 긴 신청과정이 시작되었다. 1989년에 동유럽의 격변으로 인해 철의 장막을 따라 베를린 장벽이 무너져 내렸다. 독일은 재통일되었고, 동유럽국가들에 대한 확대의 문이 활짝 열리게 되었다. 새로운 확대의 물결 도중에, 1992년 2월 7일, 마스트리흐트 조약이 체결되어 유럽 연합이 설립되어 다음 해부터 시행되게 되었다.

2007년 1월 1일에 루마니아와 불가리아가 회원 자격을 취득하며 다섯 번째 확대가 완료되었다. 53명의 유럽 의회 의원수가 늘어났으며, 두 명의 위원회 위원이 늘어났다. 루마니아의 위원회 의원은 유럽 연합의 다언어 사용 정책에 따라 다언어 위원으로 선정되었다. 이는 한 언어만의 시각에서 본 좁은 영역을 비평하기 위함이다. 2007년부터 2015년까지 슬로베니아(2007년 1월 1일), 몰타, 키프로스(2008년 1월 1일), 슬로바키아(2009년 1월 1일), 에스토니아(2011년 1월 1일), 라트비아(2014년 1월 1일), 리투아니아(2015년 1월 1일)가 유로를 도입했다. 2013년 7월 1일에는 크로아티아가 유럽 연합 회원국이 되었다. 그러나 이렇게 확대되던 EU는 2016년 6월 23일, 영국이 유럽 연합 회원국 국민투표를 통해 영국의 유럽 연합 탈퇴(브렉시트, Brexit)를 결정하면서 다른 국가에도 영향을 주고 있다.

영국이 EU를 탈퇴하면 28개국 회원국 중 탈퇴 첫 번째가 된다. 1993년 11월 창립된 유럽단일경제공동체제는 프랑스, 독일, 영국 등 주요구성멤버 3개국 중 하나가 탈퇴함으로써 존립의 기로에 서게 됐다. 유럽 경제공동체는 18세기 이후 여러 차례 시험을 거쳐 왔으나, 실패했다. 결국 정치적 결합체를 형성하지 못했고, 각국의 이해관계가 조정되지 못했기 때문이다.

유럽은 이미 18세기에도 단일 통화를 추진했었던 적이 있다. 1865년에 창설된 라틴 통화동맹은 1차 세계대전 발발과 함께 종언을 고했고, 1873년에 창설된 스칸디나비아 통화동맹은 1924년에 막을 내렸다. 이렇게 과거의 유럽경제동체 시도는 단일경제권 형성이 얼마나 어려운지를 설명해준다. 중요한 사실은 과거의 경제공동체는 국가간 정치적 통합이 없었기 때문에 실패했다는 점이다. 현재 유럽 경제 공동체의 앞날이 어두운 것은 바로 이 점이다. 라틴 통화동맹은 프랑스, 스위스, 벨기에, 이탈리아 등 4개국으로 출발했고, 나중에 그리스가 참여했다. 라틴 동맹은 금과 은을 공동 통화 가치로 설정, 금화와 은화를 주조해 법정 통화로 유통시켰다. 영국은 20세기말의 유로화 창설에도 참여하지 않았던 것처럼 당시에도 어느 통화동맹에도 가입하지 않았다. 당시 영국의 경제학자였던 월터 베이지핫(Walter Bagehot)은 "우리(영국)가 아무데도 가입하지 않는다면, 찬바람을 맞을 것"이라고 경고했다. 영국도 라틴 동맹에 가입할 것을 고려했으나, 끝내 가입하지 않았다. 몇 년 후 스웨덴과 노르웨이, 덴마크가 스칸디나비아 동맹을 체결, 스칸디나비안 크라운을 단일 통화단위로 채택했다. 스칸디나비아 국가들은 각국 정부가 자국 통화를 유지하되, 크라운에 환율을 고정시킴으로써 초기의 유로화 형태를 취했다. 유로는 2002년 1월부터 공동 화폐를 사용하고, 그 이전에는 3년을 과도기간으로 정해 각국 통화가 가상의 화폐인 유로화를 기준으로 일정 비율로 교환되는 것으로 정했다. 금으로 만든 크라운 동전은 은화 크라운보다 높은 가치를 유지했다. 세 국가는 지폐 은행권도 법정 통화로 자유롭게 운영했다.

두 통화 동맹은 아주 불안한 상태를 수 십 년간 지속했다. 두 통화동맹의 붕괴의 원인은 많지만, 결정적으로 1차 대전과 함께 동맹국가간 정치적, 경제적 관계가 무너졌기 때문이다. 따라서 동맹의 회원국들은 자국 경제문제를 당면해 동맹의 이익보다는 이기적으로 문제를 대처했으며, 동맹 체제에 문제가 생기면 각국 국민들도 자신의 문제에 집착했다. 스칸디나비아에서는 덴마크와 노르웨이 경제가 스웨덴보다 빠르게 성장했다. 덴마크와 노르웨이는 통화팽창 정책을 취했기 때문에 스웨덴보다 통화가치를 하락시켜야 했다. 지폐는 각국이 현지 화폐를 썼지만, 동전으로 만들어낸 금화와 은화가 문제였다. 동맹국 내에서 동전은 통화 협약에 의해 동맹국 내에서 같은 스웨덴의 1크라운 금화와 덴마크의 1크라운 금화가 같은 조건으로 유통됐다. 머리가 좋은 사람들이 여기서도 돈을 벌 기회를 포착했다. 오늘날로 치면 환투기꾼이다. 스칸디나비아 국가들은 좁은 해협을 사이에 두고 자리를 잡고 있다. 해협을 오가며 동전을 교환함으로써 통화가치의 차이를 먹는 투기자들이 생겨났다. 당시 투기자들의 수법을 보자. 투기자들은 돈값이 싼 덴마크에서 금화를 샀다. 페리를 타고 스웨덴으로 건너가 1대 1 조건으로 덴마크 금화를 스웨덴 금화로 교환한다. 스웨덴 금화를 덴마크로 가져와 더 많은 덴마크 금화로 바꾼다. 스웨덴 금화의 실제가치가 덴마크의 것보다 높았기 때문에 가능했다. 투기자는 스웨덴과 덴마크를 오가며 쉽게 돈을 벌었다. 경제력의 차이로 각 국간 통화가치의 등가성에 틈이 생겼고, 동맹국들이 통화 협약을 이행할 의지가 해이해진 것이다. 마침내 스웨덴은 동맹 탈퇴를 선언, 동맹은 깨졌다.

라틴 동맹에서도 비슷한 일이 벌어졌다. 이탈리아가 재정 적자를 보전하기 위해 이기적인 정책을 채택했고, 결국 이탈리아 통화인 리라의 시장 가치는 법정가치 이하로 떨어졌다. 더욱이 라틴 동맹은 금화와 은화 사이에 고정 환율을 채택하고 있었는데, 신대륙에서 은화가 대량 유입되면서 환율 체계에 균열이 생겼다. 라틴 동맹은 1차 대전이 발발하면서 전비를 마련하느라 나라마다 지폐를 남발했다. 지폐는 통화 협약에서 금지되어 있었다. 동맹의 파기를 의미하는 것이었다.

그러나 유럽의 모든 단일 통화의 노력이 실패한 것은 아니다. 독일의 경우는 성공한 케이스로 꼽힌다. 독일은 1870년대에 연방내 통화동맹을 체결, 탈러(Thaler)라는 통화를 채택했다. 독일은 이전부터 한자동맹 등 경제공동체를 체결한 경험이 있기 때문에 통화 동맹이 연방내에 성공할 가능성이 있었다. 결정적으로 중요한 사실은 당시 통화동맹의 주도국가인 프로이센이 독일을 통일했다는 점이다. 통일 독일은 철의 재상 비스마르크에 의해 연방을 묶어 하나의 정치권력 아래 집중시켰고, 따라서 단일 경제권은 그 아래 종속됐다. 유로화가 탄생하기 이전에 세계 3대 기축통화의 하나였던 마르크는 공동통화의 산물이다. 현재 EU는 독일 마르크공동체의 연장이다. EU는 독일의 경제력, 프랑스의 정치력이 연합한 형태에 영국이 통화동맹을 가입하지 않은 느슨한 연맹체였다.

지금 유럽공동체의 성공은 불투명하다. 20세기가 끝나기 한해전인 1999년 1월 11개국으로 출발한 유로는 출범과 동시에 EU 회원국의 정치에 연동해 움직였다. 외환 딜러들은 그동안 일본 엔화를 '정치 통화(Political Currency)'라고 불렀으나, 이젠 유로에도 같은 표현을 갖다 붙였다. 유로가 출범한지 얼마 후인 1999년 3월 오스카 라폰타이네(Oskar Lafontaine) 독일 재무장관이 물러났다. 중앙은행인 분데스방크와의 갈등 때문이었다. 앵글로색슨계 영국의 언론들은 그를 가리켜 '유럽에서 가장 위험한 인물'이라고 지목했다. 며칠 후 유럽위원회(EC) 위원들이 전원 사퇴하는 일이 벌어졌다. 유럽 국가들이 공동통화를 창설해놓고도 단결하지 못하고 있다는 증거들이었다.

1999년 하반기 유로랜드에 가입하지 않은 영국의 전화회사 보다폰사가 미국 골드만 삭스를 앞세워 독일 통신회사인 만네스만에 대해 적대적 인수를 하려고 덤벼들자 유럽 국가간 갈등의 골이 깊어졌다. 당시 게르하르트 슈뢰더 독일 총리는 감정을 못 이기고 "독일은 앵글로색슨 경제 모델을 따르지 않겠다"고 내뱉었다. 피인수 회사의 의사와 관계 없이 인수자가 증시를 통해 주식을 매집, 인수하는 것이 미국과 영국의 경제 관행이다. 유럽 중도좌파의 기수임을 자처하는 슈뢰더 총리는 독일의 대표적 기업이 영국 기업에 먹히는 것을 가만 두지 않았던 것이다. 독일 총리는 아시아 금융위기가 발생했을 때 말레이시아의 마하티르 총리가 유태인 음모설을 주장했던 것처럼 앵글로색슨족을 노골적으로 비난했다. 국제 외환시장은 런던과 뉴욕이 중심이다. 가장 많은 거래가 이뤄지고, 두 곳의 외환 딜러들이 시장 분위기를 좌우한다. 런던은 앵글로색슨족의 금융중심지고, 뉴욕은 독일에 유태인이 막강한 힘을 발휘한다. 세계 각처에 흩어져 살고 있는 유태인들은 아직도 독일에 대한 원한에 사무쳐 있다.

영국은 유럽단일통화인 유로를 사용하지 않고 자국화폐인 파운드화를 독자적으로 썼다. 따라서 영국의 EU탈퇴에도 불구하고 유로체제는 전혀 상처를 입지 않고 있다. 하지만, 유럽 단일 통화도 유럽 국가들이 하나의 주권 국가로 통합되기 이전에는 불가능하다. 각국 중앙은행이 완강하게 버티고, 특히 독일의 분데스방크가 유럽 중앙은행에 사사건건 반기를 드는 상황에서 공동통화의 앞날은 기대할 수 없다. 유럽 중앙은행은 회원국의 금리, 통화 정책을 조정하는 역할을 하지만, 재정 정책에 대해서는 많은 허점을 가지고 있다. 독일 정부가 재정을 동원해 부실 기업을 구제해주는 것을 제어할 방법이 없다.

유로화의 장래를 어둡게 하는 요인은 많다.

첫째, 회원국에서 은행 위기가 발생했을 경우, 회원국들은 자국 이기주의로 빠진다. PIGS(이탈리아, 포르투갈, 스페인, 그리스) 재정위기 때 이 문제가 단적으로 노출됐다. 그리스에 문제가 생길 때 이젠 영국은 도와줄 필요가 없게 됐다.

둘째, 외환 투기자가 준동할 가능성이다. 출범 초기부터 유로는 영악한 투기자들에게 먹잇감을 제공할 가능성을 배제할 수 없다.

셋째, 정치적 갈등이다. EU 회원국의 중심국인 독일, 프랑스, 이탈리아에 정권교체시마다 EU 회원국 존치여부에 대한 시비에 휘말리고 있다.

경제공동체는 하나의 통화를 밑바탕으로 하고, 통화는 하나의 주권을 단위로 형성된다. 정치적 단일 주권이 전제될 경우 마르크처럼 성공하고, 정치적 동맹이 형성되지 않고 동맹국이 질투와 이기심에 사로잡힌다면 실패한다는 사실을 과거의 역사가 분명히 가르쳐주고 있다. 현재 유럽경제의 주요 현황은 다음 표와 같다.

〈표 9-1〉 유럽 주요 경제지표

항목	경제수치	세계순위
인구	5억 8천 백 만명	2019년, 세계 3위
경제 규모 (명목 GDP)	$19 조원	2019년, 세계 3위
경제 규모(PPP[4])	약 19조원	2019년, 세계 3위
1인당 명목 GDP	$37,607	2019년. 19위
1인당 PPP	$36,100	2019년, 18위
고용률	87%	2019년, OECD 9위
무디스 국가 신용등급	Aaa	2019년, 1등급

출처: The European System of Central Banks, ESCB

4) 서로 다른 나라의 화폐가치를 비교하는 수단 중의 하나인 구매력 평가(購買力平價, Purchasing Power Parity)의 약어를 뜻한다

2. 유럽경제와 한국경제

영국의 유럽연합(EU) 탈퇴가 비단 남의 나라 일만은 아니다. 브렉시트가 확정된 직후 한국 증시는 코스피지수가 단숨에 100포인트가 떨어지는 등 엄청난 충격을 받았다. 브렉시트로 인해 가장 큰 피해를 입을 국가는 중국이다. 중국은 영국에 투자도 많이 한 데다가 유럽 국가들과 교역 비중이 크기 때문이다. 이렇게 현재처럼 무역과 금융으로 모든 나라들의 경제가 긴밀하게 연결된 세계에서는 한국 경제 또한 영국의 유럽연합 탈퇴로 인해 심대한 영향을 받을 수밖에 없다. 단기적인 주식 지수의 등락 뿐만 아니라 장기적으로도 수출 등에 타격을 입을 전망이다. 실제로 브렉시트가 한국 경제에 준 영향은 세 가지였다. 첫째, 국내 금융시장 불확실성 확대 둘째, 한영 FTA 재협상에 따른 대영 무역 감소 셋째, 기존의 영국 투자금액 리스크 상승의 세 가지로 영향을 주어 유럽경제 또한 한국경제에 많은 영향을 주고 있음이 확인되었다. 현재 한국과 영국 사이의 무역은 무관세로 이루어지고 있다. 한국과 EU가 체결한 FTA(자유무역협정) 덕택이다. 영국의 전체 수입에서 EU를 제외하면 한국이 FTA체결국 가운데 네 번째로 수입규모가 크다. 게다가 한국의 대영 무역은 지난해 12억6천만 달러의 흑자를 기록했다. 영국이 EU를 탈퇴하게 되면 한국과 영국은 다시 FTA 협상을 해야 한다. 일단 향후 2년 간은 EU 이사회와 탈퇴 협상을 벌이게 되기 때문에 즉각적인 영향은 없지만 이로 인해 한국과 영국의 무역규모가 중장기적으로 감소할 가능성이 높은 것이 현실이다.

이 뿐만이 아니다. 2009년 이후 그리스를 필두로 한 남유럽 국가들의 재정위기가 가속화되고 있는 상황이다. 이미 뉴스에서 많이 등장하였지만 이른바 PIIGS(Portugal, Italy, Island, Grees, Spain)사태가 바로 그것이다. 미국의 서브프라임 모기지 사태로 남유럽 국가들은 글로벌 경제위기의 영향으로 재정상태가 크게 악화되었으며, 2009년 10월 집권한 그리스 신정부가 2009년 재정적자 전망치를 상향조정함에 그리스의 신용문제가 대두되기 시작했다. 신용평가기관들은 2009년 12월 이후 그리스를 비롯한 남유럽 국가들에 대한 신용등급을 하향조정하였고, 그리스는 유로지역에서 최초로 투자부적격 등급을 받는 국가가 되었다. 그리스의 국채 만기가 다가옴에 따라 시장에는 불안감이 조성되었고, 경제위기가 확산됨에 따라 유로지역에는 불안감이 확산되었고, 이에 따라 유로화 가치는 하락하였다. 유로대비 환율은 가장 낮은 수치를 기록하였으며, 이는 투기세력의 공격에 의한 것이 아닌 남유럽 경제의 위기를 반영한 것이라고 평가되고 있다.

남유럽 경제위기 확산의 원인은 재정적자와 국가채무의 증가 외에도 높은 지하경제의 비중과 취약한 세수기반, 만성적 경상수지 적자와 불균형적 산업구조, 유로지역의 문제해결 능력에 대한 불신 등을 들 수 있다.

남유럽 국가들의 지하경제 규모는 GDP대비 26%(2006년)에 달하는 수준으로 비교적 높은 비중을 차지하고 있으며, 높은 사회보장 관련 지출, 관대한 연금체계, 조기은퇴 등의 국가재정에 대한 압박 또한 높은 편이다.

그리스와 포르투갈은 경제위기 이전부터 매년 GDP의 10%를 상회하는 무역수지 및 경상수지 적자를 기록하였으며, 스페인의 경상수지 적자 규모는 EU에서 가장 높은 수준을 나타내고 있다. 또한 남유럽 국가들의 산업경쟁력은 독일 등 유로지역 내의 제조업 강국에 비해 크게 뒤쳐져 역내 무역적자의 원인이 되고 있으며 유로화의 강세로 인해 지속적인 역외 무역적자까지 기록한 것으로 확인되었다. 남유럽 국가들은 경상수지 적자를 보전하기 위해 해외 차입에 의존함에 따라 대외부채의 비중이 높은 것이 특징이며 이번 글로벌 경기침체를 거치면서 대외부채의 비중이 다시 크게 증가한 것으로 보인다.

또한 2009년 10월 그리스의 정권교체 이후 은폐된 재정적자가 GDP의 9%에 이르는 것으로 밝혀짐에 따라 시장이 남유럽 국가들의 개혁 가능성을 불신하게 되었고, 이러한 와중에 EU 및 유로지역 내부의 체계적인 구제금융방안까지 부재함에 따라 남유럽 재정위기 확산이 가속화되었다.

남유럽의 재정위기를 해소하기 위해 유로지역과 IMF는 그리스에 대한 구제금융을 지원하기로 하였고, 그리스는 이에 대한 조건으로 향후 3년간 200억 유로(그리스 GDP의 11%)의 재정적자를 지출감축과 세수확보를 통해 감축하기로 하였다. 또한 EU 재무장관회의에서는 재정 안정 메커니즘의 설립을 통해 남유럽 재정위기를 지원하기로 합의했다. 그동안 볼 수 없었던 대규모의 지원이라는 점에서 시장의 반응은 긍정적이나, 아직 구체적인 시행방안이 마련되지 않은 상태이기 때문에 구제금융의 효과를 보기까지는 어느 정도 시차가 존재할 것으로 예상된다. 외국계 은행들은 그리스에 대해 보유하고 있는 2,362억 달러의 외채 중 유럽계 은행이 보유하고 있는 외채는 80%를 차지하고 있다. 프랑스계 은행이 그리스 전체 외채의 32%를 차지하며, 독일계가 19.1%, 영국계가 6.4%, 네덜란드가 5.0%, 미국과 일본계 은행이 보유한 그리스 외채도 각각 7.0%와 2.7%를 차지하고 있다. 따라서 그리스의 경제위기가 악화된다면 유럽의 역내 금융망을 타고 유로지역의 위기로 확산될 수 있으며, 이는 다시 서유럽 금융시장을 통해 미국, 일본 등 역외권 경제로 확산될 가능성이 있다. 또한 유로지역은 미국 수출이 15% 이상, 중국 수출이 15% 이상을 차지하고 있어, 경제위기의 효과가 교역상대국으로 크게 파급될 위험이 상존하고 있다.

더욱이 일본의 경우 1990년대 장기불황 이후 만성화되기 시작한 재정적자와 금융위기 중 시행된 재정확대정책으로 인해 국가 채무가 200%에 근접하고, 국가신용등급 강등 위기에 놓여 있는 상태이므로 그리스 경제위기 악화에 더 많은 영향을 받을 수 있다. 만약 유로지역 국가들이 재정건전화를 위해 재정긴축조치를 강화할 경우 유로경기 회복세가 지연될 가능성이 있으며, 이로 인해 세계경기 회복세가 둔화될 가능성도 있다. 달러, 유로 이외의 현실적으로 국제통화로서의 지위를 갖는 통화가 없기 때문에 향후 유로지역의 재정위기문제가 해소될 때까지 달러는 기축통화로서의 위치가 확고할 것으로 전망된다.

남유럽 국가들은 국내 외국환은행의 대외 외화조달 중 1%를 차지하고 있으며, 국내 금융기관의 대외 익스포저 중 4.8%, 우리나라 전체 교역 중 2%를 차지하는 등 우리나라의 외자조달 및 무역거래에서 차지하는 비중은 작기 때문에 직접적인 영향은 제한적일 것으로 판단된다. 하지만 남유럽 경제위기가 심화될 경우 우리나라 총 외채의 50%를 소유하고 있는 서유럽(영국, 프랑스, 독일, 네덜란드 등) 금융기관들의 포지션 변화로 인해 국내 금융시장에 큰 영향을 줄 수 있으므로 지속적인 모니터링이 필요한 상태이다. 또한 EU는 우리나라 수출에서 차지하는 비중이 중국(23.9%)에 이어 두 번째로 큰 제2의 교역상대국

(12.8%)이기 때문에 유로화 약세와 유로지역 경기침체가 지속될 경우, 우리나라 무역경로를 통한 충격이 예상된다.

이 뿐만 아니라 미국 주가에 영향을 미치는 유로지역 뉴스는 한국 주식시장에 직접적인 영향을 미치고 있다. 그러나 남유럽 국가 채무불이행과 같은 극단적인 위험은 가능성이 매우 낮은 반면, 미국을 비롯한 세계경제의 회복이 뚜렷해지고 있어 남유럽 위기의 우리나라 주식시장에의 영향은 미미한편이며, 중장기적으로는 제한적일 것으로 보인다.

장기적 관점에서 유럽 경제는 앞서 언급한 대로 국가의 다양성만큼이나 다양한 불확실성을 가지고 있다. 남유럽 국가들의 신용위기는 부동산 거품(스페인), 높은 실업률(스페인, 그리스) 지속적인 경상수지 적자(그리스, 스페인, 포르투갈) 등의 취약한 경제 펀더멘털 상황에서 재정적자 및 국가채무 문제가 불거졌기 때문에 발생했다. 독일, 프랑스, 벨기에 등은 스페인, 포르투갈 등과 비슷한 국가채무 수준(GDP 대비)에도 불구하고 신용불안의 가능성이 낮지만, 부동산 거품 및 과다한 대외채무, 만성적인 경상/무역수지 적자구조는 글로벌 경제위기시 위험요인으로 작용할 수 있는 가능성을 안고 있다.

세계금융시장은 단기적으로 심리적인 요인에 의해 크게 반응하므로 시장의 불안을 최소화하는 것이 중요하며, 주가, 환율 등 금융변수는 단기적으로 경제펀더멘털과 관계없이 심리적 요인으로 변동성이 커질 수 있다. 자금 유출입에 대해 거의 규제를 하지 않는 소규모 개방경제인 한국으로서는 해외 환경 변화에 따른 외국인들의 투자 포지션을 조정하기에 유리한 상태이다. 이에 따라 해외단기자본 유출입으로 인한 위험을 사전에 파악해야하며, 외국 자본시장 변화와 선진국 금융감독 강화에 대한 움직임도 눈여겨볼 필요가 있다. 왜냐하면 모든 국가들이 상호 동시에 영향을 주고 있기 때문이다. 2017년 한국의 대중수출은 사드의 영향 등으로 지속적인 감소세를 보였다. 하지만 이는 비단 사드에 의한 영향만이 아니다. 유럽의 영향이 숨겨져 있다. 대 EU 중국 수출은 올 상반기부터 일찌감치 경고등이 들어왔기 때문이다. 유럽을 최대 수출 시장으로 삼던 중국 경제는 유럽을 포함한 세계경제의 저성장 기조로 수출 둔화세가 뚜렷해지자 내수성장 전략으로 돌아설 의지를 분명히 했다. 올해 우리 나라 1~8월 대

중국 수출은 전년 같은 기간에 견주어 1.6% 감소해, 금융위기로 세계경제가 가장 크게 위축됐던 2009년 이후 처음으로 감소세를 보였다. 이런 상황에서 유럽발 위기가 재연되면 당장 유럽 수출은 물론 중국 수출에도 우회적 타격이 클 수밖에 없다. 우리가 한국경제 뿐 아니라 가까이에 있는 중국과 일본 경제, 그리고 전 세계 경제의 근간이 되는 미국경제 이외에도 거리상 먼 유럽경제를 알아야 하는 이유가 이런 세계 경제의 연결고리 때문일 것이다.

10 chapter

아시아 경제 무엇이 문제이고 어떻게 될 것인가?

한국, 중국, 일본을 흔히 동아시아 국가라고 부른다. 이들 3국이 세계경제에 차지하는 비중은 어마어마하다. 전 세계 수출의 1/3 이상을 차지하고 있다. 하지만 전 세계가 아시아에 주목하는 이유는 이들 동아시아 3개국만이 아니다. 18세기 이후 서방의 침략과 침탈로 아프리카와 더불어 서방의 식민지로 전락했던 아시아 국가들의 경제성장 속도가 엄청나기 때문이다. 무엇보다 아시아 경제는 유럽 경제보다 더 복잡하다. 아시아의 경제는 46개국의 40억 인구(전 세계의 60%)를 포함하기 때문이다. 아시아에는 그 외에도 팔레스타인 등 6개국이 더 있으나, 경제적으로 또한 정치적으로, 다른 대륙에 속하는 것으로 여겨진다.

전 세계적인 관점에서, 아시아의 부(富)는 국가끼리, 또한 국가 내부적으로도 다양하다. 이것은 아시아가 문화, 환경, 역사적 관련성과 정부의 체계 등이 방대하기 때문이다. 명목적 GDP를 놓고 본다면, 아시아에서 가장 경제 규모가 큰 나라들은 일본, 중국, 한국, 인도, 이란이다. 일본이 명목적 GDP가 세계 2위인 반면, 캄보디아는 가장 빈곤한 나라 중 하나이다. 구매력 평가에 의한 GDP로 본다면, 중국이 아시아 1위, 세계 2위이다. 이어서, 일본과 인도가 각각 세계 2위와 4위에 올라 있다. 부(1인당 GDP로 측정가능한 한도에서)는 홍콩, 일본, 대만, 한국 같은 동아시아와 이란, 사우디아라비아, 카타르, 아랍에미레이트 같은 중동의 산유국에 집중되어 있다. 일본과 대한민국을 제외하고, 세계에서 가장 빠르게 성장하는 거대 시장인 중국과 인도 등이 선두에 서서, 아시아는 현재 빠르게 성장하고 공업화가 진행되고 있다. 동아시아와 동남아시아 국가들은 대체적으로 제조와 무역에 의하여 성장하고 있는 반면, 중동의 국가들은 주로 석유와 같은 1차 산물에 의존하고 있다. 지난 수십년간 빠른 경제 성장과 거대한 무역 규모는 여타 지역을 능가하였고 아시아 전체의 외환 보유고는 4조 달러 이상으로서 세계 전체의 절반 이상이다.

현재 아시아지역은 세계성장의 중심지로 부상하고 있지만, 고도성장 속에서도 인플레이션, 점점 높아지는 대미·대중 마찰문제, 환경문제, 신경제권 조성 등의 여러 가지 문제를 안고 있다. 1990년대 초의 아시아경제 전반에 걸친 특징은 성장률의 저하와 인플레이션이다. 이것은 1980년대 후반 저(低)인플레이션하에서 높은 성장을 누렸던 시기에 비하면 크게 악화된 상황이다. 지난 80년대 2자릿수의 경제성장을 기록하면서 세계의 부러움을 모았던 동아시아 주요 국가들은 '90년에 들어 성장률이 둔화된 가운데 그동안 노출된 경제의 구조적 문제점을 시정해 나가야 할 상황에 이르고 있다. 1992년 국제통화기금(IMF)이 내놓은 '세계경제전망' 보고서에서 예측한 대로 한국, 인도네시아 등 아시아 신흥공업국들은 '90년대 중반 이후 고도성장책 추진 과정에서 누적된 여러 가지 부작용들의 분출로 인하여 경제적 어려움에 빠지기 시작했다. 그리고 마침내 1997년 하반기 이후 아시아 각국은 달러 부족으로 채무불이행의 위기에 처해 IMF 등 국제금융관련 기관들로부터 긴급 수혈을 받아야만 할 상황에 이르렀다. 이러한 아시아의 경제위기에 대해서 IMF는 정부의 과도한 시장개입, 불합리한 노동정책, 금융기관의 비합리적 운영 등을 꼽고 이의 시정을 아시아 각국에 강력하게 요구했다. 최근의 아시아지역 무역동향을 보면, 대미 수출이 줄고 아시아 역내무역이 확대되는 경향이 있는데, 이것은 아시아 각국의 수출시장을 다변화하고 외수주도로부터 내수주도의 경제성장으로의 전환을 시도했기 때문이다. 아시아 지역 역내무역의 확대와 함께 이 지역 내의 무역불균형도 두드러진다. 예를 들면, 신흥공업국가군(NICS; 한국, 대만, 홍콩, 싱가포르)의 대일 무역적자가 1985년의 130억 달러에서 '91년에는 315억 달러로 2.3배 늘어났다. 아시아 지역의 직접투자부문에서 NICS 기업이 일본 기업보다 훨씬 진출 속도가 빠르다. '91년의 ASEAN에 대한 NICS의 직접 투자액은 130억 달러로 1989년의 43억 달러에 비해 무려 3.1배로 급증하였다. 이것은 '89년의 50억 달러에서 '90년의 61억 달러로 늘어난 미국의 투자액과 비교하면 NICS의 ASEAN에 대한 투자 붐이 어느 정도인지 가늠할 수 있다. NICS는 아시아 국가 중에서도 특히 베트남에 관심이 많다. 특히 대만과 홍콩 자본이 건수로 36.4%를 차지하여 2위인 옛 종주국 프랑스의 8.9%를 크게 앞지르고 있다. 대만과 홍콩 기업의 활동이 이대로 계속된다면 베트남은 화교경제권으로 결속될 가능성이 크다. 최근 들어 ASEAN 경제권의 성장이 두드러지고 있다. 1980년대 중반에 극심한 경기침체에 빠졌던 이들 ASEAN국가들은 그 뒤 3저현상(저금리, 저유가, 저달러)과 아시아지역내 산업구조 재편 등과 같은 국내외의 경제여건 변화에 힘입어 경제성장세를 단기간 내에 회복함으로써 성장의 대명사격인 NICS의 성장률을 앞지르는 세계 최고의 경제성장지역으로 등장하였다. 이러한 추세라면 2020년대 중반에 가서는 베트남, 태국, 말레이시아 등은 신흥공업국으로 진입할 것이 확실시되고 있다. 이에 따라 ASEAN 국가에 대한 세계 각국, 특히 한국과 일본 등 아시아 선·중진국의 관심이 크게 높아가고 있다. 그뿐만 아니라 한국은 경제성장에 전력을 다하고 있는 중국 및 일본의 경우에도 아시아에 대한 자본투자와 교역에도 적극적이다. 가깝지만 우리가 잘 모르는 아시아 경제에 대해 살펴보도록 하자.

1. 동남아시아 경제의 역사

앞서 언급한 대로 아시아는 워낙 크고 국가도 다양하기 때문에 이를 한꺼번에 살펴보기는 어렵다. 따라서 베트남 등이 위치한 한 동남아시아, 인도, 사우디아라비아가 위치한 중동으로 구분하여 살펴보도록 하겠다.

1) 동남아시아 경제의 역사

동남아시아는 아프로-유라시아 대륙의 인도차이나 반도, 말레이 반도와 이 대륙 근처의 필리핀 군도 및 말레이 제도 전역을 일컫는 지역명이며, 북쪽으로 중국, 서쪽으로 인도와 인도양, 남쪽과 동쪽으로 오스트레일리아와 태평양을 접하고 있다.

역사적으로 인도, 중국, 이슬람 세력이 교차되면서 지금과 같은 복잡한 문화를 형성하게 되었다. 여기에다 중세 이후로는 유럽 여러 나라의 영향까지 받게 되었다. 이와 같이 외래 문화의 영향이 강하지만, 이 지역 주민들은 여러 문화를 독창적으로 잘 융합하였다. 종교도 매우 복잡하여 인도, 중국, 이슬람에 유럽의 영향까지 받아 대승 불교, 상좌부 불교, 이슬람, 기독교, 힌두교를 믿는 지역이 구분되고 있다. 그야말로 세계종교의 축소판이다. 섬으로 구성된 동남아인 필리핀, 싱가포르, 인도네시아, 브루나이, 동티모르와 대륙부의 말레이시아는 유일신교, 대륙의 국가들은 소승불교다. 전반적으로 대승불교와 유교의 영향을 받은 베트남, 중세 이후 기독교를 받아들인 필리핀 및 동티모르, 중국인이 다수라 그 특성상 기독교인이 많은 싱가포르를 제외하면 상좌부 불교와 이슬람이 발달해 있다. 상좌불교의 경우 태국, 미얀마, 캄보디아 등의 대륙 혹은 반도의 국가에서 주로 믿으며 이슬람은 말레이시아, 인도네시아 등의 섬 국가에서 믿는다. 상좌불교를 믿는 나라에서는 초창기 인도 불교에 가장 가까운 형태로 본토인 인도보다 더욱 원형에 가깝게 유지되고 있으며, 말레이 인도네시아 등도 본래는 같은 불교-힌두교 문화권이었지만 새로이 이슬람을 받아들이면서 불교-힌두교와 이슬람이 혼재된 기묘한 문화양식이 정착했다. 필리핀과 동티모르는 스페인과 포르투갈의 지배를 거치면서 아시아에서는 특이하게도 기독교(주로 가톨릭)가 지배적인 종교가 되었다. 지배적인 종교가 있는 각국에서도 소수 종교가 뚜렷하게 세력을 보이는 곳이 존재하여 분쟁의 씨앗을 안고 있는데, 불교가 우세한 태국이나 기독교가 우세한 필리핀에서는 남부지방을 중심으로 상당한 수의 무슬림이 있는가 하면, 전국적으로는 이슬람이 지배적인 인도네시아에는 기독교나 힌두교가 우세한 지역이 있다. 중국계 도시국가 싱가포르는 그 특성 상 기독교 교세가 매우 강해 20%에 상당하며 10%인 도교보다 비중이 크다.

또 한편으로는 중국의 영향력도 막강하다. 중국과 인접한 베트남은 한자를 병기하며 한 제국~5대10국 시기와 명나라 제국 시기엔 중국의 속령으로 전락했던 시절도 있었다. 그래서인지 베트남은 유교의 영향력이 강하며 지리적으로는 동남아지만 문화적으로는 동북아권에 가깝다. 실제로 관혼상제 문화가 베트남에서는 중요하다. 동남아에선 나름대로 무력 최강을 자랑했던 미얀마 또한 쿠빌라이 칸 당시 원나라와 건륭제 당시 청나라에게 침략당한 쓰린 역사가 있었고, 필리핀도 의외로 꽤 일찍부터 무역중개지였던 탓에 화교가 일찍 정착했다. 이 지역 나라들은 중국에 조공무역을 행했던 대표적인 국가들이기도 하다. 이 때문에 동남아시아는 지금도 화교가 굉장히 많이 분포해 있는 지역이며 동남아시아 국가들의 경제권의 상당 부분을 본인들에 비해 소수인 화교가 쥐고 있어서 이들에 대한 열등감 등으로 인해 화교에 대한 인식이 경계적이다. 동남아시아의 화교를 영어로 'Old China'라고 하는데 동남아시아에서는 이들을 '오랑찌나'라고 부른다. 아예 법적으로 화교를 차별 대우하기도 한다. 법적으로 인도네시아와 말레이시아, 브루나이 같은 나라는 화교에겐 더 엄격하게 불이익을 가한다. 단, 말레이시아 같은 경우는 인도계에게도 똑같이 대한다. 그리고 때론 폭동이 일어나 중국인들에게 테러를 가하는 일도 벌어진다. 말레이시아의 경우에는 아예 화교 계통이 많았던 지역이 도시국가로 강제독립된 사례가 있으니 바로 싱가포르다.

동남아시아는 인도와 더불어 향신료의 주요 산지인지라 서구 열강의 식민지 쟁탈전에 가장 크게 수탈당했던 역사를 가지고 있다. 대표적 열강국가인 영국, 스페인, 프랑스, 네덜란드, 포르투갈, 심지어 미국까지 강대국이었던 나라들은 모두 식민지 경쟁에 뛰어들어 아수라장을 만들었던 것이 바로 이 지역이다. 가장 먼저 인도네시아가 일찌감치 식민지 경영에 나섰던 포르투갈에게 지배당한 뒤 또 다시 네덜란드에게 지배당했고, 뒤를 이어 인도를 정리한 영국과 베트남으로부터 뻗어나간 프랑스가 태국을 사이에 두고 충돌했다. 그 와중에 태국만 교묘하게 줄타기 외교를 성공시켜 동남아 역사상 유일무이하게 열강에 맞서 자주독립에 성공했다. 이 식민지배 때문에 말레이시아와 인도네시아는 같은 말레이계 주민 구성과 이슬람을 믿는 동질적 국가지만, 각각 영국과 네덜란드가 나눠 점유하는 과정에서 역사가 나뉘어 이질적인 나라가 되었고 서로 사용하는 언어도 다소 차이가 있다. 인도네시아는 각 지역마다 별도의 언어들이 사용되지만 국가 전체를 아우르는 표준어로는 말레이어(마인어)가 사용된다. 단, 말레이시아와 인도네시아의 말레이어에는 방언적 차이와 표기법의 차이가 상당히 존재한다고 한다. 그래서 인도네시아의 말레이어는 인도네시아어라고 하기도 한다.

또한 태평양 전쟁 당시엔 전 동남아시아가 속수무책으로 일본 제국에 의해 통치당하기도 했다. 일본이 이렇게 쉽게 동남아 국가들을 점령했던 이유는 이미 서구의 식민지 상태였던 이들 국가의 주민들이 원래 통치자들에게 반감을 느끼고 일본을 해방자로 맞아들였기 때문이다. 하지만 일본이 2차대전 중 동남아 식민지에서 행했던 수탈 강도는 그전 강대국의 수탈보다 높았으며, 특히 싱가포르나 미얀마 같은 곳은 학살이 벌어졌다. 결국 이들 국가에서도 일본에 대한 반감이 커지다 못해 식민제국에 대한 조직적인 독립전쟁이 일본쪽에도 돌려서 시작되었고 특히 베트남의 위인 호치민은 이때부터 일제에 맞선 공격을 시작, 태평양 전쟁이 본격적으로 시작되며 미군, 영국군, 중국군이 동남아로 진격하다 특히 베트남도 일본군을 몰아내는 데 일조했다.

한편으론 일본의 식민지 경험을 받은 게 전화위복일 수도 있다. 전쟁이 끝난 뒤에는 식민제국의 힘이 약화되고 영국을 비롯한 원래 통치자들이 독립을 선선히 승인하였다. 물론 여전히 침략근성을 못 버린 열강도 있어서, 네덜란드는 인도네시아를 어떻게든 붙잡으려다 강제로 축출되었고, 프랑스도 알제리와 같이 끝까지 베트남을 포기하지 않으려 들었으나 결국 패배하였다. 이러한 부작용으로 프랑스로부터 독립되자마자 사회주의 열풍이 동남아 일대를 휩쓸었는데, 이 때문에 내전이나 쿠데타가 심심하면 터져 20세기 중후반의 동남아시아는 아프리카에 버금가는 쿠데타 지역이 되었다.

서구의 식민지 경험의 잔재로 말레이시아와 인도네시아, 베트남, 필리핀, 동티모르는 자국어 표기에 라틴 문자를 상용하고 있다. 이 나라들은 동티모르를 제외하면 고유문자가 없지는 않았지만 베트남의 경우에는 한자의 영향을 받은 쯔놈이라는 문자가 있었지만 프랑스 식민지기 때 너무 어려워서 알파벳 로마자로 대체되었고 인도네시아와 말레이시아, 필리핀은 원래 인도계 문자를 개량해서 쓰거나 아랍문자를 개량해서 썼는데 특별히 어렵거나 하지는 않았지만 오랜 식민기간을 거치며 알파벳 로마자로 대체되어 버리고 말았다. 그런 반면에 태국이나 미얀마, 라오스, 캄보디아 등 북반부 지역에서 고유문자는 지금까지도 잘 사용되고 있다.

동남아시아는 베트남을 빼고 면적에 비해 인구 밀도가 매우 희박한 지역 중 하나였으나 90년대 산업화 이후로 폭발적인 인구성장을 보이고 있다. 동남아시아를 생각할 때 인구를 간과하기 쉬운데 동남아시아 인구는 많다. 인구 1억에 육박하는 나라들도 드물지 않다.

• 인도네시아: 동남아 중 인구가 가장 많다. 무려 2억 4,000만명이다. 미국 다음가는 인구수로 세계 4위이다. 섬나라들 중에서는 단연 1위이다. 더욱이 그 엄청난 인구의 약 5/9가 일본 혼슈의 3분의 2 크기인 중앙부의 자바 섬 하나에 집중되었다. 다시 말해 자바 섬 하나에 사는 사람들이 러시아 인구와 비슷하다.

• 필리핀 - 1억 300만 명이다. 원래는 다른 나라들보다 특별히 인구가 많았던 국가는 아니었다. 스페인이 한창 필리핀을 식민지화 했을 때에는 인구가 250만명 정도로 추정될 정도였다. 그렇지만 21세기 들어 인도네시아나 베트남 등 동남아 다른 인구대국들은 출산율이 1명대 중반에서 2명대 초반 정도로 떨어진데 반해 필리핀은 캄보디아나 라오스와 마찬가지로 여전히 3명대 초반이라는 높은 출산율을 보이고 있어 아직까지 인구증가율도 꽤 높은 편이다.
• 베트남 - 9,300만명으로 독일+오스트리아 인구보다 많다. 하지만 최근 들어서면서 베트남은 고령화가 가속화되고 있어서 2030년에는 노인인구가 17%를 차지할 것이라고 예상되고 있다.
• 태국 - 6,800만명으로 프랑스 인구보다 많다.
• 미얀마 - 5,600만명으로 스페인+포르투갈 인구와 비슷하다.

이러한 ASEAN 국가들의 인구를 도합하면 무려 6억을 넘는다. 이러한 인구를 바탕으로 제조업의 저렴한 생산기지로 동남아시아가 각광을 받으면서 경제적인 발전 속도가 높아지고 있는 것이다. 경제적으로는 선진국 수준에 다다른 싱가포르를 제외한 모든 나라가 개발도상국이다. 그렇기 때문에 우리가 흔히 인식하는 "동남아"는 싱가포르(또는 말레이시아) 정도를 빼면 '후진 지역'이라는 관념이 있다. 태국은 부유한 편이지만, 1인당 국민소득이 아직 5,000달러 정도에 불과한 개발도상국이고 미얀마, 필리핀, 캄보디아는 아직 저성장에 머물고 있으나 한국인이 경영하는 최대의 한상기업인 코라오가 위치한 라오스의 경우 최근 그 성장률이 높은 편이다. 또한 인도네시아도 최근 주목받고 있지만 3,000 달러밖에 불과한 국민소득 때문에 구매력이 너무 낮은 편이다. 산유국인 군소국가 브루나이는 부유하지만 석유 외에 별다른 산업이 없고 인구가 적으며, 석유 수출만 의존하고 있다. 중국에 이어 제2의 차이나 붐을 맞이하고 있는 베트남이 현재 동남아시아에서 가장 빠른 경제발전을 보이고 있다.

이렇게 경제성장에 있어서는 동남아시아가 전 세계의 주목을 받고 있지만, 빈부격차 면에서도 대체로 심각하다. 필리핀이 유명하지만 비교적 잘 사는 편인 싱가포르나 말레이시아도 빈부격차가 큰 편이다. 싱가포르도 대다수 화교들은 잘 살지만 엄연한 원주민에 13% 이상으로 많은 수를 차지하는 말레이인이나 9%의 타밀인 그리고 후진국 이민자들은 빈곤하고 교육수준이 낮다. 말레이시아도 경제권은 화교가 갖고 있다. 빈부격차가 적은 나라는 라오스나 미얀마처럼 아예 저성장국가들이다.

동남아시아 지역을 '코친차이나(Cochinchina)', 또는 '인도차이나'라고 부르기도 한다. 단 이러한 명칭은 동남아시아 전체를 가리키기보다는 인도차이나 반도와 말레이반도 일부지역만을 이렇게 부르는 경우가 많다. 코친차이나의 '코친'은 중국의 교지(交趾)에서 유래한다. 중국이 베트남 북부를 지배하면서 그 중심지에 둔 행정구역(군) 이름인 교지(交趾)인데 현대 중국어 발음(그리고 교지(交趾)를 공식적으로 부르는 발음)은 발음으로 인해 'Jiāozhǐ', 베트남어론 giao chi이다. 이 '교지'가 말레이어어에서 Kochi가 되었고, 이를 듣고 동남아에 진출해 있던 포르투갈인에 의하여 Cochin으로 변형된 것이 코친차이나의 어원이다. 이후 인도의 도시 코친과 구별하고자 코친차이나라고 부르게 되었다고 한다. 더 정확하게 하자면 현재 호지민을 중심으로 하는 남베트남을 이렇게 불렀다. 즉 인도의 코친 시와 직접적인 관계는 없지만 그 간접적 영향을 받은 이름인 것은 사실이다. 그렇지 않았으면 코친차이나가 아니라 그냥 코친이라 불렸을지도 모르니까. 물론 또 다른 명칭인 '인도차이나'는 거대한 대륙국가인 인도와 중국 세력 사이에 끼어 있어 양쪽의 문화를 모두 수용한 지정학적 입장 때문이다.

동남아시아는 역사적으로 늘 주변 강국인 인도와 중국에 가로막혀 대륙 방면으로 진출하지 못하고 자신들끼리 갈등으로 크고 작은 전쟁이 지속되었다. 따라서 복잡한 민족, 문화, 역사를 갖고 있어 아시아 다른 지역과 달리 이 지역에 지배적으로 나타나는 문화적 동질성이 없다. 동남아시아 각국의 언어, 종교, 민족이 매우 달라 서남아시아의 이슬람문화, 동아시아의 유교문화와 같은, 지역을 전반적으로 지배하는 문화적 특성을 정의할 수 없다. 하지만 태국-미얀마-캄보디아-베트남-라오스 5국은 19세기 근현대 이후 서로 떼려야 뗄 수 없는 관계이다. 이중 어느 하나라도 전쟁이나 군사적 움직임이 발생하면 각국은 초긴장 상태에 돌입한다. 그래서 태국을 비롯해 어느 나라 할 것 없이 아직도 군부의 입김이 강한 것이 현실이다.

동남아시아 지역 국가들은 이러한 다양성을 극복하고 하나로 발전하고자 동남아시아 국가 연합(ASEAN)이라는 지역 국가 연합을 결성했으며, 현재 여기 가맹된 국가들은 다음 그림과 같다.

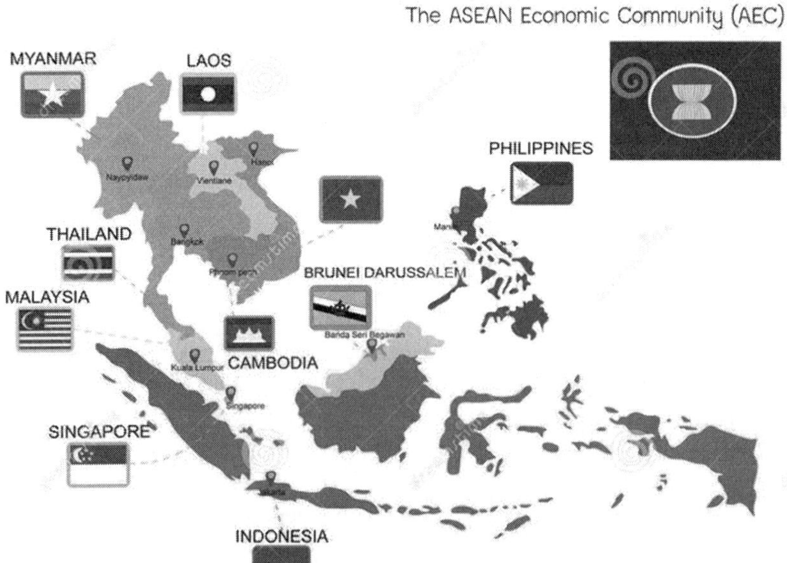

〈동남아시아 국가연합〉

동남아시아 국가 연합(Association of Southeast Asian Nations, ASEAN;

아세안)은 1967년에 설립된 동남아시아의 정치, 경제, 문화 공동체이다. 매년 11월에 정상회의를 개최한다. 아세안은 현재 거대한 공동체로 거듭 태어나고 있다. 1967년 8월 8일 태국 방콕에서 창설되었다. 이후, 브루나이, 캄보디아, 라오스, 미얀마 및 베트남을 회원국으로 포함하고 있다. 아세안은 유럽 연합과 맞먹는 정치·경제 통합체를 지향하고 있다. 또, 사회 문화적 진화 회원국이 평화적으로 차이를 해결하기 위해 지역의 평화와 안정의 보호 및 기회를 제공하고 있다. 아세안은 2008년 12월 15일 지역공동체의 헌법 구실을 하게 될 역사적인 "아세안 헌장"을 발효시켰다. 리콴유 전 싱가포르 총리는 "아세안은 앞으로 유럽 연합처럼 단일 공동체로 통합하는 절차를 단계적으로 밟을 것"이라고 전망했다. 아세안은 440만 km^2, 지구 전 영역의 3%를 차지하고 있다. 아세안 영해는 육지보다 3배 km^2 정도의 영역을 차지하고 있다. 회원국은 약 6억2천5백만 명, 세계 인구의 8.8%를 차지한다. 2013년 기준으로 GDP는 2조4천억 달러로 성장하여 전 세계의 3.2%를 차지하고 있다. 아세안을 독립체로 볼 경우, 미국, 중국, 일본, 독일, 프랑스, 영국에 이어 세계에서 일곱 번째로 큰 경제규모로 평가된다.

아세안은 1967년 8월 8일에 발족했고, 1961년에 동남아시아 연합(ASA), 필리핀, 말레이시아가 아세안에 합류했다. 아세안은 공산주의의 일반적인 공포와 경제 발전에 대한 갈증에 의해서 생성되었다. 브루나이는 독립을 획득한 후, 1984년 1월 7일에 여섯 번째 회원이 되었다.

아세안은 베트남 전쟁의 종전으로 인해 동남아시아에서 힘의 균형이 변경된 1970년대 중반에 더 큰 응집력을 보였다. 1970년대에 지역의 역동적인 경제 성장을 위해 1979년 아세안의 첫 번째 정상 회담이 인도네시아 발리에서 개최되었다. 캄보디아에 대한 베트남의 침공에 통합된 응답을 채택하기 위해 만남을 강화하였다. 1976년, 여러 산업 프로젝트에 대한 합의 결과와 아미 티와 협력 조약의 서명 및 콩코드의 선언을 했다. 1980년대 말에 미국과 소련 사이의 냉전의 끝은 아세안 국가들이 지역에서 큰 정치적 독립을 행사할 수 있게 되었고, 1990년대에, 아세안 지역 무역 및 보안 문제에 자체적 목소리를 내기 시작했다.

1995년 7월 28일, 베트남은 아세안의 일곱 번째 회원이 되었다. 라오스, 미얀마는 1997년 7월 23일에 합류했다. 캄보디아는 정정 불안으로 인해 가입이 연기되었지만 1999년 4월 30일 확정 합류했다. 1990년 말레이시아는 미국과 증가하는 상호작용을 증가시키기 위해 미국과 중국, 일본, 한국으로 구성하여 아시아 태평양 경제 협력체(APEC)와 같은 단체를 만들자고 제안했다. 하지만, 일본에서 미국의 완강한 반대로 인해 실패되었다. 1992년, 공통 유효 특혜 관세(CEPT) 방식은 단계적으로 관세를 세계 시장을 대상으로 생산 기지로서 지역의 경쟁 우위를 증가시키기 위한 목표로 채택되었다. 이 법은 아세안 자유 무역지대(AFTA: AFTA는 아세안 국가에서 현지 생산에 관한 회원국)에 의한 계약이다. AFTA 협정은 싱가포르에서 1992년 1월 28일에 서명했다. IMF 구제금융을 받았던 1997년 이후에, 말레이시아는 아세안뿐만 아니라 경제의 더 나은 통합을 요구하는 ASEAN + 3(한국, 중국, 일본)을 제안하였고 이후 ASEAN+3국(한·중·일)은 설립되었다.

아세안 블록은 또한 지역의 평화와 안정에 초점을 맞추었다. 1995년 12월 15일, 동남아시아 비핵 지대 조약에서 '핵 무기 자유 구역'이라는 조항은 필리핀을 제외하고 서명하였으며, 이후 1997년 3월 28일에 모두 서명하게 되었다. 2001년 6월 21일 필리핀 지역에서 모든 핵무기가 금지된 후 이 서명은 정식적으로 유효하게 되었다. 2008년 12월 15일, 인도네시아의 수도인 자카르타에서 아세안의 국가들은 "유럽 연합(EU) 스타일의 커뮤니티"로 바꾸기 위해 모였고, 2007년 11월에 이에 관련된 조약들을 체결하였다. 아세안은 법적 독립체가 되어, 5억명을 포함하는 하나의 자유 무역 지역을 만들기를 목표로 삼았다. 당시 인도네시아 대통령인 수실로 밤방 유도요노(Susilo Bambang Yudhoyono)는 "아세안이 통합하고, 사회에 자국을 변화시키기고 합일을 이룬다면 중대한 발전이 있을 것이다. 국제 체제가 급격하게 변화를 할 때, 아세안이 아시아 및 글로벌 문제에보다 기후 변화와 경제적 격변을 참조하면서 활발한 역할을 추구한다면 이 목표는 달성될 것이다. 그렇게 된다면 동남아시아가 더 이상 분할되거나 전쟁이 생기지 않을 것이다."라고 언급하였다.

2008년 미국 서브프라임 모기지 사태가 촉발시킨 글로벌 금융 위기는, 아세안 헌장에 의해 계획된 목표에 위협이 되었다. 이 제안은 아세안 본부는 제재를 가하거나 시민의 권리를 침해한 나라들을 처벌할 권한이 없어 효과가 제한될 수 있기 때문에 논란이 되었다. 아세안 본부는 2009년 이후 인권 아세안 정부간위원회(AICHR)로 설립되었고, 2012년 11월에, 미래의 정상 회담에서 논의될 수 있는 제안으로 '아세안 인권 선언'을 채택했다.

ASEAN + 3

아세안 각국의 정상은 동남아시아와 동북아시아 영역을 통합 할 필요성을 느꼈다. 1997년부터, 블록은 목표를 달성할 목적으로 조직을 만들기 시작했다. ASEAN +3은 처음과 기존의 관계를 개선하기 위해 생성 된 중국, 일본, 그리고 한국으로 구성되어있다. 동아시아 정상 회의 ASEAN + 3 국가들뿐만 아니라 인도, 호주, 뉴질랜드, 미국, 러시아를 포함하고 있다. 이 새로운 그룹은 계획을 위한 전제 조건으로 작용했고, 아세안 저명인사 그룹은 이 정책의 가능한 성공과 실패뿐만 아니라 아세안 헌장 제도 가능성에 대해 연구하기 위해 창설되었다. 2006년에 아세안은 주어진 유엔 총회에 옵서버 지위를 부여하여, 그 조직은 유엔에 "대화 파트너"의 지위를 수여했다.

동남아시아 국가들의 총 GDP를 합치면 3조 달러에 육박하고 평균 국민소득은 대략 4천 달러 정도이다. 세계 평균 국민소득이 1만 달러, 아시아 평균이 6천 달러임을 생각하면 낮은 수치이지만, 평균 2천 달러인 아프리카보다는 높다.

그러나 현재 동남아시아 국가들의 경제수준이 낮다고 해서 이들의 경제적 측면을 무시할 수 없다. 아직 개발이 덜 되었을 뿐 미래의 경제성장 가능성이 상당히 높은 지역이기 때문이다. 동남아시아의 높은 출산율은 그들로 하여금 노동인구의 증대, 선급한 고령화 대책의 불필요를 동남아시아의 강점으로 삼게 한다. 삼성전자, 애플, 소니, 혼다, 토요타 등 세계의 많은 대기업, 다국적기업들이 동남아시아에 눈독을 들이는 이유가 이것이다. 물론 국가별로 차이가 있어서 동남아시아에서 높은 출산율을 유지하는 국가는 필리핀, 동티모르, 라오스, 캄보디아 정도이며, 인도네시아는 인구구조가 안정적이고 미얀마와 말레이시아는 출산율이 2명대 초반 정도이며, 태국과 싱가포르는 인구감소를 염려해야 할 정도로 출산율이 급감했다. 그리고 높은 출산율을 유지하는 국가라 하더라도 출산율이 점차 감소하는 추세인 것은 변함이 없다.

동남아시아는 동아시아에서 자본재를 수입해 유럽과 미국에 수출하는 경제구조를 가지고 있다. 이로 인해 보통 유럽과 미국에서는 흑자를, 동북아 국가에겐 적자를 내는 경향을 보인다. 또, 세계안보 및 경제에서 중요성이 부각되면서 미국, 러시아, 중국, 일본이 러브콜을 보내는데 이어 인도도 인도-미얀마-태국 3개국 고속도로를 연결하고 남아시아와 동남아시아 간 육상 교통로로 활용한다는 계획을 발표하면서 동남아시아에서 인도의 영향력도 커지고 있다. 이로 인해 일대일로를 표방하며 동남아시아에 영향력을 확대하려는 중국과 인도의 충돌이 이어지고 있다.

2) 한국과 아세안 경제

2019년 2019년 한국에서 열린 한-아세안 정상회의를 통해 한국과 아세안은 신남방정책의 핵심 가치인 사람 중심의 포용, 자유무역과 연계성 증진을 통한 상생번영, 평화라는 가치를 공유하였다. 한국 정부가 추진하고 있는 신남방정책이 그동안 30년간 한-아세안 협력 정책으로 아세안 국가들로부터 확고한 지지를 받아 본궤도 진입- 경제 분야뿐만 아니라 사회·문화, 그리고 평화·외교 분야에서도 한-아세안 관계를 주변 4강 수준으로 끌어올리는 노력이 본격화되고 있다. 2019년 한-아세안 특별정상회의를 계기로 한국의 신남방정책에 대한 아세안 국가들의 신뢰를 바탕으로 앞으로 30년간 협력을 더욱 강력하게 추진하려는 청사진을 제시하였다. 지금까지 한국과 아세안의 관계는 〈표 10-1〉과 같이 정리해 볼 수 있다.

〈표 10-1〉 한 · 아세안 전략적 관계 변천

단계	관계설정	주요 내용
한·아세안 1.0	개별 회원국 양자 관계 집중	1989년 아세안과 부분 대화 관계를 수립하기 전까지 한국이 개별 회원국과 양자 관계 및 아세안과의 대화 관계를 수립하기 위해 외교 교섭에 집중하던 시기
한·아세안 2.0	전략적 동반자 관계로	1990년 이후 문재인 정부 출범까지 약 30년간 지속된 한·아세안 2.0 시기는 탈냉전 후 아세안 발전기와 그 궤를 같이한다. 한국과 아세안은 2004년 포괄적

	업그레이드	동반자 관계를 거쳐 2010년 아세안이 대화 상대국과 설정한 최고 단계인 '전략적 동반자 관계'로 격상됨
한·아세안 3.0	미래를 위한 제안	문재인 정부의 핵심 외교 정책인 신남방 외교를 본격 이행하는 해 한국에서 열리는 첫 다자 정상회의를 계기로 한국의 4강(미,중,일,러) 수준의 협력관계로 전환
한·아세안 4.0	?	아세안 회원국에 준하는 가칭 '준아세안 관계'를 목표로 설정하고 큰 틀에서 대아세안 협력을 추진

위 〈표 10-1〉과 같이 한·아세안은 지난 30년의 노력으로 아세안이 비회원국에 주는 최고 단계인 전략적 동반자 관계까지 진행되어 왔다. 더불어 문재인 정부가 아세안과의 협력을 4강 수준으로 격상하겠다고 천명한 최초 정부인 만큼 한국은 2019년을 시작으로 앞으로 30년간 아세안 회원국에 준하는 가칭 '준아세안 관계'를 목표로 설정하고 큰 틀에서 대아세안 협력을 추진할 필요가 있다. 실제로 코로나 19사태 속에서 한국은 인도네시아 등 아세안 국가에게 의료적 지원을 비롯한 여러 가지 지원을 우선적으로 내놓으면서 아세안에서의 영향력을 높여가고 있다.

각종 연구기관들은 아세안이 현재 추진 중인 아세안 공동체 청사진을 충실히 이행하면 2030년께에는 단일 생산기지 및 단일 소비시장이 돼 국경 간 상품·서비스·자본·투자·숙련노동자의 자유로운 이동이 가능한 국경 없는 하나의 경제체제가 될 것으로 전망하고 있다. 2050년에는 3대 경제대국이 될 것이라는 예측도 하고 있다. 경제력 향상과 더불어 글로벌 이슈에 대해서도 영향력을 행사할 것이고, 문화적으로도 아세안과 동남아 문화에 대한 자부심과 중요성을 인식하게 될 것이다.

2. 인도 경제의 역사

1) 인도 경제의 역사

인도는 많은 노동력, 인적자원, 천연자원을 가진 남아시아의 경제 대국이다.

그래서 인도는 고대시대부터 근세까지 중국과 함께 세계 경제 규모의 1~2위를 점유하던 국가였으나 20세기에 들어서는 서방국가에 비해 근대화 속도가 많이 뒤쳐져 1990년대부터 2000년대 중반까지 십수년간 줄곧 한국의 경제규모보다 낮았었다. 한국의 20배 이상의 인구 규모를 가지고도 낙후되었던 곳이었다. 하지만 2012년, 인도가 일본을 추월했고 2012년 기준으로 명목 GDP로 따져도 세계 7위이다. 보통 한 국가의 경제가 발전할 때 원료 생산인 1차산업에서 제조산업인 2차산업 그리고 서비스 분야인 3차산업으로 넘어가는 게 정상인데 인도는 특이하게도 1차에서 급격히 3차산업으로 넘어가고 있다. 현재 인도는 엔터테인먼트 산업과 농업이 비슷한 중요성을 가지고 있다. 이에 따라 옛 식민모국인 영국을 능가해 영연방 최대 경제대국이 되었다.

2016년 인도의 경제 성장률이 7.5%를 기록, 중국(6.9%)보다 0.6%포인트 높은 것으로 나타났다. 인도의 경제 성장률이 중국을 추월한 것은 1999년 이후 16년 만에 처음이다. 이러한 성장의 원인으로 인도 정부는 최근 제조업 분야에서 성장세가 두드러지고 있다고 설명했다. 인도 제조업 성장률은 12.6%로 서비스업 성장률 9.4%보다 높았다. 인도 정부는 2016년 도로 건설에만 90억 달러(10조 8,000억원)를 투입하는 등 인프라 구축에만 280억 달러를 투입했는데, 전문가들은 이런 투자가 인도 경제 성장을 이끈 것으로 보고 있다. 인도 전체 수요의 4분의 3을 수입하는 석유 가격이 하락하고, 물가가 안정된 것도 성장을 뒷받침한 것으로 분석된다.

인도는 과거 '헐떡거리는 코끼리(Gasping Elephant)'라는 말을 들었다. 중국과 맞먹는 영토와 인구를 가지고 있지만 중국에 비해 경제가 지지부진하다는 점을 비꼰 말이었다. 그런데 인도가 중국을 제쳤다는 것은 앞으로 세계 경제의 성장엔진은 중국이 아닌 인도가 차지할 것이라는 점을 예고하는 것이다. IMF에서는 인도가 이대로 성장한다면 앞으로 4년 내에 GDP가 일본과 독일을 합친 규모보다 커질 것이라고 하였다. 특히 인도는 신흥 경제대국들인 브릭스(BRICs) 5개 회원국 중에서 가장 좋은 경제성적을 보이고 있다. 반면 중국은 경기 둔화로 상당한 어려움에 빠졌으며, 천연자원의 수출 비중이 높은 브라질·남아공·러시아 등 3개국은 경기 침체로 위기에 직면해 있다.

인도는 1947년 독립 이후 1950년대부터 경제 자유화, 개방화 정책을 추진하며 빈곤 타파, 국력에 상응하는 경제력 달성을 목표로 경제개혁을 지속적으로 추진해 왔다. 2003년께 경제성장률 7~8%를 기록하며 브릭스의 회원국으로서 상당한 잠재력을 보이기도 했다. 하지만 고위 관료 부패 및 정부 무능, 카스트 제도 등 관습 타파 실패 등의 이유로 인도 경제는 다시 부진을 면치 못하고 과거로 회귀하는 듯했다. 그랬던 인도를 다시 일으켜 세운 것은 2014년 취임한 나렌드라 모디 총리의 강력한 리더십이라고 해도 과언은 아니다. 실제로 국제사회는 인도 경제가 다른 브릭스 회원국보다 잘 나가고 있는 이유가 모디 총리가 그동안 추진해온 경제정책인 모디노믹스(Modinomics) 덕분이라고 평가하고 있다.

모디노믹스는 정부 개입을 최소화하고 경제정책을 친(親) 기업 시장경제 위주로 추진하는 것을 말한다. 모디노믹스의 핵심은 외국인의 투자를 통한 인프라 확충과 제조업 육성, 이를 통한 일자리 창출이다. 특히 모디 총리는 인도를 제조업의 허브로 만들겠다는 이른바 '메이크 인 인디아'(Make in India, 제조업 활성화) 정책을 모디노믹스의 간판으로 내세웠다. 오는 2022년까지 GDP 대비 제조업 비중을 현재 15%에서 25%로 늘려 일자리 총 1억 개를 만들겠다는 것이다. 인도 정부는 자국이 세계 1위가 될 수 있는 잠재력을 갖고 있는 25개 분야를 선정하고 분야별로 육성책을 마련했다. 25개 분야는 자동차 · 화학 · 정보통신(IT) · 제약 · 섬유 · 해운 · 항공 · 관광 · 철도 · 재생에너지 · 바이오기술 등이다.

모디 총리는 2001년부터 2014년까지 구자라트주의 주지사를 세 번 연속 연임하면서 엄청난 능력을 발휘했다. 구자라트주는 그의 재임기간 연평균 13.4%라는 놀라운 경제성장률을 기록했다. 또 각종 규제와 관료주의를 철폐해 친기업 환경을 조성하고 국내외 굴지의 기업들을 유치했다. 인도에서 가장 가난한 주로 악명 높던 구자라트주는 28개 주 중에서 하루 24시간 안정적으로 전기가 공급되는 유일한 곳이자 산업 인프라가 가장 좋은 지역이 됐다.

모디 총리는 2014년 5월 총리로 취임하면서 '메이크 인 인디아' 정책을 적극 추진하겠다고 선언했다. 모디 총리는 무엇보다 먼저 외국인 직접투자(FDI)를 적극 유도하기 위해 철도, 군수, 보험 산업의 외국인 투자지분 한도 확대, 투자 인허가 절차 간소화 등 각종 규제를 철폐하는 조치를 내렸다. 인도 상공부에 따르면 2014년 9월 이후 지난 1년간 외국인 투자금액은 328억 달러로 이전보다 25.6%가 늘어났다. 글로벌 기업들은 자동차, 전기·전자·통신, 식품가공, 사무용품, 의류, 정수기, 재생 에너지, 가구유통업 등 다양한 분야에서 공장 건설과 R&D센터 및 이노베이션 센터를 건설하는 등 투자를 확대하고 있다. 모디 총리는 또 기업규제 완화와 세금인하 등 제조업 육성을 위한 정책도 적극 추진하고 있다. 모디 총리는 지난해 옛 소련식 경제개발계획을 주도한 경제계획위원회를 65년 만에 없애고 민간 참여를 확대한 인도개조국가기구(NITI)를 설치했다. 법인세율을 현행 30%에서 4년 동안 25%로 낮추는 대신 지역이나 업종별로 법인세를 줄여줬던 제도를 상당 부분 폐지했다. 그리고 막대한 지하경제를 개혁하기 위해 화폐개혁도 단행하였다.

인도 정부는 보다 효과적인 제조업 육성을 위해 2개 지역을 연결해 산업지대를 개발하는 산업회랑(Industrial Corridors)을 추진하고 있으며, 이를 위해 '국가산업회랑관리청(NICA)'까지 설립했다. 국가산업회랑관리청은 산업회랑 건립의 마스터플랜을 세우고 향후 개발을 책임진다. 현재 인도 정부가 개발에 공을 들이는 프로젝트는 델리-뭄바이 산업회랑이다. 이 프로젝트는 900억 달러를 들여 델리와 뭄바이 간 1,500㎞ 구간을 따라 16개 산업 및 물류단지를 만들어 '글로벌 제조 및 무역 허브'로 육성하려는 사업이다. 이 프로젝트에 건설될 구자라트주 아메다바드-돌레라 공단의 넓이(900㎢)는 서울시 전체(605㎢)보다 훨씬 넓다. 일본 정부는 이 프로젝트에 적극 참여하고 있다. 이와 관련, 아베 신조 일본 총리는 2016년 인도를 방문해 모디 총리와 정상회담을 갖고 뭄바이-아메다바드를 연결하는 총 505㎞의 고속철에 일본의 신칸센을 도입하기로 했다고 합의했다. 일본은 이를 위해 120억 달러(14조1,780억원) 규모의 차관과 기술지원을 약속했다. 이 고속철 건설에는 모두 150억 달러가 소요될 것으로 보이는데, 전체 자금의 80%를 일본이 지원하는 셈이다. 일본은 연 0.1~0.5% 이자율에 50년 상환의 차관을 제공하기로 했다. 인도 정부는 앞으로 에도암리차르-콜카타(북부의 동서연결), 첸나이-방갈로르(남부의 동서 연결), 방갈로르-뭄바이(남부의 남북 연결), 바이작-첸나이(동부의 남북 연결) 산업회랑 등도 추진해 나갈 계획이다. 인도경제 최대의 약점이었던 물류시스템의 개편이 시작된 것이다.

모디 총리는 인도의 최대 강점인 IT 산업을 육성하고자 '디지털 인디아(Digital India)' 정책도 추진하고 있다. 디지털 인디아란 2019년까지 180억 달러(약 20조원)를 투자해 인도 전역을 초고속인터넷으로 연결하는 정부 프로젝트이다. 이를 바탕으로 전자정부, 원격 교육, 원격 진료 등을 실현해 인도 최대 사회문제인 도시와 농촌 간 격차를 줄이는 것이 목표다. 인구 13억 명의 인구대국인 인도는 지난해 6월 기준으로 인터넷 이용자가 2억 7,700만 명이다. 인도 인터넷모바일 협회(IAMAI) 등에 따르면 2017년 6월 인도의 인터넷 이용자는 4억2,600만 명으로 갑절 가까이 늘어 미국을 누르고 세계 2위에를 차지하였다. 모디 총리는 인터넷 인구가 급증하는 상황에서 적극적으로 시장 개방에 나서고 있다. 자국 기업 보호를 위해 해외 업체들의 진입을 철저하게 막는 중국과는 다른 전략이다.

또한 인도 정부는 태양광 발전 시설을 대대적으로 확대하는 내용의 '솔라 인디아'(Solar India) 정책도 강하게 밀어붙이고 있다. 이 정책에 따르면 현재 4GW에 불과한 태양광 전력 생산량을 2022년까지 100GW 수준으로 늘리겠다는 것이다. 현재 에너지원별 발전은 화력발전이 65%, 수력 21.6%, 신재생에너지 10.6%, 원자력 2.8% 등이다. 제조업이 발전하려면 대규모 전력이 필요한데 환경문제가 있는 화력발전보다 깨끗한 에너지원인 태양광을 활용하겠다는 것이다.

인도는 풍부한 일조량 때문에 태양광 전기를 생산하는 데 적합하다는 말을 들어왔다. 연중 일조시 수가 300일에 달한다. 인도가 대대적인 태양광에너지산업 육성계획을 내놓자 한화를 비롯한 글로벌 태양광 기업들이 대거 인도에 투자하고 있다. 일본 소프트뱅크는 인도 바르티엔터프라이즈 등과 함께 200억 달러(22조원)를 투자해 20GW급 태양광 발전시설과 관련 장비를 생산키로 했다. 손정의(일본명 손 마사요시) 소프트뱅크 사장은 "인도를 태양광발전 중심지로 만들겠다는 모디 총리의 비전을 실현하고 싶다"고 밝혔다. 미국 태양광기업인 선에디슨도 2022년까지 인도 태양광 및 풍력 발전 등에 150억 달러(약 16조7천억원)를 투자하기로 했다. 인도 경제의 주요 경제지표는 다음 표와 같다.

〈표 10-2〉 인도 주요 경제지표

항목	경제수치	세계순위
인구	13억 6956만 명	2019년, 세계 2위
경제 규모 (명목 GDP)	3조 2,021억 달러 (약 3,730조 원)	2020년 추정치, 세계 5위
경제 규모(PPP[5])	12조 3,628억 달러 (약 1경 4,402조 원)	2020년 추정치, 세계 3위
1인당 명목 GDP	2,338 달러	2020년 추정치
1인당 PPP	9,026 달러	2020년 추정치
고용률	45.4%	2019년
무디스 국가 신용등급	Baa2	2018년, 9등급

출처: 인도 재정경제부

2) 한국과 인도 경제

인도 경제의 또 다른 강점은 젊은 층의 인구가 많고 임금이 싸다는 점이다. 인도의 인구는 13억1천만 명으로 중국에 근소한 차이로 2위를 차지하고 있다. 하지만 중국을 앞지르는 것은 시간문제이다. 인도의 출산율은 2013년 기준 2.3명으로 중국보다 훨씬 높다. 유엔경제사회국(UNDESA)은 인도 인구가 2022년 14억1,800만 명을 기록할 것이라면서 이는 중국 인구(14억900만 명)보다 많다고 예상했다. 인구 증가세는 앞으로 상당 기간 이어져 2030년 15억, 2050년 17억 명에 이를 전망이다. 특히 인도는 1990년부터 14세 이하 연령층 인구가 중국을 앞질렀다. 인도의 젊은 인구는 노동력의 원천이자 성장의 동력이다. 인구학자들은 이런 추세를 볼 때 인도의 노동인구(15~60세)가 2025년엔 중국보다 많을 것으로 전망하고 있다. 인도의 인구 구조를 보면 0~14세가 전체 인구의 30.8%, 15~59세 60.3%, 60세 이상이 8.6%로 노동인구의 비중이 크다. 35세 이하의 인구는 65%나 된다. 노동인구가 많은 것은 앞으로 인도가 경제발전을 가속화할 수 있는 발판이 될 수 있다는 것을 말한다. 이런 맥락에서 볼 때 인도는 인구 대국이 아니라 인구 강국이라고 말할 수 있다. 노동인구 측면

5) 서로 다른 나라의 화폐가치를 비교하는 수단 중의 하나인 구매력 평가(購買力平價, Purchasing Power Parity)의 약어를 뜻한다.

에서도 앞으로 전 세계에서 가장 잘나가는 국가는 인도가 될 가능성이 높다. 게다가 인도 노동자들의 평균 임금은 5.36달러 밖에 되지 않는다. 인도의 대졸 초임은 400달러로 중국(723달러)의 절반 수준이다. 인도의 기술직 중간관리자 연봉도 5만6,530달러로 중국(11만2,070달러)의 절반, 싱가포르(15만1,168달러)의 3분의 1에 불과하다. 더욱이 인도의 인재들은 영어사용이 가능하다는 장점이 있다.

이런 인도 경제에 어떤 리스크가 있을까? 최근 가장 큰 리스크는 바로 화폐개혁이다. 나렌드라 모디 인도 총리의 검은돈 근절을 위한 정책으로 화폐개혁을 단행하였다. 2016년 11월 기존 500루피와 1,000루피 고액권 화폐 유통을 중단하고 신권으로 교체하는 화폐개혁을 단행했다. 이 때문에 인도에 현금부족현상이 나타나 부동산과 자동차 등 경제 대부분 수요를 끌어내려 경기침체를 불러왔다. 이외에도 인도 경제의 리스크는 만성적 재정적자, 사회기반시설 부족, 몬순 이코노미, 부정부패, 사회 계층간 갈등 등을 5대 요인으로 꼽히고 있다. 우선, 인도의 산업화 진행과 함께 빈곤대책, 낙후지역 배려, 사회간접자본 투자확대, 농업진흥 등 재정수요가 크게 늘어나면서 만성적 재정적자가 지속되고 있다. 재정적자는 국내총생산(GDP)의 7% 이상인데, 적자가 누적됨에 따라 과도한 공공부채(GDP 대비 60% 이상)가 정부의 인프라 투자 확대에 걸림돌로 작용하고 있다. 도로, 전력, 철도 등 사회기반시설 부족도 심각하다. 세계경제포럼 세계경쟁력지수(2015-16)에서 인프라부문 경쟁력은 144개국 중 81위, 전력공급의 경우 98위에 머물렀다.

관개시설 취약으로 자연 강수에 의존할 수밖에 없어 몬순기 강수량이 경제성장률에 영향을 미치는 '몬순 이코노미'도 리스크 요인으로 꼽힌다. '몬순기 강우량 부족 → 인플레이션 초래 → 금리 인상'으로 이어져 경기부양에 걸림돌로 작용하는 것이다. 부정부패도 인도 경제의 발목을 잡고 있다. 규제와 관료들의 부패로 불필요한 거래비용이 늘어나면서 외국인 투자를 저해한다는 지적도 많다. 세계은행의 올해 사업용이성(Ease of Doing Business) 순위에서 인도는 189개국 중 130위에 올랐다. 사회계층간 갈등도 심각하다. 경제성장에 따른 과실분배를 둘러싸고 원래에도 인도의 심각한 문제가 되고 있는 카스트 제도(브라만-

크샤트리아-수드라-바이샤)와 이들 계층간 갈등이 사회불안을 야기할 가능성이 더욱 커지고 있다. 최근 높은 경제성장에도 불구하고, 인구의 4명 중 1명은 하루 1.25달러도 벌지 못하는 등 빈부 및 도농 격차가 심각한 수준이다. 전반적으로 인도경제는 외자유치를 통한 인프라 확충 등 인도 경제에 대한 단기 전망은 낙관적이지만, 부정부패에 따른 경제의 비효율성, 산업화 과정에서의 재정적자 지속 등이 중장기 성장기반을 약화시킬 소지가 있다.

3. 중동 경제의 역사

1) 서아시아(중동) 경제의 역사

서아시아, 우리에게는 중동으로 익숙한 지역이다. 중동(中東, Middle East)은 동지중해부터 페르시아만까지의 영역을 포함하는 지역이다. 서아시아로 불리기도 하나, 이집트, 리비아, 알제리 등 중동은 북아프리카의 국가들까지도 포함한다. 어디까지가 중동이라는 정확한 경계선은 없지만 중동이라는 말은 보통 근동이라는 말과 동의어로 쓰이며, 극동이라는 말과는 반대되는 의미를 가진다. '중동'이라는 용어는 1900년대에 들어서 영국이 사용하였다.

중동 지역의 역사는 고대로 거슬러 올라간다. 지금까지 쭉 중동 지역은 세계에서 일어난 중요한 사건들의 중심지였다. 또한 중동은 세계의 주요 종교인 유대교, 기독교, 이슬람교의 역사적인 발원지이기도 하다. 일반적으로 중동 지역은 건조하고 기온이 높으며, 몇 개의 강들에 농업을 위한 관개시설들이 설치되어 있다. 페르시아 만 주변에 위치한 많은 국가들은 대부분이 산유국이며, 현대 시대에서 중동은 전략, 경제, 정치, 문화, 종교적으로 굉장히 민감한 지역이다.

중동이라는 명칭과 중동 지역의 경계선은 뚜렷하지 않다. '중동'이라는 용어는 1850년경 영국의 동인도 회사에서 최초로 사용되었고, 미해군 전략가인 알프레드 테이어 마한(Alfred Thayer Mahan)이 이 용어를 사용하면서 널리 퍼지게 되었다. 이 시기는 영국과 러시아 제국이 중앙아시아의 패권을 놓고 경쟁하던 '그레이트 게임'(Great Game)으로 불렸던 시기이다. 마한은 이 지역의 전략적인 중요성뿐만 아니라 이 지역의 중심인 페르시아만의 중요성을 인식했다.

그는 수에즈 운하와 페르시아만 사이에 위치한 지역을 '중동'(Middle East)이라고 이름 붙였으며, 이러한 마한의 주장은 영국이 인도를 향한 러시아의 야욕을 저지하고 인도를 통제하는 데 큰 도움을 주었다. 마한은 1902년 9월에 영국의 'National Revie'지에 기고한 '페르시아만과 국제 관계(The Persian Gulf and International Relations)'라는 글에서 처음으로 '중동'이라는 용어를 사용하였다.

이렇게 중동지역은 20세기에 들어서 처음 용어가 사용되었고, 이전에는 오스만투르크 현재의 터키령에 속해 있었다. 중동지역에서 경제현상의 연구는 지리적으로 다른 지역과 구분되는 중동지역 자체의 중요한 특성을 경제적으로 분석해야 한다. 다시 말하면 중동지역만이 갖고 있는 정치적, 사회적, 지리적 요소뿐만 아니라 경제적 요소를 고려해야 한다.

첫째로 중동지역에서 네 가지의 지리적 특성은 이 지역의 경제적 특성을 구분한다. 지리적으로 중동은 1) 인구의 대부분이 거주하는 강과 해안선 지역, 2) 세계에서 인구밀도가 가장 희박한 사막과 건조한 고온지역, 3) 중요한 광물자원, 즉 석유의 매장지역, 4) (중앙아시아 세력들의 투쟁대상지역이며 부동항을 포함하는) 유럽과 아시아간의 수로와 교통로 지역 등으로 나눠진다. 이와 같이 경제적으로 중요한 지리적 요소의 결합은 세계의 다른 지역과 커다란 차이를 갖는다.

사회적으로 중동지역은 세계에서 몇 안 되는 동질성(Homogeneity)을 유지하고 있는 지역이다. 단일 언어, 즉 아랍어가 비록 지역 간에 사투리의 차이를 갖고 있기는 하지만, 2억 이상의 인구가 사용된다. 터키, 이란, 이스라엘도 그들 대부분이 사용하는 단일 언어를 갖고 있다. 언어의 동질성은 상대적으로 중동이 세계의 다른 빈곤지역에서 가질 수 없는 중요한 경제적인 요소이다. 스페인어나 포르투갈어를 주로 사용하는 라틴아메리카의 경우도 여전히 인구의 대다수가 사용하는 수많은 부족어를 사용하고 있다. 사회구조 또한 국경 내에서뿐만 아니라 국경 밖에서도 현저한 유사성을 가지고 있다. 물론 약간의 차이가 있기는 하지만, 부계사회구조, 부족, 촌락구조, 토지소유관행 및 도시계급구조 등의 유사성은 매우 동질적이다. 그리고 이들 대부분은 이슬람과 오스만제국의 영향에 배경을 둔 공동의 문화적, 역사적 경험을 공유한다.

정치적 요소도 경제적 진보와 함께 중동경제구조의 유일성에 대해 커다란 기여를 하고 있다. 첫째로 이 지역의 대부분 국가들은 500년 이상 오스만제국의 일부였기에 중동국가들의 정치 및 행정구조는 오스만제국이 붕괴되었을 당시와 상당한 유사성을 유지하고 있다.

둘째로 오스만제국 후기의 식민지경험은 인도나 세네갈이 겪었던 경험과는 매우 다르다. 이라크, 시리아, 레바논 등은 두 차례의 세계대전기간 동안 유일한 보호령정부였다. 그리고 동부아랍국가들의 고위층과 군장교들은 런던이나 소르본으로 유학을 했거나 레바논이나 시리아에서 외국인의 교육을 받았다. 최근까지도 북아프리카의 아랍인들은 프랑스로 가서 고등교육을 받는 경향이 있다. 식민당국이나 그 사회의 요구에 의해 수행된 경직된 특수교육과 비중동식민국가에서 주종을 이루었던 수많은 국외 추방자들의 역할에 대한 효과는 알제리의 경우를 제외하고는 대부분 중동지역에서는 그리 크지 못했다. 중동인들이 어떻게 부유한 국가들에게 경제적으로 의존하고, 또 그들의 제품을 판매하기 위하여 산유국들이 결속하는데 상대적인 성공을 거둘 수 있었느냐의 문제는 그들이 비교적 짧은 기간 동안 직접적인 식민통치의 경험을 갖고 있다는 점에 기인한다. 물론 이러한 요인은 수요의 낮은 가격탄력성과 낮은 대체탄력성과 함께 전적으로 생산수단에 기인한다. 이러한 식민지경험은 그들의 교역관계가 본래 식민지국가들 이외의 국가로 급속히 확장되는데 큰 기여를 했다.

셋째로 중동지역에서 영향력 증대를 위한 소련과 서구의 경쟁은 이 지역에 있어서 노력없이 얻은 이전소득(Unearned Transfer)과 채굴권 차관을 증대시켰다. 이 같은 외국의 원조는 아랍국가와 이스라엘간의 무기경쟁을 가속화시키는 계기가 되었다. 물론 소련과 서구의 경쟁은 1920년대로 거슬러 올라가지만, 미국이 소련에 대항하기 위한 공동방위를 목적으로 터와 파키스탄을 잇는 중앙조약기구(Central Treaty Organization: CENTO)를 탄생시킨 제2차 세계대전이후부터 소련과 서구의 경쟁은 더욱 더 심화되었다.

이념적인 면에서 소련과 서구의 대치는 경제체제의 선택에 있어 갈등을 가져왔다. 최초 10년간, 특히 1945년 이후 중요한 정치적 문제는 국가가 자본주의 경제체제를 택하느냐, 아니면 사회주의 경제체제를 택하느냐 하는 문제였다. 이 당시 중동지역에서는 나세르(Nasser), 카셈(Kassem) 및 바아스당(Ba'ath party)이 권력을 잡을 때까지 아랍사회주의(Arab Socialism)가 공산주의 국가의 사회주의와 다른 것인지 아니면 다를 수 있는 것인지에 관한 문제가 주된 관심사였다. 우파는 생산과 분배수단의 사유개념이 아랍사회주의와 모순이 없다고 주장한 반면, 좌파는 그렇지 않다고 주장했다. 일부 국가에서는 좌익이 우익에 대해 우세하였기에 생산과 계획당국의 공공통제에 대한 동유럽국가들의 모형을 수용하였다.

토지관리 문제는 일부 국가의 경제모형에 관한 정치적 이념효과뿐만 아니라 사회주의를 따르는 국가에 있어서도 다양한 형태의 변화과정을 겪었다. 시리아나 튀니지는 소규모 농장을 국가관리기업으로 전환하여 농촌의 농부들이 임금노동자로 전환되었으며, 생산감소와 함께 농부들은 고통받게 되었다. 이라크와 이집트는 농토를 소유하지 못한 경작자들에게 대규모 농장을 분배하였다. 그 결과 이라크의 농부들은 약간의 행동의 자유가 보장되는 '국영협동조합(State Cooperative)'을 조직화한 반면, 이집트에서는 보다 많은 자유가 보장되어 국가는 부수적인 서비스기구를 조직했다. 따라서 1960년 이후 10년 이상 이집트에서의 생산과 산출은 이라크와 비교할 때 괄목할만한 개선을 이뤘다. 알제리는 비식민지농장의 '자가경영제(System of Self-Management)를 채택하였다. 이러한 시도는 폴란드나 유고슬라비아의 경제모형과 함께 튀니지와 시리아의 경험과 그들 자신의 모든 조건에 대한 역사적 자각을 가져다주었다. 하지만 후자의 경우에 있어서 국내농업 조건의 경제적인 분석은 이루어지지 못했다. 군사적인 배경을 갖는 도시의 정치가들은 농촌에서의 생산과 마케팅에 대한 인식을 거의 하지 못했고, 개혁을 위한 모형을 구상하고 있었던 사회주의국가들에 있어서조차도 거의 개혁은 방치된 상태였다. 아울러 경제학자들의 충고도 집단적인 모형의 관찰이나 농촌의 조건에 대한 연구보다는 경제이론이나 공산주의 국가들의 매개를 통해 입수한 경험에 기반을 두고 있었다. 결국 토지관리에 관한 초기의 결정은 농촌의 조건에 거의 부적합한 경제계획을 적용하는 정치적 이념의 결과를 초래하고 말았다. 결국 중동 대다수의 국가는 조파들이 몰락하고 국왕이 통치하는 왕정체제가 성립되었다.

석유부문은 최근까지도 알제리, 시리아 및 외국인소유 자본기업의 형태를 갖고 있는 튀니지와 같은 국가에서 까지도 자본주의형 기업이 허용되고 있다. 1950년대 초 이란이 석유생산과 마케팅의 국유화에 실패함으로써 산유국들은 황금알을 품고 있는 거위에게 깃털을 달려고 하지 않았다. 산유국들은 다국적기업들과 20년간의 경험을 토대로 그들의 자신감이 팽배한 1973년 제1차 석유위기 이후 가장 가치있는 자원인 석유에 통제를 가하기 시작했다.

정치적 의미에 있어서 가장 중요한 마지막 경제적 요소는 원유이다. 서구의 소비자와 주주들에 대한 보호는 냉전시대의 CENTO조약에 근거하고 있다. 1950년대 중반 공산주의 국가가 최초로 시리아 내각에 참여함으로써, 중동산유국들의 정치적 현상유지는 미국정부의 커다란 관심사가 되었다. 1950~60년대 동안 세계에서 1인당 가장 높은 수준을 갖는 두 국가는 중동의 요르단과 튀니지라는 사실은 아이러니하다. 중동에서 전략적으로 중요한 국가는 원조의 배후에 숨겨져 있는 석유소득을 갖고 있는 나라들이다. 레바논에서 미해병의 주둔과 같은 명백한 경우도 있고, 이란에서 1953년 발생한 미국 CIA의 후원 하에 발생한 팔레비 왕정복원 쿠테타나 시리아에서 군사적인 첩보활동과 같이 위장된 경우도 있다. 또한 소련과 서구열강들은 현상유지를 위해 정치적인 무력수단으로 군대를 유지하는 경우도 있다.

이렇게 중동지역을 경제적 의미에 있어서 사회적, 정치적 및 지리적 특성을 아래와 같이 요약하고 있다. 역사적 기록을 통하여 알려진 중동 지역에 대한 수출과 통과무역은 동부국가들의 해안개발이나 강변지역의 개발에 의해 영향을 받는다. 과거 페니키아 선원들은 지중해도시를 건설하였고, 시리아인들은 로마인들의 곡물창고를 채웠다. 그 후 농부들은 수에즈운하의 개통 이후 유프라테스강을 따라 밀을 유럽으로 수출하기 시작하였다. 이 지역 밖에서 생산된 상품들은 프랑스로 가는 아르헨티나의 쇠고기처럼, 이 지역을 통과하거나 레바논의 보험업자들에게 도중에 구매되기도 한다. 1930년대가 되면서 석유수출이 그들의 경제성장을 가능케 해주었고, 다른 한편으로는 산유국의 경제성장에 있어서 수출무역이 주된 역할을 하고 있다.

석유수출은 중동 지역의 두 번째 중요한 경제적 특성이다. 최소한 걸프산유국들과 다수의 아랍국가들도 경상수지 및 국제수지에 있어서 커다란 흑자를 기록하고 있다. 1974년 초까지 이들 대부분의 흑자는 런던의 금융시장이나 마이애미의 부동산시장에 광범위하게 투자되었다. 그러나 1973년 이후 석유는 이제 아랍인들의 의미 있는 정치, 경제적 자원이 되고 있다.

이렇게 이슬람경제권이란 단순히 지정학적으로 중동국가나 아랍국가를 의미하는 것이 아니며, 이슬람을 신봉하는 전세계 60여개의 국가군을 연결하는 경제권을 의미한다. 따라서 이슬람경제권은 지정학적 범위를 초월하여 세계 인구의 20-25%를 차지하는 약 15억명의 전세계 60여개 이슬람국가를 연결하는 '종교경제권'이라 정의할 수 있다. 이슬람경제(Islamic Economy)라는 용어는 우리에게 다소 생소하게 들릴지도 모른다. 이슬람경제는 확실히 한국경제나 유럽경제라는 말과는 다르다. 한국경제는 분명히 한국이라고 하는 한 국가의 경제를 말하는 것이며, 유럽경제는 유럽공동체의 경제 또는 경제권을 의미한다. 하지만 이슬람경제는 자본주의 경제도 아니고, 사회주의 경제도 아닌 제3의 경제를 말한다. 이슬람은 코란과 무함마드의 언행록인 '하디스'가 교리이며, 신앙의 기본은 종교이다. 이슬람은 무슬림들에게 자선행위에 해당하는 '자카트'를 의무화하고 투기를 금지하며, 이자를 금지하고 있다. 이러한 가르침에 대해 평범한 무슬림들은 그렇게 하면 "경제에 무엇이 일어나고, 또 어떠한 일이 일어나는가?"라는 의문을 가질 수 있다. 이에 대한 대답을 제시해 주는 것이 이슬람경제이고, 이것을 현대경제학과 연계시켜 보려는 의도가 이슬람경제학이다. 과거의 전통과 율법을 현대의 경제체제에 접목시키려는 의도는 비록 미완성이기는 하지만, 오늘날 전세계적으로 좋은 반향을 일으키고 있다. 그 구체적인 사례는 '이자가 배제된 은행업(Interest-Free Banking)'을 발전시킨 이슬람금융(Islamic finance)이다.

끝으로 중동지역 국가들은 1인당 소득수준은 높지만, 소득수준이 낮은 국가들의 경제구조를 유지하고 있는 산유국들의 경제적 성숙도를 잘 살펴보아야 한다. 인구의 대다수가 아직 1차 산업에 종사하고 있으며, 제조업이 부가가치 창출에 큰 기여를 못하고 있으나, 최근 두바이로 대표되는 UAE(아랍에미리트연합),

카타르, 바레인 등은 이러한 석유의존에 탈피하여 무역과 관광으로 새로운 경제적 돌파구를 찾는 데에 몰두하고 있다.

이슬람은 '과거와 현재', '전통과 개혁', '보수와 혁신'이 한 덩어리인 문자 그대로 이슬람공동체(Umma)이다. 과거의 전통과 율법을 현대의 경제체제에 접목시키려는 의도는 비록 미완성이기는 하지만, 오늘날 좋은 반향을 일으키고 있다. 그 구체적인 형태가 이슬람은행(Islamic Banking)이며, 이슬람 자체의 포용성은 현대이론의 틀 속에서 그들 나름대로의 경제체제를 유지하기 위한 새로운 틀을 모색하고 있다. 그리고 아시아가 경제중심으로 부각되면서 글로벌 경제에서 이슬람 금융은 새로운 영향력을 발휘한 것이다. 중동 경제의 주요 경제 지표는 중동경제를 대표하는 아랍연맹(22개국)[6]의 경제지표를 통해 살펴보면 다음 표와 같다.

〈표 10-2〉 아랍연맹 주요 경제지표

항목	경제수치	세계순위
인구	3억 5천만 명	2018년, 추정치
경제 규모 (명목 GDP)	3조 3,350억 달러	2018년, 추정치
경제 규모(PPP[7])	4조 7천 억 달러	2018년, 추정치
1인당 명목 GDP	$9,437	2018년, 추정치
1인당 PPP	9,026 달러	2018년, 추정치
고용률	35% 내외	2015년, 추정치

출처: 아랍연맹

6) 아랍 국가 연맹은 북아프리카, 아프리카의 뿔, 아라비아 주변의 아랍권이 결성한 지역 기구이다. 1945년 3월 22일 이집트 왕국, 이라크 왕국, 트란스요르단, 레바논, 사우디아라비아, 시리아 공화국이 이집트 카이로에 모여 결성했다.[1] 예멘 왕국이 1945년 5월 5일 회원국으로 참여했다. 현재 아랍 연맹의 회원국은 22개국이지만, 시리아의 참여는 2011년 11월 시리아 내전의 영향으로 자격이 정지된 상황이다.

7) 서로 다른 나라의 화폐가치를 비교하는 수단 중의 하나인 구매력 평가(購買力平價, Purchasing Power Parity)의 약어를 뜻한다.

4. 한국 경제와 아시아 경제

앞서 언급한 대로 아시아는 워낙 크고 다양성이 많기 때문에 한국경제와 아시아경제도 베트남 등이 위치한 한 동남아시아, 인도, 사우디아라비아가 위치한 서아시아(중동)로 구분하여 살펴보도록 하겠다.

1) 한국 경제와 동남아시아 경제

앞서 언급하였듯이 아시아의 축이 한중일 3국이 위치한 동북아에서 동남아로 이동하고 있다. 'ASEAN + 3'의 아세안 공동체 출범은 동남아시아 시장에서 한국의 입지를 넓히는 발판이 될 수 있다. 아세안의 실질적인 통합을 위한 사회기반시설 개발과 산업 현대화 작업이 속도를 내고 여기에 한국 기업이 참여할 기회가 많아질 수 있다. 앞서 언급한대로 인구가 6억3천만 명으로 세계 3위인 아세안의 내수시장은 경제 발전과 소득 증가에 따른 성장 잠재력이 큰 것으로 평가받고 있다. 이는 아세안경제공동체(AEC) 출범의 가장 큰 기대 효과이기도 하다.

한국은 동남아시아 단일 시장을 추구하는 아세안에 대한 공략을 강화하며 중국, 일본과의 경쟁 격화에 대비해야 하는 상황이다. 한국의 대외 경제에서 아세안은 중국, 미국 못지않은 주요 시장이다.

2014년 한국과 아세안의 교역액은 1천380억 달러로 역대 최대 규모를 기록했다. 아세안이 중국에 이어 한국의 제2위 교역 상대국이다. 또 아세안은 한국의 제2위 투자 대상국이다. 베트남의 경우 한국은 베트남 제1의 투자대상국이다. 작년 투자액은 신고액 기준 50억 달러로 미국(91억 달러) 다음으로 많다. 한국무역협회 산하 국제무역연구원은 아세안 중에서 베트남, 인도네시아, 미얀마를 가장 유망한 내수시장으로 꼽았다. 베트남은 우리나라의 제4위 수출대상국으로 부상했다. 인구 2억5천만 명의 인도네시아는 아세안 GDP의 33%를 차지할 정도로 잠재력이 큰 시장으로 평가받았다. 미얀마는 민주화 진전으로 경제 개방의 가속이 기대된다. 삼성전자는 연간 총 1억8천만 대를 생산할 수 있는 베트남 휴대전화 공장 2개를 아세안은 물론 세계시장 공급기지로 삼아 마케팅을 강화하고 있다.

2016년 베트남에 대한 외국인직접투자(FDI) 가운데 한국이 62억 달러로 1위를 기록, 2위 말레이시아(25억 달러)와 큰 격차를 보였으며 베트남 진출 한국 기업은 4천여 개에 이른다. 캄보디아와 미얀마에는 의류, 신발 등 한국 제조업체들의 진출이 활기를 띠고 있다. 동남아에서 한류와 중산층 증가 등에 힘입어 가전제품, 화장품 등 소비재 시장이 커지고 있고 롯데리아, BBQ 등 한국 외식업체의 진출도 늘고 있다.

한국은 아세안, 베트남과의 자유무역협정(FTA)에 이어 아세안 10개 회원국과 한·중·일, 호주, 뉴질랜드, 인도 등 총 16개국이 참여하는 역내포괄적경제동반자협정(RCEP)의 타결을 추진하고 있다. RCEP는 아세안경제공동체와 다른 아시아 국가를 결합해 전 세계 교역의 29%가량을 차지하는 자유무역지대를 창설하는 것이다. 한국이 이 대형 경제공동체의 일원이 돼 더 많은 과실을 얻는 것이 목적이다.

이렇게 동남아시아의 위상이 높아지면서 한·중·일의 경쟁 또한 심해질 것으로 전망된다. 현재 베트남, 인도네시아, 말레이시아, 태국, 필리핀 등 아세안 5개국의 10대 수입 품목 가운데 9개 품목에서 한·중·일이 겹치고 중국이 아세안 내 화교세력을 활용해 적극적으로 진출하고 있어 3국간 경쟁이 과열되고 있다고 분석되고 있다. 특히 중국은 자금력을 바탕으로 미얀마와 태국, 베트남, 캄보디아, 라오스 등 메콩강 유역 5개 국가와 천연가스, 원유, 목재 등 천연자원이 풍부한 메콩강 지역의 개발을 추진하는 등 아세안과 경제협력을 강화하고 있다.

일본은 1970년대부터 '현지 생산, 현지 공급' 원칙에 따라 아세안에 자동차를 비롯한 제조업 생산기지를 구축할 정도로 경쟁력 있는 공급망을 갖고 있다. 아세아 경제연합체인 AEC 출범으로 역내 교역이 활발해질 것이고 이로 인해 아세안이 제조업 기지에 멈추지 않고 소비시장으로서 매력이 증가할 것이다. 실제로 동남아시아를 방문해 본 사람이라면 현지에서 가장 많이 볼 수 있는 차량들은 거의 모두 일본기업 차량이라는 것을 확인할 수 있었을 것이다.

아세안경제공동체(AEC: ASEAN Economic Community)

아세안 경제 공동체(ASEAN Economic Community, 약칭 AEC)는 동남아시아 국가 연합 회원국 10개국(브루나이, 캄보디아, 인도네시아, 라오스, 말레이시아, 미얀마, 필리핀, 싱가포르, 태국, 베트남)으로 구성된 경제 공동체이며, 지역 경제 통합을 목적으로 물류와 인적 자원의 자유로운 이동을 근간으로 삼고 있다. 1997년부터 동남아시아 국가 연합의 정상들에 의해 아세안 경제 공동체의 설립이 본격적으로 논의되었으며, 2015년 11월 22일 쿠알라룸푸르에서 아세안 경제 공동체의 발족에 서명해 2015년 12월 31일 정식으로 출범되었다. 이들 10개국의 인구 6.3억, 경제규모 6위 단일 시장이다.

한국 기업이 이러한 동남아시아 단일시장 AEC를 활용하려면 구체적 역내 관세 인하·철폐 수준과 계획, 사회기반시설 건설 계획을 알아야 하는데 이에 대한 정보가 부족한 실정이지만, 한국 경제는 동남아시에 대한 연구의 중요성을 간과하고 있고, 전문가도 매우 부족한 상황이다.

과거 중국에 치중했던 한국업체들이 현지의 임금 상승과 규제 강화 등으로 투자여건이 악화하자 아세안으로 선회, 진출하고 있다. 한국기업들은 대체로 저렴한 인건비와 성장 전망이 비교적 밝은 베트남에 투자가 집중되고 있고, 최근에 개방된 미얀마에 새로운 진출을 모색하고 있다.

아세안의 관문이자 '포스트 차이나'로 불리는 베트남에는 언급한 대로 무려 4천 개가 넘는 한국업체들이 진출, 글로벌 시장을 겨냥한 생산기지 구축에 매달리고 있다. 지난 1992년 수교 이래 태광실업 등 1세대 기업들이 성공 신화를 일궈낸 베트남은 최근 들어 삼성전자와 LG전자 등 대기업들이 진출하고 이어 협력사 등 중소기업, IT업체들이 줄줄이 진출하고 있다. 덕분에 이미 언급하였지만 한국의 대(對) 베트남 투자는 73억 2천만 달러로 현지에 진출한 전 세계 60개국 전체 FDI의 36.2%를 차지하며 1위를 굳혔다. 이들 기업이 고용한 종업원만 무려 80만 명에 이르고 이는 전체 베트남 고용의 25%에 해당될 만큼 지역경제에 공헌한 것은 물론 법인세 등 각종 세금으로 중앙정부와 지방정부의 곳간을 채우고 있다. 일각에서는 베트남이 매년 6%에 가까운 고속성장을 하는 배경에는 현지에 진출한 한국기업들의 숨은 공헌이 있었기에 가능했다는 관측도 있다. 베트남 정부가 파격적인 세제 지원 등을 제시하며 한국기업들을 집중적으로 끌어들이는 이유다.

한국 기업들은 베트남 외에 인접 미얀마, 인도네시아, 태국 등 다른 아세안 회원국 진출에도 박차를 가하고 있다. 미얀마가 지난 2011년 민주화 개혁과 경제 개방을 시작해 시장이 열리자 한국 기업인들의 현지 방문이 줄을 잇고 있다. 수출, 투자 등 현지 진출을 모색하기 위해서이다. 미얀마에 진출한 한국 기업은 약 200여 개이며, 이중 제조업체가 77개로 가장 많고, 다음이 서비스업 39개, 운송 7개 등이다. 제조업 중에는 봉제, 가발, 가방, 액세서리 등 노동집약적 업종이 대다수이다. 미얀마투자청 통계에 따르면 27억 달러에 달하는 포스코 대우 가스전 투자를 제외하면 한국 기업들이 현재까지 미얀마에 투자한 금액은 약 5억 달러이며, 투자 건수는 약 104건이다. 투자 규모는 평균 약 500만 달러(한화 약 54억 원)인 셈이다. 아직 초기 단계이긴 하지만 한국기업들의 진출은 사실상 기정사실로 된 형국이다.

인도네시아는 아세안 10개국 가운데 앞으로 세계 외국기업 투자진출 대상 1위 국가로 꼽힌다. 인도네시아는 한국에 중국, 미국, 베트남 등에 이어 국외투자 대상국 9위이며, 인도네시아에 진출한 한국 기업은 2천200여 개 사에 이른다. 인도네시아에 진출하는 한국 기업들은 70~80년대 봉제, 신발 등 노동집약산업 중심이었으나 철강, 전자, 건설 등으로 다양해지고 있으며, 최근에는 포스코, 한국타이어 등 대기업의 진출로 투자 규모도 점차 대형화하고 있다.

태국 역시 한국 기업들의 아세안 진출 거점이 되고 있다. 인도차이나 반도의 중심 국가인데다 도로, 항만, 공항 등 인프라가 비교적 잘 갖춰져 있기 때문이다. 2000년대 중반 이후 한류 열풍이 불면서 한국에 대한 호감도가 점점 높아지는 추세다. 태국은 중국, 일본계 기업들이 경제를 상당 부분 장악하고 있으나, 한류에 힘입어 한국 기업들의 무역 및 투자 진출이 점차 증가하고 있다.

한국기업들의 아세안 진출은 대세로 굳어질 만큼 보편적인 현상이지만 곳곳에 장애물과 위험이 도사리고 있다. 상대적으로 낮은 노동생산성과 높은 이직률,

각종 준조세, 두 자리 수의 임금 상승률 등은 현지에 진출하는 기업들이 간과해서는 안 될 부분이다. 특히 베트남의 경우 최저임금 인상률이 올해에만 15%에 달해 기업들의 인건비 부담이 커지고 그만큼 노사분규에 휘말릴 소지도 크다. 또 실업난 해소와 첨단기술 확보 차원에서 첨단기업, 대기업 중심의 투자유치 정책을 추진하다 보니 중소기업, 자영업과 관련한 각종 지원책과 법적 보호장치는 선진국에 비해 크게 미흡한 편이다. 특히 중고기업이나 개인투자자들이라면 위험은 한층 커진다. 수많은 한국기업이 적잖은 기대와 희망을 품고 아세안 시장으로 진출하지만, 일부 업체들은 예기치 못한 장애물에 투자금 전액을 날리고 철수하는 기업들도 있다. 저렴한 인건비만 보고 철저한 분석 없이 뛰어들었다가 낭패를 보는 경우가 많다는 것을 염두에 두어야 한다.

2) 한국 경제와 인도 경제

앞서 언급하였듯이 인도경제의 성장은 다른 국가와는 달리 1차산업에서 2차산업, 2차산업에서 3차산업으로 이어지는 구조가 아니라 1차산업과 3차산업이 동시에 발전하는 특이한 양상을 보이고 있다. 이 때문에 인도의 성장세를 신중하게 접근할 필요가 있다는 의견도 있다.

인도의 고질적인 구조적인 단점도 있다. 인도의 면적은 328만7,263㎢로 한국의 32배나 되는데, 언어가 힌디어·영어 등 700개가 넘는다. 언어만큼이나 행정권력도 지방 분권화돼 있다. 28주 7개 직할시로 구성돼 있는 지방정부는 주마다 정책이 다르다. 또 힌두교·이슬람교·시크교·불교·자이나교 등 각 종교 간의 갈등과 대립도 상존한다. 특히 브라만·크샤트리아·바이샤·수드라 등 사람의 신분과 계급을 따지는 카스트제도도 남아 있다. 카스트 제도에 속하지도 못하는 불가촉천민 하리잔과 천민계급인 수드라는 전체 인구의 80%에 달한다. 카스트 제도는 법으로 금지됐지만 실생활에 존재하고 있어 경제 발전에 걸림돌이 되고 있다.

인도의 중산층이 늘어나고 물가도 안정돼 있으며 경상수지·재정수시 적자도 줄어들고 있으나 인도의 1인당 GDP는 아직 낮은 수준이다. 또 모디총리가 추진하고 있는 모든 제조를 인도에서 하겠다는 취지의 'Make in India'의 모디노믹스 추진 과정에서 공무원들과 주민들이 반발하는 등 모디 총리 '혼자' 한다는 지적도 있어 정치적인 불안으로 이어질 수 있다. 인도의 경제성장은 그동안 소비가 이끌었지만 이제 투자가 성장을 주도하고 있는 것으로 보인지만 예산 집행 비중이 실망스럽다는 평가 등 모디가 취임 이후 성공적인 개혁이 이뤄지고 있는지에 대해서는 판단이 엇갈리고 있다. 하지만 인도의 경제 성장을 한국이 기회가 된다. 현재까지 인도에 진출한 한국 기업 중 87%가 제조업인데 제조업 외에 발전하고 있는 서비스업에도 진출할 수 있어야 한다. 인도는 아직 인프라가 부족하고 사업 환경이 부정적이라는 점을 고려해 장기적으로 보고 투자해야 하는 것이다. 또한 인도의 제조업 생산이 증가하면 한국이 자본재를 수출할 수 있는 기회가 될 수 있기 때문에 여러 가지 불안요인에도 인도는 한국경제에 있어 매력적인 시장임에 틀림없다. 문제는 우리가 아직 인도에 대한 제대로 된 연구도 전문가도 부족한 상황이라는 점이다.

3) 한국 경제와 서아시아(중동) 경제

일단 서아시아 중동 지역경제는 한국 뿐 아니라 전 세계에 미치는 영향이 크다. 왜냐하면 전 세계에 석유자원을 공급하는 주요 공급지이고 석유 가격의 변동에 따라 전 세계 경제에 큰 영향을 주기 때문이다. 무엇보다 서아시아 지역은 이란과 사우디아라비아간의 시아파-수니파의 갈등, 카타르와 아랍연맹과의 갈등, IS(Islamic State: 이들이 선포한 자칭 '이슬람 국가'의 정식 명칭으로, 국제사회에서는 국가로 인정하지 않기 때문에 ISIS 혹은 ISIL 등으로 표기하는 경우가 많으나, 언론의 영향 때문에 유독 한국에서만 'IS'로 부르는 경우가 많다)의 확산, 이스라엘-팔레스타인의 오래된 갈등지속, 시리아 및 오만의 내전 등 불안정한 정치상황과 전쟁으로 인해 이런 불확실성이 크게 가중되는 상황이다.

수니파와 시아파

수니파는 아랍어로 "꾸란(쿠란)과 순나를 따르는 자"를 뜻한다. 수니파와 시아파, 두 이슬람의 최대종파 간 차이는 아들이 없던 무함마드의 계승자를 누구로 보느냐에 따라서 발생한다. 수니파는 역대 할리파(칼리파)를 계승자로 여기는 반면, 시아파는 무함마드의 사촌이자 사위인 알리를 계승자로 여긴다. 무함마드의 사촌이자 사위였던 알리는 쿠데타 세력에게 암살당했다. 그러자 알리의 추종자들은 '무함마드의 혈족인 알리만이 할리파(칼리파)의 자격이 있다'면서 새 지배자들에게 저항했다.

시아파는 예언자 무함마드의 혈통만이 이슬람의 지도자(칼리파)가 될 수 있다는 이슬람의 한 종파이다. 무함마드의 사촌동생이며 사위인 알리를 추종하고 있다. 카와리즈에 의해 죽은 알리를 순교자로 믿고 추종하며, 알리의 자손을 숨어 있는 이맘으로 간주하고 언젠가 다시 돌아올 구세주로 여기고 있다. 수니파(정통파)에 대립하는 이슬람교의 일대 분파로서, 그 이름은 시아트 알리에서 유래한다. 시아파는 알리를 무함마드의 정식 후계자로 하여 다른 칼리프의 존재를 인정하지 않고 '알라 이외에 신은 없고 무함마드는 그의 사도이다'라는 신조에 '또한 알리는 신의 벗이다'라는 말을 부가한다. 알리 및 그의 자손은 이맘이라고 불리고, 그 지위는 신에 의해서 선택된 것이라고 한다. 시아파에게 있어서는 알리와 그 자손만이 신자 공동체의 정통적인 장(長), 즉 이맘인 것이다. 이맘은 기도를 주재하는 사람이고, 예언자의 말의 참된 의미를 전하는 사람이다.
시아파의 결성으로 이슬람 세계는 정치적, 종교적으로 분열되고, 이 현상은 오늘날까지 계속되고 있다. 이라크의 약 60%에 해당하는 인구 다수가 시아파이다. 시리아에서는 소수 시아파가 다수의 수니파를 지배하고 있다.

한국은 세계 10대 석유 소비국중 하나이며, 세계 5위의 원유 수입국이다. 에너지 수입 의존도는 약 98%이며, 주공급원도 중동, 특히 걸프산유국이다. 총 도입원유의 70% 이상이 이 지역으로부터 수입되기에 중동의 걸프산유국은 한국에 있어서 그 어느 나라 보다 중요한 지역이다. 고유가의 영향으로 1997년 이후 우리나라의 에너지 수입액은 총수입액의 약19%를 점하게 되었으며, 그 수입량은 증가하고 있으며, 원유값의 상승은 당연히 한국의 수출가격의 인상을 가져오기 때문에 국가경쟁력에 큰 영향을 주는 요인이다. 또한, 한국의 경우 원유 도입을 원하는 만큼 하지 못할 경우 마찬가지로 에너지 공급과 제조업을 기반으로 한국경제에 타격이 될 수박에 없다. 한국경제는 원유가격의 충격이 크기 때문에, 고유가는 우리경제에 매우 부정적인 요인으로 작용할 것이다. 고유가는 수입물가 상승 → 소비자 물가상승 → 임금상승으로 이어지며, 물가상승으로 인한 구매력 감소와 교역조건 악화로 인한 수출감소로 GDP 성장률 하락을 초래한다. 그 결과 우리 경제는 고비용·저효율 구조로 전환되어 경쟁력 하락이라는 부정적인 역할을 할 것이다.

한국경제는 보호무역강화와 국내경기 둔화라는 2중고에 시달리고 있다. 그러나 한국경제는 1970년대 오일쇼크가 발생하였던 석유위기를 기폭제로 하여 중동 산유국들이 막대한 오일달러를 SOC(사회간접자본)에 투자하는 바람에 건설분야에서 이른바 '중동특수'를 누리게 되었고, 그러한 전통은 오늘날까지 면면이 내려오고 있다. 사실 한국의 재벌그룹들도 그 이면을 들여다보면, 모두 중동 특수의 혜택을 누렸고 또 중동산유국의 고유가는 한국경제의 외부효과를 충분히 발휘해 준 동반자적 역할도 하였다. 중동 산유국들은 또다시 원유수출의 확대로 재정수입이 증가되어 그동안 소강상태를 보였던 경제개발계획을 의욕적으로 추진하려는 움직임을 보이고 있다. 아울러 재정지출의 증대는 내수활성화로 이어져 상품시장에도 새로운 전기가 마련되리라 본다. 한국은 중동산유국에 대해 만성적인 무역적자를 기록하는 국가이기에 경상수지 개선을 위해서도 한국의 중동진출은 보다 적극적으로 추진되어야 할 것이다. 물론 지금도 다수의 한국회사들이 중동현지에서 플랜트나 건설프로젝트를 수행 중이지만, 만성적인 무역적자를 메울 정도는 되지 않는다.

적극적 중동 진출을 위해 중동에 대한 문화적 접근을 시도해야한다. 아랍-중동국가들이 한국을 보는 시각은 '경제적 이해'에 초점을 맞추고 있기에 한국의 위상이 중동에서 좋은 편은 아니다. 예를 들면, 한국은 중동에서 돈만 벌어가고 재투자는 하지 않는다는 불만을 갖고 있다. 경제적 이해에 따라 쉽게 태도를 바꾸는 의리 없는 나라라는 인식을 가지고 있다. 이에 비해 독일, 일본이나 동구국가들은 그들이 상당히 선호하는 국가들이다. 따라서 문화교류를 통한 경제교류 활성화 전략을 마련해야 한다.

이와 함께 아랍-이슬람에 대한 인식의 전환을 가져야 한다. '아라비아 상인'의 후손인 아랍인들의 상술은 세계적이다. 그들과 경쟁하기 위해서는 아랍인을 알아야 한다. 그저 아랍인은 무지하고, 이슬람은 진부하다는 식의 단견으로는 성공적인 중동 비즈니스를 해낼 수 없다. 왜? 그들은 게으르고, 네 명의 부인을 얻을 수 있으며, 돼지고기는 왜 먹지 않는지? 예를 들면, 아랍인은 친교를 맺기가 무척 힘들지만, 한번 친교를 맺고 나면 의리를 저버리지 않는 경향이 있으며, 게으른 것 같지만, 무척 합리적이고 이해타산에는 빠른 성향을 갖고 있다. 물론 대기업들은 많은 정보를 갖고 있지만, 중소기업 단위의 업자들은 중동진출을 어렵게만 생각하는 경향이 있다. 따라서 중동진출 업자들에게 지속적으로 홍보할 수 있는 매체를 동원하여 이해의 폭을 넓혀야 한다.

정부의 통상외교도 지속적으로 이루어져야 한다. 1980년 최규하 대통령의 정상외교 이래 20년 이상 단 한 번도 우리의 정상이 중동 순방외교를 하지 않을 정도로 중동지역은 소외된 지역이다. 유럽국가들의 경우, 정부가 앞장서서 정상급 외교관계를 강화하는 것을 볼 때, 늦은 감이 있기는 하지만 서둘러 정부차원의 통상외교를 강화해야 한다. 아울러 미수교국에 대한 수교도 마무리지어야 한다. 우리는 지금까지 사우디아라비아, UAE 등 산유부국 중심으로 통상외교를 강화해 왔기에, 시리아 등 소외된 비산유 중동국가들에 대해서도 통상외교를 강화해야 한다.

현시점에서 여러 가지 불확실성으로 한계에 부딪치고 있기는 하지만, 정보공유와 적절한 배분은 반드시 이루어져야 한다. 아울러 중동의 정세분석을 정보수집을 위한 중동 20여 개국에 대한 특수한 중동전문가 양성은 시급한 과제이다. 현재의 중동 정세나 정보분석은 미래예측에는 한계가 있는 기초 데이터를 중심으로 중동진출이 분석되기에 정확한 예측이 어려운 실정이다. 국내의 연구소나 정부기관에서 자체적으로 중동의 경기예측이나 정보수집이 가능한 중동 전문가를 확보하는 방안은 향후의 지속적인 중동진출을 위해서 하나의 시금석이 될 수 있다. 일본의 경우, 정보수집과 분석은 중동경제연구소에서 이루어지며, 기금은 중동진출업체들이 제공하고, 통상외교는 정부가 나서서 하는 등 체계적인 진출을 하고 있다. 우리의 경우, 일본을 부러워하는 경향이 많은데 일본의 해외진출은 우리와 다르게 철저한 준비와 연구를 통해 이루어지고 있다. 단순히 몇 사람을 보내어 현지시장을 무조건적으로 개척하라는 한국의 접근방식에 대해 우리는 깊은 고민을 해 보아야 할 것이다.

11
chapter

오세아니아 경제 무엇이 문제이고 어떻게 될 것인가?

오세아니아를 대표하는 오스트레일리아(이하 '호주')와 뉴질랜드의 개척은 영국의 폭발적인 인구증가로부터 시작되었다. 18세기 말 맬서스는 식량보다 인구가 더 빠른 속도로 증가하기 때문에, 인구가 일시적으로 증가하더라도 식량 부족과 기아 등으로 인해 다시 감소할 수밖에 없다고 주장하였다. 산업혁명 이후 증기기관에 의한 동력의 이용과 기계의 발달로 인해 영국 내의 일자리는 감소하고 빈민층이 증가하였다. 이 시기에 나온 영국의 대표적인 문학작품인 찰스 디킨스의 '올리버 트위스트', '크리스마스 캐럴' 등을 보면 당시의 암울한 빈민층들의 삶을 생생히 확인할 수 있다. 기계의 발달로 인해 농촌에서 도시로 몰려든 노동자층은 기계를 부수는 '러다이트 운동'[8]까지 발생하기도 하였다. 이러한 영국 본토의 경제적 상황은 이미 식민지에서 독립한 미국 뿐 아니라 당시 크게 각광받지 못하고 정보도 없었던 오세아니아 지역에까지 이민과 개척의 필요성을 가져다 주었다.

8) 러다이트 운동(Luddite)은 19세기 초반 영국에서 있었던 사회 운동으로 섬유 기계를 파괴한 급진파부터 시작되어 1811년에서 1816년까지 계속된 지역적 폭동으로 절정에 달했으며, 시간이 지나면서 이 용어는 일반적으로 산업화, 자동화, 컴퓨터화 또는 신기술에 반대하는 사람을 의미하게 되었다.

1. 호주경제

1) 호주경제의 역사

호주의 역사는 17세기경 네덜란드 탐험가들이 처음으로 이 나라를 목격한 기록으로부터 시작된다. 17세기에 네덜란드의 모험가들이 오스트레일리아를 발견하자 연안 탐험을 실시하여 '새로운 네덜란드'라는 뜻의 뉴홀랜드(New Holland)로 명명했다. 오스트레일리아가 이들에게 발견될 당시 약 100만명의 애버리진과 300여개의 부족 국가가 있었고 이들 사이에서 적어도 250개의 언어 및 700여개의 방언이 사용되었다고 전해진다.

네덜란드인의 탐험 활동은 네덜란드 동인도 회사의 사업의 일환으로서 실시되었는데 경비가 가중되고 이익이 오르지 않았기 때문에 중단되었다. 1699년 영국의 해적 윌리엄 댐피어가 뉴홀랜드의 조사를 실시했는데, 그 보고는 비관적인 것이어서 탐험 열기는 냉각되었다. 루이스 바에스 데 토레스 등의 탐험가가 그 일부를 바라본 데에 그치기도 하였다. 1769년 태평양에서의 금성 관측에 참가했던 제임스 쿡에 의해서 타히티, 뉴질랜드를 거쳐, 오스트레일리아 동해안의 탐험이 실시되어, 그곳의 일대를 '국왕의 이름과 국왕의 깃발 아래' 점령하고, 뉴사우스웨일스(영국 웨일스에서 연유)라고 명명했다. 쿡은 그 보고서에서 오스트레일리아의 농업 개발에 관해 적절한 판단을 내리고 있다. 이 때부터 이 땅이 하나의 대륙으로서 인정되기 시작하였다. 뉴사우스웨일스는 얼마 뒤 고대 그리스의 철학자들이 생각했던 남쪽 대륙인 테라 아우스트랄리스에서 유래된 오스트레일리아라고 불리게 되었다.

영국의 죄수 폭증과 미국 독립 전쟁(1776년)으로 인해 영국은 뉴사우스웨일즈 주에 새로운 유배 식민지를 건설하기로 하였다. 1788년 1월 26일, 아서 필립이 이끈 11척의 배에 1500명의 인원이 탑승한 첫 함대가 시드니 항구에 도착하고 뉴사우스웨일스 식민지의 건설을 시작하였다. 식량의 자급 태세를 갖추는 일이 당초의 급선무였으나, 미지의 풍토에서 농업 경험자가 적었던 관계로 개발은 진척되지 않았다. 마지막 죄수 호송인 1868년까지 약 16만 명에 달하는 죄수들이 오스트레일리아로 호송되었다.

어느 정도 개발이 진척되자, 시드니 서쪽에 솟아 있는 동부 고지의 일부를 이루는 산들이 식민지의 전면적인 발전을 저해하고 있었다. 그러나 얼마 뒤 이 산들을 넘어가는 길이 발견되고, 산지 서쪽으로 끝없이 펼쳐지는 농목의 적지에 개발의 손이 뻗쳤다. 이것은 골드 러시의 시대를 예고하는 것이었다.

호주의 본격적인 개발은 1851년 뉴사우스웨일스주와 빅토리아주 일대에서 금이 발견되면서부터이다. 배서스트, 벤디고, 밸러랫 등에서 발견된 금을 찾아서 사람들이 쇄도하였다. 빅토리아주와 뉴사우스웨일즈 주에서 시작된 금광 시대는 중국부터 다양한 국가의 사람들이 모여들기 시작한다. 1850년의 40만 인구는 10년 후엔 115만, 30년 후에는 223만으로까지 증가하였다. 골드 러시 뿐만 아니라 양모 산업도 급격한 성장을 이루었는데, 1850년 오스트레일리아의 영국 수출 양모가 17,000톤이었던 것이 1879년에는 134,000톤으로 증가하였다.

직접 금을 찾는 사람 이외에 기술자·장사꾼도 모여들어 이 대륙의 경제 활동이 활발해지자, 이 대륙 내에 성립되고 있던 6개 식민지 간의 물자 교류 및 본국과의 교역도 왕성해졌다. 통신과 운송 체계가 집중되면서 해안 도시들, 특히 시드니와 멜버른 등지의 발전이 두드러졌으며, 1880년대 시드니와 멜버른의 근대적인 풍경을 마련하는 계기가 되었다. 1890년대에 들어서는 오스트레일리아 인구의 3분의 2가 해안 도시를 따라 거주하였다.

한편 영국 식민지 총독은 가혹한 세금 및 결정을 내리고, 결국 1854년 유레카 감옥에서 광산 노동자들의 유혈 봉기가 일어난다. 이를 유레카 봉기라고 한다. 현재 멜버른에 있는 유레카 타워는 이 유레카 봉기를 기념한 것이다.[1] 1855년 뉴사우스웨일스주, 빅토리아주, 사우스오스트레일리아주, 태즈메이니아주가 자치 식민지가 되었으며 1859년에는 퀸즐랜드주가 뒤를 이었다. 1901년 1월 1일, 6개의 식민지 주는 영연방 내의 자치령으로서 오스트레일리아 연방을 결성하고, 각각의 식민지 주는 연방주로 자리매김하였다. 1942년 10월 9일 외교권과 국방권을 얻은 독립국이 되었으며 1986년 3월 3일 독자적인 헌법이 마련되었다.

제1차 세계 대전과 제2차 세계 대전에 오스트레일리아 및 뉴질랜드 국민들

약 40만 명 정도가 참전하였고 그중 약 6만 명이 전사했다고 알려진다. 현재에도 오스트레일리아 뉴질랜드 군단(ANZAC, 앤잭, Australia & New Zealand Army Corps)은 오스트레일리아의 역사에서 아주 중요한 부분이기도 하다. 호주는 제1차 세계 대전(61,928명 전사), 제2차 세계 대전(39,400명 전사), 한국 전쟁(339명 전사), 베트남 전쟁(520명 전사)에 참전하였다. 호주가 영연방의 일원이었음에도 불구하고 영국보다 미국과 더 긴밀한 관계를 맺고 미국의 영향을 받기 시작한 것은 제2차 세계대전부터이다. 당시 영연방의 일원으로 호주는 영국의 요청으로 대부분의 주력군대를 일본의 침략을 막기 위해 싱가폴에 파병하였으나 싱가폴이 함락되면서 호주 주력군은 모두 일본군의 포로가 되었다. 이에 호주는 영국본토에 지원을 요청하였으나 프랑스마저 점령된 이후 영국은 호주를 도울 여력이 없었기에 호주에 별다른 도움이 주지 못했다. 이에 따라 호주는 일본의 공습을 받게 되었다. 당시 대표적인 공습이 다윈 공습(Bombing of Darwin)으로 1942년 2월 19일 호주 북부의 다윈에 대한 일본군의 공습을 말한다. 태평양 전쟁에서 중요한 군사작전중 하나였으며, 호주 국민들에게 충격과 공포를 안겨줌과 동시에 일본에 대한 적개심을 불러일으켰다. 이 공습은 1942부터 1943년까지 약 100회에 걸친 대호주 공습의 첫 번째였으며, 일명 호주판 진주만 공격이라고도 부른다. 다윈은 물론 진주만보다 군사적 중요도가 낮았지만 진주만에 비해 더 많은 폭탄이 투하되었다. 공습당시, 다윈에는 일반시민 약 5천 명 중 대부분이 대피하여 2천 명 정도가 남아 있었으며 만 오천 명의 연합군 병력이 주둔해 있었다.

2차 세계대전은 호주 입장에서 외부의 적에 의한 침략으로 직접적인 공포가 된 최초의 사건이었다. 또한 2차 세계대전은 영국과 지속적으로 이어오던 대외관계를 미국과의 굳건한 동맹으로 전환하게 된 결정적 계기가 되었다. 진주만 공습 이후 미군은 일본군과의 대대적인 태평양 전쟁을 벌이면서 호주 멜버른을 주요 주둔지로 삼게 되었다. 이후로 호주는 안본차원에서 영국보다 미국과의 동맹을 더 우선시하면서 미국의 영향을 더 많이 받게 되었다. 전쟁이 계속된 수년 동안 호주는 태평양 지역의 여러 국가에서 일본군에 맞서며 중요한 역할을 했다.

호주 병력은 일본 수중에 들어간 필리핀이나 일본 본토 공격의 선봉에 서지는 않았지만 파푸아 뉴기니(Papua New Guinea), 말라야(Malaya. 싱가포르 섬과 말라야 반도 상에 있는 영국령 섬), 보겐빌(Bougainville. 파푸아 뉴기니의 보겐빌 섬), 뉴 브리튼(New Britain. 태평양 상의 영국령 섬으로 현재는 미국령으로 되어 있음) 등 태평양 지역 국가에서 일본군에 맞서 전쟁을 수행했다. 호주는 또한 미 해군 병력이 태평양 전선에 안전하게 들어올 수 있도록 병력 진입로를 확보하는 역할을 수행했다.

2차 세계 대전 이후 호주는 안보차원 뿐 아니라 태평양과 아시아에서 자원의 수출을 위해서도 미국과의 교류를 더 확고히 하였다. 이는 정치적인 분야 뿐 아니라 경제 및 사회전반의 교류로 확산되었다. 미국 개척의 상징은 카우보이 모자가 호주에서도 흔히 볼 수 있게 된 계기는 2차 세계대전으로 미국과 맺어진 교류에서 비롯된 것이다. 호주는 2차 세계 대전 이후 영국의 식민지였던 영연방 국가임에도 불구하고 태평양에서 미국과의 안보 동맹을 바탕으로 미국과의 경제교류와 아시아 국가들의 성장으로 호주의 천연자원 수출이 늘면서 크게 성장하기 시작했다.

2) 호주 경제의 현황

호주 경제는 위에서 언급한 바대로 2차 세계대전 후 미국과의 안보동맹을 바탕으로 한 교류 확대와 한국, 일본, 중국의 동북아시아 3국과 베트남, 인도네시아 등의 아세안 국가의 급격한 경제성장에 따른 자원수출로 인해 경제성장이 가속되었다.

〈표 11-1〉 호주 주요 경제지표

항목	경제수치	세계순위
인구	2,556만 9,000명	2019년, 세계 52위
경제 규모 (명목 GDP)	1조 3,762억 달러	2019년, 세계 13위
경제 규모(PPP)	1조 3,648억 달러	2019년, 세계 18위
1인당 명목 GDP	53,825 달러	2019년, 세계 10위
1인당 PPP	53,378 달러	2019년, 세계 17위
GDP 대비 공공부채 비율	22.86 ~ 30.30%	2011년
고용률	71.6%	2016년, OECD 12위
무디스 국가 신용등급	Aaa	2019년, 1등급

출처: 호주 재정부

호주 경제의 특징은 위에서 언급한 대로 자원수출을 근간으로 하기 때문에 해외 경제에 대한 의존도가 큰 것이 특징이다. 더욱이 호주는 아시아 국가 학생들의 어학연수와 세계 각 국의 관광객에 의존하는 경제 체제를 유지하고 있기 때문에 해외 의존도가 더욱 커져가고 있다. 호주가 본격적으로 산업화를 하기 시작했던 1910년대부터 호주 제조업의 쇠퇴가 시작되었던 1980년대까지는 제조업이 전체 경제에서 차지하는 비중이 광업보다 크기도 했으나, 2000년대 초중반 들어 시작된 중국발 원자재 수요 폭증, 그리고 세계금융위기 이후에도 광물자원에 대한 수요가 계속되면서 광산업이 경제를 이끌어 온지라, 이제는 제조업보다 광업이 GDP에서 더 큰 규모를 가지게 되었다. 극심한 천연자원 의존형 경제구조의 칠레, 러시아 등에 비하면[10] 관광 수입, 해외 유학생으로 인한 수입이 확실하고 금융업 등 고부가가치 서비스업 분야에서 경쟁력을 갖추고 있으며, 농업 - 식품 제조업으로 이어지는 식품 관련 산업의 규모가 상당하기 때문에 그래도 사정이 나은 편이라고 할 수 있다.

천연자원 개발에 대한 의존 말고도 경제의 뇌관으로 주로 거론되는 것이 바로 부동산 거품이다. 호주의 부동산 가격이 지나치게 고평가 되었다는 징후를 여러가지 발견할 수 있는데 영국 이코노미스트지에서 제공하는 주택 가격 통계를 보면 호주의 주택가격은 2000년=100으로 했을 때 14년 2분기 기준 276으로 해당 사이트에서 통계를 제공하는 모든 국가들 중 가장 많이 올랐다. 부동산 거품으로 경제위기가 닥친 스페인, 아일랜드가 각각 2000년을 100으로 했을 때 250, 220선에서 무너졌다는 선례를 고려하면 대단히 우려스러운 상황이 아닐 수 없다. 주택가격뿐만 아니라 전체 경제에서 건설업이 차지하는 비중 역시 호주의 기간산업이라고 할 수 있는 광업, 금융업과 어깨를 나란히 하는 수준이다. OECD 국가들 중에 건설업 비중이 이렇게 큰 나라는 거의 없고, 스페인과 아일랜드 역시 거품이 형성되는 동안 건설업 비중이 무섭게 상승했었다.

호주는 이민으로 인구가 계속 증가하고 있기 때문에 무조건 거품으로 취급할 수는 없다는 의견도 있지만, 거시경제적 측면에서 보면 사실상 중앙은행에서 수출을 밀어주기 위해서 금리를 낮추고 상황을 방관한 면이 없지 않아 있다. 중국을 비롯한 신흥국의 원자재 수요 증가로 촉발된 2000년대 및 2010년 초반의 경기 호황기에 이민자 유입으로 호주 인구가 폭발적으로 늘었지만, 경기 과열의 반대급부로 호주 달러의 강세로 인한 해외자본 유입의 감소, 인플레이션에 대응하기 위한 기준금리 인상으로 부동산 가격은 안정세를 보이고 있었다. 그러나 2010년대 중반 들어 중국의 성장속도가 둔화하면서 원자재 수요가 감소하였고 이로 인해 기간산업인 광산업이 타격을 입자, 호주 중앙은행은 공격적인 금리 인하를 반복했고, 호주 달러는 미 달러 대비 1달러쯤에서 70 센트로 폭락했다. 그런데 잘 되라는 광산업은 탄소세 도입과 예상범위를 넘어선 중국의 급격한 경제성장 둔화로 되살아나지 못하고, 오히려 급격히 절하된 호주 달러 때문에 수입품 물가가 폭등하여 내수시장을 박살내는 결과를 초래하고 말았다. 결국 이 악순환을 막지 못하고 호주 중앙은행(Reserve Bank of Australia: RBA)은 이자율을 역사적인 수치까지 내렸다. 하지만, 수출은 중국의 원자재 수요 감소와 제조업의 부진으로 살아날 기미를 보이지 않고 있으며, 오히려 부동산 시장의 과열만 부채질 하고 있다. 최근 발표에 따르면 근 몇 십년만에 가구당 실질소득이 오히려 후퇴했다. 게다가 절망적인 것은 이자를 낮추는 것이 더 이상 약발을 받지 않아, 슬금슬금 환율이 오르고 있다. 70센트였던 호주 달러는 현재 76센트로 거의 10%가까이 회복했다. 즉, 수출을 잡으려다 내수, 수출 그리고 부동산 셋을 한꺼번에 잃어버렸다는 의미이다.

호주 중앙은행이 이렇게 밀어부치면서 연방정부라도 정책수단을 동원하여 불황에 대응해야 하는데, 정부에서 이러지도 저러지도 못 하다가 결국 실업률이 15년대 최고치를 찍었고 소비 관련 지수도 예상보다 훨씬 나쁘게 나왔었다. 더욱이 이런저런 규제가 우려되는 중국 부동산 대신에 늘어나는 인구로 비교적 안전해 보이는 부동산을 중국인 부유층들이 싼 호주 달러를 이용하며 마구 사들이고 있어서 부동산 가격이 다시 고공행진을 기록하고 있다. 다만 애널리스트들은 더 이상의 금리 인하가 없는 이상 2016년 1분기부터는 부동산 가격이 완만한 연착륙을 하게 될 것이라고 예측했다. 스페인의 경우에서 알 수 있듯 스페인 역시 2000년대 이후 북아프리카, 동유럽에서 몰려 온 이민자들 때문에 저출산에도 인구가 놀라운 성장세를 기록한 것은 마찬가지. 애초부터 외부에서의 인구 유입 자체가 부동산 거품의 시발점이 될 수가 있는 것이다. 그렇지만 물가상승률을 넘는 부동산 시장 과열은 여러모로 불안하지 않을 수 없다. IMF도 이를 지속적으로 경고하고 있는 중이 것이다. 과연 2015년 이후호주 아파트 가격은 과잉공급으로 폭락하고 있으며 관련 건설업체들이 줄줄이 도산하고 있다. 다만, 아파트 가격이 추락하고 있는 상황인데 반해, 선호도가 높은 단독주택(하우스) 가격은 오히려 상승했다. 그래서 여론조사를 보면 대부분의 시민들이 부동산이 과열되었다고 동의하면서도 또한 지금이 집을 살 적기라는 것 역시 동의하고 있는 상황이다.

한편 호주의 교역구조를 보면 광업 중심 국가답게 철광석, 석탄, 귀금속 등의 천연자원을 수출하고 기계, 화학제품 등 제조업 공산품을 수입하는 구조인데, 2011년 이후 중국의 경기둔화로 주요 원자재 가격이 폭락하면서 경제가 위기를 맞을 것이라는 전망이 많았다. 실제로 허주의 1위 수출품목인 철광석은 고점 대비 거의 80% 가까이 가격이 빠졌다. 그러나 총수출금액을 기준으로 보면 호주의 수출액은 11년 고점대비 10%밖에 줄어들지 않았다. 물론 철광석 가격이 폭락했다고 단숨에 수출, 산업구조를 개선시키는 데 성공했을 리는 없고, 호주의 천연자원 채굴비용은 전세계에서도 가장 낮은 수준이기 때문에 떨어진 가격을 물량으로 땜빵하고 그 외에 크고 아름다운 대륙에 온갖 돈 되는 자원이 묻혀있는 나라인지라 철광석말고도 팔아먹을 자원이 많으며 육류, 곡식 등 농산품 수출이 크게 증가한 덕분이다. 14년 기준으로도 쫄철광석, 석탄, 귀금속 3개 품목만 합쳐도 전체 수출의 60%가 넘는다. 세계은행 발표를 보면 2015년 GDP는 12위이고 25년 연속 성장하면서 네덜란드의 26년 최장기 기록에 근접하였다.

2. 뉴질랜드 경제의 역사

1) 뉴질랜드 경제의 역사

호주와는 별개로, 뉴질랜드의 경우는 1790년대부터 호주와 달리 자유 정착민들이 이주해오기 시작하였다. 뉴질랜드를 처음으로 찾은 유럽인은 1642년 남섬 서해안에 도착한 네덜란드의 아벨 타스만(Abel Janszoon Tasman)이었다. 그는 이곳을 네덜란드에 위치한 제일란트주의 이름을 따서 '노바젤란디아'라고 명명하였으며, 뉴질랜드는 이 말의 영어식 번역이다. 타스만 이후 뉴질랜드를 찾은 사람은 영국의 탐험가 제임스 쿡(James Cook) 선장이었다. 쿡 선장은 1769년에서 1777년에 걸쳐 여러 차례 이 지역을 답사하였다. 이어 1814년 런던에서 선교사가 와서 기독교 교회를 시작하였다. 그 무렵 이곳은 오스트레일리아의 뉴사우스웨일스주에 속한 식민지로서, 고래와 바다표범잡이의 기지로 이용되고 있었고, 카우리 나무를 벌채하기 위해서, 또한 물개의 모피를 찾기 위해서 상인들이 도래하게 되었다.

본격적으로 식민지 개척이 시작되자, 식민에 의한 토지 매매와 관련하여 마오리족과 영국 간에 분쟁이 생겼고, 1840년 식민지 총독 윌리엄 홉슨과 마오리족은 마오리족을 보호해주는 대가로 뉴질랜드의 통치권을 영국에 양도하는 〈와이탕이 조약〉을 체결하였다. 뉴질랜드에 도래한 백인들은 마오리 사람들을 속여 물건을 약탈하고 죽였다. 뉴질랜드는 당시 세계에서 가장 무질서한 곳이었다. 그 이후부터 뉴질랜드회사, 오타고협회, 캔터베리협회 등을 통하여 각지에서 이민자가 건너오기 시작하였다. 그러한 이곳에 이주를 재촉한 사람이 에드워드 와케필드이다. 1837년에 그는 영국에 뉴질랜드협회를 세우고 식민운동을 시작했다. 다음 해 뉴질랜드 토지회사를 설립하고는 뉴질랜드의 토지를 마음대로 팔았다. 이 토지를 매입한 사람들이 제1차 조직 이주민이 되는 것이다.

이렇게 원주민과 유럽인과의 접촉이 잦아지면서 교역이 시작되었고 그러면서 점차 마오리들의 입장에선 다음과 같은 이유에서 영국의 식민지가 되기를 원했다. 첫째로 대영제국의 막강한 해상 장악력 때문이었다. 당시 영국 해군은 프랑스 나폴레옹군을 해전에서 무찔러 해상에서 막강한 기세를 떨치고 있을 때였다. 두 번째로 뉴질랜드는 당시 중앙정부가 존재하지 않았고 통합된 지도자가 없어 유럽 이주민들과의 교류도 각 부족별로 이루어졌으며 따라서 협력과 커뮤니케이션에도 근본적인 한계가 있었다. 셋째로 전혀 다른 문화적 배경을 지닌 두 민족이 부딪히다 보니 충돌이 잦아졌고 유럽 이주민이 늘어나고 있음에도 이들을 다스릴 법률이나 규범이 존재하지 않았다. 그리고 교역이 이루어지면서 마오리 소유의 땅이 비조직적으로 무차별 팔려 나갔으며, 일부 마오리 추장들은 뉴질랜드가 프랑스에 의해 정복되지 않을까 심한 우려를 표명하여 영국의 보호를 요청하던 차였다. 실지로 1831년 13명의 북쪽 추장들은 영국의 윌리엄 4세에게 프랑스의 침공으로부터 지켜달라는 공식 청원을 하기도 했다.

결과적으로 마오리나 파케하 모두 법과 질서, 그리고 어떤 형태든 영국의 보호를 요구하고 있었다. 이러한 상황중에 1840년 영국해군 장교 홉슨이 총독으로 뉴질랜드를 찾아온다. 그는 당시 영국인의 대리인으로서 와이탕이에 장기간 살고 있던 버스비의 집으로 가서 뉴질랜드를 영국의 식민지로 삼기 위한 협의를 한다. 그리고 2월 6일 아일랜즈 만의 와이탕이에 있는 제임스 버스비의 집에 각지의 마오리 추장 46명을 모아 뉴질랜드를 사실상 영국의 식민지로 하는 〈와이탕이 조약〉에 서명한 것이다. 그 후 7개월 동안 영국 관리들은 전국을 돌며 500명 이상의 추장 사인을 받아냈으며, 39명의 와이카토 추장들을 제외하곤 모두 사인을 했다. 와아탕이 조약내용은 아래와 같다.

와이탕이 조약은 3개조로 되어 있는 간단한 것이다.

- 뉴질랜드의 주권을 영국에 이양한다.
- 마오리인의 토지소유를 계속 인정한다. 그러나 이후 토지 매각은 영국 정부에게만 한다.
- 마오리 사람들은 앞으로 영국국민으로서의 권리를 인정받는다.

이 조약이 체결되고 뉴질랜드는 영국의 식민지로 출발하게 되었다. 와이탕이 조약은 뉴질랜드를 2민족 국가로 규정짓는 성격의 것이었고 뉴질랜드가 다민족 국가로 출발하는 계기가 되었다. 그리고 뉴질랜드는 호주의 일부인 뉴사우스웨일스 식민지로부터 분리되어 영국의 직할 식민지가 되었다. 홉슨은 1842년 9월에 사망했고, 새로운 총독으로 로버트 피츠로이가 와서 마오리족의 관습을 인정하는 법률적인 조치를 취하게 된다.

1843~1870년 사이에는 두 차례에 걸쳐 마오리 전쟁이 일어났다. 웨이크필드가 이끄는 뉴질랜드 토지회사의 지나친 토지 매수가 발단이 되어 일부 추장들은 영토를 확장하기 위해 토지 전쟁을 벌였고, 뉴질랜드 중부지역에선 토지 판매를 중단시키려는 King Movement가 일어났다. 1860년에 타라나키에서 초대 마오리 왕 포타토우 1세에게 집결한 마오리군과 영국군 사이에 마오리 전쟁이 발발했다. 이 전쟁은 북섬의 타라나키, 와이카토 지방을 중심으로 12년에 걸쳐 계속된다. 당시 영국군은 14,000명으로 영국 본토에 남아 있는 방위병력보다도 많은 숫자였다. 전쟁은 부분적으로 파케하에 의한 공식정부가 들어서기까지 계속되었고 1872년까지 마오리 소유로 남은 토지는 전국토의 1/6에 불과하기에 이르렀다. 결국 마오리족의 패배로 끝이 났는데, 자존심이 강한 마오리 사람들은 마음에 상처를 입고 미래에 대한 희망을 잃었다고 한다. 마오리 사람들이 다시 일어선 것은 1880년대의 마오리 부흥운동 이후이다.

한편, 영국은 마오리족의 반영(反英) 감정 완화를 위해 힘썼고, 식민지 회의에 마오리족 대표를 참가시키는 등 영국인과 동등하게 대우하려는 노력을 통해, 1870년부터는 인종분쟁이 끝나고 마오리족의 영국화가 시작되었다. 이처럼 마오리족과의 공존관계 설정을 통해 갈등을 해결하고자 한 노력은 다른 식민지에서는 좀처럼 찾아볼 수 없는 해법이어서 높이 평가되고 있다. 1852년에는 뉴질랜드 헌법에 따라 뉴질랜드 정부가 들어서게 되었다. 1882년 냉동선이 개발되자 오지도 낙농을 중심으로 개발이 크게 진척되었다. 1890년대부터 뉴질랜드 국회는 여성의 투표권, 양로 연금 같이 진보적인 법률들을 발의하였다. 그 후 뉴질랜드는 개척이 진전됨에 따라 1907년 9월 26일 영연방 내 자치령의 지위를 획득하였다.

1930년대부터는 높은 경제 성장을 이루었고 복지 국가로서 발전되었다. 1947년 11월 25일 영국으로부터 독립하였다. 제1·2차 세계대전 때에는 영국 본국 및 호주와 함께 연합국의 일원이 되어 참전·활약하였다. 1949년 7월 대한민국을 정식 승인하였으며, 1950년 한국전쟁 때에는 총 5,350명이 영국 연방으로 참전하였다. 대한민국과는 1962년 외교관계가 수립되었다. 마오리 문화는 르네상스를 거치며 1950년 많은 마오리들이 도시로 이동하기 시작하였다. 이로 인해 마오리 데모 운동이 확산되기도 하였다. 또한 1964~72년까지 한국, 호주와 더불어 베트남 전쟁에 군대를 파병하였다.

1951년에 오스트레일리아, 뉴질랜드, 미국은 공식적으로 안전보장조약(ANZUS Treaty)을 체결했다. 이는 태평양 지역 방어를 위한 군사동맹이다. 1980년대 경제에 대한 규제가 많이 줄었고 동성애자들에 대한 비범죄화 등의 자유주의적인 정책들이 만들어졌다. 영국과 미국을 따르던 외교 정책 역시 독립적으로 변하였다. 이후 정권들도 자유 경제 풍토에도 불구하고 대체로 이 정책들을 유지하고 있다. 1985년에는 비핵화지대(Nuclear freezone)을 선언하였으며, 1985년 남태평양 국가들과의 비핵화선언인 '라로통가 조약(Treaty of Rarotonga)'을 체결했다. 1987년 데이빗 레인즈가 이끄는 노동당에 의해 뉴질랜드 비핵화지대 선언이 국회에서 통과되었다. 결과적으로, 미국 핵추진함에 대한 뉴질랜드 기항불허로 이어져 ANZUS조약의 권리가 중지되기도 했다. 2006년 기준 노동당(Labour Government) 헬렌 클라크(Helen Clark) 총리는 야당인 국민당(National Party)의 지지도 함께 이끌며 뉴질랜드 비핵화지대(Nuclear-free zone)의 입지를 고수하고 있다.

2) 뉴질랜드 경제의 현황

뉴질랜드 경제의 특성은 이웃한 호주와 닮아있는 듯 하면서도 다른 구조를 가지고 있다. 주요 뉴질랜드 경제 지표는 다음 표와 같다.

〈표 11-2〉 뉴질랜드 주요 경제지표

항목	경제수치	세계순위
인구	5,007,470 명	2019년, 세계 120위
경제 규모 (명목 GDP)	2,046억 달러	2019년, 세계 51위
경제 규모(PPP)	1,949억 달러	2019년, 세계 67위
1인당 명목 GDP	40,634 달러	2019년, 세계 23위
1인당 PPP	42,045 달러	2019년, 세계 32위
GDP 대비 공공부채 비율	32%	2017년
고용률	75.3%	2019년, OECD 5위
무디스 국가 신용등급	Aaa	2019년, 1등급

출처: 뉴질랜드 재정부

산업으로는 1차와 3차 산업이 유명하다. 1차산업 하면 주로 양, 양고기와 양모와 소, 돼지고기, 버터, 치즈, 포도주 생산으로 유명. 뉴질랜드는 폰테라는 세계에서 가장 큰 낙농업 기업을 가지고 있기도 하다. 전체적인 수출 구조로 보았을 때는 낙농업으로 먹고산다고 봐도 무리는 아니며, 이 분야에선 세계적인 경쟁력을 자랑하고 있다. 세계에서 제일 큰 낙농업 기업을 보유한 나라답게 소, 양, 말이 흔하다. 정말로 시내에서 조금만 벗어나면 양이 도로 옆에서 풀 뜯고 있다. 넓은 초원 덕분에 가축들을 자유롭게 방목해서 기르기 때문에 깨끗하고 질이 좋은 제품을 생산한다. 하지만 가축들이 좀 심각하게 많아서 이들이 내뿜는 변과 가스가 이산화탄소를 심하게 배출해내서 심각한 환경문제를 유발하고 있다. 그럼에도 불구하고 많이 줄어든 것이, 1980년대만 해도 양의 수가 인구의 20배 가량이었다고 한다.

국토 전반에 걸쳐 국립공원도 많거니와 유명한 반지의 제왕과 호빗도 이곳에서 촬영했다. 이때는 남반구의 할리우드를 꿈꾸기도 했는데 일단 남반구에선 제일 성공한게 맞는 견해다. 시가총액 1위 기업은 뉴질랜드 텔레콤으로 한 때 호주의 제 3의 전화사업자인 AAPT를 소유하기도 했으나, 지금은 호주의 제 1의 가상 이동 통신망 사업자인 TPG에게 AAPT를 매각하였다.

원래 뉴질랜드의 경우 전체 낙농제품 수출 중 영국에 수출하는 비중이 매우 높았지만, 영국이 유럽연합에 가입하면서 가입하는 조건으로 영연방 국가들에 대해 영국 시장에 대한 배타적인 접근권을 부여하는 것을 포기한 것을 계기로 대영국 수출이 줄기 시작했고, 이로 인해 받았던 경제적 타격이 상당했다. 이를 극복하려고 무리하게 금속가공 산업을 시도했었다가 크게 실패하기도 하였다. 이렇게 뉴질랜드 경제 특성은 호주와 비슷해 보이면서도 호주와 다르게 낙농업과 관련 제품을 생산하는 경제 특성을 가지고 있기 때문에 호주보다는 외부 경제에 대한 의존도가 낮은 편이다.

2. 한국과 오세아니아 경제

사실 오세아니아는 호주와 뉴질랜드 이외에도 다양한 도서(섬)국가들로 구성되어 있다. 오세아니아는 아래 표와 그림과 같이 크게 두 권역으로 구성되어 있다.

〈표 11-3〉 오세아니아의 구성

구분	오스트랄 권역		태평양 권역	
지역/국가	호주	뉴질랜드	뉴기니 섬	태평양 도서 지역
특징	면적 760만 km2 인구 밀도 2.7명/km^2 많은 미개척지 자연 생태계 보전	북섬, 남섬 면적 27만 km^2 인구 밀도 15.6명/km^2	면적 : 81만 km^2 세계 2위의 섬 열대 우림	폴리네시아, 미크로네시아, 멜라네시아의 세 지역으로 구분 많은 섬, 적은 인구 청정 자연환경

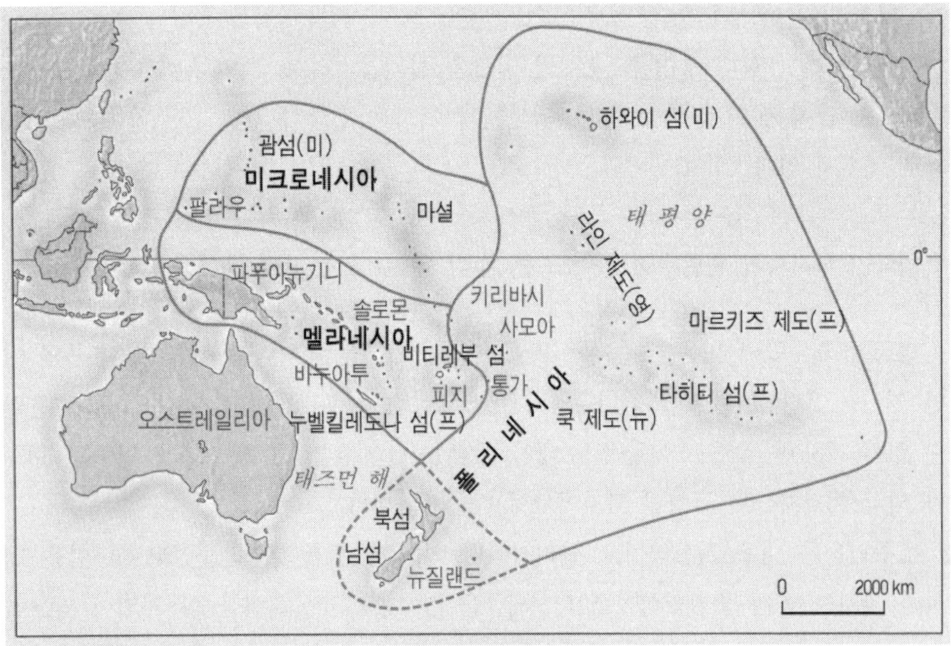

〈오세아니아 권역구분〉

이렇게 오세아니아는 다양한 국가와 지역으로 구성되어 있지만 본서에서는 오세아니아를 대표하는 호주와 뉴질랜드 경제를 중심으로 한국 경제와의 전망을 하도록 하겠다. 앞에서 언급하였지만, 호주와 뉴질랜드는 한국전쟁 당시 미국과의 안보동맹과 태평양의 정치적 영향으로 한국에 파병을 하였고, 이어 1970년대에는 베트남에도 파병을 하였다. 한국이 새마을 운동 이후 경제성장을 하게 되면서 안보동맹을 시작된 한국-오세아니아 국가 협력은 경제분야로 확대되었다. 먼저 호주와 한국 경제의 상황을 먼저 살펴보도록 하겠다.

호주는 사람들이 가장 살고 싶어 하는 나라이자 투자도 많이 받는 나라다. 영국 주간지 『이코노미스트』가 2019년 선정한 세계에서 가장 살기 좋은 도시에 멜버른이 2위, 시드니가 3위, 애들레이드가 10위를 차지한 바 있고, 해외에서 호주로 유입된 직·간접 외국자본투자는 2018년 3조5,144억 호주달러에 달했다.

시드니무역관을 방문한 지방 소재 한 중소기업 사장으로부터 왜 호주가 살기 좋은 나라인지를 들어봤다. 호주의 제도나 시스템, 안정성, 인프라, 노동환경, 삶의 질, 기후 등을 종합해 보면 미국, 캐나다, 유럽, 일본에 비해 더 좋다고 설명했다.

시드니의 한인 동포들은 우스갯소리로 “한국은 재미있는 지옥이고 호주는 재미없는 천국”이라고 한다. 그만큼 호주의 일상은 아기자기하다. 법만 잘 지키면 누구도 방해하지 않아 살기 편하고, 호주 일간지의 기사는 한국과 달리 소소한 일상 이야기로 채워져 있다.

외국인 투자자가 특별우대 없이도 큰 수익 낼 수 있는 시스템

영국의 죄수들이 만든 호주가 어떻게 가장 살고 싶은 나라가 됐을까? 호주의 이민 역사는 230여년에 불과하다. 영국은 산업혁명 이후 급증하는 죄수들을 수용할 수 없어 1788년 호주로 이들을 보내기 시작했다. 지금의 호주는 전체 인구의 30%가 외국 이민자들로 구성된 모자이크형 다문화사회다.

호주인들은 매우 실용적이고 합리적이다. 법과 제도를 잘 만들었고 그 법을 철저히 지키는 높은 준법의식이 있다. 세금을 잘 내고 교통질서를 잘 지키며 양보하는 것이 몸에 배어 있다. 이러한 요인들이 오늘날 호주를 살기 좋은 나라로 만들었다. 호주는 개인소득세 외에는 세율이 상대적으로 높지 않다. 상속세, 양도소득세도 거의 없다. 정부나 회사는 정년이 없어 원하면 계속 일할 수 있고, 청년 취업도 공개채용보다는 수시로 인턴으로 시작해서 정규직으로 가는 경우가 대부분이다. 유연하고 탄력적인 노동시장이지만 노사갈등이나 분쟁은 거의 찾아보기 힘들다.

호주로 유입되는 외국인은 연간 52만명에 달한다. 호주 정부는 해외에서 들어오는 외국인들을 줄이기 위해 이민법을 강화해 부족직업군이나 필요한 기술인력만을 수용하는 정책을 시행하고 있지만 이민 수요는 오히려 더 증가하는 추세다.

호주에는 외국인 투자자에 대한 특별우대나 현금지원 같은 제도도 없다. 내국인과 동등한 대우를 하고 있지만 금융, 부동산, 인프라 투자 등 어느 분야든지 투자수익률이 높은 자유시장경제가 잘 작동해 예측 가능한 시장경제를 만들었다. 우리 기업들이 광산개발(석탄, 철광석, 아연 등), 천연가스, 목축농장 등에 투자해 큰 수익을 내고 있다.

아직 오염되지 않은 경이의 대지 호주에 문제가 없는 것은 아니다. 매일 호주의 주요 뉴스를 장식하는 큰 이슈는 산불 피해다. 호주는 면적이 우리나라의 77배에 달하고, 이는 알래스카를 제외한 미국 본토 면적과 거의 같다. 2019년에 뉴사우스웨일스주만 해도 95건의 산불로 400만ha가 탔다. 시드니도 10여년 만에 검은 연기로 뒤덮였지만 산불이 난 지역이 워낙 광범위해 소방차나 헬기로도 진압이 용이치 않다.

한국의 드론기업들은 뉴사우스웨일스 주정부, 나로민(Narromine)시, 찰스스터트대와 컨소시엄을 구성해 호주 내륙도시 더보(Dubbo) 인근에 드론농업기술센터 설립을 추진 중이다. 우리의 드론기술로 호주에 산불 조기경보와 초기 방재가 가능한 시스템을 구축한다면 호주의 최대 현안인 산불과 가뭄을 해결하고 우리 기업의 먹거리를 선점하는 기회가 될 것이다.

또 호주 하면 가장 먼저 떠오르는 것이 소고기다. 호주의 산업별 경쟁력지수를 보면, 농업기술이 가장 높은 경쟁력을 보이고 있다. 호주는 우수한 소고기, 양고기, 와인 외에도 질 좋은 농산물을 수출하고 있는데 한국은 5대 호주산 농산물 수입국 중 하나다.

그러나 호주경제를 지탱하는 중국 민간기업의 대(對)호주 투자는 그동안 호주정부의 반대로 많은 난관에 봉착하기도 했다. 중국 부자들의 호주 러시와 영향력 확대를 우려해서다. 중국 기업이 남한만 한 크기의 농장을 사려다가 호주 연방정부의 미승인으로 무산된 바 있다. 우리나라의 롯데상사가 2019년에 퀸즐랜드주에 있는 샌들우드 비육장을 인수했지만 아직 우리 기업의 호주 농업, 특히 목축에 대한 투자는 시작에 불과하다. 비육장, 도축시설, 종자개량, 도소매 유통망, 비육용 사료제조 등 농업과 수산물 양식 등에 아직도 투자 기회가 많다. 우리의 경제영토를 확장하고 나아가 우리 청년들의 취업과 창업기회, 퇴직인력의 활로를 찾는 기회로 활용할 수 있을 것이다. 워킹홀리데이 비자를 가진 우리 청년 3만명이 단기 체류에 그치지 않고 호주에서 영주권과 연계한 장기 취업의 기회를 갖도록 하는 것도 필요하다.

최근 국내경기를 보면 수출과 투자유치가 지속 감소세를 보이고, 취업지표, 국내 제조업 경쟁력, 신규고용 등이 개선되기 어려운 실정이다. 대외적으로는 중국의 사드보복, 일본의 수출규제, 북한의 도발, 미국의 방위비 인상요구 등으로 위기상황이 나타나고 있다. 이와 같은 상황의 돌파구로 우리 정부는 중국 의존도를 줄이고 시장을 다변화하기 위해 신남방정책을 추진하고 있다. 이러한 전략적 동반자 관계에서 비켜 있는 중요한 나라가 바로 호주다. 우리의 제조업, IT 기술, 근면성에 호주의 금융, 컨설팅, 혁신적 연구개발 및 서비스, 법적·제도적 장점, 풍부한 지하자원, 농업 잠재력이 합쳐지면 엄청난 시너지를 낼 수 있다. 호주는 상생협력의 동반자로 너무나 적합한 나라다. 시장 규모로 보면 신남방의 어느 나라보다 큰데도 단순히 인구로만 비교하는 오류를 범하고 있다.

한국은 호주에서 주로 철광석, 유연탄, 아연 등 광물개발 투자에 집중해왔다. 그러나 중국과 일본에 비하면 투자 규모가 미미한 수준이다. 일본은 호주에서 2위 투자국이다. 최근 아사히맥주가 160억달러에 호주 최대 맥주회사 VB 등을 인수했다. 한국의 대호주 투자도 다양하게 확대돼야 한다. 수소경제, 인프라 개발, 방위산업, 희토류 개발, 핀테크, 에너지와 자원협력, 스타트업과 창업, 호주 내륙투자 진출 등 많은 분야에서 실질적인 협력이 가능하고 절실하다. 매년 개최되는 한·호주 경제협력위원회가 지난 11월에도 호주 시드니에서 개최돼 양국 간 경제와 투자협력에 대한 많은 의제가 논의됐다. 이러한 논의가 탁상공론에 그치지 않고 구체적인 협력의 틀을 만들어가도록 민간 부문 협력이 양국 정부 간 구체적 협력으로 지속 확대돼나가야 한다. 예를 들어 양국의 농업 및 과학기술 연구소 간 공동연구를 심도 있게 수행하고 협력 과제와 결과물을 도출하려는 노력이 필요하다.

한국경제는 기존 제조업을 넘어 서비스와 4차 산업으로 새로운 성장의 돌파구가 필요한 시점에 와 있다. 호주에 숨어 있는 미래 먹거리는 제로섬 게임의 국내 일자리가 아닌 새로운 해외 일자리 창출, 더 나아가 호주 내륙 지방경제를 살리는 상생의 물꼬를 틀 수 있는 계기가 더 늘어나 한국과 호주 두 나라 모두 중견국으로써의 경제협력이 강화되면 서로 간의 윈윈효과를 가져올 수 있다. 호주 정부는 경제 성장을 위한 대비책 마련 중이며, 특히 광산업에 집중되어 있던 지원 정책을 유망 산업에 분포하고 효과적인 재정 및 통화 정책, 외부충격에 완충 역할을 할 수 있는 유연한 환율, 아시아 신흥국으로의 교역 증가, 자유로운 투자 환경 등 타개책을 마련하고 있다. 그러나 최근 호주는 홍콩문제로 인한 중국과의 마찰과 중국 등 주요 무역 파트너 국가의 경제 둔화 및 기후변화 현상으로인한 자연 재해 발생 등의 여건으로 수출 시장은 소폭 위축될 것으로 전망되고 있다. 한국과 호주는 2020년 세계 경제 선진국 모임은 G7이 확대된 G10,11모임에 미국의 트럼프 대통령으로부터 초대를 언급한 중견국이다. 물론 G7을 확대하려는 미국 트럼프 대통령의 의도는 중국을 배제하고 중국을 견제하려는 의도로 언급된 것이다. 문제는 호주와 한국 모두 경제적으로 중국에 대한 의존도가 높다는 상황이다. 경제적으로는 중견국으로 어느 정도의 위치를 차지하고 있지만, 두 나라 모두 중국에 대한 의존도가 높기 때문에 이러한 공통점을 두 국가는 잘 활용할 필요가 있다. 수소경제, 희토류 개발 등 많은 분야에서 실질적 협력 가능학 때문에 중국의존도를 낮추는 계기가 될 수 있다.

이런 문제는 호주와 한국 뿐 아니라 오세아니아의 또 다른 한 축의 국가인 뉴질랜드를 동참시켜 조금이나마 문제를 해결할 필요가 있다. 앞서 언급한 바대로 뉴질랜드와 한국의 긴밀한 관계는 한국전쟁 참전으로부터 시작되어서 2020년 한국은 뉴질랜드의 9번째 무역상대국이고 한국은 뉴질랜드의 6번째 관광시장이기 때문에 향후 상호보완적 협력을 더 강화할 필요가 있다. 2020년 기준으로 양국간 무역은 상호보완적으로 뉴질랜드는 한국에 원목, 알루미늄, 쇠고기, 키위, 유제품 및 해산물 등을 수출하고 한국은 뉴질랜드에 자본투자, 자동차, 전자기기, 기계류 등을 수출하고 있기에 서로의 교역을 더 늘린다면 중국에 의존도가 높은 한국-오세아니아의 경제구조에 조금이나마 대안을 될 수 있을 것이다. 2015년 이후 정보통신분야는 한국-오세아니아의 새로운 협력의 잠재분야로 부상하였기 때문에 무선 브로드밴드 및 초고속 네트워크 기술을 호주나 뉴질랜드는 중국보다 한국과의 협력을 확대함으로 중국 리스크를 줄일 수 있는 계기가 될 수 있을 것이다.

12
chapter

세계 경제 속의 한국 경제

코로나19의 전 세계적 대유행(pandemic)으로 19일 현재 227만여 명의 확진자와 158,900명의 사망자가 발생했다. 그런데 이 천문학적인 인명 피해 만큼이나 놀랍고 당황스러운 것은 지금까지 인류가 한 번도 경험하지 못한 새로운 변화들이 우리 눈 앞에 펼쳐지고 있다는 사실이다. 이로 인해 한국 경제도 2020년 마이너스 성장, 즉 역성장이 예상되고 있는 상황이다.

접촉을 통해 불특정 다수에게 급속도로 확산되는 감염의 위협과 공포는 '사회적 거리 두기'(social-distancing)라는 이름으로 면대면 접촉(face-to-face contact)을 금기시하고 있고, 확진자의 동선을 비롯한 개인적인 데이터는 사생활 침해보다는 감염 예방이라는 명분으로 적극적으로 활용되고 있으며, 온라인을 통한 재택근무, 비즈니스, 소비, 교육, 결혼, 생일 파티 등 비대면 인간관계가 전통적인 오프라인 인간관계를 대체하면서 일상화되고 있다. 그동안 인류가 삶을 영위하는 기본적인 생존 조건 중의 하나였던 인간 상호 간의 직접 접촉이 극도로 제한된 상황 속에서 삶을 살아야 하는 새로운 도전이 시작되었다. 그 동안 세계 경제는 코로나19와 같은 전염병으로 큰 변화를 맞이하였다. 페스트는 봉건제를 무너뜨린 불씨가 됐다. 페스트로 인한 인구 급감이 노쇠한 봉건제를 빠르게 붕괴시켰다. 페스트 못지않게 천연두 역시 역사에 한 획을 그었다. 경제사적으로는 금융 질서의 변화를 촉발한 사례이다.

좀더 종합해보면, 페스트로 인해 봉건제가 약화하고 자영농이 힘을 가지게 되었다. 소상공인의 농촌 이전은 전체적인 국가를 팽창시키고 대항해 시대의 실마리가 된다. 이후 천연두가 잉카 등 남아메리카 원주민 문명의 종말을 촉발했다. 남미에서 유럽으로 금과 은이 쏟아져 들어오자 상공업 종사자의 지위가 강화되고 자본주의가 싹튼다. 경제적 풍요는 정신의 고양을 가져와, 계몽사상이 움트고 시민정신의 토대가 된다. 1789년 프랑스대혁명을 비롯한 시민혁명이 유럽 각지에서 들불처럼 일어나면서 역사는 중세와 결별해 근대의 문에 전환된다.

바이러스가 비단 중세에만 있었을까. 그렇지 않다. 바이러스는 인류와 늘 함께 해왔다. 다만 인간이 그 존재를 알지 못했을 뿐이다. 바이러스의 실체를 비로소 알게 된 사건은 19세기가 시작되면서부터다. 1918년에 시작해 1920년까지 창궐한 스페인독감은 현대사에 기록된 최악의 팬데믹이었다. 불과 2년 만에 세계적으로 약 5억 명이 감염되었고, 세계 인구의 3~5%가 사망했다. 제1차 세계대전의 사망자가 대략 2,050만~2,200만 명 정도인데, 스페인독감 사망자는 무려 5,000만~1억 명에 달했다.

1919년 제1차 세계대전을 끝으로 세계의 패권은 영국에서 미국으로 넘어간다. 패권은 군사력에 앞서 경제력이 결정짓는다. 영국은 전쟁비용을 미국에서 조달했고, 그 결과 제1차 세계대전 이전만 해도 채무국이었던 미국이 전쟁을 치른 뒤에는 세계 최대의 채권국으로 변해 있었다. 패권을 잃어가던 영국과 프랑스는 당장 막대한 채무를 해결하려고, 패전국 독일에 과한 배상금을 요구했다. 1919년 6월 체결된 베르사유조약은 지나치게 독일에 가혹했고(1923년 10월 독일의 국내 물가는 1년 전보다 75억 배나 올랐다), 그 결과 히틀러의 파시즘을 불러왔다.

세계는 결국 다시 제2차 세계대전을 겪게 되고, 글로벌 질서는 완전히 재편된다. 1차 세계대전 종전 후 베르사유 조약에서 교훈을 얻은 승전국들은 패전국에 배상금을 강요하였다. 흥미롭게도 역사를 바꾼 베르사유 조약이 체결될 수 있었던 배경에 스페인독감이 숨어 있다고 한다. 독일에 대한 과도한 배상금 요구 등을 반대하던 미국의 윌슨 대통령이 스페인독감에 걸리면서, 파리 종전 협상에서 제 목소리를 내지 못했다는 것이다. '대(大)독감(The Great

Influenza)'의 저자 존 배리의 주장이다. 만일 윌슨 대통령이 스페인독감에 걸리지 않았다면, 과도한 배상금 요구가 관철되지 않았을 것이고, 독일에서의 나치의 등장과 제2차 세계대전의 비극을 피할 수 있지 않았을까 생각된다.

그렇다면 지금의 코로나19는 인간의 삶과 사회경제 구조를 어떻게 바꿔놓을 것인가? 우리가 이제까지 경험하지 못한 다음과 같은 대전환이 일어나게 될 것이다. 한국 경제도 이미 변화가 시작되었다. 우선, 가장 직접적으로는 코로나19의 백신 개발을 비롯한 감염병 치료와 예방 및 방역에 대한 연구가 촉진될 것이다. 예를 들어, 바이러스 관련 폐와 심장질환 의료기기 확충이 폭발적으로 증가할 것이고 백신과 진단키트 관련 제약산업이 비약적으로 성장할 것이다.

인간은 끊임없는 의료 기술의 발달을 통해 폐결핵, 천연두, 소아마비, 콜레라 등 한때는 불치병과 같았던 무서운 질병들을 극복했다. 그런데 최근에 유행했던 사스, 메르스, 에볼라에 이어 코로나19의 대유행은 변종 바이러스에 의한 전염병이 미래에도 계속 반복되면서 인류의 생존을 위태롭게 하는 최대 위협으로 등장했음을 의미한다. 이미 전 세계는 이번 코로나19 대유행을 통해서 과거 1, 2차 세계대전에 버금가는 막대한 인적, 물적 피해를 겪고 있다. 마이크로소프트(MS)의 창업자인 빌 게이츠가 2015년 강연 프로그램 '테드(TED)'에서 "전염병 확산은 전시상황(war time)이다. 경계해야 할 건 미사일이 아니라 미생물"이라며 핵전쟁보다 무서운 재앙이 바이러스라고 예언한 것이 현실화된 것이다. 이에 따라 '인간 안보'의 차원에서 민간뿐만 아니라 국가적으로도 감염병 연구와 의료기기 개발이 강력히 추진될 것이다. 이제 국력과 방위력의 척도도 총체적인 감염병 대처 능력으로 바뀔 시점이 멀지 않았다. 한국도 코로나19상황에서 한국식 방역모델은 K모델을 전 세계에 공유하면서 한국의 국격을 높였다느니 평가를 받았다. 또한, 바이러스 대유행에 대한 위협과 공포가 커지면서 이에 대처하기 위한 감염병 예방 및 방역시스템에 대한 관심과 투자가 엄청나게 폭발할 것이다. 일상의 모든 공간에서 감염을 예방할 수 있는 소독시스템이 지금의 공기청정기나 화재경보기처럼 대중화, 일상화될 것이다.

산업현장에서는 감염의 위험을 없애기 위한 산업용 자율 로봇(AR)을 이용한 디지털 자동화와 무인화가 가속화되면서 스마트팩토리가 일반화될 것이고, 감염

위협에 노출된 의료진과 방역 요원을 대신할 로봇과 드론 등이 고도화되고 그 활용이 확산될 것이다. 여기서 한 걸음 더 나아가, 가정, 직장, 도시와 같은 지역 공동체, 국가 등에 이르기까지 특정 단위에 대한 종합적이고 유기적인 방역 케어 및 치료시스템을 구축하는 솔루션 개발과 이와 관련된 플랫폼 구축 사업이 각광을 받게 될 것이다.

사회경제적인 측면에서는 비대면 기반의 '언택트(Untact) 현상'이 빠른 속도로 확산될 것이다. 언택트란 접촉을 의미하는 컨택트(contact)에 반대 또는 부정의 의미인 접두어 '언(un-)'을 붙인 신조어로 '비접촉', '비대면'을 뜻한다. 지금 우리나라를 비롯한 전 세계는 코로나19의 대유행으로 인한 충격 속에 소비, 기업 활동, 채용 등에서 사람 간의 직접 대면을 하지 않는 '언택트 현상'이 급속하게 퍼져나가고 있다.

가장 대표적인 것이 인터넷을 활용한 온라인 쇼핑과 택배 등 운송물류시스템의 활성화이다. 여기에 재택근무가 보편화되면서 기업과 공공기관의 주요 의사결정이 온라인 화상회의를 통해 이루어지고 데이터의 원격 접속과 공유가 활발해지면서 디지털 데이터산업(컴퓨터 시스템, 통신장비, 스토리지)의 수요가 급증하고 있다. 또한, 코로나19로 주요 기업들은 채용설명회와 면접도 온라인으로 진행하고 있다. 채용 전형과 직무를 소개하고, 지원자들과의 실시간 채팅을 통해 질의응답도 진행하면서 디지털 혁신의 미래가 훨씬 더 빨리 오고 있다. 한편 외출을 자제하는 '집콕' 문화가 확대되면서 집에서 증강현실(AR), 가상현실(VR) 등을 활용한 사이버 모델하우스와 부동산 매매, 가상 여행 체험, 홈트레이닝, 홈엔터테인먼트 등이 속속 등장하고 있다.

뿐만 아니라, 코로나19로 인해 미래의 계획이 현실로 앞당겨진 경우도 있다. 대학에서부터 시작해서 초, 중, 고교까지 확대된 온라인 원격 수업과 원격 의료가 대표적인 사례이다. 이미 이전부터 사이버 대학 등을 통해 온라인 강의를 시작했던 대학을 비롯해서 각급 학교는 미래 교육 혁신의 일환으로 오프라인 수업을 보완, 대체하기 위해 개발 중이던 프로그램들을 코로나19로 전면 실시된 온라인 수업을 통해 빠르게 현장에 적용시키고 있다.

온, 오프라인 결합 수업인 블랜디드 러닝(blended learning)이나, 교수자가 제공하는 온라인 학습시스템을 학생들이 먼저 학습하는 소위 '거꾸로 학습법'이라고 불리는 플립드 러닝(flipped learning)이 그 대표적인 예이다. 또, 원격 의료는 그 필요성과 전 세계적인 추세에도 불구하고 지난 2000년 시범사업을 시행한 이후 지금까지 의료계의 반발로 시행되지 못하고 있었다. 하지만 현재 코로나19 확산에 따른 감염 공포로 인해 원격진료가 한시적으로 허용되고 있다. 그동안 세계적인 의료 기술과 IT 기반을 갖추고도 원격 의료를 시행하지 못하던 상황에서 코로나19로 인한 원격진료의 한시적 허용은 원격 의료의 미래를 앞당긴 것으로 평가될 수 있고 관련 산업의 재편을 가져올 것이다.

코로나19의 전 세계적 대유행은 세계질서와 국가의 역할에 있어서도 급격하고 근본적인 변화를 예고하고 있다. 많은 전문가들이 코로나19 팬데믹(세계적 대유행)이 종식되더라도, 세계는 이전과 절대로 같아지지 않을 것으로 예상하고 있다. 이처럼 코로나 대확산으로 인해 기존의 세계화 추세는 커다란 제동이 걸렸다. 코로나 위기 이후 글로벌 공급망을 자국 내로 끌어들이려는 움직임이 한층 강화될 것이다. 또 자국 이익 중심의 보호무역이 강화되고 필수 원자재의 수출 교역이 단절되어 핵심 전략물자가 무기화될 가능성이 커졌다. 특히, 이번 사태 때 마스크 등 필수 방역 물품 수급에 어려움을 겪은 세계 각국은 위기 상황에 꼭 필요한 의료장비 등 생산기지를 자기 나라에 두려고 할 것이다. 이에 따라 과거처럼 자유무역질서에 입각한 세계화의 흐름에 동참하기보다는 그 시스템에 대한 경각심을 갖고 자급자족 경제시스템 구축에 초점을 맞춘 정책과 노력들이 확산될 것이다.

이와 같은 정치 권력의 위기 상황은 국가 권한의 강화와 민족주의적 경향을 강화시킬 가능성이 크다. 코로나19 위기 극복을 위한 비상조치로 강화된 국가와 정부의 힘이 코로나 종식 이후에 포기될 가능성은 작아 보인다. 아울러 자국민의 생존에 대한 강력한 요구로 '안전'이 최우선 가치로 등장하면서 '효율'과 '자유'와 '개방'은 일정 부분 희생이 불가피한 상황을 맞을 수도 있게 되었다. 또한 국가 공동체 내부의 유대는 강화되는 데 반해 폐쇄적이고 배타적인 민족주의는 더욱 발흥하게 될 수도 있다. 하지만 그렇다고 해서 전 세계가 세계화 이전으로 돌아갈 수도 없다. 코로나 대유행은 하나의 지구촌으로 상호 연결된 세계의 종언이 아니다. 오히려 코로나19 판데믹 자체가 우리가 얼마나 상호 의존적인 세계에 살고 있는지를 잘 보여주고 있다. 따라서 세계 경제분야에서는 새로운 질서에 대한 치열한 논쟁과 다각적인 모색이 진행될 것이다. 그리고 그 핵심에는 4차 산업혁명이 자리잡고 있다. 코로나19의 대유행이 변화시키고 있는 인간의 삶과 사회의 구조가 4차 산업혁명의 요체인 지능정보기술 혁명과 밀접하게 연관되어 있기 때문이다. 특히, 한국의 경우 문재인 정부의 소득주도성장을 비롯한 반시장주의적 경제정책 실패와 코로나19로 인한 극도의 경기 침체 속에 과거 IMF 외환 위기보다 더 심각한 경제 위기를 맞고 있는 우리 경제로서는 4차 산업혁명에 대한 선제적 대응과 전략 추진을 통해 새로운 경제도약의 전환점을 마련하는 것이 무엇보다도 시급하고 절실하다. 이런 측면에서 우리나라가 4차 산업혁명 시대의 세계에서 선도국가가 되기 위한 전략과 조건은 무엇일까?

첫째, 우리나라의 4차 산업혁명 관련 기술 경쟁력을 평가해서 비교 우위에 있는 부문에 대한 선택과 집중을 통해 특화시켜 나가는 전략을 펼쳐나가야 한다. 예컨대,세계 최고의 초고속정보인터넷망을 갖추고 온라인 유통구조와 배송시스템이 고도로 발전된 우리의 IT 환경은 코로나19로 급부상하고 있는 '언택트 경제'에 최적화할 수 있는 인프라를 갖추고 있다. 아울러 데이터의 지능적인 활용과 융합적 적용을 통해 글로벌 선도 분야의 개척이 가능하다. 2020년 세계적인 찬사를 받고 있는 한국의 코로나19 진단키트도 의료기술과 전자기술이 융합된 산물이다. 여기에 감염병 전파 경로를 추적하는 데이터를 신속하고 효율적으로 처리하는 촘촘한 행정 네트워크와 신속하고 역동적인 의료체계 등도 미래의 블루오션으로 부상하고 있는 방역 솔루션 시스템의 수출을 통한 '방역 한류'의 핵심 자원으로 활용할 수 있다.

둘째, 사회, 경제 전반의 패러다임 전환을 요구하는 4차 산업혁명에 대비하는 범국가적 차원의 전략 마련이 시급히 요청된다. 이미 독일, 미국, 일본 등 주요 선진국들은 4차 산업혁명에 직접적으로 대응하기 위한 다양한 정책과 전략을 수립하여 추진하고 있다. 독일은 정보통신기술(ICT)과 제조분야의 융합을 통해 '인더스트리 4.0'이라는 제조업 혁신전략을 추진하면서 '사물인터넷(IoT)과 사이버물리시스템(CPS) 기반의 제조업 혁신, 특히 스마트팩토리를 중심으로 한 제조 서비스를 강조하고 있다. 이에 비해 미국의 4차 산업혁명 전략은 제조업 이외의 스마트홈, 스마트폰, 스마트카 등 다양한 분야에서 자생적으로 조성되고 있는 표준화 컨소시엄을 통합하면서 스마트시티라는 플랫폼 시장을 선점하는 것이다. 다양한 선진국 및 개발도상국 도시와 도시 간 제휴를 확대함으로써 자국 내 스마트시티의 플랫폼을 판매하고, 관련된 제품, 서비스, 인프라 시장에 미국 기업이 자연스럽게 진출한다는 전략이다. 여기에, 일본은 아베 총리 주도의 범정부적 협력기구인 '미래투자회의'를 운영하면서 '미래투자전략'을 통해 수명연장, 이동 혁명 실현, 공급망 첨단화, 쾌적한 인프라 도시 구축, 핀테크를 5대 신성장 전략으로 육성하겠다는 계획을 발표했다. 일본은 제조업을 넘어 사람과 기계, 시스템 등 다양한 주체를 연결하는 '커넥티드 인더스트리'의 실현을 목표로 하고 있다.

또한 '이동 혁명의 실현'을 위해 자율주행차와 드론에 의한 물품 배송이나 자율 운항선 등에 의한 물류 이동 서비스를 고도화할 계획이다. 한편, 이에 반해 우리는 아직 국가 차원의 거시적이고 체계적인 대응에 한계를 보이고 있다. 그 결과 스위스의 글로벌 투자기관인 UBS의 보고서에 따르면 한국의 4차 산업혁명 적응 순위가 세계 25위에 그치고 있는 실정이기에 한국 경제의 분발이 필요한 상황이다.

셋째, '선도자(first mover) 혁신 생태계'의 구축이 무엇보다 시급하고 중요하다. 그동안 한국의 경제성장은 다른 국가가 만들어 놓은 상품이나 기술 등을 빠르게 쫓아가는 '빠른 추격자(fast follower) 모델'을 기반으로 이루어졌다. 경제성장 초기 단계에 선진국이 제공하는 매뉴얼에 따라 반복 수행을 통해 학습효과를 얻고 효율적으로 자원을 동원하여 물리적으로 구현하는 '실행 역량'은 세계 최고 수준이지만 원천 기술이나 표준 플랫폼을 창의적으로 개발하는 능력은 떨어진다.

따라서 한국의 많은 기업들이 '선도자'가 되지 못하고 '빠른 추격자'에 머무르고 있다. 물론 1990년대 중반 이후 반도체,휴대전화, 자동차 등의 분야에서 세계시장을 선도하는 몇몇 글로벌 기업들이 출현하기는 했지만, 아직 '선도자 혁신 생태계'의 조성까지는 갈 길이 멀다. '선도자 혁신 생태계'는 이미 알려진 과학지식의 한계를 뛰어넘는 고위험 고가치의 연구개발을 바탕으로 새로운 상품, 플랫폼, 산업을 끊임없이 창출하도록 기업가(產), 연구자(學), 정부(政)가 지속적으로 경쟁하고 협력하도록 진화하는 체계를 의미한다. 그리고 그 핵심은 지식경제와 산업경제가 융합되어 선순환하는 체계를 수립하는 것이다. 즉, 지식경제 영역에서의 연구개발(R&D) 투자가 근본적인 기술 진보를 가져오고 이것이 상품경제 영역에서 새로운 상품, 플랫폼, 산업을 창출해서 막대한 고부가가치의 이윤을 창출함으로써 더욱 큰 지식경제로의 선순환이 이루어지는 모델이다. 현재 한국경제가 직면한 성장 저하, 양극화, 일자리 창출, 혁신 부재 등의 고질적인 문제들의 해결을 위한 관건은 얼마나 빠른 기간 내에 선도자 혁신 생태계를 구축할 수 있느냐에 달려 있다. (이주호 (2017). 제4차 산업혁명 선도국가의 비전. 한반도선진화재단. 151-153)

넷째, 국가 차원의 혁신전략을 기획, 조정하고 4차 산업혁명이 수반하는 변화에 대한 거시적이고 체계적인 대응을 위한 거버넌스를 구축하는 것이 무엇보다 중요하다. 하지만 현재 우리나라는 4차 산업혁명과 관련한 정책, 추진, 평가 및 관리 체계가 각 부처와 기관별로 분산, 산재(散在)되어 있어 혁신정책의 기획, 조정 기능이 미약하고 미래사회 변화에 대한 범정부 차원의 포괄적 전략이 부재한 상황이다.

따라서 4차 산업혁명에 따른 지능정보기술의 확산이 야기하는 전 사회적 변화에 종합적으로 대응하고, 일관되고 지속가능한 정책 수립 및 집행을 총괄적으로 수행할 컨트롤타워로서 새로운 유형의 추진체계가 필요한 시점이다. 영국의 '기업혁신기술부'(BIS: the department for Business Innovation and Skills) 처럼 한국도 포괄적 '혁신전략'을 담당하는 통합부서를 만들 필요가 있다. 아울러 기존의 직접 지원 위주의 정책들을 축소하고, 규제와 통제 중심의 업무를 중간기구에 이양하거나 슬림화하는 대신 고위험, 고가치의 혁신을 주도하고 민간의 혁신에 따른 위험을 줄여주는 등의 혁신 생태계 조성을 위한 정책 개발과 전략에 집중할 필요가 있다.

다섯째, 4차 산업혁명의 선도국으로 도약하기 위해서는 4차 산업혁명의 '촉진자(enabler)'에 해당하는 '핵심 요소기술'에 대한 경쟁력을 조속히 확보하는 것이 관건이다. 4차 산업혁명이 진행됨에 따라 '수용자(adopter)'에 해당하는 개별 산업에서는 생산성 향상에 따라 일자리 감소가 불가피하다. 따라서 촉진자에 해당하는 요소기술에서 글로벌 경쟁력을 확보하는 것이 일자리 창출과 나아가 경제성장을 위한 핵심과제이다.

그런데 혁신의 원동력이 되는 요소기술인 인공지능, 빅데이터, 사물인터넷, 센서, 자동화기술, 신소재, 바이오 신기술 등에 있어 한국의 기술 수준은 미국, 일본, EU 등 4차 산업혁명 선도국에 비해 매우 뒤처져 있고, 투자 또한 전자 부문에 편중되어, IT 서비스, 바이오, 의료, 통신 서비스 부문 투자는 선진국에 비해 매우 저조한 상황이다. 여기에 정부의 기업 R&D에 대한 지원도 제조 부문에 크게 편중되어 있어 서비스 부문에 대한 지원은 부진하다. 이를 타개하기 위해서는 개별 산업에의 파급력이 큰 핵심 요소기술에 대한 R&D 투자를 전략적으로 확대하고, 관련 부문 연구인력의 양적, 질적 확대를 위한 체계적인 대책을 마련해야 한다. 또한, 기업에서 적극적으로 수행하기 어렵지만 응용과학 발전의 밑바탕이 되는 기초과학 연구를 위해 대학 및 연구소를 중심으로 안정적이고 장기적인 선도형 R&D가 추진되어야 한다. 이와 같은 노력을 통해 개별 산업과 핵심 요소기술과의 융합을 이루어서 현재 성장의 한계에 봉착한 우리의 주력산업이 새롭게 도약할 수 있는 전환점을 마련해야 한다.

여섯째, 4차 산업혁명 시대가 요구하는 창의적 혁신 인재 양성에 주력해야 한다. 4차 산업혁명을 통한 지능정보기술 사회는 지식을 암기하는 능력을 요구하지 않는다. 그 대신에 급격한 기술변화에 끊임없이 적응하기 위해서 4차 산업혁명 시대의 교육은 협력(collaboration), 의사소통 (communication), 콘텐츠(contents), 비판적 사고(critical thinking), 창의적 혁신(creative innovation), 자신감 (confidence) 등 '6C'를 요구하고 있다. 이러한 흐름에 발맞춰 미국은 융합인재 교육인 STEM(Science, Technology, Engineering, Mathematics) 교육에서 인문, 예술(Arts) 분야를 추가한 'STEAM'교육 프로그램을 전 학년에서 운영하고 있다. 여기에 컴퓨터를 이용한 과학적인 문제해결, 논리, 절차, 방법 등을 일컫는 '컴퓨터 사고력(computational thinking)'을 접목한 'STEAM+C' 교육으로 진화 중이다. 아울러 미국 전역의 157개 학교가 전국적으로 네트워크(New Tech Network)를 형성해서 '프로젝트 기반 학습(PBL; Project Based Learning)'을 통해 학생들의 문제해결력을 높이고 있다. 경제의 잠재적 성장력 중 하나가 사람을 중심으로 한 인적자원이기 때문에 한국 경제의 잠재적 성장력을 위한 한국 교육의 변화도 필요한 부분이다.

일곱째, 미래의 혁신 자원이 될 4차 산업혁명 주도기술 기반 스타트업을 적극 육성해야 한다. 지능정보기술 혁신이 핵심인 4차 산업혁명 시대에는 기존의 대량, 생산 소비에 따르는 규모의 경제를 갖춘 대기업보다는 혁신적 기술을 개발하고 급변하는 시장의 다양성에 대응하는 '속도'와 '유연성'을 갖춘 스타트업이 주도하는 선도형 모델로 경제 패러다임이 변모하고 있다.

역사적으로 자본주의는 항상 위기를 맞은 후에 더 새롭게 혁신되었고, 개조되었으며, 그렇게 해서 혹독한 위기 속에서도 진화적 발전을 거듭해 왔다. 우리의 역사도 역시 마찬가지였다. 한국전쟁이라는 참혹한 동족상잔의 비극을 겪은 후, 우리는 이 전쟁을 막는 한미동맹이라는 천년의 안보장벽을 세웠고 그 이후로부터 단 한 차례의 전쟁이나 외부로부터의 침입을 받지 않고 지낼 수 있었다. 그리고 1997년 초유의 IMF경제환란을 겪으면서 우리는 개혁적인 재벌구조조정과 부실기업을 정리해냈고, 노동 개혁을 통해서 경제 위기의 요인을 제거함으로써 보다 투명하고 개방적인 자유시장경제 질서를 확립하여 불과 2년 만에 경제 환란을 극복했고 오늘날 세계 10대 경제 대국의 반열에 올라설 수 있었다.

이런 위기 극복의 저력을 가진 우리는 지금의 코로나19 대유행으로 인한 비상상황 속에서도 위기의 틈새시장을 파고들어 또 한 번의 경제도약을 위한 절호의 기회를 만들 수 있다. 그 핵심은 코로나19가 앞당겨 놓은 미래인 4차 산업혁명의 변화에 적응하고 이를 주도하는 국가로 발전해 나아가는 것이다. 코로나19 대유행의 위기 속에 찾아온 앞당겨진 미래의 한 중심에는 4차 산업혁명의 선도국가로 우뚝 서서 세계로 웅비하는 경제부국, 안보 강국 대한민국이 자리하고 있게 될 것이다.

일단 가장 최근의 세계의 변화는 2008년 서브프라임 모기지 부실 사태로 시작되었다. 글로벌 투자은행 리먼브러더스의 파산은 세계 금융시장을 후퇴시켰다. 미국 전역에서 3,000만명이 해고되고 5,000만명의 서민은 한순간 극빈층으로 전락했다. 평생 모은 돈을 잃은 사람들은 10년이 지난 지금까지 빈곤의 수렁에서 벗어나지 못하고 있다. 세계 경제에서 이러한 금융이 차지하는 역할은 매우 크다. 그러나, 이미 금융이 본령에서 벗어났다고 지적되고 있다. 이미 언급한 대로 현대 국제경제 시스템에서 금융의 역할은 지대하다. 자금 수요자와 공급자를 효율적으로 매개하며 자본과 생산의 선순환 사이클을 돕는 것이 금융의 근원적 목적이다. 문제는 1980년대 이후 금융산업이 발전하고 자금 수요자와 공급자 사이의 가치사슬이 극도로 복잡해지면서 시작됐다. 투자은행, 증권 브로커, 펀드 매니저, 신용평가사, 보험사, PB 등 '타인의 돈'으로 일거리를 만들고 수익을 챙기는 중간기관들이 양산됐다. 점차 복잡해진 가치사슬 속에서 정보의 불균형이 생겼다. 그러다 보니 고객의 이익은 아랑곳하지 않고 자신들의 수수료를 극대화하기 위해 고객의 위험한 역선택을 일부러 유도하는 일이 빈번해졌다. 고객의 돈을 내 돈처럼 관리한다는 '스튜어드십(Stewardship)'이 증발한 탓이다. 하지만 한국경제는 이미 글로벌 경제 체인에 포함되어 있어 아주 미세한 요인에도 영향을 많이 받고 있다. 글로벌 경제가 우리에게 중요한 이유이다. 하지만 지금까지 우리의 주요 관심은 미국과 주변국인 중국과 일본에 너무 치우친 경향이 강했다. 앞에서도 언급하였지만 이미 세계경제가 서로 영향을 주고받는 상황에서 이들 국가 뿐 아니라 한국경제에 영향을 주는 국가들을 파악하고 이슈에 대해 알아서 대응하는 것은 기획재정부 등 비단 정부부처의 관계자 뿐 아니라 일반 기업인과 향후 한국경제를 이끌어 갈 청년들과 학생들에게도 필수적인 상황이다.

또한 한국경제는 전 세계에서 가장 해외의존도가 높은 상황이다. 한국 경제의 수출 및 수입에 대한 의존도가 주요 20개국(G20) 회원국 가운데 가장 높은 것으로 13일 나타났다. 특히 수출 의존도는 미국의 6배, 수입 의존도는 브라질의 4.5배에 달했다. 국제통화기금(IMF)과 경제협력개발협력기구(OECD) 등 주요 국제기구들이 최근 공동으로 작성한 'G20 주요 경제지표(PGI)'에 따르면 지난해 우리나라 국내총생산(GDP)에서 수출이 차지하는 비중이 43.4%로 아직 통계가 나오지 않은 사우디아라비아를 제외하고 G20 가운데 최대였다.

한국에 이어 경제에서 수출 비중이 큰 회원국은 독일로 33.6%였으며 멕시코

(26.2%), 중국(24.5%), 러시아(24.4%) 순이었다. 우리나라는 2위인 독일보다도 GDP 대비 수출 비중이 9.8%포인트나 높았다. 다시 말해 한국경제는 세계경제를 빼고 존재하기 어렵다는 것이다.

끝으로 다시 정리해 보자. 세계 경제란 무엇인가?

최근 세계 경제를 보면 각 국 간의 관계가 더욱 긴밀해지고 있는 듯하면서도 서로간의 이해관계가 날카롭게 대립되는 양상을 보이고 있다. 또한 사회주의의 개방, 개혁 정책의 영향으로 세계 경제는 활기를 보이면서도 매우 복잡해지고 있다. 전 세계에는 크게 보면 현재 선진 자본주의 국가군, 개발 도상 국가군, 사회주의 국가군 등이 있다. 여기서 우리는 선진 자본주의 국가들과 개발 도상 국가들 사이에 형성되고 있는 세계 경제에 대해서 살펴보도록 하겠다. 국민 경제가 국내의 각 경제 주체의 이해관계에 따라 편성되고 움직이듯이 세계 경제도 마찬가지로 각 국가들 사이의 이해관계에 의해 편성되고 움직여 나간다. 따라서 우리가 세계 경제를 이해하려면 각 나라들 사이의 이해관계와 이를 뒷받침하고 있는 역학 관계를 잘 살펴보아야 한다. 우리는 선진 자본주의 국가들과 후진국들, 선진 자본주의 국가들 사이의 이해관계와 힘에 의해 세계 경제가 좌우된다는 것을 잘 알고 있다.

2차 세계 대전 후 세계 경제는 미국 주도의 IMF와 GATT체제가 주도하여 왔다. 우리는 2차 대전 이후의 세계 경제를 가리켜 흔히 전후 세계 경제라고 부른다. 그러면 전후 세계 경제가 그 이전과 뚜렷이 구별되는 차이점은 무엇인가? 2차 대전을 통해 명실공히 세계 경제 대국으로 등장한 미국은 종전과 함께 자본주의 경제 체제의 재건을 위한 새로운 세계 경제 질서의 수립에 착수하게 된다. 이와 관련하여 미국이 중점을 둔 것은 세계 시장의 독점적·통일적 지배를 위한 국제 무역 체제 및 이를 통화적으로 뒷받침할 수 있는 국제 통화 체제의 구축이었다. 이렇게 해서 탄생한 것이 국제 무역 측면에서는 자유 무역 원칙에 입각한 GATT체제, 국제 통화 측면에서는 달러를 기축 통화로 하는 IMF제세였다. 이후 미국 주도의 IMF와 GATT체제는 다소의 우여 곡절을 겪으면서도 오늘날까지 전후 세계 경제의 기본적 틀로 유지되어 오고 있다. 당시 미국이 자유 무역 원칙을 내세운 것은 두말할 것도 없이 미국이 최대의 공업국이고, 따라서 세계 시장에서 가장 강력한 경쟁력을 갖추고 있었기 때문이다. 한편 IMF체제는 각국 간 가치의 안정과 국제적 차원에서 결제 방법을 통일하는 것을 그 주된 목표로 하고 있었다. IMF체제의 성립에 의해 달러화는 금과 함께 세계 통화로서의 법적 지위를 부여받았으며, 동시에 각국은 금 또는 미 달러화에 대해 자국 통화의 가치를 일정하게 유지해야 할 의무가 부과되었다. 미국은 각국에 대해 환율을 일정한 수준에서 유지하도록 함으로써 후진 공업국이 경쟁력 제고 수단으로 쉽게 이용할 수 있는 환율 절하의 가능성을 원천적으로 막으려 했던 것이다. 이처럼 GATT와 IMF로 집약되는 전후 세계 경제 질서는 당시 세계 최대의 공업국인 미국의 의도가 일방적으로 관철된 것이다.

그러나 미국 중심의 세계 경제 질서는 미국 경제의 세계적 지위가 상대적으로 후퇴한 반면 일본과 EU나라들의 경제적 지위는 꾸준히 상승하고 개발도상국들도 제국주의적 경제 질서에 나름대로 저항해 나가자 커다란 대립과 균열을 낳지 않을 수 없게 되었다. 실제로 전후 세계 경제의 한 축인 IMF체제는 50년대와 60년대를 통해 미국의 과도한 군사비 부담과 대외 원조가 누적되면서 미국의 국제 수지가 악화됨에 따라, 미국 주도로 좌지우지되었다. 우선 1971년에는 금과 달러화의 교환이 정지되고 1973년에는 고정 환율제를 포기하고 변동 환율제로 이행함으로써 사실상 브레튼우즈체제는 붕괴되었다고 할 수 있다. 또한 GATT체제 역시 70년대 이후 미국의 보호주의 경향이 확대되면서 트럼프 대통령 당선 이후 그 정도가 상승되고 있다. 그러면 전후 세계 경제에서 미국의 지위에는 어떠한 변화가 일어났는가에 다시 정리해 보기로 한다.

최근 들어 우리는 미국의 몰락 또는 미국의 쇠퇴라는 얘기를 자주 접하게 된다. 물론 여기에는 다소의 과장이 있음을 부인할 수 없다. 아직도 미국은 여러 면에서 세계 최고의 경제 대국임이 분명하다. 그러나 2차 대전 직후의 미국과 오늘날의 미국을 비교할 때 세계 경제 내에서 미국의 지위와 비중이 크게 저하한 것 역시 숨길 수 없는 사실이다. 세계 경제 내에서 미국의 비중 저하는 GNP, 수출 등에서 뚜렷이 나타나고 있다. 반면 독일과 일본의 비중은 매우 뚜렷이 증가하고 있다. 여기에 90년대 이후 중국을 필두로 아시아 신흥 공업국들의 부상도 세계 경제 판도의 변화에 일정한 부분을 이루고 있다.

미국 경제의 쇠퇴는 무엇보다도 대규모 무역 적자의 지속과 순채무국으로의 전락에서 잘 나타나고 있다. 미국은 지난 1975년까지만 해도 무역 흑자를 기록하였으나 1976년 이후 무역 수지가 계속해서 적자를 기록하고 있다. 더욱이 80년대 들어와서는 무역 적자가 대폭적으로 증가, 1984년에 1,000억 달러를 넘어선 후 1989년까지 6년 연속 세계 대전 이후 처음으로 채무국으로 전락하면서 1989년 말 미국의 대외 순채무는 5,325억 달러에 달하고 있다. 이 밖에도 미국은 1986년부터 3년간 서독에게 세계 최대 수출국의 지위를 빼앗겼으며, 1989년에는 전후 처음으로 미국내 외국인 투자(잔액 기준)가 미국의 대외 직접 투자를 초과하여 직접 투자에서도 입초국(수입 초과국)으로 전락하였다. 미국이 오늘날 이처럼 압도적인 경제적 우위로부터 쇠퇴해 가는 것은 다음과 같은 이유 때문이다.

첫째, 중국, 일본이나 EU나라들이 경제적으로 성장하여 미국의 강력한 경쟁 상대로 되고 있기 때문이다. 그리하여 미국이 일방적인 경제적 우위를 누리던 시기가 지나가고 순 경제적 측면에서 보자면 미국, 중국, 일본, EU 등으로 경제 중심이 다극화되는 현상이 뚜렷하다.

둘째, 미국이 패권주의적인 군사 정치 전략을 추구하는 과정에서 스스로 빠지게 된 모순 때문이다. 미국은 냉전 수행이나 군사 파병, 경제 원조 등을 통해서 전후에 선진 자본주의 나라나 후진국들을 종속적 동맹 내지는 재식민지화하는 노선을 취해 왔는데 이는 한편으로 미국의 정치 군사적 영향력을 강화시키는 주요한 수단이 되었지만, 다른 한편으로 미국에 국제 수지 적자 그리고 과다 군사비 지출에 따른 재정 적자를 증가시켰다.

셋째, 미국은 다국적 자본(자본 수출)을 통해서 후진국에서 이익을 빼돌려 왔는데 이것이 미국의 국민 경제를 공동화시키고 (전통적 산업, 가령 경공업·제철 산업의 낙후 및 사양 산업화) 또 경제의 군사화에 따라 국민 생활과 밀접하거나 산업 생산에 기초적인 산업을 낙후시키는 결과를 낳았다. 그래서 경공업이나 기초 중화학 제품이 한국, 중국 등 신흥 공업국에서 재수입되는 현상이 빚어지고 있는 것이다.

미국은 이 같은 처지에 몰리자 정치 군사적·경제적 우위를 뒷받침으로 하여 상대국들에게 자유 무역을 강요하는 한편 자신의 국제 경쟁력이 취약한 산업에 대해서는 보호주의의 벽을 쌓는 태도를 보이고 있다. 특히 미국은 한국과 같이 자신과 긴밀한 관계에 있는 나라들에 대해서는 무차별적인 개방 압력을 가해 오고 있는데 이는 전자의 예이다. 그리고 후자의 예로는 슈퍼 301조의 발동 위협이다. 이 같은 미국의 보호주의 강화로 각국간에 통상 마찰이 확대되고 급기야 세계 경제는 무역 전쟁이나 경제 전쟁을 야기하는 지경에까지 이르게 되었다.

이는 기본적으로 트럼프 정부 출범 이후 미국이 보호무역의 대상을 확대함으로써 자국의 경제적 곤란을 타개하려고 하기 때문이다. 이 같은 미국의 의도는 트럼프 정부가 다루고 있는 안건을 통해서도 쉽게 확인될 수 있는데 거기에는 서비스, 지적 소유권, 자유무역 협상 재조정, 통상압력 등 선진국의 이해와 밀접히 관련된 사안들이 주류를 이루고 있다. 이 가운데 서비스 산업의 경우 금융, 운수, 통신, 광고 등이 포함되어 있는데 이러한 분야에서 후진국의 시장이 선진국에서 개방될 경우 이는 개발도상국 경제에 파멸적인 영향을 미칠 것임이 분명하다. 특히 세계 최대의 농업국인 미국은 자국 농산물의 해외 시장을 확대하기 위해 농산물 교역의 자유화에도 전력을 기울이고 있다.

무엇보다 전기자동차, 3D 프린터 등 4차산업 혁명으로 인해 국제 분업 구조의 재편이 한국 경제에 미치는 영향에 우리는 주목해야 한다. 앞에서 본 세계 경제의 흐름과 4차 산업혁명이 한국 경제에 어떻게 작용할 것인가? 이를 알기 위해서는 한국 경제가 세계 경제와 어떠한 연관을 갖고 있는가, 한국 경제가 어떠한 내적 구조를 갖고 있는가를 살펴볼 필요가 있다. 한국 경제는 국제 분업 구조에 수직적으로 편입되어 있다. 세계 경제는 선진 자본주의 나라들에게 지배되면서 수직적인 국제 분업 구조를 형성해 왔다. 국제적인 분업 구조는 처음 '선진 자본주의 나라는 공업, 후진국은 농업'에서 점차 '선진 자본주의 나라는 중화학 공업, 후진국은 경공업'식으로 변화되어 왔다. 한국이 60년대와 70년대에 걸쳐 경제 개발 계획을 수행해 왔던 것은 이러한 국제 분업 구조에 힘입어서였다. 이러한 국제 분업 구조는 70년대 후반 들어 선진 자본주의 나라들이

기술 집약적인 고부가가치의 중화학 공업을 맡는 대신 한국 등 소위 신흥 공업국들은 노동 집약적인 저부가가치의 중화학 공업과 첨단 부품 생산을 맡는 식으로 이행해 가기 시작했다. 여기에는 다음과 같은 배경이 있다.

1973~1975년, 1980~1982년 두 차례에 걸친 공황은 선진 자본주의 나라들로 하여금 자신들의 자본 축적 구조를 일정하게 바꾸도록 강제하였다. 그 대표적인 예가 에너지 절약적 산업 구조와 과학 기술 혁명의 촉진이었다. 50~60년대 주요 선진 제국의 경제력이 의존하고 있던 전통적 공업 부문(경공업)의 쇠퇴, 하이테크놀로지 부문의 급격한 고양, 일부 전통적 공업 부문의 신흥 공업국으로의 이전, 세계 무역에서의 과학 집약적인 생산물과 서비스재 비율의 상승 등은 과학 기술 혁명이 급속히 진전된 배경은 1973년 석유 위기로부터 시작된 1974~1975년의 세계 경제 공황이다. 여기에서 천연 자원을 수입해서 써야 하는 경제 발전의 한계가 드러난 결과 에너지 절약적인 기술이 출현하게 되었다. 그리고 1980~1982년의 공황은 미국 내 전통 산업 부문의 급속한 몰락과 하이테크 산업의 상대적 우위를 초래하였다. 우주 항공, 전자 통신, 원자력 등의 첨단 산업은 미국 독점 기업의 핵심적인 생산 기반임과 동시에 미국 경제가 생산력 우위를 갖는 고도 기술 산업군이다.

70년대 중반까지 우리 나라의 무역 구조는 섬유, 의류, 신발, 잡화 등 주로 노동 집약적 경공업 부문의 제품을 미국을 비롯한 선진국에 수출하고 여기에 필요한 생산 수단은 일본 등에서 수입하는 구조였다. 그러나 70년대 중반 이후 세계 경제의 위기와 선진 국가의 불균등한 발전, 그리고 유가 상승을 원인으로 하여 미국 등 선진국들은 산업구조를 기술 집약적인 산업 중심으로 재편하기 시작하였다. 그리고 이에 따라 미국을 중심으로 한 국제 분업 구조, 좁게는 한·미·일 국제 분업 구조도 변화하였다. 이러한 국제 분업 구조의 재편은 국내에서는 조립 가공하거나 부품 생산을 맡는 노동 집약적인 중화학 공업 발전으로 나타났다. 그리고 여기에 필요한 자본은 차관 및 직접 투자 등에 의해 조달되었다.

한·미·일 간의 국제 분업 구조의 재편의 기본 방향은 다음과 같은 것이었다. 우선 미국은 극소 전자(Micro-Eiectronics) 혁명에 의한 컴퓨터와 정보의 결합으로 나타난 새로운 첨단 산업과 군수 산업을 좀더 강화하는 방향으로 나아갔다. 그리고 철강, 자동차, 전기 전자와 같은 전통적인 중화학 공업 부문에서 미국 자본은 이 부문의 경쟁력이 비약적으로 발전한 일본과 직합작 투자를 통해 기술을 흡수함으로써, 그리고 노동 집약적인 부문에서는 한국을 비롯한 아시아 신흥 공업국과의 기업내 국제 분업과 국제적 하청 생산을 통해 부품을 공급하거나 저부가 가치 부문의 생산을 이들 지역이 담당하도록 함으로써 새로운 국제 분업 구조를 이루었다.

이에 비해 일본에서는 70년대 중반 감량 경영, 경영 합리화 등을 실시하여 자동차, 전기 전자, 일반 기계 등 전통적 중화학 공업 부문의 경쟁력이 급격히 상승하였다. 그리고 이러한 상품은 주로 미국에 수출되었다. 일본은 전통적 중화학 공업 부문의 비약적인 발전을 새로운 과학 기술 집약적 산업으로 확산, 흡수하기 위해 대대적인 설비 투자를 실시하였다. 이에 비해 그 당시 주력 수출 상품이었던 전기 전자, 자동차 등의 전통적인 중화학 공업 부문에서는 미국의 보호 무역주의의 강화와 대미 수출 자율 규제 등 여러 가지 통상 압력을 계기로 하여 미국 현지 생산을 통한 시장 확보로 전환하였다. 엔고로 결과된 미일 간의 마찰로 일본은 자본 축적 전략의 전환이 불가피했다. 즉, 일본은 대미 현지 생산 이외에 대미 수출용 최종 상품의 생산에 필요한 부품과 중간재의 생산을 한국 등 아시아 신흥 공업국, 아세안으로 떠넘기기 시작하였다. 이에 따라 일본 독점 자본의 이들 지역에 대한 직접 투자도 증가하고 있다. 최근에는 중국에 대한 위안화 평가절상 압력을 노골적으로 강요하고 있다.

한국의 경우 섬유와 의류 등의 노동 집약적 산업의 대미 수출이 점차 감소하는 대신 상대적으로 저부가 가치 및 저기술 수준의 중화학 공업 부문의 대미 수출이 급격히 증가하였다. 즉 전기 전자 중에서는 TV, 라디오 등 가정용 전기 전자 부문과 조립 가공 재수출용의 부품 산업이 확산되었다. 자동차의 경우는 소형 저급차가 주로 수출되었으나, 최근 중대형차와 SUV차종으로 확대되고 있다. 원재료 중에는 자동차 후판과 같은 저부가 가치 부문의 대외 수출이 급격히 증가하였다. 그런데 미국과 일본의 다국적 기업이 이러한 부문을 서로 경쟁적으로 직합작 투자 내지는 주문자 상표 부착 방식을 통해 확보하려고 하였기 때문에 한국의 독점적 대기업과 그에 하청 계열화된 중소기업이 그들의 집중적 투자 대상으로 부각되었다.

미국을 비롯한 선진 자본주의 나라들은 고도의 생산력을 무기로, 후진국들을 국제적인 수직적 분업 체계에 철저히 예속시키면서 자신들의 경제적 이익을 추구해 왔다. 한국은 바로 이러한 선진 자본주의 나라들에 의해 지배되는 다분히 제국주의적인 국제 경제 질서의 한복판에 위치하고 있었다고 해도 과언이 아니다. 3저 현상(저성장, 저물가, 엔저)으로 한때나마 호황을 누린 것도 미국에서 전통 산업 부문이 쇠퇴한 대신 한국이 전통적인 산업 부문(가령 자동차나 철강 따위)이나 첨단 부품 산업을 이전받아 하청 생산하는 구조에서 기인한다. 그러나 이로 말미암아 한국의 기술, 시장, 자본이 미국에 더욱 깊이 종속되게 되었다. 한국 경제는 선진국들이 자신들의 이익을 위해 이전한 부품 산업이나 일부 전통적인 산업을 끌어들여 여기에 매달리는 기형적인 비자립적 구조를 갖고 있다. 따라서 세계적으로 경제가 불황에 빠지거나 아니면 이를 수입하는 나라들이 규제를 강화하게 되면 당장 어려움에 빠지지 않을 수 없는 것이다. 더욱이나 이들 이전 산업들의 경우 다국적 기업이 자본, 기술, 시장을 철저히 장악하고 있기 때문에 한국의 국민 경제의 중추는 바로 이 다국적 기업들에 의해 좌지우지되는 운명에 처해 있는 것이다. 한국과 미국, 한국과 일본 간의 경제의 실상이 이것을 여실히 증명해 준다. 한국이 미국의 시장 개방 압력을 받아 전전 긍긍하며 아무런 효과적인 대응책을 마련하지 못하고 있는 것도 바로 이런 이유 때문이다. 또 한국은 일본을 상대로 한 무역에서 여전히 큰 무역 적자를 기록하고 있고 기술적으로도 100% 종속성을 벗어나지 못하고 있는 것이다. 중국의 경우 사드 배치를 빌미로 각종 통상보복을 하고 있다.

이러한 세계 경제 속에서 한국 경제의 활로는 무엇인가?

세계 경제는 앞서 본 것처럼 전례 없는 변화 속에서 소용돌이치고 있다. 한편으로는 지역주의 경향이 대두되면서 역내 국가들이 다른 나라들에 대해 배타적으로 울타리를 둘러치는가 하면 또 다른 한편으로 4차 산업혁명으로 각국 간의 치열한 이해 다툼을 다자간 협상의 틀로 조정하려는 움직임도 나타나고 있다. 이 같은 움직임은 미국과 중국, 일본, EU 등에 의해 주도되고 있다. 이미 알다시피 미국은 불황 - 이는 주로 경제의 군사화와 세계의 패권을 쫓는 미국내 모순에 뿌리를 두고 있다 - 탈출 전략의 일환으로 자신의 경쟁 상대인 중국, 일본이나 EU에 무역 보복을 다짐하고 이들은 여기에 반발하면서 세계 경제 전쟁의 파고가 높아지고 있다. 한국도 이러한 세계 경제의 소용돌이 속에 놓여 있다. 한국은 미국과 중국, 일본, EU 등 선진 자본주의 나라들로부터 시장 개방 압력과 무역 규제를 당하며 심한 견제를 받고 있다. 동시에 중국, 인도 등 세계 시장에 무서운 속도로 등장하는 후발 개도국의 위협적인 추격을 받고 있다. 사면초가의 형상이라 해도 과언이 아니다.

4차 산업혁명으로 이제 선진국의 값싸고 한물 간 기술과 부품을 들여다가 저임금으로 가공해 파는 안이한 성장 전략은 더 이상 먹혀 들지 않는다. 지난 300년에 걸친 자본주의 시장경제의 발전 과정을 간략하게 요약하는 가장 좋은 방법은 그동안 일어났던 몇 차례 산업혁명의 특성을 이해하는 것이라고 생각한다. 산업혁명은 이전 시대와 이후 시대의 삶을 확연하게 구별해준다는 의미에서 그야말로 혁명적인 사건이다. 우리는 현재 4차 산업혁명을 경험하고 있다고 한다. 앞으로 몇 차례 산업혁명이 더 발생할지 지금으로서는 짐작하기 어렵다. 그런데 산업혁명 주기가 점점 짧아지는 반면 이로 인한 충격의 강도는 점점 강해지고 있다는 생각이 든다. 산업혁명은 기술혁신과 시대정신이 주도해 왔다. 이런 면에서 우리가 현재 효과적으로 대처하고 있는가 하는 의문이 떠나지 않는다. 1차 산업혁명은 18세기 중반 영국에서 시작됐다. 증기기관이 발명되어 상용화되고 인쇄술이 발달해 커뮤니케이션에 혁신을 가져왔다. 봉건체제가 해체되고 본격적으로 자본주의 시장경제로 이행하는 전기(轉機)가 마련됐다. 2차 산업혁명은 19세기말 전기와 전화의 발명, 그리고 석유의 발견과 내연기관의 발명을 바탕으로 미국과 유럽에서 동시에 진행되어 20세기 내내 세계경제를 지배했다.

3차 산업혁명은 20세기 말 인터넷이 등장하고 재생가능한 에너지가 개발되면서 시작됐다. 그리고 새로운 커뮤니케이션 기술과 에너지 기술을 바탕으로 사물인터넷이 활성화되면서 새로운 글로벌 경제체제가 형성되고 있다. 미래학자 제러미 리프킨(Jeremy Rifkin)이 『3차 산업혁명』이란 저서를 출간한 것이 2011년이라는 사실, 그리고 사물인터넷이 아직도 충분히 활성화되지 않았다는 점에 비추어 3차 산업혁명은 여전히 진행 중이라 할 수 있다. 그런데 최근 3차 산업혁명이란 용어는 자취를 감추고 갑자기 4차 산업혁명이 화두가 됐다. 마치 3차 산업혁명을 논하는 사람은 시간여행을 하고 온 느낌이 들 정도다. 한 마디로 기술혁신의 속도가 너무 빨라 웬만한 사람은 현재 무슨 일이 벌어지고 있는지, 앞으로 우리의 삶에 어떤 영향을 미칠 것인지 제대로 짐작하기도 어려울 지경이다. 4차 산업혁명은 모든 기기들과 사람을 연결하는 사물인터넷의 활성화에 그치지 않고 AI(인공지능), 나노기술, 로봇공학, 3D 프린팅, 자율주행자동차 등 실로 모든 분야에서 획기적인 기술혁신을 추구하고 있다.

여기서 주목할 점은 모든 분야에 적용되는 기술적 기반은 정보기술이라는 사실이다. 그리고 이들 분야 가운데 특히 인공지능과 관련된 산업이 4차 산업혁명을 주도할 것으로 보인다는 점이다. 인공지능이 가져올 미래의 기술적 유토피아를 낙관하는 대표적인 인물은 발명가이자 인공지능 전문가로 널리 알려진 레이 커즈와일(Ray Kurzweil)이다. 그는 '무어의 법칙'으로 대변되는 반도체 분야에서 일어난 기술발전이 하드웨어에 그치지 않고 정보기술 전반에 걸쳐 일어날 것으로 전망하면서 이를 수확가속의 법칙(Law of Accelerating Returns)이라 불렀다. 한 마디로 정보기술이 계속 지수함수적으로 발전할 것이라는 주장이다. 문제는 이런 정보기술의 발전을 마냥 반길 수는 없다는 사실이다. 기술적 유토피아가 도래할 것인지 아니면 반대로 디스토피아가 엄습할 것인지 현재로서는 가늠하기 쉽지 않다. 후자의 가능성을 우려하는 목소리도 만만치 않다.

우선 4차 산업혁명과 관련해 가장 우려하는 바는 많은 일자리가 급격하게 사라질 가능성이 크다는 것이다. 인공지능과 로봇공학 분야의 기술혁신이 이런 파괴적인 변화를 주도할 것으로 예상되고 있다. 이 둘의 결합은 앞으로 가장 중요한 기술혁신으로서 경제 전반에 지각변동을 가져올 것이다. 이와 관련해 2016년 1월 4차 산업혁명을 주제로 열린 제46차 세계경제포럼(일명 다보스포럼)에서는 인공지능, 로봇공학, 사물인터넷, 자율주행자동차, 3D프린팅, 바이오기술 등으로 2020년까지 전 세계에서 510만개의 일자리가 사라질 것으로 전망했다. 그 밖에 국제적으로 명망 있는 여러 기관에서도 비슷한 예측을 내놓았다. 제러미 리프킨이 다분히 극적으로 표현했던 노동의 종말이 가시화될 조짐이 보인다.

일각에서는 과거에 그랬던 것처럼 창조적 파괴의 과정을 거치면서 기존의 일자리가 사라지더라도 새로운 일자리가 창출되어 이를 만회할 것이라고 주장한다. 그런데 이것은 인공지능과 로봇공학이 결합한 새로운 정보기술의 본질을 제대로 인식하지 못하고 있기 때문인 것으로 여겨진다. 이 기술은 인간의 역할을 원천적으로 소멸시킨다는 속성을 갖고 있다. 이 점을 간과해서는 안 된다. 예컨대 자율주행자동차가 널리 보급되면 각종 차량을 운행하는 전문 기사에 대한 수요가 대폭 줄 것은 명약관화하다. 그리고 한국의 경우 대리운전기사들은 모두 일자리를 잃게 될 것이다. 그밖에 각종 서비스업에 종사하는 사람들도 상당수 일자리를 잃게 될 것이 확실시되고 있다.

그런데 이런 우울한 전망도 인공지능과 로봇공학이 아직 성숙하지 않은 단계에 있는 불과 몇 년 후에 해당하는 것이다. 시간이 지날수록 이 두 분야에서 기술혁신은 더욱 가속화될 것이고 더 많은 일자리가 사라질 전망이다. 현재 우리가 알고 있는 인공지능은 대체로 좁은 인공지능(Narrow AI)에 해당한다. 이미 널리 소개되어 세상을 놀라게 했던 IBM이 개발한 딥블루나 왓슨, 그리고 구글이 개발한 알파고 등은 모두 좁은 인공지능에 속한다. 이것은 특정 분야에서 매우 뛰어난 능력을 보이는 인공지능이라는 의미다. 인공지능이 이 단계에서 머문다면 인간의 노동을 대체하는 부작용을 초래하지만 한편으로는 모든 분야에서 효율적으로 의사결정을 내리고 이를 바탕으로 더 나은 삶을 영위하는 데 도움을 줄 것으로 예상된다. 인공지능의 미래를 낙관하는 사람들은 이런 긍정적인 측면을 특히 강조하고 있다.

그런데 인공지능이 현재의 좁은 인공지능의 영역을 넘어 인간 수준의 지능을 갖는 인공지능 또는 범용인공지능이라 불리는 AGI(Artificial General Intelligence) 수준에 도달하면 이야기가 달라진다. 그리고 인공지능이 일단 AGI 수준에 도달하면 기계학습을 통해 끊임없이 자기개선을 시도함으로써 빠른 기간 내에 한 단계 위의 인공지능인 초인공지능, 즉 ASI(Artificial Super Intelligence)에 도달할 수 있다. 그렇게 되면 인류에 어떤 재앙을 초래할지 상상하기조차 두렵다고 말하는 전문가들도 적지 않다. 이들은 인간 지능 수준의 인공지능이 출현한다는 것 자체가 미래에 커다란 재앙의 불씨가 될 것으로 우려한다. 물론 레이 커즈와일 같이 2029년경 AGI가 출현할 것이고, 2045년 경에는 ASI가 출현해 과거의 법칙이 더 이상 적용되지 않는 새로운 시대, 즉 특이점(Singularity)이 도래해 인간의 수명을 연장하고 각종 질병을 극복하는 데 획기적으로 기여할 것이라고 낙관적으로 전망하는 사람들도 있다. 이들은 보통 특이점주의자(Singularitarians)라고 불린다.

인공지능 전문가가 아닌 사람으로서 이 분야의 미래 전망에 대해 더 이상 왈가왈부하는 것은 적절하지 않다. 그럼에도 이런 이야기를 하는 이유는 향후 전 세계를 지배할 가공할 파괴력을 가진 기술이 바로 인공지능 관련 기술이라는 점 때문이다. 이 문제는 더 이상 기술적인 문제가 아니라 사회적, 경제적 나아가 생존의 문제이기 때문에 일반인들도 이에 대한 지식을 바탕으로 미래를 대비해야 할 필요가 있다. 이것은 현재 우리의 생존뿐만 아니라 미래 세대의 생존을 위해서도 중차대한 문제이기 때문이다.

미국 국방부 산하의 방위고등연구계획국, 보통 DARPA(Defense Advanced Research Projects Agency)로 알려진 기관은 인터넷의 모체인 아파넷(ARPAnet)을 개발한 주역이다. 현재 이 기관을 필두로 세계적인 IT기업인 구글, 애플, 페이스북, 바이두 그리고 IBM 등은 인공지능 분야에 막대한 자금을 투자해 이 분야의 선도자가 되기 위해 총력을 기울이고 있다. 그 이유는 미국과 중국을 비롯한 몇몇 정부와 초국적기업들은 이 분야에는 승자독식의 원칙이 적용된다는 사실을 분명히 알고 있기 때문이다. 그리고 이들 못지않게 금융부문에서도 AGI 수준의 인공지능을 개발하기 위해 치열한 경쟁이 벌어지고 있다. 이런 일에 종사하는 사람들은 퀀트(Quants)라고 부르는데 이들은 금융거래에서 가장 뛰어난 인공지능 알고리즘을 개발한다면 상상을 초월하는 이익을 올릴 수 있음을 확신하고 있다. 문제는 이들의 무한경쟁을 저지할 방법이 없다는 데 있다. 이 말은 정확하게 시점을 못 박을 수는 없지만 머지않은 장래에 가공할 능력을 가진 AGI와 ASI로 무장한 세력이 등장할 것이 거의 확실시 된다는 것이다. 이에 따라 세계 각국은 이 분야에 오래 전부터 지속적인 투자를 진행하여 왔지만, 우리는 이에 대해 소홀했다.

여기서 우리가 진지하게 고민해야 하는 문제는 이와 같은 4차 산업혁명이 진행되고 있는 현 상황에서 과연 한국경제는 무엇을, 어떻게 준비하고 있는가 하는 것이다. 유감스럽게도 인공지능 관련 기술면에서 한국 기업이 선도자가 될 가능성은 거의 없는 것 같다. 구글이나 애플이 자율주행자동차 분야를 선도하고 있는 것이 대표적인 증거다. 기업이 그러하다면 정부라도 제 역할을 해야 하는데 현재로서는 한국 정부에게 어떤 것도 기대하기 어려운 실정이다. 현재 한국에서 벌어지고 있는 소모적이고 가치 파괴적인 행태가 이를 증명하고 있다.

인공지능 시대에 살아남으려면 진짜 창의적인 사고로 무장해야 한다. 4차 산업혁명은 승자독식이라는 자본주의의 본성을 더욱 드러낼 것이다. 이런 절박한 상황에서 지금과 같은 정신 자세로는 개인의 생존 나아가 국가의 생존을 보장할 수 없다. 지금 당장 이런 위기를 느낄 수 없다고 위기가 소멸되는 것은 아니다. 타조처럼 머리를 모래에 처박고 있으면서 위험이 사라진 것으로 생각하는 우(愚)를 범해서는 안 된다. 지금은 4차 산업혁명을 반기기보다는 위기의식을 느껴야 할 시점이다.

그러면 한국경제는 무엇을 준비해야 하는가? 인공지능이 지배하는 시대에 살아남으려면 진짜 창의적인 사고로 무장해야 한다. 무늬만 그럴듯한 경영혁신과 흉내만 내는 기업가 정신으로는 인공지능이 지배하는 시대를 선도하기는커녕 생존조차 장담할 수 없다. 이런 정신은 단순히 지식을 많이 축적한다고 가능한 것이 아니다. 여러 분야의 지식을 축적한 후 이를 바탕으로 깊은 통찰을 통해서만 창의적인 사고가 가능하기 때문이다. 그리고 이런 통찰은 편협한 자기 중심의 사고와는 양립할 수 없다. 이런 의미에서 인류 역사상 가장 창조적인 인물이었던 알베르트 아인슈타인의 다음 명언은 우리 모두 음미해야 할 것이다. "가장 중요한 것은 질문을 멈추지 않는 것이다. 호기심은 그 자체만으로도 존재 이유가 있다. 세계에 대한 끊임없는 호기심을 가지고 연구해야 한다. 세계경제는 계속 변화하고 있기 때문이다."

한국 경제는 이런 세계 경제의 변화와 4차 산업혁명의 시기를 한국경제 도약을 위한 새로운 도전으로 받아들여야 한다. 사실 현재의 한국 경제는 커다란 좌절을 맛보고 있지만 희망이 없는 것은 아니다. 왜냐 하면, 그동안 파행적인 성장 속에서도 나름대로 국민적인 성장 잠재력이 축적되어 왔기 때문이다. 또 사회주의권의 해체에 따라 냉전이 해소되고 있고 어느 한 나라가 일방적으로 세계 경제를 주도하는 단계가 끝나고 새로운 세계적인 경제 협력이 요청되고 있고 아시아 태평양권의 성장 잠재력이 그 어느 때보다도 주목을 받고 있다.

문제는 한국 경제가 발상의 대전환을 통해 과연 새로운 도전에 능동적으로 대응하면서 이러한 기회를 살려 낼 수 있는가 여부이다. 한국 경제가 당당하게 세계적으로 활로를 찾아 나가려면 우선 자체적으로 상당 수준의 기술 개발을 이룩해야 한다. 또 다른 나라들이 한국 경제를 무시할 수 없는 협력 파트너로서 인정하도록 한국 경제가 자립적 조건을 갖추어야 할 것이다. 한국 경제가 기술 개발을 이룩하고 자립적 조건을 확보하기 위해서는 산업간 균형이 하루 빨리 회복되고 대기업뿐 아니라 중소기업이 산업의 각 분야에서 자체 기반을 구축해야 한다. 또, 내수 중심의 경제환경은 시급히 글로벌경제 중심으로 개편해야 한다. 어울러 해외진출의 첨병이자 개척자인 해외주재원들이 글로벌경제에서 주인된 위치로 서야 한다. 그리고 이를 보장하기 위한 제도 개혁이 경제 각 부문에서 시급히 이루어져야 함은 두말할 필요가 없다. 만약 이러한 노력이 선행되지 않는다면, 한국 경제는 세계 경제의 주변적인 위치에서 영원히 벗어나지 못할 것이다.

한 가지 사건으로 책을 마무리하고자 한다. 국내 대표적 기업인 A사는 2년 전 신흥시장으로 평가받던 미얀마에 해외주재원 1명을 파견하였다. A사의 CEO가 미얀마 방문을 하고 돌아와서 현지 시장개척을 지시했기 때문이다. A사는 즉시 미얀마에 대해 기본지식이 없는 박한국씨를 주재원으로 파견하였다. 미얀마에 파견된 박한국씨는 미얀마어는 물론 현지 경제에 대해 아무것도 모른 채 파견되었다. 2년 동안 박한국씨는 열심히 미얀마에서 일했지만 가시적인 성과는 이루지 못했다. 군사정권에서 민간으로 정권이 이양되면서 경제관련 인사들의 전면교체와 제도적인 변화로 박한국씨의 노력이 제대로 반영되지 않았기 때문이다. 결국 A사는 이런 상황을 고려하지 않는 채 박한국씨의 한국 귀임을 결정하였다. 한국 글로벌 경제의 현주소이다.

[부록]

<국제경제 및 기구 관련 용어>

• 갈라파고스경제

갈라파고스(Galapagos)는 남아메리카로부터 1,000km 떨어진 적도 주위의 태평양 16개 화산섬과 주변 암초로 이뤄진 섬들이 있는 지역 명칭이다. 에콰도르 영토로 갈라파고스 주에 속한다. 갈라파고스는 찰스 다윈이 비글호를 타고 제도를 방문한 곳으로도 유명하다. 다윈이 '진화론' 집필에 영감을 불어 넣게 해준 기초 조사를 수행한 곳으로 인간의 발길이 닿지 않아 고유종이 어떻게 환경에 적응하며 진화를 하여 왔는지를 보여주는 좋은 연구 환경을 제공해주었다. 섬의 이름을 따서 갈라파고스화(化), 또는 갈라파고스 증후군이라는 용어가 있다. 1990년대 이후 일본의 제조업(주로 IT 산업)이 일본 시장에만 주력하기를 고집한 결과, 세계 시장으로부터 고립되고 있는 현상을 일컫는 표현으로 사용되었다. 마치 남태평양의 갈라파고스 제도가 육지로부터 고립돼 고유한 생태계가 만들어진 것과 같아 붙여진 이름이다. 이러한 용어는 원래는 일본의 상황만을 일컫는 말로 저널리즘 용어였으나, 최근에는 우리의 산업이나 미국의 자동차 산업 등 다른 나라의 비슷한 상황에도 확장, 사용되고 있다. 결국, 갈라파고스라는 의미는 세계 시장의 욕구와 국제 표준을 맞추지 못하게 되고, 자신이 개발한 기술과 서비스가 고립됨으로써 세계 시장 진출이 막히고 나아가 내수 시장에서마저 위기를 맞을 것이라는 이야기다. 따라서 비유적 용어로 갈라파고스는 생태계 이외에도 사용되고 있으며, 특정 분야에 있어 외부와 격리된 채로 진화가 수행되어 온 곳을 지칭한다.

• 가젤형기업(Gazelles Company)

매출액 또는 고용자 수가 3년 연속, 평균 20%이상 지속적으로 고성장하는 기업. 빠른 성장과 높은 순고용 증가율이 '빨리 달리면서 높은 점프력을 갖고 있는' 영양류의 일종인 가젤과 닮았다고 해서 붙인 이름이다. 강소기업을 말하는 '히든 챔피언'과 비슷한 개념이지만 강소기업은 매출신장에 비중을 더 두는데 비해 가젤형 기업은 안정적인 일자리 창출에 중추적인 역할을 하고 있다. 가젤형 기업 중에서도 매출 1,000억 원 이상의 기업은 슈퍼 가젤형 기업이라고 말한다.

• 가치사슬(Value Chain)

기업이 상품과 서비스를 만들어내고 유통시키면서 고객들에게 가치를 제공하는데 이에 관련된 일련의 활동들을 가치사슬이라 한다. 이런 가치사슬을 통해 핵심사업 등에 더 투자를 하면서 높은 경쟁력을 확보하고, 수익성도 높아지게 된다. 기업의 전략을 단위활동으로 구분하여 자사의 강점과 약점을 파악하고 원가발생의 원천 및 경쟁기업과의 차별화 등을 분석한다.

• 거미집 이론

수요의 반응에 비해 공급의 반응이 지체돼 일어나는 현상. 가격의 변동에 대응해 수요량은 대체로 즉각적인 반응을 보인다고 말할 수 있으나, 공급량은 반응에 일정한 시간이 필요하기 때문에 실제 균형가격은 이러한 시간차로 말미암아 다소간의 시행착오를 거친 후에야 가능하게 된다. 이러한 현상이 수요공급곡선 상에 나타내면 가격이 마치 거미집과 같은 모양으로 균형가격에 수렴되므로 거미집이론이라 부른다.

• 결제통화

결제통화(Currency of Settlement)란 국가 간 무역거래 시 결제에 사용되는 통화를 말한다. 세계 각국은 각각 자기 나라의 무역결제에 사용하는 통화를 지정하고 있는데, 현재는 기축통화인 미국 달러화가 가장 많이 사용되고 있다. 특정통화가 결제통화로 사용되려면 환율의 변동성이 크지 않고, 유동성이 부족하지 않아야 하는 등 일정 조건을 충족해야 한다. 2008년 미국발 금융위기를 계기로 기축통화인 달러화의 위상이 흔들리자 중국은 주변국들과 위안화 무역결제협정을 체결하고 무역거래 시 위안화 결제범위를 넓혀가고 있다. 중국은 이를 통해 위안화의 국제화를 추진한다는 전략이다. 우리나라는 결제통화로 달러화를 가장 많이 쓰고 있다.

• 경상수지

재화나 서비스를 외국과 사고파는 거래와 외국에 투자한 대가로 벌어들이는 배당금, 이자 등의 소득거래 및 대가없이 이전되는 이전거래가 계상되는 경상계정의 수지차이를 의미한다. 경상수지는 상품수지, 서비스수지, 소득수지 및 경상이전수지의 4개 세부항목으로 구성되어 있다. 경상수지는 자본수지에 비해 상대적으로 안정적인 성격을 지닌 거래들로 구성되어 있으며 경제발전 및 정책 변화의 효과를 측정하거나 전망하는데 널리 이용된다. 특히 상품 및 서비스수지가 경상수지의 대부분을 차지하고 있어 우리 경제에 미치는 영향이 가장 크다고 볼 수 있다.

• 경제불쾌지수

한 나라의 경제에 대한 국민들의 불만 정도를 나타내는 지수. 소비자물가 상승률과 실업률을 합한 다음 실질 경제성장률을 뺀 수치다. 경제불쾌지수가 15를 넘으면 대부분의 국민이 경제적 불안을 느끼는 것으로 해석된다.

• 경착륙/연착륙

경착륙은 영어의 Hard Landing에서 빌려 왔다. 항공기가 급격히 고도를 낮추면서 활주로에 진입하거나 착륙하는 것을 말한다. 반면, 연착륙(Soft Landing)은 비행기나 우주선이 기체에 무리가 가지 않도록 활주로에 서서히 착륙하거나 진입하는 기법을 가리키는 우주·항공 용어다. 따라서 경착륙/연착륙은 어려운 경제 용어를 쉽게 설명하기 위한 것으로 이해하면 된다. 경착륙은 마치 놀이기구의 롤러코스트를 타듯이 격심한 변동을 가져오듯이 경기가 갑자기 냉각되면서 주가가 폭락하고 실업자가 급증하는 현상을 말한다. 이러한 의미 때문에 경착륙은 경기 동향의 급격한 변동을 일컫는 용어로 대용되고 있다. 이에 비해 연착륙은 경기가 고성장에서 급격한 경기침체나 실업증가 등을 야기하지 않으면서 서서히 안정기에 접어드는 현상을 말한다. 경기란 전반적인 경제상황을 말하는 것으로, 경제활동이 활발하여 경기가 좋을 때를 '호황', 나쁠 때를 '불황'이라 한다. 경기는 멈춰있는 것이 아니라 일정한 순환 주기를 가지고 호황과 불황을 반복하는데, 이를 경기 순환이라 한다. 호황이 지속되면 사람들의 씀씀이가 커져 물가가 오르게 된다. 이는 소비활동의 축소로 이어지고, 저조한 생산과 투자로 이어져 경제활동이 급격하게 나빠지게 된다. 자본주의 경제는 경기의 상승과 하강이 되풀이되는 경기 순환과정을 불가피하게 겪는다. 경기 후퇴기 때 나타나는 투자위축·실업증가·소득감소·주가 폭락 등 여러 부작용을 최소화시키는 것이 중요하다. 경기의 변동성이 크다는 것은 그만큼 경제주체들이 예상치 못한 위험에 노출될 가능성이 커 안정적이고 지속적인 경제활동을 방해하는 요인으로 작용하기 때문이다. 그렇기 때문에 경기 하강의 폭과 속도를 최대한 자연스럽고 부드럽게 이루어지도록 거시경제를 안정적으로 관리하는 경제정책이 중요해진다.

• 고령화사회

UN에서 규정한 바에 따르면, 65세 이상의 인구가 전체 인구의 7% 이상이면 고령화사회, 14% 이상이면 고령사회, 20% 이상이면 초고령사회라고 부른다.

• 고정환율제도

환율의 변동을 인정하지 않거나 환율을 일정 범위 내로 고정시켜서 안정을 꾀하는 환율제도이다. 고정환율제도는 환율이 안정적으로 유지됨에 따라 경제활동의 안정성이 보장되어 대외거래를 촉진시키고, 국내 인플레이션과 신용확대에 쉽게 대처할 수 있다는 등의 장점이 있다. 하지만 환율 변동에 의한 자동적 국제수지를 조정할 수 없고 대외부문의 충격이 국내경제를 불안정하게 한다는 단점도 있다. ↔변동환율제도

• 골디락스

성장세가 지속되더라도 인플레이션 우려가 거의 없는 이상적인 경제 상황. 골디락

스는 골드(Gold, 금)와 락(Lock, 머리카락)의 합성어로, 금발머리를 뜻하는 소녀의 이름이기도 하다. 이 소녀는 영국동화 '곰 세마리'에 등장한다. 동화 속에서 골디락스는 숲 속을 걷다 길을 잃고 곰 세마리가 사는 집에 도착하게 된다. 허기가 졌던 골디락스는 곰들이 끓여놓고 나간 3가지 온도의 수프 중 뜨겁지도 차갑지도 않은 적당한 온도의 수프를 선택해 만족스럽게 식사를 끝낸다. 골디락스 경제는 이처럼 뜨겁지도 차갑지도 않은 먹기 좋은 수프에서 유래했으며 고성장 속에서도 물가상승이 없는 이상적인 상황을 말한다. 1990년대 후반의 미국 경제가 골디락스의 대표적인 예다. 당시 미국은 정보기술(IT) 산업 육성으로 생산성이 향상돼 물가상승을 동반하지 않고도 수년간 4% 이상 고성장을 달성했다.

• **공동체지원농업(CSA)**

세계적으로 빠르게 확산되고 있는 로컬푸드 운동의 대표적 방법으로 기존의 생산자나 소매자 중심의 농산물 유통이 아닌 소비자가 함께 참여하는 쌍방향 유통을 말한다.

• **공개시장조작(Open Market Operation)**

중앙은행이 국채 및 기타 유가증권 매매를 통해 금융기관과 민간의 유동성을 변동시켜 시장금리에 영향을 주는 정책수단이다. 공개시장조작은 정책 효과가 금융시장의 가격 메커니즘을 통하고 중앙은행이 필요에 따라 시기 및 규모를 신축적으로 결정할 수 있다는 점에서 효율적인 통화정책수단으로 인식되고 있다. 공개시장조작은 지급준비율정책, 재할인율정책 등과 더불어 중앙은행의 가장 기본적인 금융정책수단이다. 중앙은행이 공개시장에서 민간으로부터 국채를 매입하면 통화량이 증가하고 이자율은 하락한다. 반대로 중앙은행이 공개시장에서 민간에게 국채를 매각하면 통화량이 감소하고 이자율은 상승한다. 금융시장이 고도로 발달하여 금융자산이 다양화되어 있고 금리가 자율화되어 있는 선진국에서 통화조절수단으로 많이 활용되고 있다. 조작 대상에는 일반적으로 국채 및 기타 정부증권이나 은행인수어음과 환어음 및 금, 외국환 등도 포함된다.

• **공공재**

공공재란 비경합성(Non-Rivalry)과 비배제성(Non-Excludability)을 가지고 있어 대가를 지불하지 않아도 모든 사람이 함께 소비할 수 있는 재화나 서비스를 의미한다. 국방서비스, 도로, 항만, 등이 대표적 예다. 비경합성이란 한 사람이 그것을 소비한다고 해서 다른 사람이 소비할 수 있는 기회가 줄어들지 않음을 의미하고, 비배제성이란 대가를 치르지 않는 사람이라 할지라도 소비에서 배제할 수 없음을 뜻한다. 이러한 특성 때문에 공공재에는 가격을 책정하는 것이 힘들다. 즉, 비경합성으로 인해 소비하는 사람이 추가적으로 늘어난다 하더라도 재화를 생산하는 비용이 늘어나는 것이 아니기 때문에 가격을 매기는 것이 바람직하지 않고, 비배제성 때문에 이용대가를 치르게 하는 것이 어렵다. 이러한 특성 때문에 공공재 생산에 드는 비용은 부담하지 않으려 하면서 소비에는 참여하고 싶어하는 무임승차자(Free-Rider)의 문제가 발생한다. 따라서 공공재의 공급을 시장기능에만 맡기면 사회적으로 적절한 수준으로 생산되기 어렵기 때문에 공공재는 주로 정부가 직접 생산, 공급하게 된다. 국방서비스 또는 방위산업처럼 국가 안보상 중요한 사항은 정부가 담당하지만 한국철도공사, 한국가스공사, 한국도로공사 등의 공기업을 설립해 공공재의 생산, 공급, 관리를 대행시키기도 한다.

• **공적개발원조**

중앙 및 지방정부를 포함한 공공기관이 개발도상국(또는 개발도상국에 대한 원조에 관여하는 국제기구)의 경제개발과 복지증진을 위해 개도국 또는 국제기구에 공여하는 증여 및 양허적 성격의 차관을 의미한다(증여는 무상원조, 양허성 차관은 유상원조라고도 한다). 공적개발원조는 양자간 협력과 다자간 협력으로 구분된다. 양자간 협력은 무상원조(KOICA: 한국국제협력단)와 유상원조(EDCF: 대외경제협력기금)로 구별되며, 다자간 협력으로는 국제기구출연(UNDP, IDA 증여 등)과 국제기구출자(IFC, ADB 출자 등)로 구분된다.

• **공정무역**

공정무역이란 한마디로 국가간 동등한 위치에서 이루어지는 무역을 말한다. 최근 다양한 상품 생산에 있어 공정한 가격을 지불토록 촉진하기 위한 국제적 사회 운동으로 추진되고 있다. 이 운동은 윤리적 소비의 일환으로 개발도상국에서 선진국으로 수출되는 상품으로 주로 농산물에 주종을 이룬다. 공정무역은 기존의 국제무역체계로는 세계의 가난을 해결하는 데 한계가 있다는 인식하에 1990년대부터 시작되었다. 생산자와 소비자 간의 직거래, 공정한 가격, 건강한 노동, 환경 보전, 생산자들의 경제적 독립 등을 포함한 개념이다. 가난한 제3세계 생산자들이 만든 환경 친화적 상품의 직거래를 통해 공정한 가격에 구입하여 가난을 극복하는 데 도움을 주고자 한다. 이는 가난한 나라의 경작자들이 고된 노동과 열악한 환경 속에서 만든 제품을 선진국들의 농업 생산자들이 국가로부터 농업 보조금을 받아 값싸게 공급할 수 있어 경쟁 자체가 성립되지 않기 때문에 이를 시정하려는 국제적인 사회 운동으로 바뀌었다.

• **꼬리 위험(Tail Risk)**

거대한 일회성 사건이 자산 가치에 엄청난 영향을 줄 수 있는 리스크. 사람의 키나 몸무게 등 많은 자연 현상은 대개 특정한 평균치를 중심으로 대칭을 이루는 종 모양의 정규분포 곡선을 따른다. 바깥쪽으로 갈수록 높이가 낮아지는 꼬리모양을 이루는 것이다. 그러나 경우에 따라 발생확률이 적은 현상이 나타나면서 빈도가 정규분포가 예측하는 것보다 훨씬 커져 꼬리가 굵어질 경우 꼬리리스크가 발생한다. 꼬리리스크는 발생 가능성이 낮고 예측하기 어렵지만 한번 위험이 발생하면 큰 영향을 미친다. 예를 들어 2007년부터 서서히 기미를 보이다가 2008년도에 발생한 글로벌 금융위기가 그렇다.

• 관세

관세란 해외로부터 수입하는 상품에 대해 부과하는 세금을 말한다. 관세의 종류는 크게 수입품의 가격에 대해 일정비율로 부과되는 종가세(ad valorem tariff)와 수입품의 수량에 대해 일정액으로 부과되는 종량세(specific tafiff) 등으로 나눌 수 있다. 역사적으로 볼 때 관세는 수량할당(quota)과 더불어 모든 국가에서 가장 오래, 그리고 널리 사용해 온 무역정책수단이다. 그러나 1948년 이후 수차례 지속된 GATT 체제하에서의 다자간 무역협정 과정에서 세계적으로 대폭적인 관세인하가 이루어지면서 무역정책에 있어 관세의 중요성은 점차 쇠퇴하였다. 근래에 이르러서는 대부분 국가의 정부들이 관세가 아닌 다른 여러 종류의 비관세 무역장벽을 통해 무역정책을 수행하고 있다.

• 관세율표

수입물품에 부과되는 기본적인 관세율을 정하는 표로서 관세법 별표로 규정한다. 세계관세기구(WCO) 품목분류체계(HS)에 따라 국제적으로 거래되는 모든 종류의 물품을 분류한 97개 류(Chapter)의 각 세목에 대한 기본 관세율로 구성된다.

• 관세화(Tariffication)

해당 품목의 수입 물품에 국내외 가격차이만큼 관세를 붙여 물량 제한없이 누구나 자유롭게 수입할 수 있도록 하는 것으로, '시장 개방'을 뜻한다. 미국이 최초로 제안했으며, 농산물 교역자유화를 위한 수단으로 우루과이라운드 농업협상의 3대 의제 중 하나인 국경보호부문에서 다루어졌다.

• 공유경제(Sharing Economy)

개인 소유를 기본 개념으로 하는 전통 경제와 대비되는 개념으로 집이나 자동차 등 자산은 물론 지식이나 경험을 공유하며 합리적 소비·새로운 가치 창출을 구현하는 신개념 경제를 말한다. 공유경제는 소유자들이 많이 이용하지 않는 물건으로부터 수익을 창출할 수 있으며, 대여하는 사람은 물건을 직접 구매하거나 전통적인 서비스업체를 이용할 때보다 적은 비용으로 서비스를 이용할 수 있다는 장점이 있다. 그러나 공유 서비스를 이용하다가 사고가 났을 경우 보험을 비롯한 법적 책임에 대한 규정이 명확하지 않는 등 이를 규제할 수 있는 법안이나 제도가 마땅치 않다는 문제점도 있다.

• 교역촉진법(BHC법, Trade Facilitation and Trade Enforcement Act of 2015)

늘어나는 경상수지 적자를 해소하기 위해 환율조작국에 직접 제재를 가할 수 있도록 법적인 근거를 담은 미국 법안. 미국의 주요 교역국에 대한 환율보고서 작성, 심층분석 실시, 양자협의 강화 및 교정조치 등을 규정하고 있다.

• 국제피셔효과

두 나라의 금리 차이는 두 나라의 통화간 예측되는 환율변동과 같다는 이론으로 금리와 환율의 상호관계를 나타내 주는 개념이다. 두 나라 통화간 현물 환율은 양국간 금리격차와 반대 방향으로 움직인다고 가정한다. 즉, 표시통화만 다르고 위험과 만기가 동일한 금융상품간의 금리 차이는 두 통화간 환율의 기대변동률과 같다는 것이다. 국제자본이동에 대한 통제가 없다면 위험 중립형 투자자들은 기대수익이 가장 큰 곳에 자금을 운용할 것이다. 두 나라간 이자율이 동일하지 않다면 투자자들은 이자율이 높은 국가로 자금을 이동할 것이므로 결국 전세계적으로 실질수익률이 동일하게 되고, 각국의 명목금리 격차는 단지 각국의 인플레이션 예상치의 차이에 불과하게 된다. 예를 들어, 일정 시점에서 한국 금리가 미국 금리보다 5% 높아진다면 원화는 미국 달러화에 대해 5% 절하되며, 현재 환율이 달러당 1,200원이라면 향후 1,260원으로 원화가 5% 떨어지게 된다. 원화 증권에 투자한 미국 투자가들은 만기 시 원화증권의 원리금을 달러로 전환할 때 예상되는 절하폭을 그만큼 높은 금리로 상쇄하고자 할 것이기 때문이다. 즉, 금리 면에서 원화가 달러화에 비해 유리한 경우, 환율 면에서 원화가 달러화에 비해 같은 크기로 불리할 것으로 예상돼야 시장이 균형을 이룰 수 있다는 것이다.

• 국제수지

일정기간 동안 한 나라와 다른 나라 사이에 발생한 경제적 거래에 따른 수입과 지급의 차이를 말한다. 국제수지는 과거엔 무역수지, 무역외수지, 이전수지로 구분되었으나, 1997년부터 IMF의 신기준에 맞춰 자본수지, 준비자산증감, 경상수지 등의 3가지 항목으로 변경됐다. 국제수지의 주 목적은 정부에게 그 국가의 국제적 위상을 알려주고 통화정책 등을 수립할 때 도움을 주기 위함이다.

• 국세심판청구

부당하거나 억울한 세금을 고지 받은 경우, 국세 심판원에 심판 청구를 제기하여 잘못된 세금을 바로잡을 수 있는 제도이다. 권리 또는 이익의 침해를 당한 납세자가 징세 기관인 국세청 및 관세청과 독립된 국세심판원에 제기하는 불복절차이다.

국세심판청구는 이의신청, 심사청구와는 달리 심판 결정은 심판관의 독립성 보장, 준사법적 기능 부여 등 납세자의 권리구제를 위해 여러 제도적 장치를 마련하고 있는 것이 특징이다. 심판청구는 당해 처분이 있는 것을 인지한 날(처분의 통지를 받은 때에는 그 받은 날)부터 90일 이내에 제기하며, 이의 신청을 거친 후 심판청구를 할 때에는 이의 신청에 대한 결정의 통지를 받은 날로부터 90일 이내에 해야 한다. 다만 이의신청 결정기간인 30일내에 결정의 통지를 받지 못한 경우에는 그 결정 기간이 경과한 날부터 심판청구를 할 수 있다. 심판청구는 그 처분을 하거나 하였어야 할 세무서장을 거쳐 국세심판원장에게 하거나 세무서장을 거치지 않고 직접 국세심판원장에게 할 수 있으며(우편 가능), 국세심판원장은 심판청구를 받은 날로부터 90일 이내에 결정하여야 한다.

• 국경세

과세물건이 정치적 · 경제적 국경을 통과할 때 과세되는 조세를 말한다. 국경세는 수출품에 대하여 국내에서 부과되는 세금을 면제 또는 환급해주고 수입품에 대하여는 같은 종류의 국산품에 대해 부과되는 세금을 부과하는 것으로, 이를 국경세 조정(Border Tax Adjustment)이라고도 한다. GATT 조약 제16조에 의하면, 수출보조금은 위법으로 되어 있지만, 간접세의 환급은 그 제한이 없는 것으로 되어 있다. 간접세는 재화의 수출시에 면제 내지 환급되고, 동종의 재화가 외국에서 수입되는 때에는 국내의 간접세에 대응하는 수입평형세가 과세된다. 이러한 수출환급세와 수입평형세를 중심으로 한 조작을 통해 국경세조정이 이루어진다. 부가가치세법상 영세율제도는 국경세조정이 그 근본취지이다.

• 국가신용등급

개인의 경우, 자신의 금융 기관 거래 실적, 채무 상태, 상환 능력 등을 따져 신용등급이 매겨진다. 신용 등급이 나쁘면 돈을 빌리기도 어렵고 빌린다 하더라도 높은 이자를 감수하지 않으면 안 된다. 마찬가지로 국가의 경우도 신용 등급이 매겨진다. 국가의 신용 등급은 한 나라의 채무(외채) 상환 능력에 따라 정해지는 데 외환보유액, 외채구조(장단기) 등 대외 부문의 건전성이 가장 중요하다. 여기에 거시경제 여건, 재정 건전성, 금융 및 기업 부문의 경쟁력, 노동시장 유연성, 안보 위험 등을 종합적으로 고려하여 평가가 이루어진다. 한편, 국가 신용 등급은 기업 및 금융 기관 등 민간 기관의 신용 등급을 판정하는 기준이 된다. 그렇기 때문에 국가 신용 등급의 향상은 국가의 신인도 제고는 물론 민간의 해외 차입비용의 감소를 가져온다.

• 국가신용등급

개인의 경우, 자신의 금융 기관 거래 실적, 채무 상태, 상환 능력 등을 따져 신용 등급이 매겨진다. 신용 등급이 나쁘면 돈을 빌리기도 어렵고 빌린다 하더라도 높은 이자를 감수하지 않으면 안 된다. 마찬가지로 국가의 경우도 신용 등급이 매겨진다. 국가의 신용 등급은 한 나라의 채무(외채) 상환 능력에 따라 정해지는 데 외환보유액, 외채구조(장단기) 등 대외 부문의 건전성이 가장 중요하다. 여기에 거시경제 여건, 재정 건전성, 금융 및 기업 부문의 경쟁력, 노동시장 유연성, 안보 위험 등을 종합적으로 고려하여 평가가 이루어진다. 한편, 국가 신용 등급은 기업 및 금융 기관 등 민간 기관의 신용 등급을 판정하는 기준이 된다. 그렇기 때문에 국가 신용 등급의 향상은 국가의 신인도 제고는 물론 민간의 해외 차입비용의 감소를 가져온다.

• 구상무역

구상무역이란 대금결제시 화폐가 사용되지 않거나 부분적으로만 이용되는 경우를 총칭하는 것으로, 바터무역(Barter Trade)이라고도 한다. 바터(barter)란 화폐를 매개로 하지 않고 상품이나 재화를 교역하는 물물교환을 의미했으나, 오늘날에는 물자의 수출과 수입을 하나의 교환방식으로 결부시키는 무역방식을 의미한다. 바터무역은 양국 간 협정무역으로 이루어지는데, 일정기간 서로 수출과 수입을 균등하게 해 무역차액을 영(零)으로 만들어 차액결제를 위한 자금 결제를 필요 없게 한다. 구상무역은 1930년대 세계대공황과 제2차 세계대전 이후 위축된 세계무역을 활성화시키고자 등장한 무역통제의 수단이다. 환(換)관리가 제대로 되지 않아 무역대금을 결제하기 어려운 경우 구상무역을 통해 이를 현물 상품으로 충당할 수 있었고, 수입초과국이 상대국에게 일정량의 상품을 수입할 것을 요구하는 수단으로도 사용됐다. 상대국이 자국상품의 진출에 압박을 가할 경우 이를 완화하기 위한 방법으로 구상무역이 도입되기도 했다.

• 글로벌 가치사슬(GVC: Global Value Chain)

가치사슬이란 하버드대 교수이자 기업 경영 전략의 최고 권위자인 마이클 포터(M. Porter)가 주창한 개념이다. 그는 기업이 제품 또는 서비스를 생산하기 위해 원재료, 노동력, 자본 등의 자원을 결합하는 과정에서 부가가치가 창출되는 것을 가치사슬이라는 모델로 정립하였다. 글로벌 가치사슬이라는 용어는 원래의 가치사슬이라는 용어가 가지는 의미에 세계화의 개념을 결합한 것으로 볼 수 있다. 세계화가 급속도로 진행된 현재, 기업들은 그들의 가치사슬을 전 세계로 확대해 나가고 있으며, 어떤 기업도 독자적으로 상품과 서비스를 생산해 낼 수 없다. 기업은 글로벌 경영 여건, 지리적 위치, 생산요소 부존도 등을 감안해 비교우위가 있는 경영 환경에서 기업활동을 수행하게 된다. 즉 글로벌 가치사슬은 상품과 서비스의 설계, 생산, 유통, 사용, 폐기 등 전 범위에 이르는 기업의 활동이 운송 및 통신의 발달로 인해 세계화되는 것을 의미한다.

• 글로벌금융안전망(GFSN: Global Financial Safety Net)

급격한 자금 유출로 유동성 위기를 겪는 나라에 유동성을 공급하는 국제공조 체제를 의미한다. 선진국에서 발생한 금융위기가 신흥국 등으로 번져 위기가 대형화되는 것을 막자는 취지에서 논의되었다. IMF 금융 지원, 중앙은행 간 통화스와프, 치앙마이 이니셔티브(CMI) 등이 대표적이다.

• 그레이 스완(Gray Swan)

이미 알려져 있는 악재이지만 마땅한 해결책이 없어 위험요인이 계속 존재하는 상태를 일컫는다. 블랙 스완(Black Swan)에서 파생됐다. 그레이 스완은 특히 경제에 지속적으로 악영향을 주면서 주가 등 경제지표들의 움직임을 제한하는 요인으로 작용한다. 블랙 스완은 발생할 확률이 매우 적지만 한 번 발생하면 시장에 큰 충격을 준다. 2008년 금융위기와 2010년 유럽 재정위기 등이 블랙 스완의 대표적 사례다. 그러나 유럽 재정위기의 경우 당초 우려와는 달리 유로존의 존립을 위협하는 심각한 상황으로까지 확대되지 않고 일상적인 위기 수준으로 지속되며 그레이 스완으로 바뀌었다.

• 그라민 은행

소액금융기관이자 지역개발은행. 방글라데시 치타공대학의 경제학과 교수로 재직하던 무하마드 유누스가 1973년 20여 달러 때문에 고리대금업자의 횡포에 시달리던 빈민들에게 자신의 돈을 빌려준 것이 시발점이 됐다. 유누스는 1976년부터 자신이 은행에서 대출을 받아 더 많은 빈민들에게 담보 없이 소액신용대출을 하는, 이른바 '그라민은행 프로젝트(Grameen Bank Project)'를 실험했다. 방글라데시어인 그라민은 '시골' 또는 '마을'이라는 뜻이다.

• 그라운드스웰 효과(Groundswell Effect)

먼 곳에서 발생한 폭풍으로도 큰 파도가 생긴다는 의미. 소셜미디어 등을 통해 특정 제품에 관한 정보를 얻고 엄청난 파급력으로 입소문을 내는 네티즌들의 소비행태를 상징적으로 표현하는 말이다. 실제로 UCC, 블로그, 트위터 등 소셜네트워크 사이트에 올라온 회사, 제품, 서비스에 대한 리뷰 등이 소비자 선택에 중대한 영향을 미치고 있는 것이 이러한 현상의 좋은 예다.

• 그린필드형 투자

기업이 해외투자 시 스스로 부지를 확보하고 공장과 사업장을 설치해 고용을 창출하는 방식의 직접투자 형태를 뜻한다. 반면, 브라운필드형 투자는 이미 설립된 회사를 사들이는 방식이다. 기업들은 개발도상국에 투자를 하는 경우 대부분 그린필드형 투자를 택하고, 중진국 이상 국가에는 브라운필드형 투자를 상대적으로 더 선호한다. 또 경기가 좋을 때는 그린필드형 투자, 좋지 않을 때는 브라운필드형 투자가 상대적으로 많아지는 경향이 있다.

• 금산분리

금산분리란 금융자본인 은행과 산업자본인 기업 간의 결합을 제한하는 것을 말한다. 금융 특성이 자기자본 비율이 낮고 대부분 고객, 채권자의 자금으로 영업한다는 점을 감안하여 기업들이 은행을 소유할 수 없도록 법으로 규정한 것이다. 즉, 대기업과 같은 산업자본이 자기자본이 아닌 고객의 예금으로 금융산업을 지배하는 것을 막고자 하는 것이다. 금산분리를 주장하는 근거는 산업자본이 금융자본을 지배하게 될 경우, 은행 돈을 보다 쉽게 쓸 수 있으므로 무분별한 투자와 사업 확장을 하기 쉬워진다는 점이다. 이 경우 다른 기업들과의 자본 조달에 있어서 차별이 생길 수 있고 더욱이 투자자금이 부실화된다면 은행에 돈을 예금한 예금주들에게 큰 피해를 주게 된다는 내용이다. 하지만 산업자본의 금융참여 제한은 외국계자본의 국내 금융 산업 지배 현상을 심화시켰다. 이를 막기 위해 금산분리를 완화해서 국내자본으로 우리 은행을 방어해야 할 필요성이 제기되기도 하였다.

• 금융억압(Financial Repression)

정부가 금융시장에 개입해 시장을 억압하고 왜곡한다는 뜻. 시장이 자유롭게 작동했다면 다른 곳으로 향했을 자금을 정부가 정책 수단을 동원해 정부의 목표 달성을 위해 끌어오는 경우를 가리킨다. 금융억압은 본래 과거 신흥국의 낙후된 금융시스템이나 자본통제 등을 문제 삼을 때 주로 쓰였으나, 최근에는 선진국 정부의 통화정책을 비판할 때 더 많이 사용된다. 미국 스탠퍼드대 로널드 매키넌 교수와 로널스 쇼 교수가 1973년 처음 사용한 것으로 전해진다.

• 긍정적 나비효과

작고 사소한 시작이 향후 큰 결과를 가져온다는 뜻. 세계 최고의 광고회사로 손꼽히는 '카플란 탈러 그룹'(KTG)의 CEO 린다 카플란이 자신의 저서 『The Power of Small』에서 언급했다.

• 글로벌 소싱

기업의 구매활동 범위를 범세계적으로 확대하여, 외부조달 비용의 절감을 시도하는 구매전략을 말한다. 포스트 리엔지니어링(Post Reengineering) 활동의 일환으로서 매우 유용한 비용절감 수단이다. 해외 건설공사를 수주한 업체가 공사의 모든 공정을 혼자 도맡아 하지 않고, 각각의 공정별로 다른 업체에 하도급을 주어 공사를 추진하는 방식이 대표적인 예이다. 이러한 시공방법은 현장관리를 위하여 투입되는 인건비와 차량을 비롯한 장비투입 경비 등을 감소시킬 뿐만 아니라, 부가가치도 높여 주는 건설관리사업(CM) 분야의 일종으로서 여러 기업들에서 많이 채택되고 있다. 1997년 3월부터 폴란드 바르샤바에 짓기 시작한 대우 비즈니스 센터 공사에 이 방식이 도입되었는데, 시공은 영국의 보이스, 설계는 미국의 RTKL, 설비관리는 대우그룹 계열인 동우공영 폴란드 법인, 분양과 마케팅은 영국의 할리&바커와 조운즈 랭 우든, 호텔 운영은 미국의 힐튼호텔이 각각 맡았다.

• **그린백**

그린백(Greenbacks)이란 미국의 지폐를 일컫는 말이다. 원래는 미국 연방정부가 1862년 발행한 지폐를 의미하며, 이 지폐의 뒷면이 녹색으로 인쇄되어 있었던 까닭에 그린백이라 불리었다. 그 이전의 화폐는 본래 금화나 은화 같은 금속 주화인 경화가 중심이었다. 그러나 연방 정부가 인정하는 그린백(지폐)과 같은 법화(법정통화)의 발행이 이루어짐에 따라 금이나 은의 무게에 기반을 두었던 가치보다 낮아지게 되었으며, 이는 인플레이션을 조장하였다. 남부 전쟁의 전비 조달을 위해 발행한 그린백은 전쟁 이후에도 그 유용성이 지속됨에 따라 유통량을 제한하면서도 계속 발행되었다.

• **그린메일**

보유주식을 팔기 위한 목적으로 대주주에게 편지를 보낼 때 초록색인 달러화를 요구한다는 의미에서 그린메일(Green Mail)이라는 이름이 붙여졌다. 경영권이 취약한 대주주에게 보유주식을 높은 가격에 팔아 프리미엄을 챙기는 투자자들을 그린메일러(Green Mailer)라고 한다. 그린메일러들은 대부분 기업사냥꾼(Raiders)들이다. 이들은 자산가치가 높거나 첨단기술을 보유하고 있으면서 대주주의 지분이 낮은 기업을 대상으로 활동을 한다. 주식을 매집한 후 기회가 오면 대주주에게 편지를 보내 주식을 매수하도록 유도한다. 편지에는 경영권이 취약한 점을 이용, 임시 주총을 요구하는 등 대주주를 코너로 몰아세우는 내용이 주로 담긴다. "상당한 지분을 확보하고 있으니 필요하면 팔 수도 있다"는 암시를 주어 대주주가 제의해오면 협상에 임하게 된다. 그러나 간혹 대주주에게 협박을 하면서 주식을 매입하라고 강요하는 경우가 있는데 이런 경우는 그린메일이 아닌 블랙메일(Black Mail)이라고 한다.

• 그레샴의 법칙
16세기 영국의 재무관 그레샴(Thomas Gresham)이 제창한 화폐유통에 관한 법칙이다. "악화는 양화를 구축한다(Bad money drives out good)"라는 말로 표현된다. 이 말은 그레샴이 악화를 개주하여 외국환의 지배권을 장악하려는 구상에서 엘리자베스 여왕에게 진언한 편지 속에 나온 말로서, 1858년 맥클로드(H.D. Macleod)에 의해 '그레샴의 법칙'이라 명명된 것이다. 어느 한 사회에서 악화(소재가 나쁜 화폐)와 양화(예컨대, 금화)가 동일한 가치를 갖고 함께 유통될 경우, 악화만이 그 명목가치로 유통되고 양화는 소재가치가 있어 오히려 재보(財寶)로 이용되거나 사람들이 가지고 내놓지 않으므로 유통되지 않고 사라진다는 것이다.

• 긱 경제(Gig Economy)
1920년대 미국 재즈공연장에서 필요에 따라 연주자를 단기 섭외했던 긱(gig)에서 유래되었다. 그때 그때 임시직을 섭외해 일을 맡기는 경제형태. 온라인을 통해 고객의 수요를 해결해 주는 '온디맨드(On-demand) 서비스'와 연관된다.

• 긴급수입제한조치
특정 재화나 서비스의 수입이 갑자기 증가하면 해당 재화나 서비스를 생산하는 국내 경쟁업체에 피해를 주거나 피해가 발생할 위험이 생겨난다. '긴급수입제한조치(safe guards)'는 이러한 때에 발동할 수 있는 조치로, 수입 급증으로 인해 피해를 본 국내 경쟁업체를 보호하기 위해 해당 재화나 서비스의 수입을 일시적으로 제한해 국내업체의 경쟁력을 유지하고 자원의 효율적 이동을 촉진하기 위한 것이다. 다만 '긴급수입제한조치'는 정상적인 무역에 대해 내려지는 조치이므로 발동하기 위해선 수입 급증과 국내 경쟁업체의 피해 사이에 상당한 인과관계가 존재하여야 한다. '긴급수입제한조치'가 발동되면 해당 재화나 서비스의 수입을 금지하거나 수입 물량 또는 품질에 제한을 두거나 관세율을 높게 책정한다. 또한 국내 경쟁업체에는 기술 및 생산성 향상을 위한 각종 지원 혜택이 주어진다.

• 기업공개
Initial Public Offering을 줄여 IPO라고 하며, 넓은 의미로는 기업의 전반적 경영내용의 공개, 즉 디스클로저(disclosure)까지도 포함하지만, 좁은 의미로는 주식공개를 의미한다. 주식회사가 이미 발행했거나 새로 발행하는 주식의 전부 또는 대부분을 정규 증권시장에 내놓고 불특정 다수 투자자에게 공개적으로 주식을 파는 일이다. 기업공개를 하지 않은 기업, 즉 정규 증시에 상장하지 않은 기업은 비공개기업이라고 부르고, 비공개기업이 기업공개 절차를 거치면 공개기업이 된다. 이러한 기업공개는 기업의 원활한 자금조달과 재무구조 개선을 도모하고 국민의 기업참여를 장려하여, 국민경제의 건전한 발전에 기여하는 것을 목적으로 한다. 기업은, 기업공개를 통해 기업자금을 일반 투자자로부터 조달함과 동시에, 기업경영이 공개된 상황에서 전문경영인에 의한 경영 현대화가 가능해짐으로써 주식회사 본연의 사회적 책임과 기능적 체제를 확립하게 된다.

• 기축통화

금과 더불어 국제외환시장에서 금융거래 또는 국제결재의 중심이 되는 통화로 key currency라고도 한다. 대표적으로 미국 달러가 이에 속한다. 기축통화로서 기능을 수행하기 위해서는 군사적으로 지도적인 입장에 있어 전쟁으로 국가의 존립이 문제시 되지 않아야 하며, 기축통화 발행국은 다양한 재화나 서비스를 생산하고, 통화가치가 안정적이며, 고도로 발달한 외환시장과 금융·자본시장을 갖고 있어야 하며, 대외거래에 대한 규제도 없어야 한다. 역사적으로 영국의 파운드화, 미국의 달러를 기축통화로 부른다. 영국의 파운드화는 19세기 중반 이후 국제금융의 중심지로서 영국이 가진 강력한 세력을 배경으로 기축통화의 역할을 담당하였다. 그러나 제1차 세계대전으로 유럽 각국의 경제가 피폐해졌고, 미국은 전쟁 특수로 경제가 급성장하였다. 이후 미국의 경제력과 국력을 배경으로 미국 달러가 명실 공히 기축통화로 자리매김을 하였다. 최근 들어 미국 달러화에 대한 신인도가 예전과 같지 않는 등 기축통화로서의 지위가 흔들리고 있다. 기축통화인 달러화를 대신할 통화로 유로화, 중국 위안화 등이 후보로 거론되지만 기축통화로서의 조건인 신뢰도나 사용도 면에서 보면 아직도 미 달러화와 비교가 안 된다. 더욱이 중국은 환율을 통제하는 등 자유로운 거래라는 기축통화의 조건을 충족시키지 못하고 있다.

• 기펜재(Giffen Goods)

기펜재는 열등재의 한 종류로, 가격의 하락(상승)이 오히려 수요량의 하락(증가)을 가져오는 재화를 말한다. 따라서 기펜재의 경우 가격과 수요량이 같은 방향으로 이동함으로써 가격과 수요량 사이의 역의 관계를 나타내는 수요의 법칙이 적용되지 않는다. 19세기 아일랜드 지방에서 감자가격이 하락하여 구매력이 증가하자 그동안 주식으로 해 온 감자에 신물이 나서 감자 소비를 줄이고 고기 소비를 늘린 사례가 전해지고 있다. 현실적으로 기펜재는 거의 존재하지 않는다.

• 기회비용

기회비용은 특정한 선택을 함으로써 포기해야 하는 다른 선택의 가치를 말한다. 경제활동에는 어떤 선택을 할 때마다 비용이 들게 마련으로, 이를 경제학에서는 '공짜 점심은 없다'라고 표현한다. 기회비용은 어떤 선택에 따라 포기하게 되는 가치 중 최고의 것을 나타낸다. 예를 들어 금리가 저축은행 5%, 은행 3.5%, 우체국

2.5%인 상황에서 2천만원으로 예금을 하려 하는 사람이 우체국의 안정성을 이유로 금리가 가장 낮은 우체국을 선택한다면, 이 사람의 기회비용은 금리가 가장 높은 저축은행 예금인 셈이다. 안정성이 높은 우체국을 선택함으로써 다른 기회를 포기한 것이기 때문이다. 이처럼 경제학에서는 눈에 보이는 회계비용뿐 아니라 눈에 보이지 않는 비용까지 넣어 계산할 줄 알아야 합리적 의사결정을 할 수 있다고 본다. 따라서 실제로 현금을 지출하지는 않았더라도 어떤 선택을 하기 위해 포기한 것은 그 선택의 대가 즉, 비용으로 보며, 이런 비용을 기회비용이라고 부른다.

• 나스닥(NASDAQ)

벤처기업들이 상장되어 있는 미국의 장외시장을 말한다. 자본력이 부족한 비상장벤처기업들이 저리로 자금을 조달하는 창구로 활용하고 있다. 비상장 회사이기 때문에 투자자들 입장에서는 상장기업들에 비해 자본금이나 경영기법, 그 동안의 실적 등에 있어서 위험성이 있지만 투자가 성공했을 때의 높은 수익을 얻을 수 있다는 이점도 있다. 인텔, 마이크로소프트, 야후, 오라클 등의 첨단 정보통신업체들이 나스닥(National Association of Securities Automated Quotation)에 등록되어 있다. 나스닥은 미국은 물론 전세계 첨단기술 산업체들의 활동기반이 되고 있다. 이와 비슷한 유형으로 일본은 자스닥(JASDAQ), 우리 나라는 코스닥(KOSDAQ)이 있다. 이들 시장들은 시장간 매우 높은 동조화 현상을 보이기도 하는데 주로 미국의 나스닥 시장 장세에 나머지 시장들이 동반 변화하는 추세를 보이고 있다.

• 내국민대우

양자 및 다자협정에 포함되어 있는 원칙으로 외국산 물품이라도 일단 수입이 완료된 후에는 자국산 물품과 동등한 대우를 해야 한다는 의미이다. 내국민 대우 원칙은 GATT(관세 및 무역에 관한 일반협정) 제3조와 관련하여 GATT · WTO 분쟁의 주된 제소사유로 자주 원용된다. 내국민 대우는 수입품에 대해 동종의 국내상품에 부과하는 것보다 더 높은 내국세 및 기타 과징금을 부과해서는 안 되며(GATT 제3조 2항), 정부 규제에 있어서도 차별해서는 안 되며(GATT 3조 4항), 국내 법 규제로 상품 구성성분의 일정량 또는 일정비율 이상 국산품을 사용하도록 강제하는 것도(GATT 3조 5항) 금지하고 있다. 내국민 대우 원칙 위반여부를 판단하기 위해서는 비교대상이 되는 수입품과 국산품이 동종물품인지를 판단해야 한다. 내국민 대우 원칙에는 예외가 인정되고 있는데, 정부조달, 생산자 보조금, 스크린쿼터제 등이 있다.

• 넛지 마케팅(Nudge Marketing)
종래의 마케팅이 상품을 특성을 강조하고 소비자가 그 상품을 구매할 수 있도록 집중하는 것과 달리 소비자가 선택을 함에 있어서 좀더 유연하고 부드러운 방식으로 접근하는 것을 넛지 마케팅이라고 한다. 넛지라는 단어가 '팔꿈치로 슬쩍 찌른다'의 뜻이 있는 것처럼 넛지 마케팅은 사람들을 원하는 방향으로 유도하되 선택의 자유는 여전히 개인에게 준다는 것이다. 넛지는 특정 행동을 유도하지만 직접적인 명령이나 지시를 동반하진 않는다. 가령 소변기에 파리 그림을 붙이는 것이 넛지라면 '파리 그림을 맞추라'고 하는 것은 넛지가 아니라는 얘기다.

• 넛 크래커(nut-cracker)
호두를 양쪽으로 눌러 까는 기계를 말하는 용어로, 중국과 일본 사이에 끼여 힘들 발휘하지 못하는 우리나라의 경제 상황을 가리킬 때 자주 사용되는 용어이다. 우리나라가 일본에 비해 품질과 기술력이 처지고, 중국에 비해 가격 경쟁력에서 밀리는 상황을 나타낼 때 자주 쓰는 표현이다. 최근 시장 변화로 '신 넛크래커'라는 용어도 생겨났는데, 이는 아베노믹스로 인한 엔화 약세 및 선제적 구조조정으로 경쟁력을 회복한 일본 기업과 기술력 및 구매력을 갖춘 중국 기업 틈에서 한국 기업이 고전하고 있는 현상을 가리킨다.

• 노마드족
노마드(Nomad)는 '유목민, 정착하지 않고 떠돌아다니는 사람'이란 의미로 정보기술의 발달로 등장한 21세기형 신인류를 뜻한다. '디지털 노마드족'은 휴대폰, 노트북, 디지털 카메라 등 첨단 기기를 활용해 시간과 공간에 구애받지 않고 인터넷에 접속해 필요한 정보를 찾고 쌍방 커뮤니케이션을 통해 세상과 소통하는 사람들을 말한다.

• 누적조항
누적조항은 FTA협정을 맺은 상대국의 원재료를 사용하여 제품을 만든 경우, 그 원재료를 국산재료(원산지 재료)로 간주하고 역내산으로 원산지를 인정하여 특혜관세의 혜택을 부여하는 것을 의미한다. 예를 들어, 한·미 FTA협상 타결 이후에 미국에서 미국산 부품과 한국산 부품을 동시에 사용하여 자동차를 조립하여 이를 한국에 수출하는 경우 한국산과 미국산 부품 모두를 원산지 재료로 인정한다.

• 뉴노멀(New Normal)
시대변화에 따라 새롭게 부상하는 표준으로, 위기 이후 5~10년간의 세계경제를 특징짓는 현상. 과거에 대해 반성하고 새로운 질서를 모색하는 시점에 등장한다. 저성장, 저소비, 높은 실업률, 고위험, 규제강화, 미 경제 역할 축소 등이 글로벌 경제위기 이후 세계경제에 나타날 뉴노멀로 논의되고 있다. 과거 사례로는 대공황 이후 정부역할 증대, 1980년대 이후 규제완화, IT기술 발달이 초래한 금융혁신 등이 대표적인 노멀의 변화로 꼽힌다.

• 다보스포럼(Davos Forum)

정식 명칭은 세계경제포럼(World Economic Forum) 연차총회. 다보스포럼은 세계 정계·재계·학계를 이끌어가는 글로벌 리더들이 매년 1월말 스위스 다보스에 모여 지구촌 현안을 놓고 폭넓게 고민하고 이에 대한 해결책을 내놓는 지식 소통의 장이다. 민간 재단이 주최하는 회의이지만 세계 각국에서 총리, 장관, 대기업의 최고경영자 등 유력 인사들이 대거 참가하여 '경제 올림픽'으로 불리기도 한다. 주요 인사의 중대 발언이 나오기도 하고 극비 수뇌회담이 열리는 등 국제적 영향이 높은 행사다. 현재 제네바대학 교수를 겸임하고 있는 클라우스 슈바프(klaus Schuwab) 세계경제포럼 창립자가 1970년 유럽 기업인을 스위스 다보스로 초청해 유럽 경제 문제를 논의한 데서 시작됐다.

• 다자간 조세행정공조협약

국가 간 세금징수와 관련한 협조를 위해 맺는 협약. 이 협약에 가입하면 국가 간 금융정보를 자동으로 교환할 수 있다. 우리나라는 2012년 7월 가입했다.

• 닥터 코퍼(Dr. Copper)

경기판단 지표로 쓰이는 구리 가격. 구리는 원유나 금보다 지정학적·정치적 영향을 덜 받는 데다 자동차, 건설, 해운 등 제조업 전반에 재료로 사용돼 실물경제의 대표적인 경기 선행지표로 활용된다.

• 달러인덱스

세계 주요 6개국 통화 대비 미국 달러화의 평균적 가치를 나타내는 지표. 1973년 3월을 기준점(100)으로 미국 연방준비제도 이사회(FRB)가 작성·발표한다. 6개국 통화는 유로, 엔, 파운드, 캐나다 달러, 크로네(스웨덴), 프랑(스위스)이며, 각 통화의 비중은 그 국가의 경제 규모에 따라 결정된다.

• 달러 페그제

자국 통화 가치를 고정된 달러에 묶어두고 정해진 환율로 교환을 약속한 환율제도. 달러 페그제에서 페그(peg)의 뜻은 무엇을 걸거나 고정할 때 쓰는 못이나 집게 등을 가리킨다. 페그제는 수입품의 가격이 변동해도 자국 물가에는 큰 영향을 미치지 않기 때문에 물가가 안정된다는 장점이 있다. 또한 환율변동에 대한 불확실성을 감소시켜 무역이나 외국인투자도 활발해진다. 하지만 통화가치가 자국의 경제력을 제대로 반영하지 못하면 국제 환투기 세력의 표적이 되기 쉬워 엄청난 손실을 입는 사례들이 발생했다.

• 더블 딥(double dip)

일반적으로 2분기 연속 마이너스 성장을 기록하는 경우를 경기침체(recession)라 하는데, 더블딥은 이러한 경기침체가 두 번 계속되는 현상을 말한다. 즉 2분기 연속 마이너스 성장이 끝나고 잠시 회복 기미를 보이는 듯하던 경기가 다시 2분기 연속 마이너스 성장으로 추락하는 것을 뜻한다. 더블딥이라는 용어는 2001년 미국이 기업투자 부진으로 1차 침체기를 겪고 민간소비 감소 때문에 다시 2차 침체기를 겪게 되면서 등장하였다. 경기침체가 저점에 달한 뒤 곧바로 상승세를 타는 'V자형'이나 경기침체가 저점에 달한 뒤 한동안 침체를 유지하다 서서히 상승세를 타는 'U자형' 등 기존의 방식과는 다르고, 두 번의 침체의 골을 거쳐 회복기에 접어들기 때문에 'W자형' 경기변동이라고도 불린다.

• WEF 국가경쟁력 평가

스위스 제네바에 위치한 민간 국제기관인 세계경제포럼(WEF : World Economic Forum)이 매년 130여개 나라를 대상으로 행하는 국가경쟁력 평가를 말한다. 1979년 이후 국제경영개발원(IMD : International Institute for Management Development)과 공동으로 발표해 오다, 1996년부터 각각 독자적으로 발표해 오고 있다. 통상 IMD는 상반기에, WEF는 하반기에 국가경쟁력 평가 결과를 발표한다.

• WGBI(World Governmenet Bond Index, 세계국채지수)

씨티그룹이 관리하는 미국, 영국, 일본 등 선진국 정부채권으로 구성된 투자지수. 주식에서의 모건스탠리캐피탈인터내셔널지수(MSCI)나 파이낸셜타임스스톡익스체인지(FTSE)지수처럼 세계 주요 채권 펀드의 투자 척도가 되는 지수다.

• WTI(서부텍사스산 원유)

WTI(West Texas Intermediate)는 영국 북해에서 생산되는 브렌트유, 중동에서 생산되는 두바이유와 함께 세계 3대 유종 중 하나다. 미국 서부 텍사스(West Texas) 중간지역(Intermediate)에서 생산된다 하여 약어인 WTI로 통용되고 있다. WTI는 국제 원유시장에서 거래되기보다는 미국 내에서 주로 거래되지만 국제유가를 선도하는 가격지표로 가장 많이 활용되고 있다. 그 이유는 세계 최대 선물거래소인 뉴욕상품거래소(New York Mercantile Exchange:NYMEX)에 상장된 중심 유종이기 때문이다. 3대 원유 중 WTI가 품질이 좋고, 원유를 정제할 때 가격이 비싼 휘발유와 나프타 등 고급 유류가 많이 생산되어 가격이 높게 형성된다. 원유의 품질은 석유내 탄소비중(API)과 황 함유량에 따라 구분되는데 WTI

는 API가 39도로 3대 원유 중 가장 높은 경질유(34도 이상)인 반면, 황 함유량은 0.3%로 가장 낮다. 반면 두바이유는 API가 28도로 가장 낮고, 황 함유량은 2.9%로 가장 높아 산업용에나 적합한 고유황 중질유다.

• 도드-프랭크법(Dodd-Frank)

미국이 글로벌 금융위기로 나타난 문제점들을 해결하기 위해 지난 2010년 7월 제정한 금융개혁법. 2008년 금융위기를 부른 주범으로 꼽히는 파생상품의 거래 투명성을 높여 위험 수준을 줄이고 자산 500억 달러가 넘는 대형은행들에게 자본 확충을 강제하는 내용을 담고 있다. 법안의 주요 내용은 △중요 금융회사 규제 강화 △금융감독기구 개편 △중요 금융회사 정리절차 개선 △금융지주회사 감독 강화 △지급결제시스템 감독 강화 등이다. 이 법안은 1930년대 은행의 업무 영역을 엄격히 구분해 상업은행은 상업은행의 업무만, 투자은행은 투자은행의 업무만 하도록 제한한 '글래스-스티걸법'의 부활이라고 평가받는다. 예금취급기관과 그 지배회사의 자기자본투자, 헤지펀드와 사모펀드의 지분취득과 경영 지배를 원칙적으로 금지하는 '볼커 룰(Volcker Rule)'이란 감독 강화 방안이 포함됐기 때문이다.

• 도약의 10년 법칙

창조적인 도약을 위해서는 적어도 10년 이상의 꾸준한 관심과 노력이 필요하다는 이론. 1989년 심리학자 존 헤이스가 처음으로 주장했다.

- 디플레이션(Deflation)

물가가 지속적으로 하락하는 경제현상으로, 인플레이션의 반대개념이다. 물가상승률의 둔화를 의미하는 디스인플레이션(disinflation)과 혼동하지 않도록 주의해야 한다. 디플레이션이 발생하면 부동산 · 주식 등 자산 가격이 떨어지고, 실질금리 상승, 실질임금 상승, 실질채무부담 등의 현상이 나타나 소비와 생산활동이 위축될 우려가 있다. 디플레이션이 진행되면 부동산 등 실물자산보다는 화폐형태로 재산을 보유하려는 경향이 강하게 되고, 채권자와 고정수입자(임금소득자 포함)가 채무자나 기업가에 비해 유리하다.

• 디커플링

한 나라 경제가 특정국가나 세계의 경기 등과 같은 흐름을 보이지 않고 탈동조화되는 현상. 모건스탠리가 처음으로 사용한 용어로, 경기침체에도 불구하고 강한 성장을 지속하는 경우는 하드 디커플링(Hard Decoupling), 경기 둔화의 영향을 받지만 그 정도가 상대적으로 작은 경우는 소프트 디커플링(Soft Decoupling)으로 구분된다. 주가가 하락하면 환율은 상승하고 주가가 상승하면 환율은 하락하는 것이 일반적인 현상인데, 이와 달리 주가가 하락하는 데도 환율이 상승하지 않고 제자리에 머무르는 현상, 수출이 증가하는 데도 소비는 감소하는 현상, 서구의 증시는 상승하는데 아시아 증시는 전체적으로 하락하는 현상 등도 디커플링에 속한다. 반대로 한 나라 또는 일정 국가의 경제가 다른 국가나 보편적인 세계경제 흐름의 영향을 받는 것은 커플링(동조화 · Coupling)라 한다. 커플링과 디커플링은 미국의 경제 상태에 따른 전세계 경제의 상태를 묘사하는데 많이 쓰이며 특히 우리나라의 경우 미국경제에 대한 의존도가 높아 디커플링 논의가 자주 이뤄진다. 삼성경제연구소는 2003년 이후 미국경제와 세계경제간 디커플링이 확대되고 있다고 밝혔다. 세계경제에서 대미수출 의존도가 감소하는 반면 내수는 빠르게 성장하면서 미국경제로부터 점차 분리되는 디커플링이 진전되고 있다는 분석이다.

• 레몬마켓(Lemon Market)

레몬은 미국 속어로 불량품을 뜻하며, 레몬마켓은 제품 정보에 대해 잘 알지 못하는 소비자들이 속아서 살까봐 싼 값만 지불하려고 해 저급하고 쓸모없는 재화나 서비스가 거래되는 시장을 의미한다. 레몬마켓에 저급한 물건이 나오는 것은 판매자와 구매자 사이의 정보 비대칭성 때문이다. 대표적은 레몬 마켓으로 중고차 시장이 있다.

• 로스리더(Loss Leader)

일반 판매가보다 훨씬 싼 가격에 팔리는 제품. 해당 상품에서는 손해를 보지만 헐값 상품으로 많은 고객을 유인해 전체적으로는 이익을 내는 마케팅 전략으로 이용된다. 특매상품, 유인상품, 미끼상품 등 여러 가지 별칭으로 불린다.

• 로열티(Royalty)

로열티란 특정한 권리를 이용하는 이용자가 권리를 가진 사람에게 지불하는 대가를 의미한다. 여기서 말하는 권리는 지적재산권에 속하는 특허권, 저작권, 상표권 등을 말한다. 특허권자의 경우 자신의 특허발명을 스스로 실시할 수 있을 뿐만 아니라, 실시를 희망하는 자와 계약하여 타인에게 실시하게 할 수도 있는데 이러한 특허의 실시허락을 특허 라이선스라고 하고 실시계약에 있어서 실시권자가 특허권자에게 지급할 금액, 즉 특허사용료를 로열티라고 한다. 이러한 로열티의 개념이 확대되어 저작권의 인세나 연극 · 예술작품의 상연료, 광산 · 광구의 사용료 등을 로열티라고 일컫는 경우도 있다. 산업 및 기술이 발달하고 경제 규모가 커짐에 따라 로열티의 규모도 천문학적 수준이 되어가고 있을 뿐만 아니라 기업과 국민경제에 미치는 영향도 증대해 기업, 국가 간 로열티 수입을 위한 특허 경쟁과 분쟁이 급증하고 있다. 로열티의 대상 품목도 지속적으로 확대되고 있어, 원천 기술뿐만 아니라 응용분야의 신약개발, 농산물이나 화훼의 종자에서부터 각종 서비스 산업까지

로열티 경쟁이 늘고 있다.

• 로제타플랜

2000년 벨기에 정부가 도입한 강력한 청년실업자 의무고용제도. 종업원 50명 이상 사업장에서 고용 인원의 3%에 해당하는 청년 노동자를 추가 고용하도록 의무화한 것이다. 이 기준을 지킨 사용자에게는 고용 첫해에 사회보장 부담금을 감면해준 반면 할당량을 채우지 못한 기업에는 벌금을 부과했다. 최근 세계적인 경기침체의 영향으로 청년실업 문제가 대두되고 있다. 영국 정부는 3만 5천 개의 인턴직을 늘리겠다는 계획을 발표했고, 중국은 대졸자에게 도시·농촌을 가리지 말고 일자리를 찾을 것을 권유했다. 우리나라 또한 정부 및 공공기관에서 청년인턴 단기채용을 실시하고 있다.

• 롱테일법칙

롱테일법칙(Long Tail Theory)은 80%의 다수가 20%의 핵심 소수보다 뛰어난 가치를 창출한다는 이론이다. 많이 판매되는 상품들 순으로 그래프를 그리면 적게 팔리는 상품들은 선의 높이는 낮지만 긴 꼬리(Long Tail)처럼 길게 이어진다. 이 긴꼬리에 해당하는 상품들을 합치면 많이 팔리는 상품들을 압도한다는 뜻에서 지어졌다. 인터넷 기반 서점 아마존닷컴이 책목록 진열이 무한한 인터넷 상에서 잘 팔리는 책 20%보다 적게 1~2권씩 팔리는 책 80%의 매출이 훨씬 높다는 것에서 착안하여 만든 법칙이다. 전체 결과의 80%가 전체 원인의 20%에서 일어나는 현상을 가리키는 파레토법칙과는 반대되는 개념이다.

• 리먼사태

2008년 9월 15일 미국의 투자은행 리먼브러더스 파산에서 시작된 글로벌 금융위기를 칭하는 말. 리먼 파산은 미국 역사상 최대 규모의 기업 파산으로, 파산 보호를 신청할 당시 자산 규모가 6,390억달러였다. 리먼 파산은 서브프라임모기지(비우량 주택담보대출)의 후유증으로 우려만 무성했던 미국발 금융위기가 현실화된 상징적인 사건이다. 부동산 가격 하락으로 가치가 떨어지고 있는 금융상품에 대한 과도한 차입과 악성 부실자산으로 촉발된 리먼사태의 영향은 전세계로 급속히 확산됐다.

• 리보금리(London Inter-bank Offered Rates)

런던 금융시장에 있는 은행 중에서도 신뢰도가 높은 일류 은행들이 자기들끼리의 단기적인 자금 거래에 적용하는 대표적인 단기금리. 런던 금융시장이 세계에서 가장 전통있고 규모가 큰 금융시장이었기에 리보금리 또한 유명세를 탔으나 지금은 미국 뉴욕 금융시장의 규모가 가장 크다. 리보금리는 세계 각국의 국제 간 금융거래에 기준금리로 활용된다. 신용도가 낮을 경우 리보금리에 몇 퍼센트의 가산금리가 붙는데 이것을 스프레드(가산금리)라 한다. 이러한 스프레드는 금융기관의 수수료 수입이 된다. 리보금리를 통해 세계금융시장의 상태를 판단할 수 있지만 장기금리까지 파악하기에는 다소 무리가 있다. 보통 리보금리는 3개월짜리를 기준으로 한다.

• LIBOR: London Inter-Bank Rate

국제금융시장인 런던에서 우량은행끼리 단기자금을 거래할 때 적용하는 금리를 말한다. 런던은행간금리(London Inter-Bank Rate)의 머리글자를 따서 리보(LIBOR)라 부른다. 국제금융시장의 기준금리로 활용되고 있으며, 금융기관이 외화자금을 들여올 때 기준이 되는 금리이다. 외화차입기관의 신용도에 따라 금리가 달라진다. 특히 런던 금융시장은 유로달러가 국제금융에 커다란 역할을 하고 있어 이 금리는 세계 각국의 금리결정에 주요 기준이 되고 있다. 보통 3개월짜리를 기준으로 세계 금융시장의 상황을 판단할 수 있지만, 장기금리까지 파악하기는 어렵다. 리보금리의 변동은 유로달러의 수급에 큰 영향을 받는다. 여기서 유로달러란 미국 이외의 은행, 주로 유렵의 은행에 예입되어 있는 달러 자금을 말한다. LIBOR는 물론 'Offered Rate'이며, 현지 은행간 거래, 현지은행과 외국 은행간의 거래, 은행과 일반고객간의 거래 등에 적용된다.

• 리서슈머(Researsumer)

리서처(Researcher)와 컨슈머(Consumer)의 합성어로 자신이 관심 있는 소비 분야에 대해서 지속적으로 연구하고 탐색하는 전문가적 소비자들을 일컫는다. 이들 전문가 수준급 지식을 가지고 자신이 소비하고자 하는 제품의 특성과 시장현황, 장·단점 등을 정확히 파악하고 합리적으로 구매하는 소비활동을 지향한다. 또 전문적 지식을 일반 사람들에게 알려 제품 정보 공유를 통해 합리적 소비를 유도하는 역할도 한다. 주로 커피, 와인, 카메라 등의 제품군에서 왕성하게 활동하고 있다. 최근 소셜네트워크서비스(SNS) 등의 발전으로 사이버 공간을 통한 정보 공유가 확대되면서 리서슈머의 활동이 크게 늘어나고 있는 추세다.

• 리플레이션

디플레이션에서 벗어나 아직은 심한 인플레이션까지는 이르지 않은 상태를 리플레이션이라고 하며, 다른 말로는 통화재팽창기라고 한다. 통화재팽창이란 불황의 기간에 재정이나 금융을 완화해 경기가 회복되도록 함에 있어서 통화재팽창의 정도가 정상 수준을 넘어 인플레이션을 야기하지 않을 정도까지를 의미한다. 이러한 통화재팽창에 해당하는 정책은 적절한 금리 인하와 재정지출 확대 등을 들 수 있다. 리플레이션은 한편으로는 인플레이션을 회피하면서 다른 한편으로는 경기회복을 도모하는 것이므로 재정·금융의 확대정책은 적절한 것이어야 한다. 그런데 현실적으로는 경기자극정책의 제동이 잘 이루어지지 않게 되고 따라서 인플레이션으로 진행되기 쉽다. 리플레이션의 필요성은 1930년 초에 처음으로 주장되었고 현실적으로 1930년대 대공황 극복정책으로서 주요 자본주의국가에서 추구되었다.

• 리코노믹스

시진핑 시대 중국 경제를 이끌고 있는 리커창 중국 총리 리커창과 Economics의 합성어로, 리커창 총리의 경제정책을 의미한다.

• 립스틱 효과(Lipstick Effect)

경기가 나빠질수록 립스틱이 잘 팔린다는 것을 뜻함.

경기 불황기에 최저 비용으로 품위를 유지하고 소비자의 심리적 만족을 충족시켜 줄 수 있는 상품이 잘 판매되는 현상. 특히 여성 소비자의 어려운 경제여건을 나타내는 것으로, 저렴한 립스틱만으로도 만족을 느끼며 쇼핑을 알뜰하게 하는 데에서 유래된 말이다.

'경기가 나쁘면 여자들이 빨간 립스틱을 선호한다'는 속설도 있는데, 이는 화장품 지출을 줄이려는 여성이 빨간색 계통의 립스틱 하나만으로도 화사한 얼굴을 연출할 수 있어서 빨간색 립스틱을 선택한다는 해석이다. 미국 화장품 회사인 에스티로더(Estee Lauder)는 아예 립스틱 판매량으로 경기를 가늠하는 립스틱지수(Lipstick Index)까지 만들기도 했다.

립스틱 효과와 비슷한 용어로 넥타이 효과, 미니스커트 효과, 매니큐어 효과 등이 있다.

• 링겔만효과

집단 속에 참여하는 사람의 수가 늘어갈수록 성과에 대한 1인당 공헌도가 오히려 떨어지는 집단적 심리현상을 말한다. 독일 심리학자 링겔만이 집단 내 개인 공헌도를 측정하기 위해 줄다리기 실험을 했는데 그 결과, 참가자가 늘수록 한 사람이 내는 힘의 크기가 줄어드는 것으로 나타났다. 즉, 1 대 1 게임에서 1명이 내는 힘을 100으로 가정할 때, 2명이 참가하면 93, 3명일 때는 85, 8명일 때는 49로 떨어진 것이다. 이러한 효과를 심리학자 링겔만의 이름을 따 링겔만효과라 부른다. 조직 속에서 개인의 가치를 발견하지 못할 때, 여러 명 중 단지 한 명에 지나지 않는다는 생각이 링겔만효과로 나타난다.

• 마빈스

브릭스(BRICs)에 이어 고성장 잠재력을 지닌 투자 유망 지역으로 주목받고 있는 6개 국가, 즉 멕시코(Mexico), 호주(Australia), 베트남(Vietnam), 인도네시아(Indonesia), 나이지리아(Nigeria), 남아프리카 공화국(South Africa)의 영어 앞 글자를 딴 이름이다. 미국 경제 전문 사이트 비즈니스 인사이더(www.businessinsider.com)가 다가오는 10년 동안 투자자들이 주목해야 할 여섯 나라를 소개하면서 마빈스가 신시장으로 떠오르고 있다. 신흥경제국으로만 구성된 브릭스와 달리 마빈스에는 호주, 멕시코 등이 포함돼있다. 마빈스는 풍부한 원자재, 대규모 인구와 국토로 글로벌 경제 성장을 이끌고 시장 확대의 기회를 제공할 가능성을 지닌 국가로 평가받고 있다.

• MICE산업

MICE는 회의(Meeting), 포상관광(Incentives), 컨벤션(Convention), 이벤트와 전시(Events & Exhibition)의 머리글자를 딴 것이다. 국제회의를 뜻하는 '컨벤션'이 회의나 포상 관광, 각종 전시·박람회 등 복합적인 산업의 의미로 해석되면서 생겨난 개념이다. '비즈니스 관광(BT)'이라고도 한다.

• 매몰비용(Sunk Cost)

매몰 비용은 이미 매몰되어 버려서 다시 되돌릴 수 없는 비용, 즉 의사결정을 하고 실행을 한 이후에 발생하는 비용 중 회수할 수 없는 비용을 말하며 함몰비용이라고도 한다. 미래에 비용이나 편익에 도움이 되지 못할 때 쓰인다. 일단 지출하고 나면 회수할 수 없는 기업의 광고비용이나 R&D 비용 등이 이에 속한다. ▶매몰비용의 효과: 이미 투자한 시간과 비용에 대해 계속 유지하려는 현상을 보이는 효과를 말한다.

• 매파

사납고 공격적인 매처럼 강력하게 무력 등을 사용해 일을 처리하는 보수강경파를 말할 때 매파라 일컫는다. 1798년 미국대통령 토마스 제퍼슨이 처음 사용했다. 이와는 반대의 개념으로 평화의 상징인 비둘기처럼 부드럽고 평화적으로 일을 처리하는 집단이나 정당을 비둘기파라고 한다.

• 매칭펀드

경영학에서 공동자금출자라는 의미로 쓰이며, 흔히 컨소시엄 형태로 자금을 여러 기업이 공동출자할 때 매칭펀드라고 한다. 투자신탁회사의 경우 국내 및 해외투자자들을 대상으로 수익증권을 발행하여 조성된 자금으로 국내증권과 해외증권에 동시에 투자하고 매칭펀드를 통한 간접적 투자방법에 의해 외국인에게는 국내증권투자를, 국내투자자에게는 해외증권투자를 할 수 있는 기회를 주는 것이다. 정부는 증권시장의 육성과 자본시장 국제화의 단계적 추진계획의 일환으로 1990년 3월부터 국내 투신사에 매칭펀드의 설정 및 운용을 허용했다. 이러한 펀드는 수익증권을 발행하되 일정기간 동안 환매를 제한할 수 있는 단위형으로, 국내증권투자뿐만 아니라 해외증권투자를 병행함으로써 국내통화 증발을 완화시킬 수 있는 장점이 있다. 한편, 재정용어로 매칭펀드는 중앙정부가 민간이나 지방자치단체에 예산을 지원할 때 자체노력에 연계해서 예산을 배정하는 방식을 말하기도 한다. 지방이 중앙정부에 예산을 요구하기 전에 먼저 자체적으로 노력을 하면 그에 상응한 예산 지원을 한다는 것이다.

• **머들링 스루(Muddling Through)**

사전적 의미로는 '뒤죽박죽인 채 그럭저럭 힘겹게 나가기' 또는 '시간 끌기' 정도로 해석할 수 있다. 경제학에서는 유럽의 재정문제로 촉발된 금융위기에 당사자인 유로존이 늑장 대응하는 행태를 일컫는다.

• **메디치효과**

르네상스시대에 메디치 가문이 여러 분야의 예술가, 학자를 모아 공동작업을 후원함으로써 문화의 창조적인 역량을 이끌어낸 데서 유래되었다. 이처럼 메디치효과는 서로 관련이 없는 것들의 결합을 통해 뛰어난 작품을 만들어내거나 아이디어를 창출해내는 것을 말한다. 몇 해 전, LG와 프라다가 만나 프라다폰을 만들어 품격과 디자인의 완성도가 높은 제품을 출시하여 소비자로부터의 높은 호응을 얻었다. 이는 메디치효과의 좋은 예라고 볼 수 있다.

• **메이드 위드 차이나(Made with China)**

중국 기업들과 단순히 협력하는 수준을 넘어 공동으로 중국 내수시장으로의 진출을 꾀하는 전략. 중국은 대내적으로는 수출 위주에서 내수 위주로 경제성장 방식을 전환하고 있으며, 대외적으로는 중국 기업의 해외 진출을 적극 모색하고 있다. 따라서 과거에 중국을 'Made in China(중국에서 제조)'로 활용했다면 이제는 내수시장 진출을 위한 'Made for China(중국 내수시장 공략)'로 바꿔야 하며, 이를 위해서는 자본력을 갖춘 중국 기업과 손잡고 내수시장에 진출하는 'Made with China(중국과 함께)'가 가장 효과적이란 설명이다.

• **명목소득실질소득**

명목소득은 화폐소득이라고도 하며, 대개 현재 상태의 물가지수로 표시한 금액으로 물가변동에 따라 영향을 받는다. 따라서 물가수준이 서로 다른 연도나 지역간의 소득을 비교할 때에는 명목소득에서 물가변동에서 오는 영향을 제거할 필요가 있다. 실질소득은 물가상승률을 감안한 소득으로 실질적 구매력 즉, 시장에서 구입할 수 있는 생활필수품의 질과 양으로 이러한 물가변동의 영향을 제거한 소득이다. 예를 들어 명목소득이 늘어났다고 해도, 생활필수품의 가격이 동시에 상승하면 실질소득에는 변동이 없다. 또한, 인플레이션기에 명목소득이 상승한 정도 이상으로 생활필수품의 가격이 오르게 되면 실질소득은 오히려 줄어들게 된다. 이처럼 명목소득과 실질소득이 반드시 일치하지 않는다.

• 모라토리엄(Moratorium)

모라토리엄은 국제적으로 한 나라가 국제수지 적자가 엄청나게 불어나 외채이자 지급불능 상황이 되면 일시적으로 모든 채무의 지급정지 선언을 하는 것을 말한다. 우리나라 말로는 '채무지불정지' 또는 '채무지불유예'라고 부른다.

모라토리엄을 선언하기 이전에 상환을 연기하거나 금리를 재협상하기도 하며, 원리금을 추가 대출금으로 돌리거나(재융자) 원금을 삭감하는 방법 등을 협상하기도 한다. 그러나 모라토리엄을 선언한 국가가 채무재조정 과정을 통해 채무를 유예받는다고 하더라도 국제적으로 신용이 하락하여 대외거래에 어려움이 생기고 신용경색으로 환율이나 물가가 급등하여 경제전반에 혼란이 발생하게 된다. 실제로, 브라질 등 남미국가들은 1980년대 모라토리엄을 선언한 적이 있고, 1982년에는 멕시코가 3개월 동안 대외채무 지급유예를 선언한 적이 있는데 1989년 브래디플랜(Brady Plan)으로 해결될 때까지 많은 고통을 겪었다. 모라토리엄을 선언하면 채권국은 채무국의 만기를 연장하거나 여러 형태의 구조조정 작업을 통해 신뢰도를 높이는 채무재조정(rescheduling)을 하게 된다.

한편 모라토리엄과 유사하지만 별개 뜻의 단어로 "디폴트(Default)"가 있다.

모라토리엄은 외국에서 빌려온 차관에 대해 일시적으로 상환을 연기하는 것을 대외적으로 선언하는 것으로 채무를 상환할 의사가 있다는 점에서, 빚을 갚을 능력이 없어 갚지 못하는 "디폴트(채무불이행)"와는 다르다. 보통 디폴트 상황이 예상되면 모라토리엄을 선언하는 경우가 많다.

• 모태펀드

여러 개의 채권형 펀드 또는 주식형 펀드를 하나의 펀드로 만든 상품이다. 개별펀드들이 기업에 직접 투자하기보다는 투자조합에 출자하여 수익을 목적으로 운영되는 펀드이다. 모태펀드는 크게 뮤추얼펀드(Mutual Fund)와 헤지펀드(Hedge Fund)로 구분할 수 있다. 모태펀드는 투자조합을 통해 다양한 투자전략을 세워 수익률이 검증된 펀드에 투자하므로 투자위험을 줄일 수 있으며, 개별투자자들의 적은 투자금액으로 여러 펀드에 분산 투자할 수 있다. 우리나라는 2005년 중소·벤처기업에 대한 투자를 위해 1조원 규모의 한국모태펀드가 '벤처기업육성에 관한 특별법'에 의해 조성됐고, 이를 운용하기 위해 한국벤처투자주식회사가 설립되어 투자조합출자금 운용대상 선정 및 창업투자회사 평가 등 본격적인 활동을 하고 있다.

• 무디스

1990년 설립된 미국의 신용평가회사로 영국의 '피치(Fitch)', 미국의 '스탠더드 앤드 푸어스(S&P)'와 함께 세계금융시장의 3대 신용평가기관으로 꼽힌다. 신용평가기관으로서 무디스는 세계 각국을 대상으로 채무상환능력을 종합 평가해 국가, 은행 및 채권에 대해 등급을 발표한다. 등급 산정에는 해당 국가 및 은행들의 여러 가지 사항을 고려하게 되는데 크게 대외부문의 안정성과 해당 국가의 대내적 요소들로 나누어 볼 수 있다. 대외적 요소란 외환보유고, 단기외채, 경상수지 등을 말하며, 대내적인 요소들로서는 재정의 안정성, 구조 조정, 정치적 안정성 등을 꼽는다. 대외부문의 안정성은 국제투자자가 해당국에 대한 투자금을 회수할 경우, 필요한 외환보유고가 적정한지가 당연히 고려될 것이며, 단기외채의 양이 특별히 많아서 자금 회수 시 어려움을 겪게 될 가능성은 어느 정도인지, 또한 경상수지는 적정한지 즉, 적자수지가 지속된다면 당연히 외화의 보유량이 감소하기 때문에 어려움을 겪을 것인데 이러한 면에서는 안정적인지 등을 본다는 것이다. 이와 함께 위에서 지적한 대내적 요소들은 대외적으로 발행한 국가채권의 신뢰성을 고려하는 것으로, 해당국 정부의 재정이 안정적인가, 그리고 이를 둘러싸고 있는 전반적인 산업구조나 정책이 일관되게 실행될 수 있는 정치 환경인가 등을 보는 것이다. 무디스는 신용등급을 최고 Aaa부터 Aa1, Aa2, Aa3, A1, A2, A3, Baa1, Baa2, Baa3, Ba1, Ba2, Ba3, B1, B2, B3, Caa1, Caa2, Caa3, Ca, C 순으로 등급을 구분하고 있으며 11번째인 Ba1 등급부터는 투자부적격으로 판단한다. 또한 현 등급에서 상향조정될 가능성이 높으면 '긍정적(positive)', 당분간 그대로 유지될 것 같으면 안정적(stable), 하향조정 될 것으로 보이면 부정적(negative)이라는 표시를 해당 등급 뒤에 붙인다.

• 물품취급수수료(MPF)

미국 세관이 모든 수입물품에 대해 미국 관세법과 무역법을 준수한 것인지를 심사하는 명목으로 징수하는 일종의 행정 수수료.

• 뮤추얼펀드(Mutual Fund)

뮤추얼펀드는 유가증권 투자를 목적으로 설립된 주식회사 형태의 법인회사를 말한다. 주식회사 형태라고 하는 이유는 이 법인회사가 모집된 투자자산을 전문적인 운용회사에 맡기고 추후 그 운용 수익을 운용회사로부터 뮤추얼펀드가 받아서 원래 투자자에게 배당금의 형태로 되돌려 주기 때문이다. 우리나라에서는 증권투자회사라고 부르며, 미국에서는 오픈앤드형투자신탁을 통칭하는 말로 쓰인다. 여러 투자자의 돈을 모아 만든 펀드로서 주로 주식이나 채권에 투자해 수익을 돌려준다는 점에서 수익증권과 비슷하나 뮤추얼펀드의 경우에는 펀드가 하나의 독립된 회사로 운영되어 법률상 독립된 회사이기 때문에 기존 수익증권에 비해 주주의 운영 및 참여가 자유롭고 개방적인 특징이 있으며, 투명도도 높은 것으로 평가된다. 뮤추얼펀드에는 만기 전에 언제든지 돈을 찾을 수 있는 개방형과 결산만기(보통 1년) 전에는 돈을 찾지 못하는 폐쇄형이 있다.

• 바이럴 마케팅(Viral Marketing)

바이럴 마케팅(viral marketing)은 네티즌들이 이메일이나 다른 전파 가능한 매체를 통해 자발적으로 어떤 기업이나 기업의 제품을 홍보할 수 있도록 제작하여 널리 퍼지는 마케팅 기법으로, 컴퓨터 바이러스처럼 확산된다고 해서 이러한 이름이 붙었다. 바이럴 마케팅은 2000년 말부터 확산되면서 새로운 인터넷 광고 기법으로 주목받기 시작하였다. 기업이 직접 홍보를 하지 않고, 소비자의 이메일을 통해 입에서 입으로 전해지는 광고라는 점에서 기존의 광고와 다르다. 입소문 마케팅과 일맥상통하지만 전파하는 방식이 다르다. 입소문 마케팅은 정보 제공자를 중심으로 메시지가 퍼져 나가지만 바이러스 마케팅은 정보 수용자를 중심으로 퍼져 나간다. 기업은 유행이나 풍조 등 현실의 흐름을 따라가면서 네티즌들의 입맛에 맞는 엽기적인 내용이나 재미있고 신선한 내용의 웹 애니메이션을 제작, 인터넷 사이트에 무료로 게재하면서 그 사이에 기업의 이름이나 제품을 슬쩍 끼워넣는 방식으로 간접광고를 하게 된다. 네티즌은 애니메이션 내용이 재미있으면, 이메일을 통해 다른 네티즌에게 전달하게 되고, 이러한 과정이 반복되다 보면 어느새 네티즌 사이에 화제가 됨으로써 자연적으로 마케팅이 이루어지는 것이다. 일부 바이럴 마케팅 광고는 제품 정보를 알려준 사람에게 보상을 주는 인센티브 접근법을 쓰기도 한다. 바이럴 마케팅은 웹 애니메이션 기술을 바탕으로 이루어지며, 파일 크기가 작아 거의 실시간으로 재생이 가능함은 물론, 관련 프로그램만 이용하면 누구나 쉽게 제작할 수 있고, 기존의 텔레비전이나 영화 등 필름을 이용한 광고보다 훨씬 저렴한 비용이 들기 때문에 빠른 속도로 확산되고 있다.

• 바젤협약

1989년 스위스 바젤에서 채택된 유해폐기물의 불법 이동을 줄이자는 국제협약을 말한다. 선진국에서 자국의 엄격한 규제를 피해 유해폐기물을 중남미 및 아프리카 등 후진국에 밀수출하거나 매각하는 등 유해폐기물의 부정적 처리로 인한 환경오염이 국제문제로 부각됨에 따라 후진국의 환경보호 및 지구환경보호를 위한 국제협력의 필요성이 제기되었고 그 결과 바젤협약을 맺게 되었다. 우리나라도 1994년 3월에 가입하여 국가간의 폐기물 거래를 막고 있다.

• 바쿠가이

중국인 관광객의 '싹슬이 쇼핑'을 뜻하는 일본 신조어로 2015년 일본 유행어 대상에 선정되었다. 방일 중국인의 1인당 평균 소비액은 무려 28만 5,000엔(약 270만원)에 달했다.

• 반덤핑관세 제도

외국물품이 정상가격(수출국 국내시장가격) 이하로 판매됨으로써 국내산업이 실질적으로 피해를 받거나 받을 우려가 있을 때 또는 국내 산업의 발전을 지연시킬 때 관세를 부과할 수 있도록 하는 일종의 무역구제제도이다. 반덤핑 여부를 조사하여 반덤핑 판정이 내려지면 정상가격과 덤핑가격의 차액 범위 내에서 반덤핑 관세를 부과함으로써 공정한 가격경쟁이 이루어지도록 하는 것이다. 덤핑판정의 주요 기준은 수입물품에 덤핑행위가 존재하는지, 해당 물품의 수입으로 국내 산업에 피해가 야기됐는지, 덤핑행위와 국내 산업의 피해에 인과관계가 존재하는지 여부 등이다. 1904년 캐나다에서 미국산 철도레일의 수입급증을 막고 자국 제조업자들을 보호하기 위하여 세계최초로 반덤핑관세 제도를 도입하였다. 우리나라는 1963년 부당염가판매방지관세제도를 기원으로 하며 1986년에 처음으로 입법되었다. 반덤핑제도의 법적 근거는 관세 및 무역에 관한 일반협정(GATT 1994), WTO 반덤핑협정(GATT 1994 제6조의 이행에 관한 협정) 등에서 규정하고 있으며, 우리나라에서는 관세법(재정경제부)과 불공정무역행위조사 및 산업피해구제에 관한 법률(산업자원부)에서 규정하고 있다. 덤핑수입으로 국내산업이 피해를 입을 경우 수입국 정부가 취할 수 있는 반덤핑조치로는 수량제한, 가격약속, 수출중지 등이 있다. 수량제한은 수입물량을 일정부분으로 제한하는 것이며, 가격약속은 공급자와 수입국 정부간에 국내산업의 피해를 보전할 수 있는 수준까지 덤핑물품의 수출가격을 인상하는 것이며, 수출중지는 덤핑수출을 중지하는 것이다. 우리나라의 경우 가격약속과 수출중지제도를 운영하고 있으며, 수량제한제도는 운영하지 않고 있다.

• 발동가격

즉시 덤핑조사를 발동시킬 수 있는 기준가격을 말한다. 이는 덤핑방지관세를 물리기 위한 복잡한 절차를 생략하고, 수입이 증대함에 따라 커다란 피해를 보는 특정 국내산업을 보호하기 위한 수입규제방식이다. 일단 발동가격이 시작되면 기존 법령 등에 규정되어 있는 긴급관세 추가부과 등의 조치가 자동적으로 또는 의무적으로 취해지게 된다. 1977년 미국 정부의 철강문제조사특별위원회가 자국의 철강산업을 일본 등과 가격경쟁에서 보호하기 위해 일정수준 이하의 가격으로 수입되는 철강제품에 대해 발동가격을 대통령에게 제안하기도 하였다.

• 백기사

기업들간 적대적 인수 · 합병(M&A)이 진행되는 경우 현 경영진의 경영권 방어에 우호적인 주주를 '백기사(white knight)'라고 부른다. 2003년 외국계 자본인 소버린이 SK 지분 15%를 보유하고 경영권을 인수하려고 하자 신한, 하나, 산업은행이 SK의 백기사 역할을 해 적대적 M&A를 막은 것이 대표적 사례다. 지분구조가 취약한 기업은 적대적 M&A에 대비해 미리 백기사를 확보하기도 한다. 2008년 12월 국민은행과 포스코가 3천억원 규모의 자사주를 맞교환한 사례가 여기에 속한다. 국민은행은 지주자 전환 과정에서 확보한 KB금융지주 지분이 있지만 모회사 주식은 자기자본으로 인정되지 않아 포스코 주식과 맞교환했다. 타사 주식은 투자유가증권으로 분류돼 자기자본으로 인정되기 때문에 국민은행은 국제결제은행(BIS) 기준 자기자본비율을 0.2%p 올리게 됐으며, 지분분산으로 적대적 M&A에 취약한 포스코는 국민은행을 백기사로 확보할 수 있게 됐다. 백기사는 위기에 처한 경제주체를 구할 '구원투수'라는 의미로도 종종 쓰인다. 예를 들면 국채 발행을 통해 7천억달러의 구제금융 재원을 마련하기로 한 미국을 위해 중국이 미 국채를 매입하는 방식으로 백기사 역할을 했다.

• 벌처펀드

부실한 자산을 싼 값으로 사서 경제 여건이 좋아지면 비싼 값에 되팔아 차익을 내는 기금이나 회사를 말한다. 벌처란 독수리를 뜻하는데 썩은 고기를 먹는 독수리의 습성처럼, 파산한 기업이나 경영난에 빠져 있는 부실기업을 저가에 인수한 뒤 되팔아 단기간에 높은 수익을 올리는 자금을 말한다. 회생이 힘든 업체의 구조조정지연 문제를 해결하기 위해서 1999년에 도입되었으며, '기업구조조정전문회사(Corporate Restructuring Corporate, CRC)라고도 한다. 벌처펀드의 성공확률은 30%에도 못 미치는 것으로 알려져 있다. 고수익을 지향하는 헤지펀드(hedge fund)나 투자신탁회사와 투자은행 등이 설립 · 운용하고 있으며, 영업형태도 직접 경영권을 인수하여 회생시킨 후에 되파는 방법, 부실기업의 주식 또는 채권에 투자하여 주주로서 권리행사를 통해 간접 참여하는 방법, 부동산 등 자산만을 인수하여 되파는 방법 등이 있다.

• 범위의 경제(Economies of Scope)

하나의 기업이 단일한 생산설비와 공정들로 제품과 서비스를 함께 생산할 경우, 2가지를 각각 따로 다른 기업에서 생산하는 경우보다 생산비용이 적게 드는 현상이다. 인수 합병의 이론적 근거가 되며 평균비용과 한계비용의 절감 효과가 있다.

• 베른협약

산업재산권보호에 관한 파리조약과 함께 지식재산권에 관한 국제조약 중 하나이다. 문학적 · 예술적 저작물의 저작자 권리를 보호하기 위해 1886년 9월 스위스 베른에서 체결된 협약이다. 베른협약은 내국인 대우 원칙, 최소한의 보호, 무방식 주의, 소급보호 등을 기본원칙으로 하고 있으며, 서적 · 소책자 · 강의 · 연극 · 무용 · 영화 등 문학 및 예술적 저작물을 대상으로 하고 있다. 사무국은 베른에 있으며 가맹국은 다른 가맹국 국민들의 저작물을 자국민의 저작물과 동등하게 대우하며 저작권의 효력은 발생주의(등록 등의 절차를 필요로 하지 않고 저작사실 자체로 효력을 발생하는 것)에 따르며, 저작권은 저작자의 생존기간 및 사후 50년 동안 보호한다는 것 등을 원칙으로 한다. 베른협약에 의해 보호되고 있는 권리는 저작인격권에 해당하는 공표권 · 동일성 유지권 · 성명표시권이 있으며, 저작재산권으로는 복제권 · 번역권 · 낭독권 등이 있다. 우리나라는 1996년에 가입하였다.

• 베블렌 효과(Veblen Effect)

경제가 불황임에도 고가의 제품은 오히려 더욱 잘 팔려나가는 현상. 즉, 가격이 오르는 데도 일부 계층의 과시욕이나 허영심 등으로 인해 수요가 오히려 증가하는 현상으로 미국의 사회학자 베블렌이 1899년 출간한 저서 '유한계급론'에서 상층 계급의 두드러진 소비는 사회적 지위를 과시하기 위해 자각없이 행해진다고 말한 데서 유래했다.

• 베블런효과(Veblen Effect)

미국학자 베블런(Veblen)이 자신의 저서에서 제시한데서 유래되었다. 베블런효과는 상류층 소비자들의 소비 행태를 가리키는 말로 사회적 지위를 과시하기 위해 가격이 오르는데도 수요가 줄어들지 않고, 오히려 증가하는 현상을 말한다. 예를 들어 고급 자동차, 명품 액세서리 등은 경제상황이 악화돼도 수요가 줄어들지 않는 경향이 있다.

• 베어마켓랠리

일반적으로 주식시장에서 상승장세는 '랠리'라고 한다. 약세장은 주식거래가 부진하다는 의미에서 곰(bear)에 비유해 베어마켓이라고 한다.

• 베이지북(Beige Book)

미국 연방준비제도이사회(FRB)가 연간 8차례 발표하는 미국 경제동향보고서. 연준 산하 12개 지역 연방준비은행이 기업인, 경제학자 등 전문가들의 의견과 각 지역 경제를 조사 · 분석한 것을 모은 책이다. 연방공개시장위원회(FOMC) 회의에 앞서 발간되며 금리정책 논의 시 가장 많이 참고되는 자료이다. 책 표지가 베이지

색인 것에 유래하여 베이지북이라 불린다.

• Valley Effect(밸리효과)

올림픽이나 월드컵 등 대규모 국제행사 개최를 위한 과도한 투자로 경기가 과열되다 이후에는 개최국의 경기가 빠르게 침체하는 것을 뜻한다. 이로 인해 올림픽이나 월드컵 개최국은 급격한 경제 성장 둔화에 직면하게 된다. 우리나라도 88 서울올림픽 후 성장률이 10%대에서 6%대로 하락하는 올림픽 후유증을 겪었다. 밸리효과는 올림픽 개최국가가 작을수록, 개최도시의 GDP점유비중이 클수록 높은 경향이 있다.

• 변동환율제

변동환율제도란 환율이 외환시장 등에서 자유롭게 결정되도록 정부나 중앙은행 등에서 간섭을 않는 제도를 말한다. 제1차 세계대전 후에 변동환율제도가 시행되었으나 이것이 각국 통화의 불안정성을 야기시킨다고 여겨져 제 2차 세계대전 후에는 금본위 고정환율제인 브레튼우즈체제가 생겨났다. 그러나 1973년 브레튼우주체제가 붕괴됨에 따라 각국은 금본위 고정환율제도를 포기하게 되었다. 이론적으로 변동환율제도는 외환시장에서 수요와 공급 간에 불일치가 발생할 때 환율이 즉각적으로 조정되어 균형을 회복하므로 국제수지가 항상 균형을 이루게 된다. 따라서 변동환율제도에서는 국제수지 불균형에 따른 통화량 변화가 발생하지 않는다. 그러나 현실적으로 각국의 환율제도는 고정환율제도와 변동환율제도를 절충한 환율제도를 사용하는 경우가 많다. 즉, 기본적으로 고정환율을 유지하더라도 일부 환율의 변화를 인정하는 조정가능 고정환율제도나 기본적으로 변동환율제도를 유지하되 필요에 따라 정부가 개입하는 관리변동환율제도를 채택하는 국가가 많다.

• 병행수입

같은 상표의 상품을 여러 수입업자가 수입하여 국내에서 판매할 수 있는 제도이다. 원칙적으로 상표의 고유 기능인 출처표시와 품질보증 기능을 해치지 않는 범위 내에서 모든 수입품에 대한 병행수입이 허용된다. 우리나라는 1995년 11월부터 수입공산품의 가격인하를 유도하기 위해 허용됐다. 이에 따라 국내 독점판매권자나 수입상표의 전용상용권자는 단지 위조품에 대해서만 그 권리를 보호받게 되었다. 국내외 상표권자가 동일인이거나 같은 계열사 또는 본·지사 관계, 독점 수입대리점 등 자본 거래가 있는 특수관계인 경우에는 상표권이 소진된 것으로 간주하여, 다른 수입업자가 이 상품을 수입해 판매할 수 있게 된다. 그러나 외국 상품의 국내상표권자가 국내에서 독자적인 제조·판매망을 갖고 있는 경우에는 기존 영업권을 보호한다는 차원에서 병행수입이 허용되지 않는다.

• 부채 디플레이션(Debt Deflation)

미국 경제학자 어빙 피셔가 1930년대 미국 대공황을 설명하면서 만든 개념으로 채무상환 부담이 커진 경제주체가 부채상환을 위해 자산을 서둘러 매각하는 것이 원인이 되어 경제전체가 디플레이션에 빠지는 현상이다. 물가 하락으로 실질금리(명목금리 - 물가상승률)가 오르면 자산가치는 하락하지만 부채 부담은 증가하게 된다. 이때 빚을 줄이기 위해 너도나도 보유하고 있는 자산을 매각하게 되면 자산가치는 더 하락하고 소비가 줄어 전반적인 경제활력이 떨어지면서 경기침체가 장기화된다.

• 불환지폐

정화(금·은 등 본위화폐)와 태환이 불가능한 화폐. 금본위제 시대에 은행권은 모두 태환지폐였으나, 금본위제를 폐지한 현대 정부 및 중앙은행이 발행하는 화폐는 모두 불환지폐라고 할 수 있다. 불환지폐만이 유통되고 있는 현재의 국제통화체제하에서 이의 남발은 인플레이션을 촉발하는 한 요인이 되고 있다. 반대로 각국이 보유한 금의 양만큼만 화폐를 발행하고 정화와의 자유로운 교환이 가능한 화폐를 태환지폐라고 한다.

• 불황형 흑자

불황형 흑자란, 경기가 불황기에 접어들었을 때 수출과 수입이 함께 둔화되면서, 수입이 수출 감소량 보다 더 많이 줄어들어 발생하는 것을 불황형 흑자라고 한다. 즉 불황형 흑자는 수입감소폭이 수출감소폭을 상회해 무역수지가 흑자로 나타나는 현상을 말한다. 우리나라의 불황형 흑자는 주로 높은 환율에 의해 나타나는 것으로 알려져 있다. 불황형 흑자가 나타나게 되는 과정을 보면, 높은 환율에 의해 해외에서 한국기업의 제품들의 가격경쟁력이 높아져 수입보다는 수출이 덜 줄어들어 전반적인 불황 속에서도 무역수지의 흑자를 기록하게 되는 것이다.

• 뷰카(VUCA)

변동성(Volatile), 불확실(Uncertain), 복잡함(Complexity), 모호성(Ambiguity)을 말하는 단어로, 세계동향 및 기업경영에서 자주 언급되는 용어. 뷰카상황은 기업에게 있어 경영쇄신, 구조조정 등 생존을 위한 다양한 방법들을 논의하는 시기이다.

• 브래킷 크리프(Bracket Creep)

물가상승에 따라 명목소득이 늘어나면 납세자의 소득 여부와 상관없이 높은 세율이 적용돼 실질적인 증세가 일어나는 현상. 사실상 해마다 증세가 일어나고 있는 것이다. 납세자도 모르게 늘어나는 세금이라고 해서 '감춰진 증세(hidden tax hike)'라고도 불린다.

• 브렉시트(Brexit)

영국의 유럽연합(EU) 탈퇴를 뜻하며 그리스의 유로존 탈퇴를 일컫는 그렉시트(Grexit)에서 따온 말이다. EU의 재정 악화가 심화되자 영국이 내야 할 EU 분담금 부담이 커졌고, 이에 영국 보수당을 중심으로 EU 잔류 반대 움직임이 확산됐다. 2015년 이후 시리아 등 난민 유입이 지속되자 탈퇴요구는 힘을 받았다. 결국 제임스 캐머런 영국 총리가 EU 잔류를 목표로 제안하여 2016년 6월 23일 진행된 브렉시트 찬반 국민투표에서 투표에 참여한 영국 국민 3,355만 명의 51.9%인 1,742만 명이 브렉시트 찬성에 표를 던지면서 영국의 유럽연합 탈퇴가 결정되었다.

• 블랙다이아몬드

구매력 있는 아프리카대륙의 신흥 흑인 중산층. 아프리카 대륙 10억명 중 2~3억명가량이 블랙다이아몬드로 추산되고 있다. 이들의 연수입은 4만~5만달러로, 흑인 빈민의 연소득이 1,500달러 가량임을 감안하면 거의 30배 많은 소득을 올린다. 블랙다이아몬드는 과거 내전, 빈곤의 대륙으로 인식됐던 아프리카에서 소비를 주도하며 경제에 활력을 불어넣는 계층으로 떠오르고 있다.

• 블랙먼데이(Black Monday)

월요일 증시가 대폭락을 맞이할 경우 흔히 '블랙먼데이(Black Monday)'라고 지칭한다. 역사적으로는 1987년 10월 19일 뉴욕 증시가 개장 초반부처 대량의 팔자 주문이 쏟아지면서 그날 하루 22.6%가 폭락했는데, 당시 월요일이었기 때문에 이를 두고 '블랙먼데이'라는 이름이 붙여졌다. 사실 그 이전인 1929년 10월 28일(월) 대공황기 뉴욕증시가 12.6% 하락하자 주요 통신사와 신문들이 '블랙 먼더에'라는 용어로 타전하면서 처음 사용됐지만, 1987년 대사건 이후 지수 폭락일 나타내는 보통명사가 됐다. 이날 하락률은 미국 역사상 최대였고 이 기록은 지금까지도 깨지지 않고 있다.

• 블랙스완

경제 영역에서서는 '발생가능성에 대한 예측이 거의 불가능하지만 일단 발생하면 엄청난 충격과 파장을 가져오고 발생 후에야 적절한 설명을 시도해 설명과 예견이 가능해지는 사건'을 뜻한다.

• 블랙 스완(Black Swan)

도저히 일어날 것 같지 않은 일이 일어나는 것을 얘기하는 것으로, 월가 투자전문가인 나심 니콜라스 탈레브가 그의 저서 『검은 백조(The black swan)』을 통해 서브프라임 모기지 사태를 예언하면서 두루 쓰이게 됐다. 그는 저서에서 검은 백조의 속성을 ① 일반적 기대 영역 바깥에 존재하는 관측값(이는 검은 백조의 존재 가능성을 과거의 경험을 통해 알 수 없기 때문) ② 극심한 충격을 동반 ③ 존재가 사실로 드러나면 그에 대한 설명과 예견이 가능 등으로 기술하고 있다. 원래는 검은 색깔을 가진 흑조(黑鳥)를 떠올리기가 쉽지 않은 것처럼 '실제로는 존재하지 않는 어떤 것' 또는 '고정관념과는 전혀 다른 어떤 상상'이라는 은유적 표현으로 서양 고전에서 사용된 용어였으나, 17세기 한 생태학자가 실제로 호주에 살고 있는 흑조를 발견함으로써 '불가능하다고 인식된 상황이 실제 발생하는 것'이란 의미로 전이됐다.

• 비가치재

사람들이 그 효용은 과대평가하고 폐해나 고통 등은 과소평가하는 것을 가리켜 비가치재(demerit goods)라 한다. 담배, 마약, 매춘 등이 비가치재에 속하며 정부는 이러한 것들의 생산이나 소비를 억제하고 규제한다.

• 비교우위론

각각의 나라는 가지고 있는 자원의 차이에 따라 특화되는 산업이 달라진다. 각 나라들은 상대적으로 더 유리한 산업에 집중하고, 다른 국가와 무역을 하는 것이 양국 모두에게 유리하다는 이론이 비교우위론이다. 즉, 두 나라 중 특정 재화 생산의 기회비용이 상대적으로 낮은 나라가 비교우위를 지닌다는 것을 말하는 이론이다. 예를 들어, A라는 나라가 비교우위에 있는 자동차를 특화하고, B라는 나라는 벼농사를 특화하여 무역으로 교환하면 두 나라 모두에게 유리하게 된다는 말이다.

• BIS(Bank for International Settlements, 국제결제은행)

국제결제은행(BIS)은 1930년 1월 헤이그협정에 의거 설립된 중앙은행간 협력기구로 현존하는 국제금융기구 중 가장 오래된 기구이다. 제1차 세계대전 이전부터 유럽을 중심으로 중앙은행간 협력증진을 위한 다자간기구 설립 논의가 있었으나 제1차 세계대전의 발발로 진전이 이루어지지는 못하였다. 종전 후 유럽경제 복구 및 독일의 전쟁배상금 지급 문제가 국제경제의 주요 현안과제로 대두되었다. 이 문제의 당사국인 벨기에 · 프랑스 · 독일 · 이탈리아 · 일본 · 영국 등 6개국은 거듭된 회의 끝에 1930년 1월 20일 네덜란드의 헤이그에서 독일의 전쟁배상금 문제 해결을 위한 헤이그협정을 체결하고 배상금결제 전담기구로서 국제결제은행(BIS)의 설립을 결정하였다. BIS는 스위스 바젤에 본부를 두고 있다. BIS 정관 제3조는 BIS의 설립목적을 "중앙은행간 협력을 증진하고 국제금융거래의 원활화를 위한 편의를 제공하며 국제결제의무와 관련하여 수탁자(trustee) 및 대리인(agent)으로서의 역할을 수행하는데 있다."고 규정하고 있다. BIS는 독일의 전쟁배상금 지급문제를 계기로 설립된 점을 반영, 초기에는 주로 결제기관으로서의 역할 수행에 중점을 두고 운영되었지만 시대적 상황에 따라 점차 그 기능이 변화하여 갔다. 1988년에는 바젤합의를 통해 은행 시스템의 건전성 확보와 국제적 감독 기준 마련을 목적으로 하는 'BIS 기준'이라는 자기자본규제안을 발표하였다. BIS 자기자본비율은 위험가중자산에 대한 자기자본 비율을 의미하여 BIS 기준은 위험가중자산의 최소 8%를 자기자본으로 보유토록 유도하고 있다. 국제결제은행은 현재 주로 중앙은행간 협력체로서의 기능 수행에 중점을 두고 있으며 국제통화통화협력을 위한 양대 기구로서 IMF와 긴밀한 협력관계를 유지하고 있다(한국은행).

• BEP(Breakeve Point, 손익분기점)

BEP(break-even point)는 일정기간 수익과 비용이 같아서 이익도 손해도 생기지 않는 경우의 매출액으로 손익분기점이라고 한다. 상품에 투입된 비용을 완전히 회수할 수 있는 매출액이 얼마인가를 나타내는 분기점이다. 매출액이 손익분기점 이하인 경우에는 기업의 손실을, 그 이상인 경우에는 이익을 나타낸다. 또한 손익분기점이 낮을수록 수익성이 높다. 판매가격의 인상 또는 비용의 절감으로 손익분기점을 낮출 수 있다. 이윤극대화를 목적으로 하는 기업은 경기침체나 경쟁회사 등장 등 어떠한 경영환경 변화에도 손익분기점 이상의 매출액을 달성해야 장기적으로 유지될 수 있다. 손익분기점을 구하기 위해서는 모든 비용을 고정비와 변동비로 분류할 수 있어야 한다. 고정비는 임대료·감가상각비·채권이자 등 매출액이나 조업도의 변화에 상관없이 일정한 비용이며, 변동비는 원자재비용 등 매출액이나 조업도의 변화에 비례하여 증감하는 비용을 말한다. 매출액에서 변동비를 공제한 차액을 한계이익이라고 하고 한계이익을 매출액으로 나누면 한계이익률이 된다. 고정비를 한계이익률로 나누면 손익분기점 매출액이 된다. 손익분기점에 영향을 주는 요소로는 판매가, 원가요소의 가격, 원가구성, 생산방법 등이 있다.

• 비트코인(Bitcoin)

지폐나 동전처럼 눈에 보이거나 실제 생활에서 쓰이는 화폐가 아닌, 온라인 거래상으로 쓰일 수 있는 가상 디지털 화폐. 2009년 '사토시 나카모토'란 필명을 가진 일본인 프로그래머가 개발해 발행하기 시작했다. 미국 연방선거위원회(FEC)가 가상화폐를 정치자금으로 받을 수 있다는 의견을 내놓으면서 세계 각지의 관심을 받았다. 이에 대한 거래가 활발해지면서 개당 13달러였던 것이 270달러까지 가치가 치솟으면서 새로운 투자대상으로 주목받기도 했다. 중국판 구글인 '바이두'는 비트코인을 통한 결제를 허용하고 있으며, 세계 최대 경매사이트인 '이베이'도 비트코인 결제를 검토 중인 것으로 알려졌다. 또한 비트코인을 지불 수단으로 인정하는 인터넷 상점들이 늘고 있고, 유럽과 미국 등 일부 오프라인 상점에서는 비트코인이 실제로 쓰이고 있다. 비트코인을 실제 화폐와 교환할 수 있는 환전소도 점점 늘어나는 추세다. 전문가들은 비트코인이 화폐의 기능인 '교환수단 · 가치저장 · 가치척도' 중 제한적이지만 일부 기능을 수행하고 있다고 평가한다. 단, 비트코인은 금이나 은처럼 그 자체로도 사용가치가 있는 것이 아닌 가상 공간에 존재하는 디지털 화폐이기에 정부가 인정하는 통화는 될 수 없다.

• 빅맥지수

전세계 각국에서 판매되고 있는 맥도날드 빅맥 햄버거의 가격을 미국에서의 달러 가격과 같게 만들어주는 환율을 의미한다. 영국의 경제주간지 「이코노미스트(The Economist)」가 1986년 이래로 매년 조사를 하여 발표하고 있다. 장기의 환율결정 이론에 따르면 국제거래에 아무런 제약이 없을 경우 서로 다른 국가들에서 팔리고 있는 동일한 품질의 재화는 하나의 통화로 가격을 표시했을 때 가격에 차이가 없어야 한다. 즉 환율은 각 통화의 구매력이 같게 되도록 결정되어야 한다는 것이다. 실제환율이 빅맥지수보다 낮으면 해당 국가의 통화가 고평가되어 있음을, 반대로 높으면 저평가되어 있음을 나타낸다.

• 빅브라더(Big Brother)

영국의 소설가 조지 오웰의 소설 '1984년'에 나오는 독재자 빅브라더를 따서 만든 용어다. 현재 빅브라더는 긍정적 의미로는 선의의 목적을 가지고 사회를 돌보는 보호적 감시를 뜻하며, 부정적 의미로는 정보의 독점을 통해 권력자들이 행하는 사회통제의 수단을 말한다. ※빅브라더상: 미국, 일본 등 20여개 나라에서 해마다 열리는 시상식을 말한다. 정부나 기업이 정보통신기술로 국민의 사생활을 침해하는지에 대해 시민의 눈으로 감시하기 위해 시민 · 사회단체가 주관하는 행사다.

• VIX

Volatility Index의 약자로 변동성지수라고 말한다. S&P 500지수 옵션과 관련해 향후 30일간의 변동성에 대한 투자기대지수를 가리킨다. 예를 들어 VIX 30(%)라 하면 한달간 주가가 30%의 등락을 거듭할 것이라고 예상하는 투자자들이 많다는 것을 의미한다. VIX지수가 최고치에 이른다는 것은 투자자들의 불안심리가 커져 주식시장에 악재가 될 수 있다는 것을 의미한다. VIX는 일명 공포지수라고도 한다.

• 빚의 함정(Debt Trap)

경제 주체들이 과도한 부채에 시달려 소비나 투자를 하지 못하는 현상.

• 사무라이본드(Samurai Bond)

일본 채권시장에서 비거주자인 외국정부나 기업이 발행하는 엔화표시 채권을 말한다. 미국의 양키본드, 영국의 불독본드와 함께 국제금융시장에서 거래되는 대표적 국제채권이다. '사무라이'라는 명칭은 일본을 대표한다고 여겨 이렇게 명명한 것이다. 원리금의 상환과 지급은 엔화로 계산하며, 이율은 일본 국채금리를 기준으로 한다. 보통 대규모 장기자금을 조달하기 위해 발행하기 때문에 5년 이상의 장기채가 많다. 일본 채권시장은 발행조건이 까다롭기 때문에 신용도가 높은 선진국의 지방정부나 국제금융기관, A등급 이상의 우량기업들이 주로 발행한다. 사무라이본드는 1970년 12월 아시아개발은행(ADB)이 처음으로 발행했다. 한국에서는 부산광역시, 대구광역시, 포스코, 한전, 한국산업은행 등이 발행한 적이 있다. 사무라이본드와 비교되는 채권으로 양키본드, 불독본드, 아리랑본드 등을 꼽을 수 있다. 양키본드는 미국 채권시장에서 외국 정부나 기업이 달러화 표시로 발행해 미국 내에서 판매하는 채권이고, 불독본드 런던 증권시장에서 비거주자에 의해 발행되는 파운드 표시 외채를 지칭한다. 아리랑본드는 한국 채권시장에서 외국 정부나 기업이 원화표시로 발행해 한국 내에서 판매하는 채권이다.

• 4차 산업혁명

4차 산업혁명은 기존 산업영역에 물리, 생명과학, 인공지능 등을 융합하여 생산에서 관리, 그리고 경영에 이르기까지 전반적인 변화를 일으키는 차세대혁명이라 일컫는다. 1차 산업혁명이 기계화, 2차가 대량생산, 3차가 정보화 및 자동화이면, 4차 산업혁명은 현실과 가상이 연결된 지능적 가상물리시스템인 것이다. 대표 산업분야에는 인공지능, 로봇, 사물인터넷, 자율주정차, 3D프린팅, 나노기술, 사물인터넷 등이 있다.

• 사회적 자본(Social Capital)

사회적 자본은 그 개념을 어떤 맥락에서 사용하느냐에 따라 그 정의가 달라진다. 대체로 사회적 자본은 사회구성원들이 힘을 합쳐 공동목표를 효율적으로 추구할 수 있게 하는 자본을 이르는 말이다. 일반적으로 사람과 사람 사이의 협력과 사회적 거래를 촉진시키는 일체의 신뢰, 규범 등 사회적 자산을 포괄하여 말한다.

• 사회간접자본(Social Overhead Capital)

'사회(Social)'라는 의미는 누구나 이용 가능하다는 것이며, '간접(Overhead)'은 특별한 어느 한 생산과 직접적으로 연관되어 있지 않고, 사회 전반적인 생산에 이용된다는 의미다. 이 두 가지 특성을 가진 자본을 사회간접자본이라고 하며 항만, 도로, 철도, 전기, 가스 등을 산업 발전의 기반이 되는 여러 가지 공공 시설이 이에 해당된다고 볼 수 있다.

• 상계관세

수출국으로부터 장려금이나 보조금을 지원받아 가격경쟁력이 높아진 물품이 수입되어 국내산업이 피해를 입을 경우, 이러한 제품의 수입을 불공정한 무역행위로 보아 이를 억제하기 위해 부과하는 관세를 말한다. 상계관세는 외국의 산업장려정책이나 수출촉진정책에 입각한 부당경쟁으로부터 국내산업을 보호하기 위해 부과되는 관세로 강력한 무역구제 조치로 꼽힌다. 수출국의 입장에서는, 장려금이나 보조금을 받은 수출품은 그만큼 상품가격이 낮아져 국제경쟁력 강화를 통한 수출증대의 효과를 거둘 수 있지만, 수입국 입장에서는 해당 산업의 시장을 잠식당하는 타격을 받게 된다. 관세 및 무역에 관한 일반협정(GATT)에서는 수출국에서 지원한 보조금을 상쇄하도록 상계관세 부과를 인정하고 있다. 상계관세는 기본관세 외에 해당상품에 지급되는 장려금이나 보조금만큼 더해져 산정되며, 부과요건은 생산 및 수출에 직·간접적으로 장려금·보조금을 받는 수입품이나 이러한 수입품에 의해 국내산업이 저해되거나 저해될 우려가 있는 경우 등이다.

• 쌍둥이적자(Double deficit, Twin deficit)

무역수지 적자와 재정수지 적자가 동시에 벌어지는 것. 1980년대 미국 대통령 로널드 레이건 정권 이래 미국에서 막대한 무역적자와 재정적자가 누적된 상태가 대표적인 사례다. 최근에도 미국에서는 무분별한 소비확대로 인한 무역적자와 감세책, 대테러전 자금투입 등으로 인한 재정적자가 동시에 악화되면서 쌍둥이적자가 이어지고 있다. 미국의 쌍둥이적자 문제는 향후 국제 금융시장 불안 요인의 증폭제로 작용할 수 있다는 점에서 전세계의 관심사가 되고 있다.

• 생산자물가지수(PPI)

producer price index(생산자물가지수)는 생산자의 판매가격에 의해 매겨지는 물가지수를 말한다. 국내에서 생산하여 국내시장에 출하되는 모든 재화와 서비스요금(부가가치세를 제외한 공장도 가격)의 변동을 측정하기 위해 작성한다. 소비자물가지수보다 범위가 넓기 때문에 국가 전체의 물가추이를 측정하는 데 이용된다.

• 서핑포인트(surfing point)

보통 파도타기 좋은 곳이란 뜻으로 쓰이지만, '성장에 적합한 산업분야'의 의미로 사용하기도 한다. 전문가들은 4차 산업혁명이 시작된 만큼 기업들이 재빨리 이 분야를 찾아 세계 1위가 되어야 한다고 지적한다. 국내에서는 AI와 바이오가 유망분야로 꼽히고 있다.

• 석유수출국기구(OPEC)

국제석유자본(석유 메이저)에 대한 발언권을 강화하기 위하여 1960년에 주요 석유 생산·수출국들이 결성한 조직이다. 1960년 9월 원유가격 하락을 방지하기 위해 이라크 정부의 초청으로 개최된 바그다드회의에서 이라크·이란·사우디아라비아·쿠웨이트·베네수엘라의 5대 석유 생산·수출국 대표가 모여 결성한 협의체로 시작되었다. 1950~1960년 중동 및 아프리카에서 대형 유정이 발견되어 원유의 공급과잉사태가 일어났고 원유가가 떨어지게 되었다. 이에 산유국들은 자신의 이익을 유지하기 위한 기구가 필요하게 되었고, 일종의 카르텔과 같은 결속체를 통해 공시가격의 회복, 인상을 주도했다. 결성 당시에는 원유공시가격의 하락을 저지하고 산유국간의 정책협조와 이를 위한 정보 수집 및 교환을 목적으로 하는 가격 카르텔 성격의 기구였다. OPEC은 1973년 제1차 석유위기를 주도하여 석유가격 상승에 성공한 후부터 원유가의 계속적인 상승을 도모하기 위해 생산량을 조절하는 생산 카르텔로 변질되었다. 회원국들은 원유가격 인상과 더불어 석유시장 국유화로 오일 머니가 급속히 증가했다. 거액의 재정자금을 확보한 산유국들은 자신들의 지속적 경제성장을 위한 사회 경제 개발 사업을 가속화함과 동시에 축적된 외화를 국제금융시장에 공급할 정도로 국제금융질서에도 영향력을 발휘하고 있다. OPEC은 가격정책 외에 석유 이권의 국유화, 자원보호, 각종 석유산업으로의 진출, 석유시대 후의 국가건설을 목표로 하고 있다.

• 선도환(선물환)/선물환거래

선도환은 선물환이라고도 하며 미래의 일정기간 내에 일정금액, 일정종류의 외환을 일정 환율로 매매할 것을 약속한 외국환을 뜻한다. 이런 거래를 하는 이유는 기업이 장래의 환율변동 위험을 피해 현재의 환율로 미래의 일정 금액 외환을 매입하거나 매도할 수 있도록 하기 위함이다. 이렇게 선물환매매가 이루어지는 것을 선물환거래라고 한다.

• 세계경제포럼(World Economic Forum: WEF)

세계경제의 발전에 전념하는 국제민간협력기구. 정치, 비즈니스 그리고 기타 사회 지도자들이 글로벌, 지역 및 산업 의제를 형성할 수 있도록 한다. 세계경제포럼은 1971년 비영리 재단으로 설립되었고 본부는 스위스 제네바에 위치한다. 매년 스위스 동부 휴양지인 다보스에서 개최되기 때문에 다보스포럼이라고도 한다.

• 세뇨리지 효과

화폐 주조로 얻는 이익을 말한다. 이는 국제통화를 보유한 국가가 누리는 경제적 이익이다. 화폐를 찍어내면 교환가치에서 발행비용을 뺀 만큼의 이익이 생기는데 그 중에서도 기축 통화국, 곧 국제통화를 보유한 나라가 누리는 이익을 통상적으로 세뇨리지 효과라고 일컫는다. 이 말은 과거 중세 때 군주(프랑스어로 '세뇨르')가 재정을 메우려 금화에 불순물을 섞어 유통시킨 데서 온 말이다.

• 세원잠식 및 소득이전(BEPS)

OECD 재정위원회는 2012년 6월 다국적기업들의 조세회피를 차단하기 위한 종합행동계획을 마련하기 위한 프로젝트(Base Erosion and Profit Shifting : BEPS) 추진을 결정하였으며, 다국적기업의 조세회피(BEPS)는 소득이전을 통한 세원잠식으로 국가간의 상이한 조세제도 및 기존 국제조세제도의 허점을 이용한 다국적기업의 조세회피행위를 의미한다.

• 센트 마케팅(scent marketing)

소비자의 후각을 자극해 제품 구매를 유도하거나 브랜드에 대한 긍정적인 이미지를 인식시키는 마케팅 기법으로, 향기마케팅이라고도 한다. 향기와 밀접한 관련이 있는 업종뿐만 아니라 향기와 관련이 없는 업종에서도 향기를 이용해 매장에 머무르는 시간을 늘리거나 제품이나 브랜드를 소비자가 오래 기억하도록 유도하는 등의 방식으로 센트마케팅을 활용하고 있다.

• 셧다운(Shutdown)

일시적인 부분 업무정지 상태. 미국의 경우 의회에서 예산안 합의에 실패하면 미 연방정부는 셧다운 상태에 돌입한다. 셧다운에 들어가면 정치권이 예산안에 합의할 때까지 200만명의 미국 공무원 중 군인, 경찰, 소방, 우편, 항공 등 국민의 생명 및 재산 보호에 직결되는 '핵심 서비스'에 종사하는 필수 인력을 제외한 연방 공무원 80만~120만명이 강제 무급휴가를 떠나게 된다. 남은 공무원들은 업무를 계속하지만 예산안이 결정돼야 보수를 받을 수 있다.

• 소녀효과(Girl Effect)

제대로 교육을 받은 소녀가 성장해서 돈을 벌면 90%를 가족에게 투자할 것이므로 소녀들에 대한 교육에 적극적으로 나서면 나중에 큰 효과를 거둘 수 있다는 의미를 담고 있다. 2009년 다보스포럼(세계경제포럼) 공식 어젠더에 빈민국에 사는 소녀들에 대한 교육의 중요성을 처음으로 포함시키면서 나온 용어다. 다보스포럼에서는 전 세계 대다수 지역에서 이 같은 소녀효과가 무시된 채 여성들이 사회 발전에 제대로 활용되지 못하고 있다는 점을 경고했다. 이에 앞서 1992년 세계은행 수석 이코노미스트였던 로런스 서머스(현 미국 국가경제위원회 의장)는 "개도국 소녀들을 교육시키는 것은 다른 어떤 투자보다 높은 효과를 거둔다"고 말한 바 있다. 이를 증명하듯 1994년 외환위기에 빠진 멕시코 정부는 1997년 빈곤계층 엄마에게

아들 딸 모두 학교에 보내야만 현금을 주는 조건부 복지제도를 도입한 적이 있는데, 1996년 37.4%였던 극빈층 비율이 10년만에 13.8%로 줄었다는 결과가 나온 바 있다.

• **소비자 잉여(Consumer's Surplus)**

소비자가 지불할 용의가 있는 최대가격과 실제 지불한 가격 간의 차이를 말한다. 소비자가 어떤 상품을 구매할 때 치르고자 하는 금액은 시장에서 실제 지불해야 하는 가격과 일치하지 않는 경우가 많다. 예를 들어 소비자 A는 물건 B에 1만원까지 지불할 용의가 있는데 7천원만 주고 구입했다면 3천원의 소비자 잉여가 발생한 것이다. 소비자 잉여는 소비자가 시장에 참여해서 이득을 얻었을 때에만 발생한다. 상품의 가격이 아무리 내려가도 소비자가 구매하지 않는다면 소비자잉여는 발생하지 않는다. 또 시장 전체의 소비자 잉여는 그 시장에서 상품을 구매한 모든 개인의 소비자 잉여를 합한 값이 된다. 이 개념은 시장의 성과를 평가하는 데 적절하다. 소비자 잉여는 소비자 입장에서 이득을 측정한 것이므로 정책담당자가 경제후생을 측정할 수 있는 좋은 지표가 된다. 정부의 정책은 소비자 잉여를 증가시키거나 감소시킬 수 있으며 정책이 사회에 미치는 가치의 크기는 소비자 잉여의 개념을 이용해 측정할 수 있기 때문이다. 소비자 잉여는 19세기 중반 프랑스의 토목기술자 듀피(Jules Dupuit)가 생각해 낸 개념이다. 듀피는 건설하는 도로와 다리의 가치가 사람들이 통행료로 내고 싶어하는 금액보다 훨씬 높다는 것을 증명하기 위해 이 개념을 생각해 냈다. 듀피가 주장한 소비자잉여는 더 많은 도로와 다리를 건설하도록 사람들을 설득하는 데에 큰 도움을 주었다고 한다.

• **소셜덤핑(Social Dumping)**

국제 수준보다 훨씬 낮은 임금수준을 유지해 원가를 절감하고 이를 바탕으로 제품을 해외시장에 싼값에 판매하는 행위. 구조적으로 임금수준은 낮으면서 비교적 양질의 노동생산력 동원이 가능한 신흥공업국에서 주로 나타난다. 소셜덤핑은 비용적 측면에서 해석되기도 하는데, 외국 기업의 투자를 유치하기 위해 국내에 외국인이 투자를 하게 되면 이에 대한 각종 비용과 세금혜택 등을 정부가 지원하는 사회보장 성격의 제도를 일컫기도 한다. 경제적으로는 선진국들이 기업경영에 필요한 각종 비용을 개발도상국보다 오히려 싸게 공급해주는 것이 소셜덤핑의 대표적인 경우다. 이렇게 되면 해외 수입국에 싸게 수입돼 그 나라의 생산자에 미치는 영향은 덤핑(dumping)과 마찬가지 효과를 가지게 되므로 노동, 임금 등 사회적인 요인으로 이루어지는 덤핑, 즉 소셜덤핑으로 부르게 되는 것이다.

• 소프트 패치(Soft Patch)

경기회복 국면에서 본격적인 후퇴는 아니지만 일시적인 어려움을 겪는 상황을 의미한다. 앨런 그린스펀 미 연방준비제도이사회(FRB) 의장이 지난 2002년 11월 당시 상하원 합동경제위원회에 출석, 경제 상황을 설명하면서 처음으로 사용한 이후 널리 쓰이고 있다. 소프트 패치는 골프장 잔디 상태를 일컫는 '라지 패치(large patch)'에서 유래됐다. 라지 패치는 병이나 해충 등의 이유로 골프장 페어웨이 가운데 잔디가 잘 자리지 못한 부분을 가리킨다. 골프공이 여기에 빠지면 골퍼는 당연히 위기를 맞게 된다. 그린스펀은 이 용어를 소프트 패치로 변형, 라지 패치에 빠진 것은 아니라는 의미에서 미국 경제가 단기적으로 다소 불안하고 취약하지만 심각한 상황은 아니며 곧 회복세를 보일 것이라는 점을 강조하기 위해 사용했다. 소프트 패치는 일시적이라는 점에서 일반적인 경기침체(slowdown)와는 구분된다.

• 소프트패치

경기 회복 국면에서 성장세가 일시적으로 주춤해지며 어려움을 겪는 상황을 의미한다. 일시적이라는 점에서 일반적인 경기침체(Slowdown), 더블딥(Double Dip)과는 구분된다. 앨런 그린스펀 전 미국 연방준비제도 의장이 지난 2002년 11월 상하원 합동경제위원회에서 경제상황을 설명하면서 처음 사용후 널리 쓰이고 있다. 소프트패치는 골프장에서 잔디가 잘 자라지 못해 공을 치기 어려운 지점을 가리키는 라지 패치(Large Patch)라는 골프 용어에서 유래한 것으로 공을 치지 못할 정도는 아니라는 의미이다.

• 쇼군본드(Shogun Bond)

외국기업이 일본에서 엔화가 아닌 다른 통화로 발행하는 채권. 엔화 표시로 채권을 발행하면 '사무라이본드'가 된다.

• 숏플레이

환율이 하락할 것이라는 예상을 하고 실수요 없이 투기매도에 나서는 것을 말한다.
↔롱플레이: 숏플레이와는 반대로 환율이 상승할 것이라 예상하고 실수요 없이 투기매수에 나서는 것을 말한다.

• 수요 견인 인플레이션(Demand-Pull Inflation)

어떤 상품에 대한 수요가 갑자기 증가하면 물가 또한 오르는 현상. 일반적으로 성장하는 경제에서 발생한다. 수요가 늘어나고 비용이 올라가면 서로의 상호작용에 따라 인플레이션이 지속되는 특징이 있다. 반면, 원자재 가격이나 임금 등 생산요소의 가격이 올라서 생기는 인플레를 '비용 상승 인플레이션(cost-push Inflation)'이라고 한다.

• 수입대체산업

수입에 의존하던 선진국의 재화나 서비스를 국내에서 생산함으로써 해외의존도를 줄이는 것을 수입대체라고 하며 이런 산업을 수입대체산업이라고 한다. 수입대체정책은 1930년대 이래 라틴 아메리카의 많은 나라들이 채택했었고, 몇몇 아시아, 아프리카 국가들도 1950년대 이래 채택해 왔다. 수입대체이론은 구조주의 경제학자들에 의해 주창되었으며, 많은 부분 케인지안과 유치산업보호론에 영향을 받았다. 수입대체산업을 육성하게 되면 국내 고용이 늘어나고, 해외 경기에 탄력적으로 대응할 수 있다는 장점이 있는 반면, 수입대체산업이 비효율적으로 변하며 경쟁에 노출되지 않아 기술 발전이 더딜 수 있다는 단점이 있다.

• 수입수량제한

특정물품의 수입증가로 동종 물품 또는 직접적인 경쟁관계에 있는 물품을 생산하는 국내산업이 심각한 피해를 입고 있거나 입을 우려가 있을 때 국내산업을 보호하기 위하여 일정 기간 동안 필요한 범위 안에서 물품의 수입수량을 제한하는 조치이다. 이 조치는 무역위원회의 조사를 통하여 확인되고 심각한 피해 등을 구제하기 위한 조치가 건의된 경우 시행할 수 있다. 이러한 수입수량제한 조치의 종류는 크게 5가지로 관세할당, 수입할당, 혼합할당, 수입허가제, 쌍무적 할당 등으로 나뉜다. ① 관세할당 : 일정량까지의 수입에 관하여는 특별한 저관세율을 적용하고 그 이상의 수입에 관하여는 아주 높은 관세를 부과하는 것. ② 수입할당 : 일정기간에 어떤 품목의 수입의 절대량을 제한하는 것 ③ 수입허가제 : 특정의 상품 수입에 대하여 정부의 허가를 필요로 하는 것. ④ 쌍무적 할당 : 해외생산자와의 교섭, 수출국에 있어서의 행정조치 등의 수단을 통하여 수입국측에 있어서의 독점적 착취를 억제하려고 하는 것. ⑤ 혼합할당 : 자국의 최종생산제품에 사용되는 해외 원재료의 수입수량을 규제하는 것이다. 관세의 경우와 같이 수입을 줄여 소비가격을 인상시키는 효과를 가진다. GATT 제11조에서는 수입할당, 수입제한, 수입허가제 등 수량제한의 일반적 금지의무를 규정하고 있다.

• 수쿠크

이슬람국가들이 발행하는 채권. 수쿠크는 채권임에도 불구하고 이자수익 자체를 용납하지 않기 때문에 투자자들은 이자 대신 배당금으로 수익을 배분받게 된다. 이는 이슬람율법인 샤리아가 돈을 빌려주는 대가로 이자를 받는 것을 금지하고 있기 때문이다. 이로 인해 수쿠크는 투자자들에게 이자를 주는 것이 아니라 특정사업에 투자한 뒤 그를 통해 얻는 수익을 배당금 형태로 지급한다.

• 순환출자

순환출자란 한 그룹내에서 A기업이 B기업에, B기업이 C기업에, C기업은 A기업에 다시 출자하는 식으로 그룹 계열사들끼리 돌려가며 자본을 늘리는 것을 말한다. 예를 들어, 자본금 100억원을 가진 A사가 B사에 50억원을 출자하고 B사는 다시 C사에 30억원을 출자하며 C사는 다시 A사에 10억원을 출자하는 방식으로 자본금과 계열사의 수를 늘릴 수 있다. A사는 이러한 순환출자를 통하여 자본금 100억원으로 B사와 C사를 지배하는 동시에 자본금이 110억원으로 늘어나는 효과를 얻을 수 있다. 하지만 증가한 10억원은 장부상에만 나타나는 거품일 뿐 실제로 입금된 돈은 아니다. 한편, B사가 부도나면 A사의 자산 중 50억원은 사라지게 된다. 한 계열사가 부실해지면 출자한 다른 계열사까지 부실해지는 악순환이 발생할 수 있는 것이다. 재벌기업들은 계열사를 늘리고 계열사를 지배하기 위한 수단으로 순환출자를 활용하기도 한다. 현행 법에서는 A와 B 두 계열사간에 상호출자를 금지하고 있는데 순환출자에 대해서는 별도의 규정을 두지 않고 있다. 순환출자 규모나 내용을 파악하는 일이 쉽지 않기 때문이다. 따라서 순환출자는 상호출자 금지로 생겨난 편법이라고 할 수 있다. 그러나 출자총액제한 제도 등으로 재벌기업의 순환출자를 제한하고 있다.

• 슈바베지수

가계의 소득비 가운데 주거비용이 차지하는 비율을 말한다. 슈바베지수는 빈곤의 척도로 사용되는데 슈바베지수가 25%가 넘으면 빈곤층에 속한다고 본다. 저소득층일수록 슈바베지수는 높고 고소득층일수록 슈바베지수는 낮다. 슈바베지수가 높을수록 주거비용의 비중이 커지게 되는 것이므로 가구의 주택부담능력은 떨어진다고 볼 수 있다.

• 슈퍼그리드(Super Grid)

거대한 규모의 전력망(그리드)이란 의미로, 대륙간 혹은 국가 간에 생산된 전력을 연결하여 서로 융통하는 에너지 수송 네트워크이다. 미국 존F케네디 대통령이 1960년대 미국 북서부의 수력발전 전력을 남쪽 캘리포니아주에 공급하도록 한 프로젝트에서 처음 사용됐다. 슈퍼그리드가 구성되면 국가 간 전원설비를 공유할 수 있어 전력수요가 급증하는 시간대의 예비전력 확보가 가능하고 해외전원 개발을 통해 경제성과 전원입지난도 해소할 수 있는 장점이 있다. 북유럽의 슈퍼그리드, 남유럽-마그레브 슈퍼그리드, 남부 아프리카 슈퍼그리드 등이 대표적이다. 한동안 대륙망(Continental Grid)이라 불리다 최근에는 스마트그리드(Smart Grid)가 적용된 전력망이 연결된다는 차원에서 슈퍼그리드라는 용어가 더 자주 쓰인다. 메가그리드(Mega Grid)라고도 한다.

• 3PL

제3자 물류(Third Party Logistics)의 약자로 TPL이라고도 한다. 지분 이해관계가 없는 회사간의 거래로 기업이 물류를 제3자인 물류전문업체를 통해 전문적으로 처리하는 것을 가리킨다. 대표적인 물류전문업체로는 FedEX와 DHL 등이 있다. 두 개 이상의 물류서비스를 통합적으로 제공하여 물류비용을 절감하고 효율성을 높인다는 장점이 있다. 최근에는 전자상거래 발달과 부가가치물류의 개념이 중시되면서 E-Logistics, 사이버물류, 4PL(Fourth Party Logistics) 등으로 발전하고 있다.

• 스무딩 오퍼레이션

자유변동환율제도하에서 환율은 원칙적으로 외환시장에서 외환의 수요와 공급에 의해서 결정된다. 그러나 다른 외부적 요인이 발생해 외환시장에 불안심리가 작용하거나 투기세력이 유입될 경우 환율이 급격히 등락하는 경우가 있다. 이 경우 정부가 외환시장에 인위적으로 개입하여 환율이 안정적으로 움직이도록 하는 조치를 스무딩 오퍼레이션(Smoothing Operation)이라고 한다. 스무딩 오퍼레이션은 미세조정(Fine Tuning)이라고도 한다. 개입의 방법에 따라 구두개입과 직접개입으로 나눌 수 있다. 구두개입은 정부나 중앙은행이 외환시장에 개입하겠다는 의사를 여러 경로를 통해 밝힘으로써 외환시장을 안정시키는 방법이다. 반면 직접개입은 정부나 중앙은행이 직접 외환시장에서 달러를 사들이거나 팔아 외환시장의 안정을 기하는 것을 말한다.

• 스와프포인트

외국인이 국내 은행에 원화를 맡기고 달러를 빌릴 때 적용되는 비용. 스와프포인트가 낮을수록 달러 자금 사정이 나쁘다는 의미다.

• 스왑(Swap)

계약조건 등에 따라 일정시점에 자금흐름의 교환을 통해서 이루어지는 금융기법을 말한다. 이러한 거래를 스왑거래라고 하는데 스왑거래는 사전에 정해진 가격, 기간에 둘 이상의 당사자가 보다 유리하게 자금을 조달하기 위해 서로 부채를 교환하여 위험을 피하려는 금융기법이다. 스왑거래의 종류로는 금리스왑, 통화스왑 등이 있다.

• 스위트 스폿(Sweet Spot)

골프채, 라켓, 배트 등으로 공을 칠 때, 많은 힘을 들이지 않고 원하는 방향으로 멀리 빠르게 날아가게 만드는 최적 지점이 스위트 스폿이다. 원래 스포츠 분야에서 나온 용어이나, 어떤 분야에서든 최고로 좋은 시기나 부분, 한 마디로 최적화된 상태를 나타내는 의미로 폭 넓게 사용되기도 한다. 예를 들어, 경제 분야에서의 스위트 스폿은 경제가 이례적으로 호황을 누리는 시기를 의미한다. 또 마케팅에서는 소비자가 기업에 가장 매력을 느끼는 시점 혹은 그 느낌을 나타내기도 한다. 투자에서는 가장 매력적인 투자처를 뜻하기도 한다. 이 용어와 관련해, 미국 유명 일간지 워싱턴 포스트가 크레디트스위스 애널리스트의 말을 인용해 "한국이 현재 투자자들을 위한 스위트 스폿 상태"라고 보도(2009년 9월 6일)하기도 했다. 워싱턴 포스트는 한국 경제의 위기가 글로벌 금융위기 발생 이후 단 기간에 마무리 되었고, 아시아의 네 번째 경제대국인 한국이 다시 살아나기 시작했다고 평가했다. 한국의 2009년 2분기 구매력이 전 분기에 비해 5.6%나 증가했으며, 같은 기간 국내총생산(GDP)이 5년 만에 가장 높은 증가율을 나타냈다는 것이다. 이 같은 경제 회복의 이유로 낮은 국제유가와 원자재 가격, 원화 약세 등에 힘입어 한국 기업의 자동차와 휴대폰 등이 세계 시장에서 가격 경쟁력이 있었기 때문이라고 워싱턴 포스트는 분석했다. 또 은행들이 비교적 상당한 자본력을 갖추고 순이익을 늘리고 있으며, 한은의 외환보유액도 위기 이전의 수준을 회복했다고 밝혔다.

• **스파게티볼 효과**(Spaghetti Bowl Effect)

여러 나라와 동시에 자유무역협정(FTA)을 체결하면 각 나라마다 다른 원산지 규정 적용, 통관절차, 표준 등을 확인하는데 시간과 인력이 더 들어 거래비용 절감이라는 애초 기대효과가 반감되는 현상. 대상국별 혹은 지역별로 다른 규정이 적용돼 서로 얽히고 설키는 부작용이 발생하게 되는데, 이같은 현상이 마치 스파게티 접시 속 국수가닥과 닮았다는 뜻으로 사용했다. 대표적으로 북미자유무역협정(NAFTA) 발효 이후 멕시코 소재 자회사에서 자동차 부품을 수입해 특혜관세를 적용받았던 포드사가 미국 세관이 요구한 원산지 증명서류를 구비하지 못해 4,100만달러에 이르는 벌금을 낸 사례가 있다. 한국은 2009년 8월 7일 인도와 사실상 자유무역협정(FTA)과 동일한 성격의 포괄적 경제동반자협정(CEPA)에 정식 서명함에 따라 총 7개 경제권과 FTA를 발효 또는 협상을 타결한 국가가 됐다. 이에 따라 우리나라도 스파게티볼 효과에 대한 우려가 나오고 있다. 한편 스파게티볼 현상은 FTA 뿐 아니라 경제상황이나 경기를 보는 시각에도 적용될 수 있다. 경제 현안에 대해 관계부처 혹은 경제주체간 충분한 합의 없이 정책을 펼쳐 혼선을 빚거나 경기 판단에서 정부와 민간, 민간과 민간간 의견이 상충돼 혼란을 가중시키는 경우도 스파게티볼 효과로 지적된다.

• **스핀오프**

① 기업의 경쟁력을 강화하기 위해 다각화된 기업이 한 사업을 독립적인 주체로

만드는, 회사분할을 뜻하는 용어다. 스핀오프를 하는 이유는 경영의 효율성을 높이기 위함이며, 군살을 빼려는 의도도 있다. ② 이전에 발표되었던 드라마, 영화, 책 등의 등장인물이나 상황에 기초하여 새로 다른 이야기를 만들어내는 것을 말한다. 미국의 CSI시리즈가 대표적인 스핀오프 작품의 예라고 할 수 있다. ③ 정부출연기관의 연구원이 자신이 참여한 연구결과를 가지고 창업을 할 경우에 정부 보유로 된 기술 사용에 따른 로열티를 면제해주고 후에 신기술연구기금 출연을 의무화하는 제도를 말한다.

• Stakeholder

Stakeholder는 이해관계자라는 말로 기업, 행정 등에 직·간접적인 이해관계를 갖는 개인이나 그룹, 주주, 고객, 노동자, 하청업자 등을 통칭하는 단어다. 요즘은 기업의 사회적 책임과 공헌이 강조되면서 stakeholder의 범위가 예술이나 복지 등으로 더 넓어지고 있다.

• 스태그플레이션(Stagflation)

스태그네이션(stagnation)과 인플레이션(inflation)의 합성어로, 경기침체와 인플레이션이 함께 나타나는 현상을 말한다. 1970년대 이전 주류경제학에서는 인플레이션과 실업률 사이에 안정적인 역(逆)의 관계가 성립된다고 보았다. 하지만 1970년대에 높은 인플레이션과 높은 실업률이 공존하는 스태그플레이션이 발생하면서 기존 경제이론은 한계점을 드러내게 되었다. 임금상승, 원자재가격 상승 등으로 인한 비용인상 인플레이션으로 스태그플레이션을 설명하기도 하지만 현실의 스태그플레이션 현상을 만족스럽게 설명하지는 못한다. 오늘날 거시경제학에서는 재량정책이 주도한 수요견인 인플레이션에 예상요인이 가세하고 비용인상 인플레이션도 부차적으로 첨가된 혼합형 인플레이션으로 스태그플레이션을 설명한다.

• Stupid

스페인(S), 터키(T), 영국(UK), 포르투갈(P), 이탈리아(I), 두바이(D) 등 신용위기에 빠질 수 있어 경고 위기에 놓인 6개 국가를 가리켜 STUPID라 부른다. 이 나라들은 재정수지, 경상수지 악화와 경기침체 등이 맞물리면서 신용위기에 빠질 가능성이 높은 나라로 분류되었다.

• 시장경제지위

원가 · 임금 · 환율 · 가격 등을 정부가 아닌, '시장이 결정하는 경제체제를 갖추었다'고 상대교역국이 인정하는 것을 말한다. 시장경제지위로 인정받지 못하면 반덤핑 제소를 당했을 때 제3국의 가격기준으로 덤핑여부가 판정되는 불이익을 당하게 된다. 과거 사회주의 국가의 덤핑 수출을 규제하기 위해 도입된 개념으로 시장경제

국가일 경우 덤핑률 산정시 수출국의 국내가격과 수출제품 판매가격을 비교해 통상분쟁이 발생할 때 유리한 입장에 설 수 있다. 그러나 비시장경제국가일 경우 수출국의 국내가격이 아닌 비슷한 경제상황의 제3국 국내가격을 적용함으로써 덤핑률이 커져 고율의 반덤핑관세를 부과받는다. 2001년 WTO에 가입할 당시 중국은 최장 15년간 '비시장경제지위'를 감수하기로 하였으나 우리나라는 2005년 11월에 중국에 시장경제지위(MES)를 인정하였다. 최근 우리나라가 중국에 대해 시장경제지위를 인정키로 한 것은 중국이 우리의 최대 교역상대국이자 최대 투자대상국으로 자리 잡았기 때문이다. 아울러 현재 우리나라가 가장 많은 무역흑자를 내고 있는 나라로, 앞으로도 가장 중요한 경제협력 파트너가 될 것이라는 분석도 작용했다. 또한 1999년 이후 우리나라에서 취한 12건의 반덤핑조치 가운데 2건에 대해서만 비시장경제지위가 적용되는 등 대부분의 반덤핑조사 시 시장경제지위를 인정받고 있는 현실도 고려됐다. 중국에 시장경제지위를 인정함에 따라 앞으로 우리나라 무역위원회가 중국산 수입제품에 대한 반덤핑조사를 할 때 중국 국내가격을 기준으로 활용하게 된다. 다만 중국이 자료제출 거부 등 조사에 응하지 않으면 구성가격이나 제3국 가격을 이용할 수도 있다. 베트남은 2009년 시장경제지위를 인정받았다.

• **시장실패**

시장이 그 기능을 제대로 발휘하지 못해 자원이 효율적으로 배분되지 못하고, 소득분배가 고르게 이루어지지 않는 등 경제질서가 무너진 상태를 말한다. 그렇기 때문에 시장실패는 정부가 시장개입을 통해 시장이 그 기능을 제대로 발휘할 수 있도록 도움을 줄 수 있는 근거가 된다.

• **실효환율지수**

자국통화와 모든 교역상대국통화와의 종합적인 관계를 나타내는 환율. 자국통화와 여러 교역상대국 통화와의 환율변동을 가중평균한 지수로서 자국상품의 종합적인 가격경쟁력의 지표가 된다.

• **신자유주의**

제1차 세계대전 이후 극심한 보호무역주의에 대한 반성은 패전국 독일에서 나타났다. 1920년대 독일 서남부 프라이부르크 대학의 오이켄(Walter Eucken)을 중심으로 빼앗긴 시장기능 다시 찾자는 새로운 경제사조가 등장하였는데 이를 고전적 자유주의와 구분하여 신자유주의(Neoliberalism)라 부른다. 이들은 정부가 보호주의시대와 같이 지나치게 시장에 개입하여 자유로운 기업활동을 제한하는 등 시장기능을 위축시키면 국민경제발전을 저해하는 요인이 된다고 주장하였다. 그러나 시장이 곧 자연적 질서는 아니기 때문에 시장기능 보장을 위해 정부가 강력한 정책을 펴야 한다고 주장하였다. 신자유주의는 시장질서 유지를 위한 강력한 정부개입의 필요성을 역설함으로써 기존의 자유주의와 다른 면을 보인다. 신자유주의의 사상적 배경을 제공한 학자로는 미제스(Ludwig von Mises), 하이에크(Friedrich Hayek), 프리드만(Milton Friedman) 등을 들 수 있다. 1970년대 이후 케인즈적 간섭주의의 실패를 지적하면서 본격적으로 대두되었다.

• CD금리

CD(Certificate of Deposit)란 시장에서 양도가 가능한 정기예금증서를 말한다. 은행은 자금조달을 위해 CD를 발행하고 투자자는 투자의 목적으로 정기예금증서의 하나인 CD를 매입하게 된다. 여타 정기예금정서와 달리 투자자는 매입한 CD를 만기 전에 다른 투자자에게 팔 수 있다. 한국수출입은행을 제외한 모든 은행, 즉 한국은행에 예금지급준비금을 예치할 의무가 있는 시중은행, 지방은행, 특수은행, 외국계 은행지점 등이 CD를 발행하여 자금을 조달할 수 있다. 만기는 30일 이상이며 주로 91일(3개월물)이나 181일(6개월물) 금리가 대표적이다. CD는 매매를 위해 은행의 승인을 받지 않아도 되며 특별한 매매절차도 없다. 따라서 단기간에 정기예금 수준의 이자를 받으면서도 필요 시 매매를 통해 현금화할 수 있다. 다만 CD는 예금자보호법의 적용을 받지 않는다는 단점을 가지고 있다. CD는 만기까지의 이자를 할인해서 발행하기 때문에 고객은 할인액을 차감한 금액으로 CD를 사고 만기에는 액면금액을 받게 된다. CD의 가격이 하락한다는 것은 만기에 동일한 액면금액을 받기 위해 이전보다 더 낮은 가격으로 살 수 있다는 것을 의미하며, 이는 CD 금리 또는 수익률이 상승한다는 것과 마찬가지이다. 한편 우리나라 은행들의 경우 변동금리형 주택담보대출에 적용하는 금리를 'CD 금리+R'의 형태로 정하고 있는 경우가 많다. 따라서 CD 금리의 변화는 변동금리형 주택담보대출에 영향을 미친다. 만일 CD 금리가 상승할 경우, 주택담보대출금리도 동반 상승하여 변동금리로 은행에서 돈을 빌린 사람들의 이자 부담이 높아진다.

• CRB지수

국제적인 상품가격 조사회사인 CRB(Commodity Research Bureau)사가 만든 지수다. 원자재값의 하루하루 동향을 한눈에 볼 수 있는 상품지수로 물가의 움직임을 판단하는 데 좋은 자료가 된다. 천연가스 · 금 · 구리 · 니켈 · 설탕 · 커피 · 옥수수 · 밀 · 오렌지주스 · 돼지고기 등의 주요 원자재 선물가격을 평균 내서 상품지수로 나타낸다.

• CSR(기업의 사회적 책임)

기업이 지속적으로 존속하기 위한 이윤추구활동 이외에 법령과 윤리를 준수하고, 기업의 이해관계자의 요구에 적절히 대응함으로써 사회에 긍정적 영향을 미치는 책임있는 활동, 즉 기업의 사회적 책임(Corporate Social Responsibility)을 말한다. 오늘날에는 기업의 성장과 발전이 해당 기업이 소속된 사회나 국가의 경제발전과 경제사회의 구조를 규정할 수 있을 만큼 기업이 대규모화되고 있다. 따라서 기업의 활동은 사회적으로 큰 영향을 미치게 되었으며, 이로 인해 기업의 사회적 위치가 커지고 그만큼 기업에 대해 요구하는 사회적 책임도 커지게 되었다. CSR은 각국의 경제·사회 상황이 서로 상이하고 각 기업마다 사회적 책임에 대한 인식의 차이가 존재해 국제적으로 통일된 정의는 없다. 하지만 일반적으로 다음과 같은 4단계로 구분된다. 제1단계는 경제적인 책임으로, 이윤 극대화와 고용 창출 등의 책임을 말한다. 제2단계는 법적인 책임으로, 회계의 투명성, 성실한 세금 납부, 소비자의 권익 보호 등의 책임이다. 제3단계는 윤리적인 책임으로, 환경·윤리경영, 제품 안전, 여성·현지인·소수인종에 대한 공정한 대우 등의 책임을 말한다. 마지막으로 제4단계는 자선적인 책임으로, 사회공헌 활동 또는 자선·교육·문화·체육활동 등에 대한 기업의 지원을 의미한다.

• CEPA(포괄적경제동반자협정)

'포괄적 경제동반자 협정'(CEPA: Comprehensive Economic Partnership Agreement)이란 상품·서비스 무역, 투자, 경제협력 등 전반적인 경제관계 교류를 포함하며, 무역자유화를 중점 강조하는 자유무역협정(FTA)의 더 넓은 의미이나 사실상 FTA와 동일한 성격을 갖는다. 우리나라는 2009년 8월 인도와 한-인도 CEPA를 체결하였다. 인도가 인구 12억 명의 인구대국이면서 구매력 평가 기준 GDP로는 세계 4위의 소비시장이라는 점에서, 또한 2003~07년 동안 인도의 연평균 경제성장률이 8.9%로 고도성장을 하고 있다는 점에서 CEPA 체결의 의미가 크다고 할 수 있다. 인도와의 CEPA 체결로 증가세에 있는 양국간 교역 및 투자가 더욱 확대될 것이고, 최근 연 20% 이상 증가해 온 對인도 수출이 더욱 확대될 것으로 기대된다. 아울러 세계적 경제위기 이후 대두되고 있는 보호무역주의를 배격하고자 하는 한국과 인도 양국의 의지를 대외적으로 천명하면서, 국제사회에서 큰 정치적 영향력을 발휘하고 있는 인도와의 정치·외교관계 강화에도 크게 기여할 것으로 예상된다. 한-인도 CEPA는 2010년 1월 1일 발효되었다. 이로써 인도는 한국의 對인도 수출품의 85%에 대한 관세를 즉시 또는 단계적으로 철폐하거나 감축하게 된다. 관세 철폐 및 감축 대상에는 우리나라의 최대 수출품인 자동차부품을 포함해 철강, 기계, 화학, 전자제품 등 10대 수력 수출품이 모두 포함됐다.

또한 인도의 서비스 시장은 회계, 건축, 부동산, 의료, 에너지유통 등 사업서비스 분야를 비롯해 통신, 건설, 유통(소매 제외), 광고, 오락문화 및 운송서비스 분야까지 폭넓게 개방된다. 또한 인도가 자국 FTA 사상 처음으로 네거티브 방식(개방을 허용하지 않는 분야만 기술하고 그 외의 모든 분야는 외국인투자 허용)의 자유화에 나서 높은 수준의 투자개방이 이뤄질 전망이다.

• CPI(소비자물가지수)

CPI(Consumer Price Index)는 소비자가 일상 소비생활에서 구입하는 재화와 서비스의 가격 변동을 조사하여 도시가계의 평균적인 생계비나 화폐의 구매력 변동을 측정하는 물가지수로, 대표적인 인플레이션 지표이다. 통계청에서 서울을 비롯한 36개 주요도시 가계의 총소비 지출액 중 구입 비중이 큰 489개의 소비자 가격(2005년 기준)으로 산출하고 있다. 가계조사 결과에서 나타난 조사항목별 월평균 소비지출액이 총소비 지출액(가중치모집단)의 1/10,000 이상이 되는 항목 중 해당 상품군의 가격을 대표할 수 있고 가격조사를 지속적으로 수행할 수 있는 상품을 조사품목으로 한다. 또한 CPI는 소비지출 목적, 자주 구입하는 품목, 기상이나 계절에 따라 가격 변동이 큰 품목을 집계하는 지수로 대별할 수 있다.

• IBP(International Budget Partnership)

1997년 설립된 NGO 단체로 2006년부터 2년 주기로 국제통화기금(IMF)이나 경제협력개발기구(OECD)가 제시하는 재정투명성 기준에 근거해 세계 각국의 예산 과정을 조사 · 분석 · 평가하고 그 결과에 따라 예산투명성지수를 발표한다.

• 아시아인프라투자은행(AIIB)

미국 · 일본 주도의 세계은행, 아시아개발은행(ADB : Asian Development Bank) 등에 대항하기 위해 설립되는 은행. 2013년 10월 시진핑(習近平) 중국 국가주석이 아시아를 순방하던 중 공식 제안하고 1년 후인 2014년 10월 24일 500억 달러 규모의 아시아인프라투자은행(AIIB)의 설립을 공식 선언한 후 2016년 1월 16일 베이징에서 개소식과 창립총회를 열고 공식 출범하였다. 본부는 중국 베이징에 위치하며, 총회 · 이사회 · 사무국으로 구성된다.

• ASEM(Asia-Europe Meeting)

아시아와 유럽의 주요 국가들이 정치 · 경제 · 사회 · 문화 등 제반 분야에서 포괄적 협력을 도모하기 위해 만든 협의체. 아시아와 유럽연합(EU) 회원국의 대통령 또는 수상과 EU 집행위원장들이 2년마다 회의를 갖는다. 아시아에서 신흥 경제대국이 등장하고 EU의 통합이 가속화하면서 상대적으로 연결고리가 약한 아시아와 유럽 간 상호관계를 강화할 필요성에 따라 싱가포르가 1994년 10월 ASEM 창설을 제의했다.

• ISM지수

미국의 공급자관리협회(ISM : Institute for Supply Management)가 미국내 20개 업종 400개 이상 회사를 대상으로 매달 설문조사를 실시해 산출하는 지수. 제조업지수(ISM Index)와 비제조업(서비스업)지수(ISM Non-manufacturing Index, ISM Services Index) 두 가지로 발표되는데 두 지수 모두 50 이상이면 경기확장을, 50이하면 수축을 예고한다. 정식 명칭은 PMI(Purchasing Managers' Index, 구매관리자지수)지만 국내에서는 'ISM제조업지수'로 더 잘 알려져 있다. 신규 주문, 생산, 고용, 원자재 공급, 재고 등 5개 분야에 대해 회원들이 '악화(worse)' '불변(same)' '개선(better)'이라고 답하면 ISM이 이를 수치화해 PMI를 산출한다. ISM 제조업지수의 강점은 단연 선행성이다. 미국 제조업 경제활동을 미리 볼 수 있는 데다 매월 초 발표되기 때문에 시기상 다른 후속 지표 분위기를 엿볼 수 있다는 특징이 있다.

• ILO(International Labour Organization, 국제노동기구)

UN의 전문기구로서 노동자의 노동조건 개선 및 지위를 향상시키기 위하여 설치되었다. 1919년 베르사유조약을 근거로 창설된 이후, 1948년 UN총회에서 채택된 국제노동헌장에 따라 국제연합 산하 전문기구로서 운영되기 시작하였다. 가입국은 2010년 현재 183개국이며 한국은 1991년 12월 가입하였다. 각국의 노동입법 수준을 발전시켜 노동조건을 개선하고 사회정책과 행정·인력자원을 훈련시키며 기술을 지원하는 역할을 한다. 이를 위해 국제 노동통계를 수집하고, 불완전고용, 노사관계, 경제발전 등에 대한 연구를 수행하는데, 이러한 조사·연구결과를 이용해 「국제노동평론」과 「노동통계연감」을 발간한다. 그 동안의 폭넓은 활동이 인정되어 1969년엔 노벨평화상을 받기도 했다. 1944년의 필라델피아 선언은 국제노동기구 활동의 근간이 되는 원칙으로, 노동은 상품이 아니고 표현과 결사의 자유는 진보를 위해 불가결한 요건이며, 일부의 빈곤은 사회 전체의 번영에 있어 위험이 된다는 점, 어려움을 해결하기 위해 정부, 노동자, 사용자 대표들이 계속적이고 협조적인 국제적 노력을 기울여야 한다는 점을 확인하고 있다. 설립 당시에는 회원국 대부분이 선진 유럽국가 위주였지만 최근에는 제3세계 국가가 많이 늘어나 정책 방향이 바뀌고 있다. 다른 국제기구는 대부분 정부가 회원국의 대표로 있지만 국제노동기구는 사용자·노동자·정부 대표가 이사회에 속해 있다. 국제노동기구는 설립 이래로 구체적인 국제 노동기준을 제정하기 위해 노력하고 있으며 최근에는 남녀 고용 평등 문제나 아동 노동의 퇴치를 위해 노력하고 있다.

• 아이언플레이션

철(Iron)과 인플레이션(Inflation)의 합성어로 철강재의 가격이 오르는 것. 철강재는 모든 산업에 사용되기 때문에 아이언플레이션이 본격화되면 철강의 후방산업인 자동차, 조선 등 제조업체들의 원가가 상승하고 뒤따라 소비자 물가도 오르게 된다.

• 아폴로 신드롬

뛰어난 인재들만 모인 집단에서는 오히려 성과가 낮은 현상. 경제학자 메러디스 벨빈이 『팀 경영의 성공과 실패』라는 저서에서 이 용어를 처음 사용했다. 벨빈은 '아폴로 우주선을 만드는 것처럼 복잡하고 어려운 일은 우수한 인재가 모인 집단에서 높은 성과를 낼 것'이란 가정 아래 연구를 진행했지만, 실제로는 뛰어난 인재들만 모인 조직의 성과는 전반적으로 우수하지 않음을 발견했다.

• 아프리카개발은행(AFDB)

아프리카의 경제 및 사회 개발을 안정적으로 촉진하기 위해 설립된 기구이다. 1964년 9월에 만들어 1966년 7월부터 활동을 시작했다. 아프리카 국가들 사이에서 개별적으로 또는 공동으로 추진하는 경제 개발 및 사회 진보를 촉진시키는 것을 주요 업무로 하고 있다.

• 안전통화의 저주(Curse under safe haven)

미국과 유럽의 잇따른 재정위기로 일본의 엔화가 안전통화로 떠오르고는 있지만, 일본 입장에서는 가뜩이나 어려운 일본경제가 디플레이션이 우려될 정도로 더 어려워지는 상황을 말한다. 베리 아이켄그린 UC 버클리대 교수가 처음으로 주장했다.

• 애그플레이션(Agflation)

농업을 뜻하는 영어단어 Agriculture와 인플레이션(Inflation)의 합성어로, 농산물의 가격이 오르면서 일반 물가가 상승하는 현상을 뜻하는 신조어다. 지구 온난화 및 이상 기후 현상으로 농작물이 감소하고, 급속한 도시화로 인해 농가가 감소하는 등의 영향으로 곡물값이 급등하면서 이 용어가 빈번하게 사용되고 있다.

• 앤 캐리 트레이드

저금리의 엔화 자금을 빌려서 고금리나 고수익이 기대되는 외국의 채권과 주식에 투자하는 금융 기법. 일반적으로 앤 캐리 트레이드가 늘어나면 엔화 가치는 떨어지게 된다

• 앳킨슨지수

균등분배의 전제하에서 지금의 사회후생수준을 가져다 줄 수 있는 평균소득이 얼마인가를 주관적으로 판단하고 그것과 한 나라의 1인당 평균소득을 비교하여 그

비율을 따져보는 것이다. 앳킨슨지수는 평가자의 주관적 가치판단을 고려하는 지수로 소득분배가 불평등하다고 여길수록 지수가 커진다.

• 양적완화(QE: quantitative easing)

기준금리가 0% 수준에 근접하여 기준금리 인하의 실효성을 기대하기 어려운 상황에서 중앙은행이 통상적인 공개시장조작의 거래대상이 아닌 국공채나 주택저당증권, 회사채 등을 매입함으로써 시중에 유동성을 공급하는 정책. 통화공급의 확대로 소비와 투자가 활성화되고 화폐가치의 평가절하로 수출이 늘어나는 등 총수요(소비양)를 증가시킬 수 있다.

• 양허협상

무역협상에서 각국이 자발적으로 제시하는 각 부문별 시장개방계획을 놓고 그 타당성 및 수용여부를 논의하는 것을 의미한다. 양자 및 다자간 협상의 궁극적 목적은 세계교역의 자유화를 넓히는 데 있으므로 각국은 관세·비관세 등 자유화대상 분야에 대해 자발적으로 시장개방 스케줄을 제시하게 되는데, 이를 양허 계획(Offer List)이라고 한다. 이러한 양허 계획을 기초로 벌이는 양허 협상은 각국의 경제발전 단계, 경제 및 산업의 특수성 등을 감안하여 자유화 계획의 타당성 및 수용여부 등을 따지게 된다.

• 양해각서(MOU: Memorandum of Understanding)

국가간에 문서로 된 합의로 법적 구속력을 갖는 조약과 같은 효력을 갖는 것을 말한다. 본래는 외교협상과정에서 당사국간에 조약체결까지 이루어지지 않더라도 양국의 입장을 서로 확인하고 이를 준수하기로 하는 서면합의를 의미한다. 민간기업 사이에서 교환되는 양해각서는 일반적으로 어떤 사업의 이해당사자들이 본계약 체결 이전에 교섭 중간결과를 바탕으로 서로 양해된 사항을 확인·기록할 때 사용된다. 본계약서는 양해각서에 명시된 내용과 달라질 수도 있다. 양해각서는 법적인 강제성은 없지만 타당한 근거 없이 어길 경우 도덕적 비난이 따른다. 그러나 국가 사이에서 체결되는 양해각서는 외교적 구속력을 갖는다. 어떤 사업에 대한 당사자들의 의지를 표현하는 서류인 의향서(LOI : Letter of Intent)보다 한 단계 더 진전된 것이라 할 수 있다.

• 어닝서프라이즈(Earnings Surprise)

시장의 예상치를 훨씬 뛰어넘는 깜짝 실적을 말한다. 예상치를 뛰어넘는 실적이 발표되면 주가가 큰 폭으로 상승할 가능성이 크다. ▶어닝쇼크(Earnings Shock): 예상치를 훨씬 밑도는 실적인 경우는 주가에 충격을 준다고 하여 붙여진 용어로 어닝서프라이즈와는 반대되는 개념이다.

• Animal Spirit

경제가 인간의 합리적, 이성적 판단에 의해서만 돌아간다고 보지 않고, 인간의 비경제적인 본성도 경제를 움직이는 하나의 요인이 될 수 있다며 케인스가 '야성적 충동'(Animal Spirit) 개념을 언급했다. 인간이 그렇게 합리적이고 오류가 없다면 대공황이나 경제위기를 설명하기 어렵다는 인식에서 출발했다. 예를 들면 자신감이 팽배해 경제활동의 과잉을 낳았다가, 자신감이 극도로 위축되면서 자산을 팔고, 투자가 이루어지지 않아 대공황을 낳았다는 해석이다. 야성적 충동에 의해 경제가 움직인다는 시각에서는 국가가 시장의 잠재된 창의성을 인정하되 인간의 야성적 충동으로 인한 과잉 현상(IT 버블, 부동산 버블 등)을 억제해야 하므로, 정부의 적극적 시장 개입을 인정한다.

• AEO(Authorized Economic Operator)

무역 관련 물류업체 중 각국 세관당국(관세청)이 안전성을 공인한 업체. 9 · 11 테러 이후 강화된 미국의 무역안전 조치를 세계관세기구(WCO)가 수용하면서 마련된 개념이다. AEO의 화물에 대해선 입항에서 통관까지 복잡한 세관절차가 하나의 절차로 통합된다. 이에 따라 국가 간 교역에서 AEO 적용 대상으로 선정된 업체는 물품검사 면제와 통관절차 축소 등의 혜택을 받을 수 있다.

• 에이지퀘이크(Age-Quake)

영국의 인구학자 폴 월리스가 만든 용어로 고령사회의 충격을 지진(earthquake)에 빗댄 것이다. 그는 에이지퀘이크가 지진보다 훨씬 파괴력이 강하며 그 강도가 리히터규모 9.0에 달할 것으로 예측했다. 베이비붐 세대가 은퇴하는 2020년께 세계 경제는 에이지퀘이크로 뿌리째 흔들릴 것이며 한국도 피해를 크게 입는 국가 중의 하나로 예측했다.

• SDR(특별인출권)

IMF의 공적준비자산으로 1968년 4월 IMF이사회의 결의에 따라 1970년부터 도입됐다. SDR 도입에 따라 IMF에 출자금을 낸 가맹국은 국제수지가 악화됐을 때 무담보로 외화를 인출할 수 있는 권리를 갖게 된다. SDR은 금이나 달러의 뒤를 잇는 제3의 통화로 간주되고 있다. SDR의 가치는 당초 금에 의해 표시돼 1달러와 같은 0.888671g의 순금과 등가(等價)로 정해졌으나 달러의 평가절하로 1973년 2월 1SDR＝1.2635달러가 됐다. 그러나 그 후 주요 선진국 통화가 변동환율제로 이행됨에 따라 1974년 7월 이후 잠정적 조치로서 그 가치기준이 표준 바스켓 방식(standard basket system)으로 변경됐다. SDR이 국제기준통화로서의 요건을 갖추게 됐으므로 국제거래를 SDR 표시로 하자는 움직임도 있으나, 실제 외국환시장에서 기준통화는 여전히 달러화(貨)이다.

• S&P

Standard & Poor's(스탠더드 앤 푸어스)의 약자로 미국의 신용평가회사를 가리킨다. 세계적인 신용, 금융분석 및 신용등급기관으로, 무디스·피치와 함께 세계 3대 신용평가기관으로 꼽힌다. S&P가 보통주 500종목을 대상으로 발표하는 지수를 S&P 500지수라 하고, 이는 미국에서 주가동향을 나타내는데 가장 많이 사용되는 대표지수다.

• FX 마진거래(Foreign Exchange Margin Trading)

FX마진거래는 'Forex'라고 불리는 국제외환시장(Foreign exchange market)에서 개인이 직접 외국의 통화(외환)를 거래하는 현물시장으로, 장외해외통화선물거래를 말한다. FX마진거래 시장은 현재 세계에서 가장 자금의 흐름이 많은 금융시장으로, 그 규모가 전세계 주식시장 일일 거래량의 약 100배를 상회한다. 일반적인 환전은 자국화폐와 외국화폐를 교환하는 것이지만, FX마진거래는 '기준통화/상대통화'가 한 쌍으로 묶여서 거래되며, 환차익을 통한 수익을 발생시키는 금융거래이다. FX마진거래는 미국 달러화와 유로화 등 8개국 통화의 조합으로 이루어진다. FX마진거래에서 매수는 기본통화를 매수하고 동시에 상대통화를 매도하는 것을, 매도는 기본통화를 매도하고 상대통화를 매수하는 것을 의미한다. 예를 들어, EUR/US$를 매수한다면 기준통화인 EUR을 매수하고 상대통화인 US$를 매도한다는 것이며, AUD/CAD를 매도한다면 기준통화인 AUD를 매도하고 상대통화인 CAD를 매수한다는 것을 의미한다. 개인 투자자가 0.25~2%까지의 필요 증거금만 선물중개회사에 맡기면 보유금액의 최대 50~400배까지 거래가 가능하기 때문에 적은 투자금액으로 높은 수익을 올릴 수 있다. 또한 거래수수료가 무료이며, 주식시장과 달리 24시간 연속 개장되어 있다.

• FTA(Free Trade Agreement, 자유무역협정)

FTA는 협정을 체결한 국가 간에 이루어지는 상품 및 서비스의 교역에 대한 관세 및 무역장벽을 철폐함으로써 마치 하나의 국가처럼 자유롭게 상품과 서비스를 교역하게 하는 협정을 말한다. FTA는 다양한 형태의 지역무역협정(Regional Trade Agreement) 중 하나이다. 지역무역협정은 체결국간 경제통합의 심화 정도에 따라 크게 FTA, 관세동맹, 공동시장, 단일시장으로 구분되며, 체결국간에 관세를 철폐하되 역외국에 대해서는 각기 다른 관세율을 적용하는 FTA는 가장 낮은 수준의 경제통합 단계이다. 미국, 캐나다, 멕시코 간에 결성된 NAFTA(북미자유무역협정)가 대표적이다. 1994년 1월 발효된 NAFTA는 캐나다의 농산물과 멕시코의 석유를 제외한 전품목의 관세를 철폐하였으며 수입면허와 같은 비관세무역 장벽도 철폐하였다. NAFTA의 회원국인 미국, 캐나다, 멕시코 삼국간의 무역에는 무관세가 적용되지만 세 국가가 비회원국과 무역을 할 경우 각기 다른 관세율을 적용하게 된다. FTA는 협정 체결 국가 간에 무관세나 낮은 관세를 적용하고, 그 이외의 국가에게는 WTO에서 유지하는 관세를 그대로 적용한다. 또한 FTA는 협정 체결 국가 간에는 상품과 서비스의 수출입을 자유롭게 허용하는 반면 다른 국가의 상품에 대해서는 WTO에서 허용하는 수출입의 제한조치를 그대로 유지한다. 관세 및 무역장벽 철폐가 FTA 협상의 주요 대상이지만, 최근에는 서비스, 투자, 지적재산권, 정부조달, 경쟁정책, 환경, 노동 등으로 협상 대상이 확대되고 있는 추세다.

• FDI

FDI(Foreign Direct Investment, 외국인직접투자)는 일반적으로 외국인이 장기적인 관점에서 타국 기업에 출자하고 경영권을 확보하여 직접 경영하거나 경영에 참여하는 형태의 외국인투자를 일컫는다. 외국기업에 출자해 경영권을 직접 확보하는 투자라는 점에서 '해외직접투자'라고도 부른다. 우리나라의 경우 1998년 이후 FDI 규모가 점차 확대되어 2004년에는 누계액이 1천억 달러를 돌파하였다. 그러나 2004년 이후부터 최근까지 우리나라의 FDI는 정체현상을 보이고 있다. 이는 국내 M&A형 FDI의 지속적인 감소 영향이 큰 것으로 보인다.FDI는 국내 경제와 상당한 관계를 갖는다. 우선 M&A를 위한 자금으로 활용할 수 있다는 점에서 국내 경제의 구조조정을 가속화할 수 있다. 경영참가나 기술제휴를 통해 이뤄지는 만큼 선진 글로벌기업들의 경영 노하우와 핵심기술 등의 국내 유입을 가능하게 하고 글로벌시대가 요구하는 인재개발에도 영향을 미친다. 또한 FDI를 통해 기업, 자회사, 지점의 신설을 통해 경영에 직접적인 영향을 행사할 수 있다는 점에서 일자리를 창출하는 효과가 있으며, 국내 기업과의 경쟁을 촉발해 관련 제품의 가격 인하를 불러올 수 있다는 점에서 소비자의 후생을 증대하는 효과도 기대할 수 있다.

• 엑슨-플로리오법

외국 기업이 미국 회사를 인수할 경우 국가 안보에 위협요인은 없는지 등을 심사하여 문제가 있으면 불허할 수 있도록 규정한 법을 말한다. 미국 의회가 1988년 제안자인 엑슨 상원의원과 플로리오 하원의원의 이름을 따서 종합무역법 안에 엑슨 플로리오 조항을 삽입, 대통령에게 국가안보 수호 차원에서 외국자본의 투자를 조사하고 철회할 수 있는 권한을 부여하고 사전 및 사후 심사권을 갖고 M&A를 중단시키거나 금지하도록 포괄적으로 규제하고 있다. 초기에는 국가안보와 관련된 미국 내 기업의 인수 및 합병 등에만 적용되었으나, 1992년 이후 국가안보에 영향을 미치는 국가핵심기술 및 이와 관련된 산업에 대해서도 적용되었다. 엑슨-플로리오법은 미국 기업이 잇따라 외국인 손에 넘어가면서 등장하였는데, 이 법이 발효된 직후 일본 후지쓰사는 미국 반도체회사 페어차일드를 인수하려다 계획이 좌절됐다. 한 예로, 지난 2003년 미국의 통신망 회사인 글로벌 크로싱은 해저 광케이블 사업부문을 홍콩의 허치슨 왐포아사에 매각하겠다고 밝혔지만, 이 거래가 미국의 안보를 위협할 수 있다고 외국인투자위원회(CFIUS)가 반대해 수포로 돌아간 적이 있다. 미국은 엑슨-플로리오법에 따라 미국 기업을 외국인에게 팔 경우 미국 재무부가 주재하는 외국인투자위원회(CFIUS)의 승인을 받도록 하고 있다. 이 위원회에는 법무부 · 국토안보부 등 11개 정부 기관이 참여하고 있다.

• MDB(Multilateral Development Bank, 다자개발은행)

다자 간 개발은행(MDB)이란 경제개발자금을 지원하는 은행으로서, 다수의 차입국 또는 개도국과 다수의 재원공여국 또는 선진국이 가입자격에 제한없이 참여하는 은행을 일컫는다. MDB의 대표적 사례로 세계은행(WB; World Bank)그룹, 아프리카개발은행(AfDB; African Development Bank), 아시아개발은행(ADB; Asia Development Bank), 유럽부흥개발은행(EBRD; European Bank for Reconstruction and Development) 및 미주개발은행(IDB; Inter-American Development Bank)그룹을 들 수 있다. 카리브해연안개발은행, 중미경제통합은행, 동아프리카개발은행, 서아프리카개발은행 등 소지역은행(Sub-Regional Bank)들도, 주로 차입국이기는 하나 다수의 국가가 참여하고 있다는 점에서 MDB로 보기도 한다. 유럽투자은행, 이슬람개발은행, 북유럽투자은행, 국제농업개발기금, OPEC 기금 등은 가입자격이 제한적이거나 특정분야를 지원 대상으로 하고 있기 때문에 MDB가 아닌 기타 다자 간 금융기구(other MFI; Multilateral Financial Institution)로 분류한다. MDB들은 출자금과 차입금으로 재원을 조달해, 수익성 있고 채무상환 전망이 확실한 사업에 한해 경제개발자금을 지원하고 있다. 따라서 대외신인도가 낮고 채무상환능력이 떨어지는 저소득 개도국들은 국제금융시장에서의 자금조달 뿐만 아니라 MDB로부터의 차입도 거의 불가능하다. 이에 MDB들은 저소득 개도국에 대한 장기·저리의 양허성 자금 지원창구(Concessional Lending Window)로서 국제개발협회, 아프리카개발기금, 아시아개발기금 등의 특별기구 또는 기금을 별도로 설립해 운영하고 있다.

• MRO

Maintenance(유지), Repair(보수) and Operation(운영)의 약자로, 기업에서 제품 생산에 필수적인 직접 원자재를 제외한 소모성 자재와 간접자재를 의미하며 기업소모성자재 또는 기업운영자재라고도 한다. 생산 활동과는 직접 관련이 없으나 그것을 위한 생산시설의 유지와 보수 등에 필요한 모든 간접 재화와 서비스를 일컫는다? 공구, 모터, 베어링 등 전기 자재와 각종 기계부품, 복사용지와 문구류, 청소용품 등 수많은 종류의 제품을 포함한다. MRO가 제조원가에서 차지하는 비율은 10% 이내로 회사의 구매에서 차지하는 비중은 작은 편이지만 비주기적으로 구매하기 때문에 수요예측에 따른 자재소요계획(MRP; Material Requirement Planning) 시스템 적용이 힘들고, 긴급하게 구매하는 비율이 40~50%로 높은 편이어서 비효율적으로 구매할 가능성이 높다. 수많은 종류의 제품을 포괄하고 있는 만큼 구매단계가 복잡하고 그 과정이 정형화돼 있지 않다는 점도 MRO 관리의 문제로 꼽힌다. 이에 따라 일반 기업들은 MRO 관리를 위한 대행업체를 활용하는 경우가 많은데, 이러한 전문업체를 MRO기업이라 한다.

• MPC(한계소비성향)

Marginal Propensity to Consume(한계소비성향)의 약자로 MPC라 부른다. MPC는 소득이 있을 때 소득을 소비로 돌리는 부분을 말하며, 주어진 소득의 변화에 대해 소비가 얼마나 변화하는지를 측정한다. 한계소비성향= '소비의 변화'/'소득의 변화'로 나타낸다. 일반적으로 소득이 증가하면 한계소비성향은 낮아지게 되고, 소득이 낮아지면 한계소비성향이 높아진다.

• 엥겔지수(Engel's Coefficient)

1857년 독일의 통계학자 엥겔(Ernst Engel)이 가계지출을 조사한 결과 저소득 가계일수록 식료품비가 차지하는 비율이 높고, 고소득 가계일수록 식료품비가 차지하는 비율이 낮음을 발견하였는데 이를 '엥겔의 법칙'이라고 한다. 그리고 총가계 지출액 중에서 식료품비가 차지하는 비율을 '엥겔지수'라고 한다. 일반적으로 식료품은 필수품으로서 소득의 높고 낮음에 관계없이 반드시 얼마만큼 소비해야 하며 동시에 어느 수준 이상은 소비할 필요가 없는 재화이다. 그러므로 저소득가계라도 반드시 일정한 금액의 식료품비 지출은 부담하여야 하며, 소득이 증가하더라도 식료품비는 그보다 증가하지 않는다. 이러한 까닭에 식료품비가 가계의 총지출액에서 차지하는 비율, 즉 엥겔지수는 소득 수준이 높아짐에 따라 점차 감소하는 경향이 있다. 보통 엥겔지수가 0.5 이상이면 후진국, 0.3~0.5면 개발도상국, 그리고 0.3 이하이면 선진국이라고 한다.

• 역진성

소득이 낮은 사람이 더 높은 세부담을 지게 되는 것을 조세의 역진성이라 한다. 대표적인 것이 부가가치세로, 모두에게 동일한 세율이 적용되기 때문에 가난한 사람들이 부유한 사람들보다 소득대비 더 많은 비율의 세금을 내게 되는 현상이며 누진세와 대비되는 단어다.

• **연방준비제도이사회(FRB: Federal Reserve Board)**

1913년 창설된 연방준비제도(FRS : Federal Reserve System)의 결정기구로 미국 내 통화정책의 관장, 은행 · 금융기관에 대한 감독과 규제, 금융체계의 안정성 유지, 미 정부 · 국민 · 금융기관 등에 대한 금융서비스 제공 등의 역할을 한다.

FRB는 12개 연방준비은행 관리총괄기관으로 본부는 워싱턴에 있다. FRB는 1918년 제정된 연방준비법에 의해 발족되었다. 처음에는 연방준비국이라고 하였으나, 1935년 은행법에 의해 연방준비제도이사회로 개칭되었다. 이사회는 의장 이하 7인의 이사진으로 구성되며, 대통령이 임명하고 상원의 승인절차를 거친다. 대통령은 이사 가운데 이사회 의장과 부의장을 임명한다. 이사의 임기는 14년이며, 이사회 의장과 부의장의 임기는 4년이다. FRB의 의장은 대통령이 임명하지만 금리결정 등 통화정책 권한도 철저하게 독립적으로 행사한다. FRB의장은 세계 경제대통령으로 불리울 정도로 금융정책에 관한한 전세계적으로 강력한 영향력을 갖고 있다. 이사회의 주요 임무는 신용상태의 규제와 연방준비은행에 대한 감독으로 연 8회 연방공개시장위원회(FOMC : Federal Open Market Committee)를 개최한다. FRB는 재할인율(중앙은행-시중은행간 여신 금리) 등 금리 결정, 재무부 채권 매입과 발행(공개시장 활동), 지급준비율 결정 등의 권한을 가진다. FRB는 각 지역 은행장들이 주요 기업가 · 이코노미스트 · 시장전문가 등의 경제상황 의견을 종합해 작성하는, 이른바 '베이지 북(Beige Book)'을 1년에 8차례 발행하기도 한다.

• **열등재(Inferior Goods)**

소비자의 소득이 증가할수록 수요가 증가하는 재화나 서비스를 정상재(normal goods)라고 한다면, 이와는 반대로 소득이 증가할수록 수요가 감소하는 재화나 서비스를 열등재(Inferior Goods)라고 한다. 예를 들어 소비자들이 소득 증가로 인하여 쇠고기나 생선의 수요를 늘리고 돼지고기의 수요를 줄인다면, 돼지고기는 열등재가 되는 것이다. 또한 소득 증가로 소비자들이 자가용 수요를 늘리고 대중교통 수요를 줄인다면 대중교통은 열등재가 된다.나타내는데 가장 많이 사용되는 대표지수다.

• **OECD(Organization for Economic Cooperation and Development, 경제협력개발기구)**

OECD는 상호 정책조정 및 협력을 통해 회원국의 경제사회발전을 모색하고 나아가 세계경제문제에 공동으로 대처하기 위한 정부간 기구이다. OECD 설립협약 제1조는 OECD의 목적을 회원국의 경제성장과 금융안정을 촉진하고 세계경제발전, 개도국의 건전한 경제성장, 다자주의와 무차별주의에 입각한 세계무역의 확대에 기여하는 것으로 규정하고 있다. 1948년 마샬플랜의 유럽내 조정기구로서 16개 서유럽국가들로 구성된(독일과 스페인 추후 가입) 유럽경제협력기구(OEEC: Organization for European Economic Co-operation)가 설립되었는데 OEEC는 생산의 증가, 생산설비의 현대화, 무역의 자유화, 화폐의 태환성, 그리고 화폐가치 안정을 공동의 과제로 삼아 경제적 측면에서의 집단안보체제 기능을 수행하였다. OEEC 설립 이래 미국과 유럽간의 협조 여건이 변화하게 됨으로써 OEEC 개편 필요성이 대두되었고, 이에 따라 1960년 12월 18개 OEEC 회원국 및 미국, 캐나다 등 총 20개국이 OECD의 창설 회원국으로서 OECD 설립협정에 서명을 하였다(1961. 9. 협정문 발효). OECD는 창설 이후 WTO, IMF, 세계은행, G-7/8 등과 상호보완해가며 선진권을 중심으로 시장 경제를 창달하고 국제 경제의 안정과 무역의 확대에 기여하였다. 특히, 80년대 이후 선진국경제의 구조개혁과 다자간 무역자유화에 기여하여 왔을 뿐 아니라, 90년대 이후 비선진권을 대상으로 문호를 개방하고 아울러 대비회원국 정책대화를 활발히 전개해 나감으로써 그 영향력이 세계적 규모로 확대되었다. 우리나라는 1996년에 회원국이 되었다.

• OEM(Original Equipment Manufacturer[Manufacturing])

주문자 상표에 의한 제품을 의미한다. 기업이 만들어내는 상품은 크게 두 가지의 브랜드를 달게 된다. 하나는 그 상품을 생산한 기업의 고유상표를 다는 경우이며 다른 하나는 그 상품의 생산을 주문한 발주자의 상표를 부착하는 경우이다. 후자의 경우를 OEM이라고 부른다. 즉, A, B 두 회사가 계약을 맺고 A사가 B사에 자사(自社)상품의 제조를 위탁하여 완제품이나 부품을 생산하고 그 제품에 A사의 브랜드를 부착하여 판매하는 생산방식 또는 그 제품을 의미하며 '주문자 상표 부착 생산'이라고도 부른다. 우리나라 상품 중 신발 · 의류 · 가전제품 등이 대표적인 OEM 수출품목이다. OEM의 효과는 생산하는 기업(공급원)은 공급업체의 판매력을 이용하여 가득률을 높일 수 있고, 수출상대국의 상표를 이용하여 수입억제여론을 완화시키는 효과도 누릴 수 있다. 또한 공급을 받는 회사는 스스로 생산설비를 갖추지 않아도 되므로 생산비용이 절감된다.

• 외부경제

기업의 생산활동이나 개인의 행위가 다른 기업이나 개인에 직접적, 부수적으로 이익을 주며 유리한 영향을 끼치는 것을 뜻한다. 외부경제의 예로는 경찰방범, 소방 등이 있다. 이와 반대로 기업이나 개인의 경제활동이 다른 기업이나 소비자에게 손해를 주는 것은 외부불경제라고 한다. 외부불경제의 예로는 대기오염이나 소음 등의 공해가 있다.

• 외부효과(External Effect, Externalities)

어떤 경제활동과 관련해 당사자가 아닌 다른 사람에게 의도하지 않은 혜택(편익)이나 손해(비용)를 발생시키는 것을 말하며 외부성(externality)이라고도 한다.
외부효과는 외부불경제(external diseconomy)와 외부경제(external economy)로 구분된다.
외부불경제는 어떤 행동의 당사자가 아닌 사람에게 비용을 발생시키는 것으로, 음의 외부성(negative externality)이라고도 한다.
외부경제(external economy)는 어떤 행동의 당사자가 아닌 사람에게 편익을 유발하는 것으로, 양의 외부성(positive externality)이라고도 한다.
외부불경제의 예로는 대기오염, 소음공해 등을 들 수 있고, 외부경제의 예로는 과수원 주인과 양봉업자의 관계를 들 수 있다. 과수원 근처에서 양봉을 하면, 봄이 되어 과수원에 꽃이 피었을 때 주변의 벌들이 꽃에 모여들어 양봉업자는 꿀을 많이 채취할 수 있고, 과수원 주인은 과일나무의 꽃에 수정이 많이 돼 더 많은 과일을 얻을 수 있다.
미국의 경제학자 로날드 코즈(Ronald Coase)는 재산권을 분명하게 해주면 외부효과 문제를 정부의 개입 없이 시장기구가 스스로 해결할 수 있다는 '코즈의 정리(Coase theorem)' 이론을 주장하였다.

• 외평채

외국환평형기금채권을 줄인 말. 외국환평형기금(Exchange Equalization Fund)은 자국 통화가치의 안정을 도모하고 투기적인 외화유출입에 따른 외환시장의 혼란을 막기 위해 정부가 직접 또는 간접으로 외환시장에 뛰어들어 외환을 매매하기 위해 조성한 기금이다.

• 외환보유액(Official Reserve Assets)

IMF 편제에 따르면 외환보유액은 "국제수지 불균형의 직접적인 보전 또는 환율에 영향을 미치는 외환시장 개입을 통한 간접적인 국제수지 불균형 규모 조절 등의 목적으로 통화당국(한국은행 및 정부)에 의해 즉시 사용가능하고 통제되는 대외자산"으로 정의하고 있으며 우리나라도 이를 따르고 있다(한국은행). 즉, '교환성이 있고 유동성과 시장성이 높은 자산으로 통화당국인 중앙은행과 정부가 언제든지 사용할 수 있는 대외 외화 금융자산'이 외환보유액이다. 외환보유액은 주로 유가증권(국채, 정부기관채, 국제기구채, 금융채, 자산유동화증권 등)의 형태로 보유되며 이외에 예치금, SDR, IMF 포지션, 금으로 구성되어 있다.

• 오버슈팅

상품이나 금융자산의 시장가격이 일시적으로 폭등·폭락하였다가 장기균형수준으로 수렴해 가는 현상. 상품이나 외환의 수급상 급격한 변동에 대해 경제주체가 과도하게 반응할 경우 나타난다. 환율에서 오버슈팅 현상이란 정부가 정책적으로 통화를 팽창시키면 자국의 통화가치가 하락(환율 상승)하는데, 처음에는 균형수준 이하로 떨어졌다가 점차 통화가치가 상승(환율 하락)해 새로운 균형수준에 이르게 되는 상태를 말한다. 증권에서의 오버슈팅은 대세 상승기에 주가상승 목표치가 일찍 반영돼 실제 가치보다 주가가 더 올라가는 현상을 말한다. 오버슈팅은 이처럼 환율, 주식, 금리 등의 가격에 적정한 수준이 있다는 것을 전제로 한 개념으로, 단기적인 가격이 상대적으로 긴 기간의 평균가격보다 지나치게 상승하거나 하락하는 것을 의미하게 된다.

• 오페라본드

다수의 금융기관 주식을 담보로 채권을 발행하고 일정 기간이 지난 후 채권 인수자가 금융기관을 선택해 해당 기관의 주식으로 전환할 수 있는 권리가 부여된 채권(상품)을 말하며, 선택형 교환사채라고 부르기도 한다. 오페라(OPERA)본드는 Out Performance Equity Redeemable in Any Asset의 첫 글자를 따서 명명한 것이다. 채권인수자는 주식전환 옵션을 행사할 수 있으며 주식을 골라 교환청구를 할 수 있기 때문에 일반적인 교환사채보다 투자위험을 줄일 수 있다. 위험이 교환사채보다 작아서 일반적으로 가산금리가 낮다. 그러므로 발행자는 일반 교환사채보다 유리한 금리로 자금을 조달할 수 있다. 2001년 5월 정부가 자체적으로 보유하고 있는 공기업 주식과 은행 주식을 한데 묶어 이를 담보로 채권을 발행하고, 채권 인수자에게 일정 기간이 지난 후 주식으로 전환할 수 있는 권리를 주는 방식으로 민영화하는 방안을 검토하고 있다는 사실이 밝혀지면서 주목 받기 시작했다. 오페라본드는 교환사채(EB: Exchangeable Bonds)와 유사하지만, 한 은행 주식만을 담보로 정부가 채권을 발행한다는 점과 채권 인수자가 일정기간이 지난 뒤 주가가 높은 은행 주식으로 전환할 수 있다는 점에서 교환사채와 다르다. 예를 들면, 현재 주가가 1,000원인 경우 1,300원 정도의 가격에 주식으로 교환할 수 있도록 현재 가격보다 20~40% 높은 가격을 제시하는 것인데, 주가가 1,300원보다 많이 오르면 투자자는 오른 만큼 이득을 보게 된다. 또한, 은행과 공기업 주식을 담보로 채권을 발행한 뒤, 특정 기관의 주식으로 전환하려는 수요가 많을 때에는 당시 주가에 맞춰 현금 또는 동일한 가치의 다른 주식으로 보상할 수도 있다. 그러나 정부의 지분 일부를 매각해 자금을 동원하는 방식에 지나지 않기 때문에 주인을 찾아 주는 민영화 방식으로는 합당하지 않다는 지적도 있다.

• 요소가격

생산을 위해 필요한 토지, 노동, 자본 등을 생산요소라 하는데 이 생산요소가 시장에서 평가되는 가격을 요소가격이라고 한다.

• 우버 모멘트(Uber Moment)

차량공유 서비스 우버(Uber)가 기존 택시산업을 위협하고 있는 현상을 빗댄 용어. 신기술이나 기업의 등장에 따라 기존 산업 체제가 변화하거나 위협 받고 있는 순간을 의미한다.

• 우회덤핑

반덤핑방지관세 부과를 회피하기 위해 제 3국을 통한 수출 행위를 의미한다. 우회덤핑은 주로 조사 대상품목을 분해하거나 미완성 상태로 수입하거나, 조사대상 품목을 분해하거나 미완성 상태로 제3국에 수출한 후 조립하여 수입하는 경우이다. 미국의 경우 우회덤핑 판정 시 별도의 조사절차 없이 반덤핑조치를 부과하자는 입장인 반면, 반덤핑프렌즈(Friends) 그룹 국가들은 우회덤핑의 필요성은 인정하지만 우회덤핑의 정의가 모호하여 정당한 무역행위까지 반덤핑조치를 받을 우려가 있다고 주장하고 있다. 반덤핑 프랜즈(Friends)란 반덤핑조치의 자의적 운용이나 남발을 억제하고자 우리나라, 일본, 칠레 등의 주도로 WTO반덤핑협정의 개정을 추진하는데 의견을 같이 하는 공조그룹을 말한다.

• 원산지규정

상품의 경제적 국적인 원산지를 결정하는 기준을 말한다. 상품의 원산지국가(The Country of Origin)를 확인하는 방법이나 절차 등을 규정한 제반 법률이나 규정, 행정 절차 등을 총칭하는 개념이다. 원산지 규정은 특혜 원산지 규정과 비특혜 원산지 규정으로 분류된다. 특혜 원산지 규정이란 GATT 1994 제1조에 기술된 최혜국 대우 원칙을 적용받지 않고 일방적 또는 쌍방적으로 관세상 특혜를 부여하는데 적용된다. FTA의 원산지 기준이 이에 해당한다. 반면, 비특혜 원산지 규정은 특혜 원산지 규정 이외의 원산지 규정을 말한다. 대표적으로 WTO 통일 원산지 규정을 들 수 있다. 원산지 규정은 원산지 결정 기준, 원산지 증명서류, 원산지 표시 대상과 방법 및 그 확인절차 등으로 구성된다. 이 중 원산지 결정기준이 가장 핵심이라고 할 수 있다. 원산지 결정기준은 완전생산기준(Goods Wholly Obtained)과 실질적 변형기준(Substantial Transformation Test)으로 구분된다. 완전생산기준은 완전히 한 국가 내에서 모든 생산과정이 이뤄진 물품에 대해서 적용된다. 실질적 변형기준은 생산과정이 2개 국가 이상에 걸쳐 이뤄진 물품에 대해서는 당해 상품의 본질적인 특성을 부여하기에 충분한 정도의 실질적인 변형이 최종적으로 수행된 국가에 원산지를 부여하는 기준이다.

• **원산지 사후검증**

자유무역협정(FTA)에 따른 관세 혜택을 받으려면 원산지를 증명해야 한다. 원산지 사후검증은 특혜 세율을 적용받은 물품이 요건을 충족하는지 여부를 사후에 조사해 잘못된 것을 바로잡거나 위반자에 대해 제재조치를 취하는 일련의 행정절차를 말한다. 간접검증과 직접검증의 두 가지 방법이 있으며, 통상 유럽연합(EU)은 간접검증, 미국 등은 직접검증을 취한다.

• **웩더독(Wag the Dog)**

개의 꼬리가 몸통을 흔든다는 뜻으로 주식시장에서 이 용어는 선물(꼬리)이 현물(몸통)시장을 좌지우지하는 현상을 가리킬 때 쓰인다. 원래 선물시장은 주식시장의 위험을 보완하기 위해 개설됐으나, 선물의 영향력이 커져 주식시장을 뒤흔드는 주객이 전도된 상황이 나타났고 이를 개가 꼬리를 흔드는 것이 아닌 꼬리가 개를 흔드는 상황과 같다고 비유하게 되었다. ※정치적상황에서의 wag the dog: 국민들 혹은 여론의 시선을 다른 곳으로 돌리기 위해, 비난을 잠재우기 위해 연막을 치는 행위를 가리킨다.

• **위안화적격외국인기관투자가(RQFII)**

외국인 투자가들이 위안화로 중국 본토에 투자할 수 있도록 허용한 제도이다. 국가별로 투자할 수 있는 한도가 정해져 있다. 위안화적격외국인기관투자가(RQFII) 자격을 취득하면 환전할 필요 없이 외국기업이 자체적으로 조달한 위안화로 상하이와 선전 증시에 상장된 주식 가운데 중국인과 일부 외국인의 투자로 제한된 A주식을 비롯해 차스닥, 채권, 머니마켓펀드, 선물시장 등 다양한 분야에 직접투자할 수 있다.

• **유동성 함정(liquidity Trap)**

유동성 함정은 단기적으로 금리가 매우 낮아 통화공급의 증가가 지출증가로 연결되지 않고 사람들의 화폐보유만 늘리는 상태를 말한다. 미국에서 1930년대 대공황 때 돈을 풀어도 경기가 살아나지 않아, 영국의 경제학자 존 케인스가 처음 사용했다. 일반적으로 중앙은행의 정책금리가 낮아져 시중금리 하락으로 이어지면 기업은 싼 이자로 자금을 빌릴 수 있다. 그러면 사람들은 저축을 더 하기보다는 소비를 늘리게 된다. 이렇게 되면 투자와 생산이 늘어나고 고용이 늘면서 소득도 늘어 소비가 증가한다. 이것이 다시 생산과 투자를 부추기면 경기가 상승하게 된다. 그런데 금리가 더 이상 낮아지기 어려운 수준까지 떨어지면 사람들은 현재 바닥인 금리가 언젠가는 다시 올라갈 것이라는 기대감에서 돈을 빌려 투자를 하거나 소비를 하기보다는 현금으로 보유하려는 성향이 강해진다. 중앙은행이 금리를 내려 경기가 살아나야 정상인데 금융당국이 이자율을 아무리 내려도 기업들의 투자로 연결되지 않아 경기부양 효과가 나타나지 않는다. 이렇게 유동성 함정에 갇히게 되면 통화정책의 효과는 시장에서 나타나지 않게 되고 상대적으로 재정정책이 더 효과적인 수단이 될 수 있다.

• 유리천장

미국 월스트리트저널이 1970년 만들어낸 신조어다. 유리천장처럼 눈에 보이지 않는 암묵적인 차별과 편견을 말한다. 능력과 자격이 있음에도 불구하고 승진에 있어 여성이거나 소수민족 출신이라는 이유로 가로막히게 되는 보이지 않는 장벽을 뜻한다.

• USTR

미국무역대표부(Office of the United States Trade Representative)의 약자로 미국의 국제통상교섭을 담당하는 대통령 직속 정부기관이다. 미국의 무역, 통상정책을 수립하고 집행하며 외국과의 협상을 주도하거나 지휘하는 일을 한다. 불공정무역행위에 관한 조사와 관련 상대국과의 협상, 보복조치 등을 집행한다.

• 유엔개발계획(UNDP)

전 세계 개발과 원조를 위한 국제연합총회 산하의 조직. 주로 개발도상국의 기술원조, 소득 향상, 건강 개선, 민주 정치, 환경 · 에너지 등 경제 · 사회적 발전을 위한 프로젝트를 시행하거나 관리하는 역할을 한다. 실제 프로젝트는 세계 각국의 조직이나 기관 등과의 제휴로 이뤄진다.

• 유치산업보호론

자국의 유치산업(Infant Industry)에 대해 장기적으로 국제경쟁력을 갖출 때까지 관세, 보조금 등의 정책을 통해 보호해야 한다는 보호무역이론이다. 미국의 A. 해밀턴에 의해 처음 주창되어 독일의 경제학자 F. 리스트에 의해 체계화되었다.

• 유턴기업

중국 등 해외로 진출했다가 국내로 복귀하는 기업. 국내에 생산시설이 없는 기업이 국내에 생산시설을 새로 만들거나 국내에 생산시설이 있어도 해외의 사업장을 철수하고 국내 사업장을 신 · 증설하는 경우가 이에 해당된다.

• 유효수요

실제로 돈을 갖고 물건을 구매하려는 욕구를 말한다. 유효수요의 크기가 작을 때는 경제활동 규모도 작아지게 되며 유효수요의 크기가 클 때는 경제활동 규모 역시 커지게 된다. 그렇기 때문에 유효수요를 재정정책의 수단으로 삼아 안정석이고 지속적인 경제성장을 이룩하려 노력한다. ↔절대적수요: 구매력에 관계 없이 그저 물건을 사고 싶어하는 것을 뜻한다.

• 이머징마켓

개발도상국 가운데 상대적으로 경제성장률이 높고 산업화가 빨리 진전되고 있는 나라의 증시를 일컫는다. 말 그대로 '떠오르는 시장', '신흥시장'으로 해석된다. 주로 금융시장, 더욱 좁게는 자본시장 부문에서 새로 급성장하는 시장을 의미할 때 사용된다. 1981년 글로벌 투자전문가 앙트완 반 아그마엘은 아시아 지역에 투자를 하기 위한 사모펀드 "신흥시장 성장펀드"를 런칭하면서 이머징마켓이라는 단어를 처음으로 사용하였다.

• 이슬람 금융

이슬람 율법을 준수하는 금융행위를 말한다. 이슬람 금융은 수익 극대화보다는 이슬람 교리인 코란의 가르침을 따르는 데 중점을 두고 있다. 이자로 인한 착취나 투기는 금지하지만 공정한 이익이나 경제적인 추가 가치를 만들어 내는 것은 금지 사항이 아니다. 그러나 정당한 거래 방식이라 하더라고 도박이나 술, 마약거래, 돼지고기 등과 연관된 산업에는 투자를 금지하고 있다. 이에 따라 이슬람 금융은 투자자에게 이자 대신 실물자산을 매매하거나 이용해서 얻는 이윤을 배당하는 형식으로 이익을 지급한다. 이러한 거래는 상인이 자신의 물건을 빌려주거나 판매해 얻는 정당한 이익으로 인정하기 때문이다. 이슬람 금융 상품으로는 수쿠크(채권), 타카풀(보험), 무다라바(신탁금융), 무샤라카(출자금융), 무라바하(소비자금융), 이스티스나(생산자금융), 이자라(리스금융) 등이 있다.

• 이전가격 사전합의제(APA)

향후 3~5년 동안 국제거래 정상가격 산정방식을 과세당국 간 상호협상을 통해 사전에 확정하고, 과세당국이 모·자회사에 대해 이전가격 조사를 면제하는 선진국형 국제조세행정제도. 이 제도가 시행되면 미국이나 일본 등 선진국과 세무조사로 인한 조세마찰을 최소화할 수 있고, 외국계 기업의 세무조사 부담을 덜어줘 외국계 기업의 국내 자본유치를 위한 걸림돌을 사전에 제거하는 효과가 있다.

• 20-50 클럽

1인당 소득 2만달러, 인구 5,000만명을 동시에 충족하는 나라를 뜻하는 말. 국제사회에서 1인당 소득 2만달러는 선진국 문턱으로 진입하는 소득 기준이며, 인구 5,000만명은 인구 강국과 소국을 나누는 기준으로 통용된다. 우리나라는 2012년 6월23일 인구 5,000만명을 돌파하며 이 조건을 갖춘 일곱번째 나라가 됐다.

• EWE(Early Warning Exercise)
글로벌 금융위기 이후 세계경제의 위험요인에 대한 조기진단이 중요해지면서 국제통화기금(IMF)과 금융안정위원회(FSB)가 2009년 공동으로 도입한 조기경보 활동. 활동 결과는 IMF 이사회 및 국제통화금융위원회(IMFC) 등에 제한적으로 공개된다.

• 이전가격
기업이 해외에 있는 자회사나 지점과 원재료, 제품 등을 거래할 때 적용하는 가격을 말하며 세금부담을 덜기 위한 목적으로 이전가격을 조작하는 경우가 많다. 즉, 다국적기업은 각 나라마다 세금의 종류와 비율이 다르다는 점에 착안하여 가격을 조작해 세금을 적게 내게 된다. 이러한 이유로 이전가격은 문제가 되는 경우가 많이 발생한다.

• 이종통화
달러화에 대비되는 명칭으로 엔화, 유로화 등 다른 화폐를 가리켜 이종(異種)통화라 부른다.

• 익스포저
특정 기업 또는 국가와 연관된 금액이 어느 정도인가를 나타내는 말이다. 주로, 신용사건 발생시 특정 기업 또는 국가로부터 받기로 약속된 대출 및 투자금액뿐 아니라 복잡한 파생상품 등 연관된 모든 거래에서 발생할 수 있는 손실 금액을 말한다.

• 인덱스펀드(Index Fund)
주가지표의 움직임에 연동되게 포트폴리오를 구성해 운용함으로써 시장의 평균 수익을 실현하는 것을 목표로 하는 상품. 특정지수와 동일한 수준의 수익률을 추구하거나 초과수익을 추구하더라도 그 목표를 합리적 범위로 제한하기 때문에 통상 시장평균 수익률을 목표로 운용되는 소극적인 펀드로 이해된다. 목표 인덱스를 무엇으로 선정하느냐에 따라 수익률이 크게 달라진다. 1970년대 초반 미국 Wells Fargo Bank의 웰즈파고 투자자문에서 연금펀드를 대상으로 뉴욕증권거래소(NYSE:New York Stock Exchange)의 전 종목을 균등하게 편입해 구성한 인덱스펀드를 처음으로 개발했다. 이후 다양한 투자기법이 개발되었고 기관투자가들을 중심으로 급성장하였다. 인덱스 펀드의 기반이 된 이론은 분산투자이론, 자본시장선이론, 효율적 시장가설로, 시장에 있는 전 종목에 투자하되 각 종목이 시장에서 차지하는 비중을 개별투자자 입장에서의 투자비중에 일치시킨다는 원리다. 국내의 주요 인덱스에는 코스피지수(KOSPI), 코스피200지수, 한경지수, 매경지수 등이 있고 미국은 S&P500 등이 있다. 인덱스펀드는 효율적인 분산화 실현이 가능하고 증권매매에 따르는 비용을 절감하는 등 운용비용이 저렴하며, 투자자 스스로 가 운용한다는 장점이 있다. 그러나 투자성과가 목표 인덱스보다 낮은 점, 구성종목 교체가 곤란한 점 등은 단점으로 지적된다. 그럼에도 평균 이상의 수익률을 추구하는 액티브펀드보다 더 나은 수익률로 선진국에서는 인덱스펀드가 빠른 성장세를 보이고 있다.

• 인플레이션/디플레이션/스태그플레이션

- 인플레이션(Inflation)

물가가 지속적으로 상승하는 경제현상. 총수요의 증가와 생산비 상승이 주요 원인이다. 수요견인 인플레이션은, 총공급은 변함없는데 총수요가 늘어나 인플레이션이 발생하는 경우로 경제활동이 활발해져 소득은 늘고 실업률은 줄게 된다. 원자재 가격, 임금 등 생산비용 상승으로 인한 인플레이션(비용인상 인플레이션)은, 총수요는 변함없는데 총공급이 줄어드는 경우로 물가의 상승, 경제활동 위축, 소득감소, 실업률 증가 등을 가져온다. 인플레이션으로 명목임금은 올라도 실질임금은 낮아져 임금소득자에게는 불리한 소득의 재분배가 이루어지며, 채무자에게는 유리하고 채권자에게는 불리한 부의 재분배 현상도 발생한다. 인플레이션은 이렇게 생산과정을 통하지 않고 사회구성원 사이에 소득과 부를 재분배하고, 경제적 효율성을 낮춰 경제성장에 악영향을 미친다.

• 임가공무역

국내에서 생산된 원자재를 수출하여 해외에서 제조, 가공한 제품을 수입하거나 다른 나라로 수출하는 것을 임가공무역이라 한다. 보통 자국의 임금 수준이 높아 가공임금이 저렴한 국가에 가공을 위탁하거나, 자국의 기술수준이 낮아 기술수준이 발달된 국가에서 가공을 하고자 하는 경우에 임가공무역이 이루어진다.

• 자유무역협정

자유무역협정(FTA: Free Trade Agreement)은 특정국가간 배타적 무역특혜를 서로 부여하는 협정으로 가장 느슨한 형태의 지역 경제통합 형태이며, 지역무역협정(RTA: Regional Trade Agreement)의 대종을 이루고 있다. 지역경제통합은 크게 4가지로 나눌 수 있다. 첫째, 회원국간 관세철폐를 중심으로 하는 자유무역협정(FTA, NAFTA), 둘째, 회원국간 자유무역 외에도 역외국에 대해 공동관세율을 적용하는 관세동맹(Customs Union: MERCOSUR), 셋째, 관세동맹에 추가해서 회원국간에 생산요소의 자유로운 이동이 가능한 공동시장(Common Market), 넷째, 단일통화, 회원국의 공동의회 설치와 같은 정치·경제적 통합 수준의 단일시장(Single Market)이 있다. FTA가 세계무역기구(WTO) 체제와 다른 점은, WTO가 모든 회원국에게 최혜국대우를 보장해 주는 다자주의를 원칙으로 하는 반면, FTA는 양자주의 및 지역주의적 특혜무역체제로 회원국에만 무관세나 낮은 관세를 적용한다는 것이다. FTA 회원국간 상품의 수출입은 자유롭게 할 수 있도록 허용하지만, 비회원국의 상품은 WTO에서 허용하는 수출입의 제한조치를 그대로 유지하는 것이 가능하다. 이처럼 FTA는 다자무역질서의 근간인 최혜국대우(MFN) 원칙에 정면으로 배치되지만, WTO 규범은 일정 요건을 충족할 경우 적법한 예외로 인정하고 있다. FTA는 상품의 관세 철폐 이외에도 서비스 및 투자 자유화까지 포괄하는 것이 일반적인 추세이며 정책의 조화부문까지 협정의 대상범위가 점차 확대되고 있다. FTA는 교역국의 생산성향상과 FDI유치에 긍정적인 효과를 가져오며, WTO 다자협상이 장기간의 시간이 소요되고 컨센서스 도출이 어렵고, 특정국가간 배타적 호혜조치가 실익을 높여주면서 부담을 완화시켜주고 관심사항의 반영에 보다 유리하고, 지역주의 확산에 따라 역외 국가로서 받는 반사적 피해에 대한 대응이 필요하기 때문에 점차 확산되고 있다. 한편, FTA는 자유무역지대(Free Trade Area)를 지칭하기도 하는데, 이는 당사국간 무역에 영향을 미치는 관세 및 거의 모든 비관세장벽(Non-Tariff Measures)을 철폐한 둘 이상의 국가를 말한다.

• 자유재(Free Goods)

존재량이 무한하여 특정한 대가를 치르지 않고도 원하는만큼 소비할 수 있는 재화. 희소성이 없어 이를 적절히 활용하는 방안에 대해 고민한 필요가 적기 때문에 경제학의 분석대상에서 제외되는 것이 일반적이다. 현실세계에서 자유재는 극히 드물며, 공기나 햇살 등을 그 예로 들 수 있다. 자유재와 반대되는 개념은 경제재라 하는데, 경제재는 특정한 대가를 지불해야 얻을 수 있는 재화이다. 현실에서 대부분의 재화는 경제재이므로, 통상 재화라 하면 경제재를 의미하는 경우가 많다.

• 장외시장

증권유통시장은 거래소시장과 장외시장으로 구별된다. 거래소시장은 일정한 거래규칙과 집중된 주문에 의하여 거래가 이루어지는 구체적 · 조직적인 시장인 데 반해, 장외시장은 고객과 증권회사, 증권회사 상호간 또는 고객 상호간 개별적인 접촉에 의하여 거래가 이루어지는 비조직적 · 추상적인 시장이다. 우리나라 증권유통시장의 경우 정규시장인 거래소시장이 증권거래소가 개설한 유가증권시장과 증권업협회가 개설한 협회중개시장(코스닥시장)으로 나눠지므로, 장외시장은 결국 유가증권시장 및 협회중개시장 밖에서 유가증권의 거래가 이루어지는 시장을 총칭한다. 따라서, ECN(장외전자거래중개시장)이나 세3시장(호가중개시스템)도 모두 장외시장에 해당한다. 장외시장은 거래방법에 따라 직접거래시장(No Broker Market)과 점두시장(Over The Counter Market)으로 구분된다. 직접거래시장은 투자자 상호간의 개별적 접촉과 협상에 의하여 거래가 이루어지는 시장이고, 점두시장은 중개기관인 증권회사의 창구에서 주식거래가 이루어지는 시장으로 이를 일반적으로 협의의 장외시장이라고 한다.

• 재정비탈(fiscal slope)

미국의 재정 지출이 한꺼번에 급격히 감소하는 '재정절벽(Fiscal Cliff)'과는 달리 일부만 현실화되는 현상.

• 재정적자

한 해 나라살림에서 정부의 지출규모가 거둬들인 세금수입보다 많을 때, 발생하는 적자를 가리킨다. 정부의 부족한 돈은 한국은행에서 차입하거나 국공채를 팔아 메워진다. 반대로 세입이 세출보다 클 경우를 가리켜 재정흑자라고 한다.

• 재할인율정책

중앙은행은 금융기관에 빌려주는 자금의 금리를 조정하여 금융기관의 자금조달 비용에 영향을 주는데, 이때 중앙은행으로부터 차입규모를 조절하여 통화량을 줄이거나 늘리는 금융정책수단을 통칭하여 말한다. 여기에서 재할인(Rediscount)이란 시중은행이 기업에 할인해 준 어음을 중앙은행이 다시 할인해 주는 제도를 말한다. 일반적으로 기업들은 상품판매 대금을 어음으로 받는다. 어음에는 지급기간이 명시되어 있어 그 시점까지 현금으로 바꿀 수 없지만, 만기가 도래하지 않은 어음도 은행이 소정의 수수료를 떼고 어음을 사는데, 이것이 어음할인이다. 재할인은 이 할인된 어음을 중앙은행인 한국은행이 다시 사주는 것이다. 한국은행이 얼마만큼 재할인을 해주느냐에 따라 시중의 통화량에 영향을 준다. 즉, 시중에 자금이 필요 이상으로 많이 풀려 있다고 판단되면 중앙은행은 재할인 금리를 높여 금융기관의 중앙은행 차입규모를 줄이도록 유도함으로써 금융기관이 시중에 공급할 수 있는 자금규모를 줄이고 그 반대의 경우는 재할인 금리를 낮추어 유동성을 조절한다.

• 잭슨홀 미팅(Jackson Hole Meeting)

미국 지방 연방준비은행 중 하나인 캔자스시티 연방준비은행이 주최하는 연례 경제정책 심포지엄. 글로벌 경제 현안을 논의하는 학술회의적 성격이 짙다. 글로벌 금융위기가 한창이었던 2010년 버냉키 의장이 이 회의의 연설을 통해 2차 양적완화(QE2) 정책을 내놓으면서 세계적인 관심을 끌기 시작했다. 특히, 잭슨홀 미팅은 Fed의 통화정책 방향을 가늠할 수 있다는 점에서 주목받고 있다..

• 전문직 비자쿼터

미국은 전문직에 연간 비자발급 쿼터를 설정해두고, 쿼터 도달 시 당해 회계연도에 외국인 전문직의 비자발급을 제한한다. 미국 이민법상 전문직(비자타입: H-1B)이라 함은 직종 분류 없이 고도의 전문 지식에 대한 이론적·실질적 적용, 최소 학사 또는 이와 동등 이상의 학력을 요구하는 직종을 말한다. 예를 들어, 건축사, 엔지니어, 회계사 등이 있다. 2007년 한미 자유무역협정(FTA) 협상 초기부터 우리 정부는 의료인이나 엔지니어 같은 전문직 종사자들이 미국에 손쉽게 진출할 수 있도록 이들을 대상으로 한 비자쿼터를 확보하는 것이 전략적 협상 목표 중의 하나였다.

• 전방산업/후방산업

전방산업과 후방산업은 전체 생산흐름에서 산업의 앞뒤에 위치한 업종을 의미한다. 다시 말해 제품 소재를 주로 만드는 업종을 후방산업, 최종 소비자가 주로 접하는 업종을 전방산업이라고 한다. 예를 들면, 자동차산업에 있어서는 부품, 제철산업 등 주로 소재산업이 후방산업이고, 자동차판매업체는 전방산업이 된다. 한편, 전방산업과 후방산업은 다른 산업의 생산물을 중간재로 구입하여 생산활동 및 판매활동을 하는 상호의존관계를 갖게 되는데, 이때 각 산업간의 상호 의존관계의 정도를 전후방산업 연관효과라고 한다. 이러한 전후방산업 연관효과에 따라, 만약에 자동차산업이 불황이라면 후방산업인 부품 및 제철산업 등 주로 원료가공, 소재산업도 불황이 될 뿐만 아니라 전방산업인 자동차판매업, 자동차 구입 후에 소비되는 오디오, 내비게이션, 스피커 등 관련 산업도 불황에 빠지게 된다.

• 정책함정(Policy Trap)

정부가 경기부양을 위해 재정·통화·부동산 등의 분야에서 다양한 정책을 추진해도 민간의 심리가 움직이지 않아 마치 함정에 빠진 것처럼 정책효과가 나타나지 않는 현상

• 제로금리(Zero Interest Rate)

단기금리를 사실상 0%에 가깝게 만드는 정책으로 명목이자율이 0%가 아니라 실질이자율이 0%에 가깝다는 의미이다. 이와 같은 초저금리는 고비용 구조를 해소하고 국가경쟁력을 높이며 소비촉진을 통해 경기침체 가능성을 줄여준다는 이점이 있다. 반면에 노년층 등 이자소득자들의 장래가 불안해짐에 따라 중·장년층을 중심으로 소비가 위축될 수 있고 부동산투기, 주택가격 폭등 등 자산버블이 우려되며, 근로의욕을 저하시킬 수도 있다. 제로금리정책을 시행한 대표적인 국가로 일본을 들 수 있다. 일본은 1995년 7월 정책금리를 비롯해 대부분의 금리가 0%대로

하락하고 1999년부터 공식적으로 제로금리정책을 선언하였다. 이와 같은 일본은행의 제로금리정책은 내수자극을 통한 경기회복, 엔화 강세 저지, 기업의 채무부담 경감, 금융회사들의 부실채권 부담 완화 등 여러 측면의 효과를 겨냥한 것이다.

• 제로잉

덤핑수입에 대한 구제조치이다. 덤핑관세율 산정을 위한 덤핑마진은 수입국가에서 통용되는 정상가격(내수가격)에서 수출가격을 공제하는 방식으로 계산된다. 즉, 수출가격이 내수가격보다 낮은 경우만 덤핑마진으로 산정하고 수출가격이 내수가격보다 높은 경우 발생하는 부의 마진은 마이너스(-)로 계산하지 않고 0(Zeroing)으로 계산하여 결과적으로 덤핑마진이 높아지도록 계상하는 것을 제로잉(Zeroing)이라고 한다. 제로잉 관행은 덤핑 마진을 인위적으로 끌어올릴 수 있고, 제로잉 방식을 사용하지 않는 경우 덤핑 마진이 발생하여 반덤핑 관세를 부담할 수 있다. 제로잉은 미국이 전 세계에서 유일하게 사용해온 덤핑마진 계산법으로 수출 가격이 수출국 내수 가격보다 낮으면 그 차이를 근거로 정상적으로 덤핑 마진을 산정하지만 내수보다 수출 가격이 높으면 마이너스로 하지 않고 제로 베이스로 계산해 미국에 수출하는 국가가 불리해진다.

• 제조원가보고서(C/R)

Cost of Production Report의 약자인 C/R로 많이 쓰이며 제품제조를 하면서 발생한 제조원가 내용을 기재한 보고서를 말한다. 제품의 매출원가가 아닌 제품을 만드는데 들어간 제조비용에 관한 내용이다.

• J커브 효과(J-curve Effect)

J커브 효과에서 J커브는 과거 영국의 파운드가 절하될 때 무역수지가 변동되는 모습에서 유래됐다. 무역수지가 나쁠 경우 환율인상을 통해 그 균형을 맞추는데 그 효과는 느리게 나타나게 된다. 그 모양을 그림으로 그리면 J자 모양과 유사하기 때문에 J커브효과라 부른다. 즉, J커브 효과는 실질환율이 오르더라도 초기엔 무역수지가 오히려 악화되지만 시간이 지난 후 개선되는 현상을 말한다.

• 종합무역법(Omnibus Trade and Competitiveness Act of 1988)

미국의 대외무역수지 불균형을 시정하고 미국 산업의 경쟁력 강화를 목적으로 한 미국 통상법의 일종으로 1988년 8월 미 의회를 통과하였다. 기존의 통상법 중 201조(수입규제조항), 301조(불공정무역관행 제재), 337조(지적소유권 보호) 등을 크게 강화한 보호무역 기조의 법안이다.

• JPO(Junior Professional Officer)

정부가 비용을 부담해 자국 국민을 유엔 등 국제기구에 1~2년간 파견, 국제적 역량과 경험을 갖춘 전문 인력으로 양성하는 제도.

• 조세피난처(Tax Heaven)

법인의 실제발생소득 전부 또는 상당부분에 대하여 조세를 부과하지 아니하거나 법인의 부담세액이 당해 실제 발생소득의 15% 이하인 국가 또는 지역을 말한다. 기업의 입장에서 조세피난처를 활용할 경우 절세나 탈세가 가능하지만 정부의 입장에서 보면 엄청난 규모의 세수감소가 발생한다. 조세피난처를 통해 국내에 자금이 들어오는 것은 1) 조세피난처에 미리 예치해 놓았던 자금이 유입되는 경우, 2) 국내 자금이 조세피난처를 우회하면서 외국인 자금으로 둔갑해 국내로 다시 유입되는 경우, 3) 조세피난처를 통해 돈세탁한 자금이 선거철을 전후해 국내로 유입되는 경우 등이 있다. 조세피난처는 세제상의 우대뿐 아니라 「외국환관리법」·「회사법」 등의 규제가 적고, 기업 경영상의 장애요인이 거의 없음은 물론, 모든 금융거래의 익명성이 철저히 보장되기 때문에 탈세와 돈세탁용 자금 거래의 온상이 되기도 한다. 이에 따라 2000년 이후 OECD를 중심으로 조세피난처에 대한 규제를 강화하려는 움직임을 보이고 있다. 조세피난처는 Tax Paradise, Tax shelter, Tax Resort, Low-Tax Haven 등으로 구분하기도 한다. Tax Paradise는 개인소득세·법인세 등 자본세를 전혀 부과하지 않는 지역을 말한다. 바하마·버뮤다군도 등이 이러한 국가들에 속하며, 이들 국가는 소득과세를 부과하지 않기 때문에 다른 국가들과 조세조약을 체결할 필요가 없다. tax shelter는 소득·자본 등에 대한 세율이 다른 국가에 비하여 낮은 것은 아니지만, 국외 원천소득에 대해 과세하지 않고 국내 원천소득에만 과세를 하는 곳을 말한다. 홍콩·파나마·코스타리카 등이 이러한 국가에 속하며 이들 국가는 소득이나 자본에 과세를 하기 때문에 다른 국가와 조세조약을 맺고 있다. Tax Resort는 다른 국가들과 마찬가지로 소득 또는 자본에 정상적인 과세를 하고 있으나 특정한 형태의 기업이나 사업 활동에 세제상 우대조치를 부여하는 곳을 말한다. 소득이나 자본에 과세를 하고 있기 때문에 다른 나라들과 조세조약을 맺고 있다. 예를 들어, 룩셈부르크는 법인소득세의 일반세율은 높지만, 지주회사에 대해서는 직접세와 간접세를 면제하는 대신 매년 발행한 주식가액의 0.2%만을 자본세로 과세한다. Low-Tax Haven은 소득이나 자본에 대한 세율이 낮은 지역을 말한다. 특히, 해외사업에 대해서는 특별한 조세혜택을 부여한다. 소득이나 자본에 대해서 과세하고 있기 때문에 다른 국가들과 조세조약을 맺고 있다. 사이프러스·바레인·모나코·마카오 등의 국가가 이에 해당된다.

• 중간재

소비재나 생산재를 생산하는 과정에서 쓰이는 원료나 부속품과 같이 중간에 소요되는 재화를 말한다. 일상생활에서 직접 소비하는 재화인 소비재는 국민생활에 큰 영향을 미치지만, 중간재는 기업활동에 밀접하여 기업에 원가부담으로 작용하는 품목이라 할 수 있다. 대표적인 중간재 품목으로는 석유화학제품, 철강재 등의 가공산업용 원자재와 전기전자부품, 기계부품 등이 있다.

• 중계무역(Intermediary Trade)

수입한 물품을 국내에 반입하지 않고 원상태 그대로 수출하여 수입대금과 지급금액의 차액을 취하는 무역형태를 말한다. 중계무역과 비슷한 개념으로는 중개무역(merchandising trade)이 있는데, 중계무역은 매매차익을 목적으로 하는 반면 중개무역은 최초수출업자나 최종수입업자의 대리인으로 거래에 참여하여 수수료를 취득하는 무역형태라는 점에서 차이가 있다. 중계무역은 자체 공급능력에 한계가 있는 국가가 제3국으로부터 상품을 수입하여 수출함으로써 해외시장을 공략할 수 있다는 장점이 있으나, 최종수입국이 최초수출국으로부터의 수입을 제한하는 경우에 최종수입국 무역정책에 혼란을 야기할 수도 있다.

• 중진국함정(Middle Income Trap)

개발도상국이 경제성장 초기에는 순조로운 성장세를 보이다가 경제발전단계가 중진국 수준에 도달하면 성장이 장기간 정체되는 현상을 말한다. 남미의 아르헨티나와 아시아의 필리핀이 대표적인 국가다.

• 지급준비율

각 금융회사가 고객으로부터 받은 예금 중에서 중앙은행에 의무적으로 예치해야 하는 자금의 비율을 말한다. 고객에게 지급할 돈을 준비해 은행의 지급 불능사태를 방지한다는 고객 보호 차원에서 도입되었으나, 통화량을 조절하는 금융정책수단으로 활용되고 있다. 중앙은행이 지급준비율을 인상(인하)하면 은행은 중앙은행 예치금을 늘리게 되고 통화량은 감소(증가)하고 금리가 상승(하락)한다. 이 같은 성격 때문에 지급준비율정책은 공개시장정책, 재할인율정책과 더불어 주요한 금융정책수단으로 간주된다. 영국과 몇몇 유럽 국가는 규정된 비율이 없이 자유재량에 맡기지만 은행 고유내부기준에 고객이 요구할 때 돌려줄 수 있는 예금목표치가 있다. 미국은 우리나라와 마찬가지 법률에 의해 강제되고 있어 연방준비제도가 지정한 비율의 예금을 이자가 없는 계좌로 전국에 위치한 연방준비은행 열두 곳에 보관해야 한다.

• 지니계수

빈부격차와 계층간 소득분포의 불균등 정도를 나타내는 수치로, 대각선인 균등분포선과 로렌츠곡선이 만드는 반달 모양의 면적을 균등분포선 아래 삼각형 면적으로 나눈 값이다. 지니계수는 이탈리아의 인구·통계학자이자 사회학자인 지니(Corrado Gini)가 소득분포에 관해 제시한 통계적 법칙인 '지니의 법칙'에서 나온 개념이다. 지니계수는 0과 1 사이의 값을 갖는데, 값이 0에 가까울수록 소득분배가 평등하다는 것을 뜻한다. 보통 0.4가 넘으면 소득분배의 불평등 정도가 심하다는 것을 의미한다.

• GDP(Gross Domestic Product)/GNP/GNI/GDI

GDP(Gross Domestic Product, 국내총생산)는 '한 나라 영역 내에서 가계, 기업, 정부 등 모든 경제주체에 의해 일정기간 동안 생산된 모든 최종 재화와 서비스를 시장가격으로 평가한 것'을 말한다. GDP에서 말하는 영역이란 경제활동의 중심이 국내에 있다는 것을 말한다. GDP의 조사와 작성은 한국은행이 담당하며 분기, 반기, 연간 단위로 공표된다. GNP(Gross National Product, 국민총생산)는 '한 나라 국민이 일정기간 동안 생산한 모든 최종 재화와 서비스를 시장가격으로 평가한 것'을 말한다. GDP가 영토 중심의 개념인 반면, GNP는 국적이 중요한 기준이 된다. 현재 GNP 지표는 발표되지 않고, 이를 GNI(Gross Domestic Income, 국민총소득)가 대신하고 있다. GNI는 한 나라의 국민이 생산 활동에 참여한 대가로 받은 소득의 합계로서 해외로부터 국민(거주자)이 받은 소득(국외수취 요소소득)은 포함되고 국내총생산 중에서 외국인에게 지급한 소득(국외지급 요소소득)은 제외된다. GDI(Gross Domestic Income, 국내총소득)는 실질 지표로 주로 나타내는데, 실질 GDI는 실질 GDP에서 교역조건 변화에 따른 실질무역손익을 더한 것을 말한다. 따라서 이들 관계는 다음과 같이 나타낼 수 있다.

* 명목 GNI = 명목 GNP = 명목 GDP + 국외 순수취 요소소득

* 실질 GDI = 실질 GDP + 교역조건 변화에 따른 실질무역손익

• 지불준비금

은행은 돈을 맡기고 기업에게 대출을 하는 중간 거래자의 역할을 하는 사적 기업이다. 이런 자금의 중개 역할을 하는 은행이 수익을 올리기 위해서는 가급적 많은 대출을 해주려고 한다. 그래야만 이자를 더 많이 받을 수 있기 때문이다. 예금을 받으면 그 예금을 이용하여 다른 사람들에게 대출을 해준다. 대출을 통해 수익을 올려야 예금 이자를 줄 수 있기 때문이다. 하지만 갑자기 고객이 맡긴 돈을 인출하려면 돌려주어야 하기 때문에 예금의 100%를 대출해 줄 수는 없다. 예금 인출에 응해주지 못한다면 은행도 파산에 내몰린다. 이런 이유로 중앙은행은 은행이 파산을 할 경우 금융시장 및 경제 미치는 파급효과를 막기 위해 지급준비율을 정해 놓는다. 은행 예금의 일정 비율을 지급준비금으로서 중앙은행에 강제적으로 예금시켜 그 비율을 조절하여 통화량을 조정하기도 한다. 이 준비율을 조절함으로써

은행이 운용하는 자금량을 증감시킬 수 있기 때문에, 공개시장 조작이나 금리정책과 함께 유력한 금융의 양적 조절수단이다.

• 지식공유연대(Knowledge Sharing Alliance)

개발도상국과 경제개발 경험을 공유해 그 나라 상황에 맞는 구체적인 정책을 찾도록 지원하는 기구. 우리나라나 독일 등 지식공유 선도국과 경제협력개발기구(OECD)가 파트너십을 이뤄 지원한다.

• GSP(일반특혜관세)

개발도상국의 산업화와 수출 경쟁력 강화를 통한 경제성장을 지원하기 위해 개도국에서 생산된 제품을 수입할 때 관세를 없애거나 세율을 낮춰 주는 제도. GSP 제도는 1971년 유럽공동체(EC) 6개국에서 처음 도입되어 현재 미국, 유럽연합(EU), 일본 등 37개국이 이 제도를 운용하고 있다. 이는 선진국이 개도국에 일방적으로 주는 혜택이란 점에서 두 나라 간에 협정을 맺고 상대방에만 특혜관세 혜택을 주는 자유무역협정(FTA)과는 차이가 있다. 한국은 2000년 사실상 GSP 수혜국가에서 벗어난 지 10년 만에 GSP를 부여하는 나라로 위상을 바꾸게 됐다.

• Gasp

Growth At a Scottish Pice의 약자로 아시아 주식투자에 있어서 국가나 업종별 기준보다 합리적인 성장주를 골라내는 스타일 투자기준을 말한다.

• 지역금융안전망(RFAs)

지리적으로 가까운 국가들이 금융·외환위기에 대응하고자 공동으로 외환보유액 등을 통해 재원을 조성하는 것. 재원규모와 재원조성 방식, 자금지원 방식, IMF와의 협력, 지원조건 등에 따라 RFA 별로 큰 편차를 보인다.

• G 유로

그리스(Greece)의 영단어 앞 글자 G와 유로(Euro)가 합쳐진 말. 그리스가 유로동맹에서 탈퇴하지 않고도 그리스만의 통화를 가지는 '2중 통화체제'를 말한다. 외형상으로는 그리스를 유로존에 잔존시키면서 독자적인 경제운용권을 주는 방식이다. 도이치뱅크(Deutsche Bank)가 제안했다. 유로화가 부족한 그리스가 자체적으로 향후 유로화 수입이 생길 경우 우선적으로 유로화로 변제하겠다는 약속을 하고 이를 근거로 발행하는 어음 개념으로 볼 수 있다.

• G20

세계경제 현안을 논하고 해결점을 모색하기 위해 세계경제의 큰 축을 맡고 있는 국가들의 정상 또는 재무장관 및 중앙은행 총재의 모임을 말한다. 참석한 국가 수에 따라 G7, G20 등으로 분류된다.

G5는 1973년 제1차 석유 파동과 그에 따른 불경기로 인해 1970년대 중반 미국, 영국, 독일, 프랑스, 일본 등 선진 5개국의 경제정책 협력을 위한 모임으로 출발했다. 1975년 프랑스는 선진 5개국과 이탈리아 정상을 초청, 정기적인 모임을 제안했으며, 참가국들은 이 제안에 동의하고 돌아가면서 의장국을 맡기로 했다. 이듬해인 1976년 개최국인 미국이 캐나다를 초청하면서 G7 모임으로 발전됐다. 이때부터 정상회의와 함께 매년 재무장관·중앙은행총재 모임을 갖는 형태를 갖췄다.

이후 소련 붕괴로 냉전구도가 해소되면서 1997년부터는 러시아가 참석하기 시작했고, 정치적 현안을 논의하는 모임으로 P8(Political8) 또는 G7+1 등으로 불렸다.

1997년 아시아에서 외환위기가 발생하자, 국제금융시장 안정을 위해선 G7보다 폭넓은 협의체 구성이 필요하다는 인식이 확산됐고, 1999년 G7 재무장관회의에서 신흥시장국이 참여하는 G20 창설에 합의, 그 해 12월 독일 베를린에서 제1차 G20 재무장관·중앙은행총재 회의를 개최했다.

G20 국가들은 그간 장관급 회의를 개최했으나, 2008년 미국발 금융위기가 전 세계로 번지면서 그 해 11월 G20 국가간 정상급 회의를 최초로 개최했다.

o G20: 1997년도 아시아 외환위기 이후, 국제금융의 취약성 감소를 위한 다양한 국제적 논의가 이루어지던 중 1999년 6월 독일에서 개최된 G7 재무장관회의에서 G7과 주요 신흥시장국들간의 경제·금융정책 이슈에 대한 대화증진을 위한 협의체 창설의 필요성이 대두, 그해 9월 IMF 연차총회차 개최된 G7재무장관회의에서 G20 창설에 합의하고 그 해 12월 독일 베를린에서 제1차 회의가 개최됐다.

※ G20 역대 회의 의제

- 1999~2002(1~4차) : 금융위기예방 및 해결 방안을 집중 논의
  • 국제적인 채무불이행 사태 발생시 민간채권자들을 참여시키는 방안, 세계화의 부작용을 최소화하고 혜택을 선·후진국간 및 소득 계층간 공유하는 방안, 각국의 정책과 통계의 투명성을 개선하는 방안 등
- 2003년 이후(5차 이후) : 점차 금융위기가 수습됨에 따라 인구문제, 금융부문 제도구축 등 경제현안을 포괄적으로 논의
  • 고령화, 지역경제통합 등 세계경제·금융 현안, 테러자금 조달 및 국제금융시스템의 부당이용 방지 등을 위한 국제공조방안, 개발자금 지원의 효율화방안 등 논의

매년 1회의 재무장관회의와 2회의 재무차관회의를 개최하는 것이 원칙이지만, 2008년 미국발 금융위기가 전 세계로 확산됨에 따라 20여 선진국과 신흥경제국 정상들과 IMF, World Bank, UN 등 주요 국제기구 대표들이 함께 참석한 최초의 정상회의가 2008년 11월 15일 미국 워싱턴에서 개최됐다. G20 의장국 및 한국

의 역할: G20는 별도의 사무국이 없으며 의장국이 임기(1년)동안 사무국 역할을 한다. 의장국은 그룹별 순환방식에 따라 그룹내에서 우선 선정한 후, 2차 Deputy 회의에서 결정하고 G20 재무장관/중앙은행총재 회의에서 공식 발표된다.
G20 의장국은 의장국 수임년도 전후 1년씩 G20 Management Troika의 일원으로 의장국의 자문단 역할을 하며, 전후임 의장국은 각종 회의시 의장국과 Co-Chair 역할을 수행하게 된다.

• **차관**
외화채권발행, 외국인 직접투자, 기술도입 등과 함께 외자를 조달하는 방법의 하나로서 외국정부 또는 국제경제협력기구, 외국금융기관으로부터 차입형태로 대외지급수단이나 자본재 · 원자재를 도입하는 것을 말한다. 차관은 국내 저축 기반이 취약할 경우 기간산업 건설과 사회간접자본 확충을 통한 경제개발을 수행하는 데 요구되는 막대한 투자재원을 확보하기 위해 외국으로부터 도입하는 것이다. 차관자금은 상환기간이 장기이고 금리가 낮은 편이어서 제2차 세계대전 이후 개발도상국의 성장을 위한 필요자본을 충당시켜 주는 유력한 방법 중 하나였다. 차관은 공공차관 · 상업차관 · 은행차관 등으로 구분하지만, 우리나라에서 차관은 대개 공공차관을 일컫는다. 공공차관은 정부가 직접 차주가 되어 도입하는 재정차관과 정부가 지급을 보증하고 지방자치단체 등 우리나라 법인이 차주가 되어 도입하는 보증차관으로 나눌 수 있으며, 차관도입을 위해 미리 국회의 의결을 얻어야 한다. 1960년대 초반 경제개발 5개년 계획의 착수와 더불어 종래 원조 위주의 외자도입정책을 점차 차관방식으로 전환하였다. 제1차 경제개발 5개년 계획 기간 중 원조에서 공공차관으로 전환된 외자도입정책은 제2차 경제개발 5개년 계획 기간 중 공공차관에서 상업차관으로 이행되었다. 우리나라의 차관도입은 1959년 동양시멘트가 개발차관기금(현재의 미국 국제개발처)으로부터 도입한 공공차관을 효시로 하고 있다. 우리나라는 차관의 대부분을 세계은행(IBRD), 아시아개발은행(ADB) 등 국제경제협력기구와 미국 및 일본으로부터 도입해 왔다. 우리나라는 1988년 아시아개발은행(ADB) 차관공여 대상에서 제외되었으며, 1989년 세계은행의 국민소득 기준(4,080달러)을 넘어선 1995년 3월에는 세계은행의 차관대상국에서도 제외되어 차관도입 시대를 마감하였다.

• **차별관세**
어느 특정국으로부터 수입되는 상품에 대해 일반적인 세율보다 차별되게 적용하는 관세를 말한다. 일반적인 세율보다 높게 적용되면 할증관세, 낮게 적용되면 할인관세라고 한다. 특정국과의 무역을 촉진시키고 통상조약을 유리하게 체결하기 위해, 또한 교역 상대국의 부당한 무역거래를 억제하기 위해 이용된다. 보호관세주의에 기초를 두고 있는 관세정책으로 중상주의 시대와 제2차 세계대전이 일어나기 전에는 관세전쟁의 일환으로 채택되었다. 오늘날에는 통상조약이나 GATT에 의한 협정 등이 활성화되면서 일부에만 적용된다. 특혜관세와 덤핑방지관세 · 상계관세 · 보복관세 · 공통관세 등이 있다. 특혜관세는 역사적 · 정치적 · 지리적 특수성에 따라 특정국이나 특정 상품에 대해서 저율의 관세를 부과하는 할인관세이며, 덤핑방지관세는 수입품 가격이 국내 가격보다 월등히 저렴할 때 국내 산업을 보호하기 위하여 부과하는 할증관세이다. 상계관세는 상대국으로부터 보조금이나 장려금 등의 지원을 받은 상품이 수입될 때 국내 산업을 보호하기 위하여 지원받은 만큼 상계하여 부과하는 할증관세이며, 보복관세는 수출상품이 상대국으로부터 부당한 고율의 관세를 적용받았을 때 해당 국가로부터 수입되는 상품에 보복적으로 부과하는 할증관세이다. 공통관세는 관세동맹에 가입되지 않은 국가에 대해 공통적으로 책정된 할증관세이다.

• 차선의 이론

경제학에서 최고(The best)를 달성하지 못할 경우에는 차라리 차선(The second best)이라도 찾아야 한다는 이론. 비록 최고점에는 미달해도 주어진 여건에서 최고에 가장 근접한 목표를 달성하는 것이 바람직하다.

• 차입축소(디레버리지)/레버리지

레버리지는 '지렛대'라는 뜻으로 금융에서는 자본금을 지렛대로 삼아 더 많은 외부자금을 차입하는 것을 말한다. 따라서 레버리지가 높다면 부채가 많다는 것이다. 디레버리지는 레버리지와 반대로 부채를 줄여나가는 것을 말한다. 적절한 레버리지는 투자의 효율성을 높이기도 하고 경영의 측면에서는 기업 운영의 효율성을 높이는 긍정적인 효과를 가진다. 반면에 투자가 실패로 돌아갈 경우에는 투자 손실을 확대시키는 요인으로 작용하기도 하는 등 부작용도 지닌다.

• 차이나플레이션(Chinaflation)

중국 때문에 물가가 올라가는 현상. 중국은 값싼 물건을 생산해 전세계 물가 안정에 기여해 왔지만 최근 중국의 저임금 시대가 끝나가고 부동산, 원자재 등 비용이 상승하고 있다. 이에 따라 전세계에 수출하는 가격이 올라 중국산 수입 의존도가 높은 나라의 물가를 자극할 수 있다는 우려가 나오고 있다.

• 초국적기업(TNCs)

세계 각지에 자회사·지사·합병회사·공장 등을 확보하고 국제적 규모로 생산과 판매 활동을 벌이는 기업. 유엔무역개발회의(UNCTAD) 2009년 세계투자보고서에 따르면 현재 전세계적으로 활동하는 초국적기업은 총 8만2,000여 개이며 지구상 곳곳에 퍼져나가 있는 초국적기업의 외국 자회사는 81만 개에 이른다. 세계경제에서 초국적기업이 차지하는 비중도 갈수록 커져 초국적기업이 전세계 상품 수출의 3분의1 가량을 담당하고 있다.

• **종부채상환비율**(DTI: Debt-to-income ratio)

주택담보대출의 연간원리금 상환액과 기타부채의 연간이자 상환액의 합을 연소득으로 나눈 비율이다. DTI는 봉급생활자의 총급여소득(자영업자의 경우 사업소득)을 감안해 대출한도를 정하는 제도로 기존의 주택담보대출에 비해 대출자의 상환능력을 엄격히 하는 제도이다. 예를 들어, DTI가 40%라는 의미는 대출원리금 상환액과 기존의 부채이자 상환액을 합친 금액이 연간소득의 40%를 넘지 못하도록 대출한도를 규제하는 것이다. 연간소득은 대출자 본인으로 계산하되 담보대출이 없는 경우 부부합산 기준으로 계산할 수 있다.

• **최소시장접근**

수입이 금지되었던 상품의 시장을 개방할 때 일정기간 동안 최소한의 개방 폭을 규정한 것을 말한다. 쌀 등 농산물의 시장개방을 하면서 국내시장의 충격완화를 위해 전면적으로 개방하지 않더라도 최소한 이 정도는 수입해야 한다는 개방 정도의 하향 폭을 가리킨다. WTO 우루과이라운드(UR)에서 확립된 시장개방원칙이다. 최소시장접근법은 시장개방을 요구하는 쪽에서 보면 최소한의 시장진입을 인정해 달라는 의미이고, 수입국이나 개방압력을 받는 입장에서는 최소수입량·최소시장개방폭·최소수입의무 등의 의미를 가진다. 최소시장접근을 허용하는 기간 중에는 관세화 조치가 유예되므로 관세화 유예기간 또는 특례기간이라고도 한다. 다만 최소시장접근 기간 중에도 수입품에 대한 관세는 부과되며, 대신 그 수입품의 국내 생산을 늘릴 수는 없다. 비슷한 제도로 관세할당제(TRQ: Tariff Quota System)가 있는데, 일정 수입량 이내에서는 저율 또는 무세의 관세율을 적용하고 초과량에 대해 고율의 관세를 적용하여 수입을 억제한다는 공통점을 지닌다. 그러나 최소시장접근은 최소시장접근물량에 대해서 협약에 의해 의무적으로 수입해야 하지만, 관세할당제 할당량에 수입량이 미치지 못하더라도 추가 수입의무가 없다는 차이점이 있다.

• **최혜국대우**

관세·항해 등 양국간 관계에서 지금까지 다른 나라에 부여한 대우 중 최고의 대우를 해주는 것을 말한다. 즉, 제3국에 부여하고 있는 조건보다 절대 불리하지 않은 대우를 해주는 것이다. GATT는 최혜국 대우가 대표적인 일반원칙으로서 이에 대한 예외를 매우 엄격하게 규제하고 있다. 일단 두 나라 간 최혜국 대우를 적용하기로 하면 이 중 한 나라가 제3국과 보다 유리한 무역협정을 맺어도 그 효력은 별도의 합의 없이도 상대 최혜국 대우 국가에도 적용된다. 이는 최혜국 대우의 의미가 다른 나라와의 관계보다 불리한 대우를 하지 않는다는 포괄적 약속이기 때문이다. WTO 서비스협정에서 최혜국대우(제2조)는 "양허표에 등재되지 않은 분야더라도 어떤 다른 나라보다도 어떤 회원국을 불리하게 대우해서는 안되며 한 국가에 부여한 대우는 그보다 불리하지 않게 즉시 그리고 무조건적으로 다른 회원국에게 부여해야 한다"고 규정하고 있다.

• 출구전략(Exit Strategy)

경기 부양을 위해 취했던 양적완화 정책의 규모를 점진적으로 축소해 나가는 것. 테이퍼링(tapering)이라고도 하는데, 과잉 유동성으로 인플레이션이 일어나는 것을 막기 위해서 사용한다.

• 취업유발계수

한 나라 경제의 고용창출 능력을 측정하는 지표. 특정 제품에 대한 수요가 10억원 발생할 경우, 경제 전체적으로 취업자수가 얼마나 증가하는지를 나타낸다. 취업유발계수는 특정 산업의 직접적인 노동 투입량 뿐만 아니라, 생산의 파급과정에서 간접적으로 유발되는 노동량까지 포함한다. 가령, 자동차를 생산한다고 하면 이에 직접적으로 투입되는 노동량 뿐만 아니라 타이어나 부품 등 자동차와 관련한 수많은 제품을 생산하는데 소요되는 노동량까지도 포함해 측정한다.

• 카니벌라이제이션(cannibalization)

기능이나 디자인이 탁월한 후속제품이 해당 기업이 먼저 내놓은 비슷한 제품의 시장을 깎아먹는 경우나, 해외의 값싼 노동력으로 제작한 저가 상품이 국내의 고가 제품을 밀어내는 상황을 의미한다.

• 카르텔(담합)

사업자가 다른 사업자와 공동으로 상품 또는 서비스의 가격, 거래조건, 생산량 등을 결정하거나 제한함으로써 경쟁을 제한하는 행위로 담합이라고도 불린다. 공정거래법상 부당한 공동행위에 해당한다. 카르텔은 시장에서 자율적으로 결정되어야 할 가격이나 거래조건을 사업자들이 인위적으로 조절함으로써 시장경제질서를 왜곡시킬 수 있다. 카르텔은 규모의 경제가 존재하지도 않으면서 독점적 이윤을 창출하고 자원배분의 비효율을 초래한다는 점에서 독점의 폐해보다 더 심각하다고도 한다. 카르텔은 기업간 경쟁으로 인한 이익을 소비자들로부터 박탈하고, 기업에게는 경쟁 유인을 줄여 경쟁력 제고 노력을 약화시킨다. 이러한 이유로 OECD를 비롯한 세계 경쟁당국에서는 카르텔을 경쟁법위반행위 중 가장 죄질이 나쁜 행위로 규정하고 이를 규제하고 있다. 우리나라 공정거래법에서도 "사업자가 계약, 협정, 결의 기타 어떠한 방법으로 다른 사업자와 공동으로 부당하게 경쟁을 제한하는 행위를 합의한 것"을 부당한 공동행위로 규정하고 있다.

• CAMEL지수(카멜지수)

카멜지수는 자본적정성(Capital Adequacy), 자산건전성(Asset Quality), 경영능력(Management), 수익성(Earnings), 유동성(Liquidity) 이렇게 5가지 항목의 앞 글자를 따서 만든 지수다. 은행검사시스템으로 은행의 건전성, 경영실태를 평가하는데 사용된다. 미국의 FRB, FDIC 등 연방은행감독기관이 1978년부터 실시해 왔다. ※카엘(CAEL)지수: 카멜지수의 간이계량평가지표. 카멜지수에서 경영능력을 뺀 나머지 네 항목으로 구성되어 있다.

• 커피출레이션(Capitulation)

'무조건 항복'이라는 뜻으로, 급락세 주식시장에서 투자자들이 희망을 버리고 항복하듯이 주식을 매도하는 현상.

급락장에서 투자자들의 심리는 3단계로 나뉜다. 처음엔 그런 장이 아니라고 '부정(denial)'하다가, 진정되지 않으면 '공포(fear)'로 바뀐다. 마지막에는 '무조건 항복(Capitulation)해 투매로 이어지게 된다. 커피출레이션 이후에는 남아 있는 매물이 없는 경우가 대부분이기 때문에, 커피출레이션이 바닥의 신호로 여겨지기도 한다.

• 케인즈 경제학

20세기 영국의 경제학자이자 정부자문역인 존 메이너드 케인즈 의 이론 및 그 이론을 이어받은 케인즈 학파의 경제이론을 말한다. 케인즈학파는 고전학파 이론의 맹점을 비판하면서 대공황의 타개를 위해 정부가 민간경제에 대하여 보다 적극적으로 간섭하고 정부지출을 늘려 유효수요를 창출함으로써 대량실업을 없애고 완전고용을 달성할 것을 제창하였다. 케인즈의 일반이론은 주로 1930년대의 자본주의 경제의 병폐인 불완전고용, 즉 불황을 주로 분석의 대상으로 삼았다는 데서, '불황의 경제학'이라고 평하는 학자도 있다. 동 이론은 세계의 많은 나라의 경제정책에 이론적 기초를 제공하여 새로운 경제정책을 수립하게 하였다.

• 코즈의법칙

노벨경제학상 수상자인 로널드 커즈(Ronald Coase)가 주창한 기업의 거래 비용을 다룬 경제이론으로 내부 처리 비용과 거래 비용 분석을 통해 기업의 경쟁력을 이해한다. 기업의 아웃소싱을 설명할 때 주로 활용되며, 이 이론에 따르면 거래 비용을 획기적으로 감소시킨 인터넷의 등장으로 관련 비즈니스가 성장할 수 있었다.

• 코쿠닝
현대인들이 위험한 외부 세상을 피해 집이나 교회 등 안전한 장소로 몸을 피하는 사회현상을 말한다. 마케팅 컨설턴트 '페이스 팝콘'은 1981년 '코쿠닝'이란 용어를 처음 사용하면서 사람들이 마치 누에고치(cocoon)처럼 자신을 보호하기 위해 외출을 삼가고 보호장비 구입에 열을 올리고 있다고 지적했다. 일부 사회학자들은 이같은 '움츠리기'가 가족과 이웃에 대한 관심과 애정을 증폭시키는 긍정적인 측면도 있다고 말한다. 경제적인 측면에서도 코쿠닝은 패밀리 레스토랑, 가족여행, 가족패션 등 새로운 소비문화로 나타나고 있어 산업계에도 많은 영향을 미친다.

• 콜
금융기관이나 증권회사 상호간에 거래되는 단기의 자금 대차(貸借)로 콜론(call loan) · 콜머니(call money)의 약칭이다. 남는 자금을 운용하기 위해 다소 비싼 이자를 받고 '금융기관 A → 금융기관 B'로 전달되는 1~2일짜리 초단기 자금 거래를 말한다. '부르면 대답한다'는 식으로 극히 단기로 회수할 수 있는 대차이기 때문에 '콜'이라 한다. 콜거래에는 단자업자를 통하는 공개시장거래와 그렇지 않은 직거래가 있는데, 원칙으로는 공개시장거래가 바람직하다. 콜거래에서 적용되는 이율인 콜레이트는 금융시장의 움직임을 민감하게 반영하여 변동된다.

• 콜옵션(Call Option)
매입자가 매도자로부터 만기일 또는 그 이전에 미리 정한 권리행사가격으로 대상자산을 매입할 수 있는 권리이다.
구입할 수 있는 자산의 종류에는 제한이 없으나 일반적으로 옵션거래소에서 거래되고 있는 주식과 사채에 대한 옵션이다. 콜옵션을 매입한 사람은 옵션의 만기 내에 약정한 가격(행사가격: Strike Price)으로 해당 기초자산을 구매할 수 있는 권리를 갖게 되고, 콜옵션을 매도한 사람은 매입자에게 기초자산을 인도해야 할 의무를 갖는다. 그런데 옵션은 선물과 달리 권리만 있고 의무가 없으므로 매입자는 해당 옵션을 매도한 사람에게 일정한 대가(프리미엄)를 미리 지불해야 한다. 옵션 매입자의 손익은 기초자산의 현재가격, 행사가격 및 매입 시 지불한 프리미엄에 의하여 결정되는데, 현재가격이 행사가격보다 높을 경우 매입자는 권리를 행사함으로써 그 차액만큼 이익을 얻을 수 있으며, 현재가격이 행사가격보다 낮을 경우에는 권리행사를 포기할 수 있다. 따라서 가격상승 정도에 따라 매입자의 이익은 확대될 수 있으며, 가격이 하락하더라도 손실을 계약 당시에 지급한 프리미엄에 한정시킬 수 있다. 또 옵션 매도자의 손익은 현재가격이 행사가격보다 낮을 경우 매입자가 권리행사를 포기하게 되므로 이미 지불받은 프리미엄만큼 이익이 발생하지만, 현재가격이 행사가격보다 높을 경우에는 가격수준에 관계없이 기초자산을 행사가격으로 인도해야 하므로 가격상승 정도에 따라 큰 손실을 감수해야 한다.

• **쿠퍼효과**

경기 부양책에 따른 경기회복은 점진적으로 나타나고 긴축정책에 따른 경기 냉각은 빠르게 진행되는 현상. 정부와 중앙은행은 경기가 침체기거나 회복기일 때 금융정책을 통해 경기를 안정시키려 하는데, 경기의 흐름에 따라 금융정책의 효과가 나타나는 데 걸리는 시간이 서로 다른 현상을 말한다.

• **쿼드러플 위칭데이(Quadruple Witching Day)**

주가지수선물과 주가지수옵션, 그리고 개별주식옵션과 개별주식선물의 만기가 겹치는 날을 말한다. 미국의 주가지수선물 · 주가지수옵션 · 개별주식옵션의 만기가 겹치는 '트리플 위칭데이에서 비롯되었다. 이날 주식시장에 어떤 변화가 일어날지 아무도 예측할 수 없다는 의미에서 '3명의 마녀가 빗자루를 타고 동시에 정신없이 돌아다니는 것처럼 혼란스럽다'는 뜻으로 '트리플 위칭데이(Triple Witching Day)'라고 했다. 하지만 최근 미국에서는 '트리플 위칭데이'에서 2002년 말부터 거래되기 시작한 개별주식선물이 합세하면서 '쿼드러플 위칭데이'로 바뀌었다. '쿼드러플'이란 숫자 4를 의미하는 것으로, 지수선물과 지수옵션, 그리고 개별주식옵션과 개별주식선물이 동시에 만기를 맞기에 붙여진 이름이다. 미국은 선물옵션 만기일이 세번째 금요일로 정해져 있기 때문에 3, 6, 9, 12월 세번째 금요일이 '쿼드러플 위칭데이'가 되고, 우리나라는 3, 6, 9, 12월 두번째 목요일이 '쿼드러플 위칭데이'가 된다.

• **퀀텀점프(Quantum Jump)**

물리학 용어로 '대약진'을 의미하며, 경제학에서는 단기간에 비약적으로 실적이 호전되는 것을 지칭한다.

• **클러스터(Cluster)**

비슷한 업종이면서 서로 다른 기능을 하는 관련기업 및 기관들이 모여 있는 특정지역이나 군집체를 말한다. 기업들이 일정지역에 모여 네트워크 구축과 상호작용을 통해 사업전개, 부품조달, 인력 및 정보교류 등에서 지식과 정보를 공유함으로써 시너지효과를 기대하는 것이다. 또한 기업과 대학, 연구소가 밀집해 형성된 대규모 타운으로 대기업과 중소기업의 분업 그리고 산학 협동이 유기적으로 이뤄지도록 조성된 첨단 과학 단지라고도 볼 수 있다. 산업집적(産業集積)이라고도 한다. 최근 들어 많은 국가에서 클러스터에 관심과 노력을 기울이는 이유는 지식경제시대의 도래와 더불어 산업집적지의 중요성이 강조되고, 클러스터를 통해 산업경쟁력을 강화할 수 있기 때문이다.

• **킹스턴체제**

현행 국제통화제도의 근간이 되는 킹스턴체제는 1976년 제5차 IMF 잠정위원회 회의에서 이루어졌다. 이에 따른 IMF 협정문 개정은 1978년에 발효됐다. 그러나 이는 사실상 1973년 브레튼우즈체제 붕괴 이후 성립된 것이므로 일반적으로 1973년 이후를 킹스턴체제로 분류하고 있다. 킹스턴체제는 모든 IMF 가맹국에 대해 자국의 환율제도를 자유로이 선택할 수 있는 재량권을 부여하는 변동환율제 유지, 통화로서 금의 역할 축소, 외환 시세의 안정 등의 내용을 주요 특징으로 한다.

• **테일러준칙(Taylor's Rule)**

중앙은행이 금리를 결정할 때 경제성장률과 물가상승률에 맞춰 조정하는 것을 말한다. 이에 따라 중앙은행은 실제 경제성장률과 잠재 경제성장률의 차이인 GDP갭과 실제 물가상승률과 목표 물가상승률과의 차이인 인플레이션갭에 가중치를 부여해 금리를 조정한다. 미국 등 세계 대부분의 국가에서 통화정책의 기본 모델로 활용하고 있다.

• **테크노스트레스 증후군(Technostress Syndrome)**

새로운 기술 유행에 따라가지 못해 심신이 거부반응을 일으켜 우울증에 빠지는 증세. 1983년 미국 심리학자 크레이그 브로드가 처음 사용한 용어로, 테크노포비아(Technophobia)로도 불린다. 어렵게 배워서 익숙해질 만하면 새로운 버전, 새 제품으로 업그레이드가 돼 다시 처음부터 손에 익혀야 하는 경우 테크노스트레스를 호소하곤 한다. 이와 반대로 새로운 제품이 출시되면 관련 자료를 찾느라 밤을 새우거나 외출시 스마트폰, 디지털카메라 등을 가지고 있지 않으면 불안해지는 경우도 테크노스트레스에 시달린다고 볼 수 있다.

• **테크노크라시(Technocracy)**

기술(technology)과 관료(bureaucracy)의 합성어로, 전문적 지식이나 과학기술 등에 의한 지배를 말한다. 과학기술의 영향과 역할이 비약적으로 증대하고 있는 현대사회에서는 과학적 지식·기술의 소유 자체가 '권력'에 중요한 접근 경로가 되므로, 이것을 소유하는 자가 사회를 관리·운영·조작할 수 있다는 주장이다. 20세기 초 진보적 운동을 통해 나타난 이 개념은 대공황시기였던 1930년대에 대중의 관심을 끌었다. 자본주의의 혼란, 부의 편재나 소비에 있어 비판적인 입장에 서서 분배의 공평, 공공의 복지가 유능한 기술자의 지도에 의해서 가능하다고 주장하였다. 테크노크라시 운동은 F. W. 테일러가 과학적 관리라는 개념을 도입하면서 시작되었고, H. L. 갠트, S. 베블런, H. 스콧과 같은 저술가들이 주장하였다.

• Tax Heaven(조세피난처)

법인세 · 개인소득세 등을 부과하지 않거나 과세를 하더라도 아주 낮은 세금을 부과함으로써 세제상의 특혜를 주는 장소나 국가를 말한다. 기업의 입장에서는 조세피난처를 활용할 경우 절세나 탈세가 가능하지만 정부의 입장에서 보면 세수가 줄어들게 된다. 기업이나 개인이 조세피난처에 미리 예치해 놓았던 자금을 국내로 들여오거나, 국내 자금을 조세피난처로 우회하여 외국인 자금으로 둔갑해 국내로 다시 들여오는 경우, 조세피난처를 통해 돈세탁한 자금이 선거철을 전후해 국내로 유입되는 경우 등이 있다. 조세피난처는 세제상의 우대뿐 아니라 「외국환관리법」 · 「회사법」 등의 규제가 적고, 기업 경영상의 장애요인이 거의 없음은 물론, 모든 금융거래의 익명성이 철저히 보장되기 때문에 탈세와 돈세탁용 자금 거래의 온상이 되기도 한다. 따라서 2000년 이후 OECD를 중심으로 조세피난처에 대한 규제를 강화하고 있다.

• 토빈세

국제 투기자본(핫머니)의 급격한 자금 유출입으로 인한 금융 위기를 방지하기 위해 단기성 외환거래에 부과되는 세금. 1978년 노벨경제학상 수장자인 예일대 제임스 토빈 교수가 제안함에 따라 그의 이름을 따 '토빈세'라 불린다. 글로벌 금융 위기 이후 각국에서 토빈세 도입에 관한 논의를 활발히 진행 중이지만 금융 거래의 위축을 우려해 도입을 반대하고 있는 국가들도 많아 현재 도입 여부 및 효과는 불투명한 상황이다.

• 톱니효과(Ratchet Effect)

한번 올라간 소비 수준이 쉽게 후퇴하지 않는 현상을 말하는 것으로, 예를 들면 보리밥을 먹다가 쌀밥을 먹는 데 익숙해지면 소득이 줄어도 보리밥을 먹으려고 하는 것이 아니라 쌀밥을 먹되 그 양을 줄이거나 품질을 낮추게 된다는 말이다. 이와 같이 소비의 상대적 안정성으로 인해 경기후퇴로 소득이 줄어든다 하더라도 소비가 같은 속도로 줄어들지 않기 때문에, 소비가 경기후퇴를 억제하는 일종의 톱니작용을 하게 된다는 데서 톱니효과라고 한다.

• 통화스왑

둘 이상의 거래기관이 사전에 정해진 만기와 환율에 의해 다른 통화로 서로 교환하는 외환거래를 말하며 환시세의 안정을 도모하는 것이 목적이다. 통화스왑의 방법은 자국통화를 맡기고 상대국의 통화를 빌리는 것으로, 내용상으로는 차입이나 형식상으로는 통화교환이라 할 수 있다. 특히 국가간의 통화스왑 협정 체결은 무엇보다 만일의 위기에 대비한 외화유동성 안전망을 확보에 그 의미를 찾을 수 있다. 이는 외화유동성과 관련한 시장의 우려를 불식시킴으로써 우리 실물경제에 미치는 악영향을 줄이는데 도움이 된다.

• 통화불일치

외화로 표시된 부채와 자국통화로 계산된 자산이 일치하지 않는 경우를 말한다. 예를 들어, 외국에서 달러를 빌려 원화로 교환하여 사용하는 기업의 경우 원화 가치가 하락하게 되면 원화를 기준으로 한 부채 규모가 증가하게 되어 부도 위험에 직면하게 된다. 통화 불일치는 금융위기를 초래하는 요인이 될 수도 있으며, 이를 해결하기 위한 많은 비용이 소요된다. 아시아 금융위기뿐 아니라 멕시코 · 러시아 · 터키 · 브라질 · 아르헨티나 등 신흥개발국의 금융위기의 주요인이 통화 불일치 때문이었다는 주장이 제기되기도 한다.

• 통화정책

기업의 투자나 가계의 소비가 이자율에 따라 변동하는 특성 때문에 중앙은행이 돈의 양을 늘리거나 줄임으로써 경제활동의 수준을 조절하는 것을 통화정책이라고 한다. 통화정책은 중앙은행이 한 국가의 화폐 공급, 유용성, 화폐 가치, 금리 등을 경제 성장이나 안정성을 유지토록 하기 위해 수행하는 일련의 조치를 일컫는다. 중앙은행은 통화정책을 수행할 때 기준금리를 지표로 삼는다. 기준금리를 변경하고 여기에 맞춰 통화량을 조절하면 금융시장에서 콜금리, 채권금리, 은행예금 및 대출금리 등이 변동하게 된다. 중앙은행이 시중에 유통되는 돈의 양을 조절하는 방법에는 공개시장조작, 지급준비율, 재할인율 등이 있다.

• 트러스트

기업합병을 말한다. 트러스트라는 용어의 유래는 1879년에 스탠더드 석유 트러스트에서 나왔다. 트러스트 증권을 교부해주는 조건으로 40여 개 석유회사의 의결권이 있는 주식이 소수의 수탁자에게 위탁되었다. 이에 따라 수탁자는 이 석유회사들의 경영관리 등을 통일적으로 수행할 수 있게 되었고 석유제품에 대한 독점적 지배를 행사할 수 있게 되었다.

• 트리플 강세

금융시장에서 쓰이는 용어로 주가가 하락하면서 환율과 금리가 하락하는 현상을 말한다. 트리플 강세가 나타나는 이유는 우리나라의 경우, 특히 주가와 환율이 밀접한 관계를 보인다. 외국인투자자들이 한국주식을 많이 매수하면서 주가가 상승할 가능성이 많아진다. 외국인의 투자 증가로 달러화가 외환시장에 많이 들어오면 원화가치는 상승(원달러 환율은 하락)하게 되고 이로 인해 풍부해진 유동성 때문에,

또는 다른 요인으로 시장에 채권수요가 늘어난 경우 채권값까지 상승(금리는 하락)하게 된다. 이와 반대로, 주식시장과 채권시장에서 빠져 나온 자금이 해외로 유출돼 환율, 주가, 채권가격이 동시에 하락하는 현상을 '트리플 약세'라고 한다. 트리플 약세는 '주가하락, 환율상승(원화가치 하락), 금리상승(채권값 하락)'이 맞물린 경우이다.

• 트리핀의 딜레마(Triffin's Dilemma)

기축통화 발행국은 기축통화의 국제 유동성을 유지하기 위해 국제수지(경상수지) 적자를 지속해야 하는데 이는 기축통화에 대한 신뢰도 하락으로 연결될 수밖에 없다. 트리핀의 딜레마란 신뢰도를 유지하기 위해 긴축정책을 펴면 경기 침체를 불러 역시 기축통화에 대한 신뢰를 떨어뜨릴 수밖에 없는 딜레마에 빠지게 된다는 이론이다.

• 트릴레마(Trilemma)

일반적으로 3중고(三重苦)란 뜻을 지닌다. 시사경제용어에서는 '물가안정', '경기부양', '국제수지개선'의 3가지를 가리킨다. 물가안정에 치중하면 경기가 침체되기 쉽고, 경기부양에 힘쓰면 인플레이션을 유발하거나 국제수지 악화를 초래할 우려가 있는 등 서로 물리고 물려서 정책선택이 딜레마에 빠지게 된다는 뜻으로 사용된다.

• TCE

① 무역창출효과(Trade Creation Effect)를 줄여서 TCE라 말한다. FTA 체결로 회원국과 비회원국간에 상품과 서비스의 교역 및 투자 등이 이전보다 더 확대되는 효과를 가리킨다. ② 유형자기자본(Tangible Common Equity)을 줄여서 TCE라 하며, 보통주 중심의 자기자본을 총자산(무형자산제외)으로 나눈 비율로 나타낸다. 자본적정성을 측정하는 다양한 방식 중 가장 보수적인 기준으로 자본비율을 산출한 개념이다.

• 파노플리효과(Effect de Panoplie)

파노플리는 집합이라는 뜻을 가지고 있으며, 개인이 소유하고 있는 상품을 통해 특정 집단에 속하는 현상을 일컬어 파노플리효과라 한다. 어린 아이가 역할놀이를 통해 마치 그와 같은 인물이 된 듯한 기분을 느끼는 것처럼 파노플리를 이루는 상품을 소비하면 그것을 소비할 것이라고 여겨지는 집단에 속한다는 환상을 준다. 무선인터넷 활용에 대한 매력보다도 최신트렌드를 선도한다는 이미지 때문에 스마트폰을 구입하거나 상품이 사람을 평가한다는 생각에 명품을 소비하는 현상을 예로 들 수 있다.

• **파레토개선(Pareto Improvement)**
하나의 자원배분상태에서 다른 사람에게 손해가 가지 않게 하면서 최소한 한 사람 이상에게 이득을 가져다주는 것을 말한다. 참고로, 파레토최적(파레토효율)이란, 파레토개선이 불가능한 상태, 즉, 다른 사람에게 손해가 가도록 하지 않고서는 어떤 한 사람에게 이득이 되는 변화를 만들어내는 것이 불가능할 때 이 배분상태를 이른다. 반대로, 파레토비효율은 파레토개선이 가능한 상태를 말한다.

• **파생금융상품(Financial Derivatives)**
금융상품의 가격 움직임을 상품화한 것으로, 통화 · 채권 · 주식 등 기초금융자산(Underlying Financial Asset)의 가치변동에 의해 가격이 결정되는 금융계약을 가리킨다. 대표적인 파생금융상품으로 선물 · 선물환 · 옵션 · 스왑 등이 있다. 파생금융상품은 금융시장 참가자에게 폭넓은 위험 헤지(Hedge) 기회를 제공함으로써 자신의 위험 선호도에 따라 자산 구성을 쉽게 하는 기능을 지닌다. 즉, 위험 회피자는 자산 및 부채의 가치변동에 따른 위험을 회피할 수 있으며 위험 선호자 또는 투자자는 이러한 변동을 예측함으로써 이익획득 기회를 얻을 수 있다. 파생금융상품시장은 장내시장과 장외시장으로 구분할 수 있는데, 장내시장은 가격 이외의 모든 거래요소가 표준화되어 있는 파생금융상품 거래시장으로서 거래소시장이라고도 한다. 장외시장은 표준화되어 있지 않은 파생금융상품이 거래소를 통하지 않고 시장참가자간에 직접 거래되는 시장이다. 우리나라의 경우 장내시장으로는 한국증권선물거래소가 있다. 한국증권선물거래소에는 주가지수선물시장(1996년 5월)과 주가지수옵션시장(1997년 7월)이 개설되었고, 이후 미 달러 선물 및 옵션, CD금리선물, 국채선물 및 코스닥50주가지수선물이 거래되고 있다. 장외 파생금융상품시장에서는 선물환 · 스왑 · 옵션 · 선도금리계약 등이 거래되고 있다.

• **패닉셀링(Panic Selling)**
공황매도. 어떤 특정 증권 혹은 증권 전반에 걸친 혼란스러운 매도현상을 뜻한다. 주로 '투매'라고 한다. 투매는 가격이 더 떨어지기 전에 팔려는 증권 소지자들의 급작스런 행동으로 인해 대량거래와 급격한 가격하락이 수반된다. 일반적으로 거래자들에게 심한 악재로 간주되는 예기치 못한 사건에 의해 급작스럽게 발생한다. 예를 들어 중동지역의 원유공급 중단 사태 등은 투매를 일으키기에 충분한 이유가 된다.

• **팻 핑거(Fat Finger)**
사전적 의미로는 '굵은 손가락'을 뜻한다. 금융권에서는 금융상품 트레이더들이 주문을 잘못 입력해 발생하는 실수를 가리킨다.

• 퍼펙트 스톰(Perfect Storm)
개별적으로는 별로 위협적이지 않은 자연재해 현상이 동시에 발생하면서 엄청난 파괴력을 갖는 현상을 의미하는 자연과학 용어이다. 경제에서는 두 가지 이상의 악재가 동시에 발생해 그 영향력이 더욱 커지는 현상을 지칭한다. 2011년 6월, 누리엘 루비니 뉴욕대 교수가 2013년 미국의 더블딥, 중국의 경제성장 둔화, 유럽 재정위기 등으로 퍼팩트 스톰이 세계경제를 강타할 것이라고 예측한 바 있다.

• 평가절하/절상
고정환율제도하에서 정부나 중앙은행이 환율을 올리거나 내려서 자국 화폐의 가치를 인위적으로 내리거나 높일 수 있다. 환율을 올리면 자국 화폐가치가 내려가는데 이를 평가절하(devaluation)라고 하고, 반대로 환율을 내리면 자국 화폐가치가 올라가는데 이를 평가절상(appreciation)이라고 한다. 예를 들면 1달러=900원이었던 것을 1달러=1,000원으로 올리면 자국통화의 가치가 하락(평가절하)한다. 자국 통화가치를 평가절하하면 수출상품의 외화 표시 가격이 내려가게 되어 수출 증진을 기대할 수 있으나 이때 수입품의 가격은 올라 인플레이션을 가져올 수도 있다. 변동환율제도하에서는 환율이 시장의 수급에 의해 결정된다. 외화가치가 올라가면(원화가치 하락) 환율이 상승하는데 이를 원화가치가 '절하'(depreciation)되었다고 말한다. 이때 '평가'란 단어를 붙이지 않는 것은 고정환율제도가 아니기 때문이다. 반대의 경우는 원화가치가 '절상'(appreciation)되었다고 말한다.

• 포이즌 필
적대적 M&A 위기에 놓인 기업이 택할 수 있는 경영권 방어전략 중의 하나다. 다시 말하면 대규모 유상증자나 임금인상, 제품 손해배상 확대, 기존 경영진 신분보장이나 거액 퇴직금 지급(황금낙하산, Golden Parachutes) 등의 방법을 통해 의도적으로 비용지출을 늘려 매수자에게 손해를 볼 것이라는 판단이 들게 함으로써 매수 포기를 유도하는 전략이다. 독약을 삼킨다는 의미에서 '포이즌 필'이란 이름이 붙었다. 최근에는 기존주주에게 할인된 가격으로 대규모 신주를 발행하여 M&A 기업이 확보한 지분을 희석시킴으로써 인수를 막는 방법이 주로 사용되고 있다. 지난 2004년 말 소프트웨어 개발업체 세계 3위인 오라클이 피플소프트에 인수합병을 제안했을 때 피플소프트는 오라클이 지분 20%를 확보할 경우 자동으로 수백만 주의 신주가 발행되도록 정관을 변경한 바 있다. 우리나라도 한 때 KT&G, 포스코 등 우량 기업들이 외국 기업들로부터 경영권을 위협받으면서 포이즌필을 비롯한 다양한 경영권 방어장치들을 도입해야 한다는 주장들이 제기되기도 하였다.

• 폰지사기(폰지게임)
신규 투자자의 돈으로 기존 투자자에게 이자나 배당금을 지급하는 방식의 다단계 금융사기. 1920년대 막대한 투자배당을 약속한 찰스 폰지(Charles Ponzi)가 벌인 사기 행각에서 유래됐다. 실제로 찰스 폰지는 아무런 사업도 벌이지 않은 상태에서 신규 투자금액을 기존 투자자들에게 배당하는 금융피라미드 형식의 사기 행각을 벌였다. 폰지가 단기간에 시중금리보다 더 높은 이자를 보장해 주겠다는 광고를 내자 이를 믿고 많은 사람들이 거액의 돈을 맡겼다. 이 거액의 돈은 폰지 자신이 가졌고 이후 폰지는 처음에 제시한 이자보다 더 높은 이자를 보장해 주겠다는 두 번째 광고를 냈다. 여기서 조달한 자금으로 처음 맡긴 사람들에게 원금과 이자를 지불했다. 하지만 이와 같은 방식을 계속 반복하던 중 결국엔 고객들에게 원금과 이자를 지불할 수 없는 상황이 됐으며 이같은 상황을 가리켜 폰지현상이라 부르게 됐다.

• 풋옵션(Put Option)
선택할 수 있는 권리를 뜻하는 '옵션'이 파생금융시장에서 사용될 경우, 살 수 있는 권리를 콜옵션, 팔 수 있는 권리를 풋옵션이라고 한다.
풋옵션은 거래 당사자들이 미리 정한 가격으로 장래의 특정시점 또는 그 이전에 특정 대상물을 팔 수 있는 권리를 매매하는 계약이다. 풋옵션을 매수한 사람은 시장에서 해당 상품이 사전에 정한 가격보다 낮은 가격에서 거래될 경우, 그 권리를 행사함으로써 비싼 값에 상품을 팔 수 있다. 그러나 해당 상품의 시장 가격이 사전에 정한 가격보다 높은 경우는 권리를 행사하지 않을 권리를 가지고 있다. 이처럼 옵션 매수자는 '선택권'이 있기 때문에 자신에게 유리한 경우에만 권리를 행사하고 불리하면 권리를 포기할 수 있다. 이처럼 옵션은 권리만 있고 의무가 없으므로 매입자는 해당 옵션을 매도한 사람에게 일정한 대가(프리미엄)를 지불해야 한다. 반면에 옵션 매도자는 옵션 매수자로부터 프리미엄을 받았기 때문에 권리 행사에 반드시 응해야 할 의무를 갖는다.

• 풍선효과
풍선의 한 곳을 누르면 그곳은 들어가는 반면 다른 곳이 팽창되는 것처럼 문제 하나가 해결되면 또 다른 문제가 생겨나는 현상을 말한다. 특정 지역의 집값을 잡기 위해 규제를 강화하면 수요가 다른 지역으로 몰려 집값이 오르는 현상도 이에 속한다. 정부가 강남 집값을 잡기 위해 재건축 아파트 규제를 강화하자 수요가 일반 아파트로 몰려 집값이 오르는 현상을 빗댄 말이다. 2004년에 국립국어원 '신어' 자료집에 수록된 단어이다.

• 프로젝트 파이낸싱

특정 프로젝트의 사업의 수익성과 미래 현금창출 능력을 담보로 별도로 설립된 특수목적회사가 국제금융기관 · 일반은행 자본주로부터 사업 자금을 모집하고 사업종료 후 일정 기간에 발생하는 수익을 지분율에 따라 투자자들에게 나눠주는 금융기법이다. 일반적으로 토지 · 건물 등을 담보로 돈을 빌리는 기업금융과 달리, 사업의 미래 수익성(Cash Flow)이나 사업 주체의 신뢰도만을 믿고 수십억 내지 수천억원의 대규모 자금을 금융기관간 협조융자(Syndicated Loan) 형태로 모을 수 있는 것이 특징이다. 이 기법은 1930년대 미국의 석유개발사업에서 출발하여 점차 도로 · 공항 · 항만 등 사회간접자본이나 플랜트 건설, 석유탐사 및 개발 등 대규모 사업의 자금조달 방법으로 주로 활용되었다. 지난 1995년 산업은행이 주도한 신공항고속도로 건설사업에 대한 자금지원이 바로 우리나라 프로젝트 파이낸싱의 효시이다.

• 피구의 보조금

외부불경제가 발생됐을 때, 조세를 부과하여 스스로 조세를 줄이기 위한 노력을 이끌어내는 것을 피구세라 한다. 조세부과를 처음으로 주장한 경제학자 피구의 이름을 따서 붙여진 이름이다. 반대로 외부경제의 경우에 장려금을 지급하는 것을 피구의 보조금이라 한다. 즉, 피구는 외부성을 일으킨 사람에게 비용의 차이만큼 조세(피구세)를 부과하고, 편익의 차이만큼 보조금(피구의 보조금)을 지급하자고 제안했다. ※외부불경제: 개인이나 기업의 행동이 다른 개인, 기업에게 나쁜 영향을 주는 일

• 피봇(Pivot)

계약시 환율 변동 구간을 설정한 다음, 환율이 구간 안에서 움직이면 시장 환율보다 높은 가격에 달러를 팔 수 있는 파생상품을 말한다. 환율이 계약시 설정했던 변동구간을 벗어나 위로 가거나 아래로 떨어지게 되면, 약정했던 금액의 2~3배를 약정환율로 사야 하기 때문에 키코보다 위험성이 더 크다고 평가된다. ※키코: 만약 환율이 계약 구간의 하단 아래로 내려가게 되면 계약이 종료되고, 상단 위로 올라갈 때만 손실을 입게 된다.

• PB

1) 'Private Brand'의 약자로, 유통업체에서 직접 만든 자체브랜드 상품을 뜻하며, 자사상표, 유통업자 브랜드, 유통업자 주도형 상표라고도 불린다. 제조 설비를 갖추지 않은 유통 전문 업체가 독자적으로 상품을 기획한 후, 생산만 제조업체에 의뢰하여 판매하는 상품, 또는 유통업체가 제조업체로부터 상품을 저렴하게 받아 유통

업체가 자체 개발한 상표를 붙여 판매하는 상품이 해당된다. 제조업체와 유통업체가 직거래를 통해 물류비, 판매관리비 등 제반비용을 낮출 수 있고, 영업력이 떨어지는 소규모 브랜드 업체의 경우, 자체브랜드 생산보다는 대규모 유통업체의 생산의뢰에 응함으로써 광고·마케팅·유통비용을 줄일 수 있기 때문에, PB상품은 가격이 상대적으로 매우 저렴하다는 장점을 가진다.
2) 'Private Banking'의 약자로, 개인 고객이나 가계, 개인조직의 다양한 수요를 충족시키는 금융서비스로, 거액의 재산을 보유한 고소득층의 부호들을 주 대상으로 하는 맞춤 서비스를 뜻한다. 이들에게 자산운용 컨설팅을 해주는 금융 포트폴리오 전문가(Private Banker)를 의미하기도 한다. 자산이 일정 규모 이상 되는 회원고객에게 자산 수익률을 극대화하고 리스트를 최소화할 수 있도록 예금, 대출에서부터 주식, 채권, 선물옵션, 부동산, 리츠 등에 이르는 다양한 상품들을 대상으로 포트폴리오를 짜고 관리를 해주는 일이다. 1989년 씨티은행이 국내 최초로 고소득층을 겨냥한 PB를 시작한 이래, 현재는 은행뿐 아니라 증권사, 투신사 등 대부분의 금융기관들이 단골 우량고객 확보를 위해 PB팀을 운영하고 있다.
3) 'Participating Bond'의 약자로, 우리말로는 이익참가부사채, 또는 이익참가사채, 이익분배부사채, 참가사채, 가변수익사채라고도 한다. 일정한 이율의 확정 이자가 지급되는 동시에 회사의 이익분배에도 참여할 수 있는 권리가 부여된 사채를 뜻한다. 발행회사는 최소한 확정이자의 부담만 있고, 채권자는 발행회사의 수익상황에 따라 더 많은 이자를 받을 수 있는 사채다. 채권자에게 회사의 이익분배에 대한 권리를 부여하면 채권자의 입장에서는 회사채가 갖는 투자상의 수익성이 높아지게 돼, 발행회사는 회사채 발행에 의한 자본조달이 용이해진다. 그러나 주식투자자 입장에서는 이익배당을 채권자와 나눠야 하기 때문에 주식발행에 의한 자본조달이 어려워진다는 단점도 있다. 상장법인에 한해서만 발행할 수 있다.

• 피시플레이션(Fishflation)

지속적인 '물가상승'을 의미하는 'Inflation'과 '수산물'을 뜻하는 'Fisheries'가 결합해 만들어진 신조어. 수산자원의 부족으로 인한 수산물의 가격상승을 뜻한다. 최근 국제사회에서는 남획과 지구 온난화 등으로 바다의 어족자원이 점점 고갈되면서 수산자원의 심각한 부족이 초래할 피시플레이션에 대한 우려가 꾸준히 제기되는 실정이다.

• 피치(Fitch)

피치 그룹(영어: Fitch Group, Fitch, Inc.) 또는 피치 레이팅스(영어: Fitch Ratings, Ltd.)는 미국 뉴욕 시와 영국 런던에 이중 본사를 두고 있는 국제신용평가기관이다. 무디스, 스탠더드 앤드 푸어스와 함께 세계 3내 신용평가 기관으로 불리고 있으며, 이 신용평가 기관들과 A.M. 베스트 및 도미니언 본드 레이팅서비스는 미국 국가공인통계평가기관(NRSRO)로 지정되어 있다.

• PPI(Producer Price Index)

생산자물가지수를 말한다. 국내에서 생산된 상품과 기업서비스가 국내시장에 출하되어 1차 거래단계에서 이루어진 가격의 변동을 측정하는 물가지수이다. 조사기준가격은 생산자출하가격, 즉 부가가치세를 제외한 생산자판매가격(공장도가격)을 원칙으로 하고 있으며, 조사대상도 가격변동을 대표할 수 있는 품목을 고려하여 선정한다.

• PPP(Public Private Partnership)

개발도상국 지원에 정부와 기업·NGO 등 민간부문이 협력해 추진하는 방식. 정부 입장에서는 개도국과 우호적인 협력관계를 구축할 수 있고, 민간 입장에서는 해외시장 진출과 함께 민간의 재원과 전문성을 활용한 대규모 인프라 구축이 가능하다는 점에서 상생의 협력모델로 꼽힌다.

• 필립스 곡선

인플레이션과 실업 사이의 역관계를 그래프 상에 나타낸 곡선. 1958년 영국의 경제학자 필립스가 영국 경제의 실증 분석을 통해 단기적으로 실업률과 인플레이션율 사이에는 마이너스 상관관계(상충관계)가 있음을 밝혀냈다.

• 하이일드펀드(High yield fund)

수익률은 매우 높은 반면 신용도가 취약해 '정크본드(junk bond)'라고 불리는 고수익·고위험 채권에 투자하는 펀드를 말하며, 그레이 펀드 또는 투기채 펀드로도 불린다. 만기까지 중도 환매가 불가능한 폐쇄형이고 증권거래소에 상장된다는 점 등 겉으로는 뮤추얼펀드와 비슷하다. 하이일드펀드는 발행자의 채무불이행 위험이 정상채권에 비해 상당히 높다. 따라서 투자를 잘하면 고수익이 보장되지만 반대의 경우 원금을 날릴 수도 있다. 투신사가 보유 중인 투기등급 채권의 소화를 위해 정부가 하이일드펀드를 허용하여 1999년 11월부터 우리나라에서 판매되기 시작하였는데, 일반 투자자의 위험부담을 경감하고 기대수익률을 높이기 위하여 부분원금보전, 비과세 혜택, 공모주 우선청약권 등 다양한 제도적 보완책을 마련하고 있다.

• 한계비용

재화나 서비스를 1단위 더 생산하는 데 들어가는 추가적인 비용을 말한다. 한계비용은 총비용 증가분을 생산량 증가분으로 나눈 것으로, 생산량 한단위를 증가시킬 때 총비용이 얼마나 변화하는지를 나타낸다. 한계비용 =총비용의 변화량/산출량의 변화량 예를 들어 연필 4자루를 생산하는 데 들어가는 비용이 100원이라고 가정하

자. 이 경우 연필 1자루의 생산비용은 (100원÷4자루)=25원이다. 만약 추가적으로 1자루의 연필을 더 생산하여 총 5자루를 생산한다고 할 경우의 생산비용이 120원이라면, 5자루째의 한계비용은 (120원-100원) /1=20원이 된다. 한계비용함수는 일반적으로 U자형 모양을 나타내는데, 이는 한계비용이 생산량 증가에 따라 점차 감소하다가 어느 생산량을 지나면 다시 증가하기 시작한다는 것을 의미한다.

• 한계효용

재화나 서비스를 소비할 때 얻는 주관적인 만족을 효용이라고 한다. 한계효용은 재화나 서비스를 1단위 더 소비할 때 느끼는 만족감, 즉 효용의 변화를 의미한다. 일반적으로 재화의 소비량이 증가할 때 한계효용은 차츰 감소하는데, 이를 '한계효용 체감의 법칙'(고센의 제1법칙)이라고 한다.

• 핫머니(Hot Money)

국제금융시장을 이동하는 단기자금 뿐만 아니라 국내시장에서 단기적인 차익을 따라 이동하는 단기적인 투기자금도 핫머니라고 부른다.

핫머니에는 각국의 단기금리의 차이 및 환율의 차이에 의한 투기적인 이익을 목적으로 하는 것과 국내통화의 불안을 피하기 위한 자본도피 등 두 가지 종류가 있다. 핫머니의 특징은 자금이동이 일시에 대량으로 이루어진다는 점과 자금이 유동적인 형태를 취한다는 점이다. 국제금융시장에서 각국의 환율, 단기금리, 주가, 원자재가격 등의 변동에 따라 일시적으로 대량의 자금이 이동하는 경우에는 외환의 수급관계, 물가, 주가, 원자재가격 등의 급등락을 초래하여 국민경제의 영향을 미치게 된다.

• 헤징(Hedging)

현물가격의 변동에 따라 발생할 수 있는 손해를 최대한 줄이기 위해, 선물시장에서 현물과 반대되는 선물포지션을 설정하는 것이다.

헤징을 하면 상품(주가 · 환율 · 금리 · 금)의 가격이 오르거나 내리더라도 현물 · 선물의 동시거래를 통해 정반대의 손익이 나타나므로 어느 한쪽의 손익이 다른 쪽의 이익으로 서로 상쇄된다. 따라서 가격변동에 대한 위험을 최소화할 수 있다.

헤징은 매입헤지(long hedge)와 매도헤지(short hedge)로 구분된다. 매입헤지는 가격상승 위험을 없애기 위해 선물을 매입하여 가격변동 위험을 줄이는 것이며, 반대로 매도헤지는 가격하락 위험을 피하기 위해 선물을 매도하는 것이다. 예를 들어, 한 기업이 특정일에 자사 제품을 수출하고 3개월 후에 5만 달러를 받기로 했다면 3개월 후의 달러선물을 택해 5만 달러를 원화로 파는 계약을 체결할 수 있다. 이 같은 형태를 매도헤지라 한다.

헤징은 선물계약을 통한 위험노출의 헤지 정도에 따라 완전헤지와 불완전헤지로 구분된다. 현물가격과 선물가격의 변화방향과 그 크기에 따라 헤징 결과가 상이하게 나타나는데, 완전헤지는 현물가격과 선물가격이 동일한 방향으로 동일한 크기만큼 변하여 현물시장에서의 손실(이득)이 선물시장에서의 이득(손실)에 의하여 완전히 상쇄되는 것을 말한다. 이것이 이루어지려면 ① 현물가격과 선물가격의 차이인 베이시스(basis)가 항상 일치하여야 하며 ② 선물채권과 현물채권의 표면금리가 일치해야 하며 ③ 두 채권의 만기가 동일하여야 한다. 따라서 현실적으로 완전위험헤징은 거의 불가능하며 다만 현물채권과 상관관계가 높은 채권을 선물거래 대상으로 선택함으로써 헤징효과를 높일 수 있을 뿐이다.

• 호모헌드레드(Homo-Hundred)

의학기술 등의 발달로 100세 장수가 보편화된 시대의 인간을 지칭하는 학술용어. 현 인류의 조상을 '호모사피엔스(homo-sapiens)'라고 부르는 것에 빗댄 표현이다. 유엔이 지난 2009년 작성한 '세계인구고령화(World Population Aging)' 보고서에서 처음 등장했다.

보고서에 따르면, 평균수명이 80세를 넘는 국가가 2000년에는 6개국에 불과했지만, 2020년에는 31개국으로 늘어나게 된다. 전 세계 100세 이상 인구도 34만3,000명에서 2050년에는 320만명으로 약 10배 가량 증가할 전망이다. 한국만 해도 2012년 2,386명이던 100세 이상 인구가 2030년에는 1만명, 2040년에는 2만명에 육박할 것으로 예상된다. 호모헌드레드 시대가 도래하면서 사회 전체 각종 시스템의 변화가 요구된다. 특히 앞으로 언제 어디서나 의료서비스를 제공하는 'U-헬스 산업'이 각광을 받을 것으로 기대된다.

• 화폐착각

화폐의 실질적 가치의 증감에 대해 인식하지 못하는 상태. 화폐의 실질적 가치는 물가수준이 상승하면 떨어지고 물가수준이 하락하면 올라간다. 이처럼 물가수준의 변화는 화폐의 실질적 가치에 영향을 주게 되지만 이를 고려하지 않고 물리적인 화폐의 양으로만 가치를 매기는 것을 화폐착각이라고 한다. 예를 들어 물가가 5% 오를 때 임금이 2% 오르는 상황에 비해 물가가 2% 오를 때 임금이 그대로인 상황이 더 이득이지만 대부분은 화폐착각으로 물리적으로 손에 들어오는 돈이 더 많아지는 전자쪽을 선호하게 된다.

• 환율

환율(Exchange Rate)이란 자기나라 통화와 외국 통화간의 교환비율을 말하며 두 나라 통화의 상대적 가치를 나타낸다. 만약 미화 1달러를 얻기 위하여 1,000원을 지불한다면, 1달러당 1,000원이 우리 나라 원화의 대미달러 환율이 된다.

$1=1,000원처럼 외국화폐 한 단위를 얻기 위하여 우리 돈을 얼마나 지급해야 하는가를 나타내는 환율을 지급환율 또는 자국통화표시환율이라고 한다. 환율이 자유롭게 변동하는 (자유)변동환율제도 하에서 환율은 외환의 수요와 공급에 의해 결정된다. 외환의 공급이 수요보다 커지면 외국통화에 대한 원화환율이 하락하고, 외환의 수요가 공급보다 커지면 외국통화에 대한 원화환율이 상승한다. 자유변동환율제도 하에서 환율이 상승하여 자국통화가치가 하락하는 것을 그 나라 통화가 절하(depreciation)되었다고 하고, 환율이 하락하여 자국통화가치가 상승하는 것을 그 나라 통화가 절상(appreciation)되었다고 한다. 중앙은행이나 정부가 환율을 일정 수준에 고정시키는 고정환율제도 하에서 통화가치가 하락하는 것은 평가절하(devaluation)라 하며, 통화가치가 상승하는 것은 평가절상(appreciation)이라 표현한다.

• 허쉬만-허핀달지수(HHI)

Hirschman-Herfindahl index. 매출액이 가장 큰 기업에서 작은 기업 순으로 배열한 뒤 상위 50개 기업에 대한 각각의 시장점유율을 각각의 %로 구하고 이들 점유율의 제곱을 모두 합산한 것. HHI 값이 클수록 시장의 집중도는 높다. 미국 법무부와 연방준비제도이사회 등 합병인가 당국이 기업결합 심사 과정에서 합병에 따른 경쟁 제한 여부를 판단하는데 1차적으로 활용하는 지표이다.

• 환덤핑

자국의 환율을 떨어뜨려 자국 수출상품의 대외경쟁력을 강화하는 것을 말한다. 1달러에 1,000원이던 환율을 1,100원으로 100원 올리면(원화 평가절하) 한국 상품을 수입하던 외국의 수입상은 이전보다 100원어치만큼의 상품을 더 얻을 수 있게 된다. 이는 한국 상품의 가격이 다른 나라의 동일 상품보다 싸지는 효과를 가져와 국제시장에서 한국 상품의 경쟁력이 높아진다. 또한 한국 상품의 가격이 싸지면 수출이 촉진될 수 있다는 점에서 환덤핑(exchange dumping)은 수출보조금과 동일한 효과를 가져 온다.

• 환리스크

외환을 보유하거나 운용하는 과정에서 환율 변동에 따라 발생하는 위험을 말하는 것으로 환위험이라고도 한다. 예를 들어 달러화를 보유하고 있는데, 달러화가 예상치 못하게 급격하게 상승하면 원화가치가 떨어지기 때문에 달러표시로 수입계약을 맺은 업체는 원화로는 더 많은 금액을 지불해야 한다. 즉, 수출입대금 결제 시 계약일로부터 결제일까지 환율변동에 따른 위험이 발생하는데 이를 환리스크라고 한다. 이러한 종류의 환리스크를 회피하기 위해 선물환거래나 통화선물이 이용된다.

• 환율

환율(Exchange Rate)이란 자기나라 통화와 외국 통화간의 교환비율을 말하며 두 나라 통화의 상대적 가치를 나타낸다. 만약 미화 1달러를 얻기 위하여 1,000원을 지불한다면, 1달러당 1,000원이 우리 나라 원화의 대미달러 환율이 된다. $1=1,000원처럼 외국화폐 한 단위를 얻기 위하여 우리 돈을 얼마나 지급해야 하는가를 나타내는 환율을 지급환율 또는 자국통화표시환율이라고 한다. 환율이 자유롭게 변동하는 (자유)변동환율제도 하에서 환율은 외환의 수요와 공급에 의해 결정된다. 외환의 공급이 수요보다 커지면 외국통화에 대한 원화환율이 하락하고, 외환의 수요가 공급보다 커지면 외국통화에 대한 원화환율이 상승한다. 자유변동환율제도 하에서 환율이 상승하여 자국통화가치가 하락하는 것을 그 나라 통화가 절하(depreciation)되었다고 하고, 환율이 하락하여 자국통화가치가 상승하는 것을 그 나라 통화가 절상(appreciation)되었다고 한다. 중앙은행이나 정부가 환율을 일정수준에 고정시키는 고정환율제도 하에서 통화가치가 하락하는 것은 평가절하(devaluation)라 하며, 통화가치가 상승하는 것은 평가절상(appreciation)이라 표현한다.

• 환태평양경제동반자협정(TPP)

아시아·태평양 지역 경제의 통합을 목적으로 2005년 6월 뉴질랜드, 싱가포르, 칠레, 브루나이 등 4개국 체제로 출범한 다자 간 자유무역협정. 2015년까지 회원국 사이의 모든 무역장벽을 철폐하는 것을 목표로 한다. 협정에는 상품 거래, 원산지 규정, 무역 구제 조치, 위생 검역, 기술 장벽, 지적재산권, 정부조달 및 경쟁정책 등 자유무역협정(FTA)의 거의 모든 주요 사안이 포함돼 있다. TPP에 참여하면 한꺼번에 여러 국가와 자유무역협정을 체결하는 효과가 있다. 한편 TPP는 다자 간 자유무역협정, FTA는 양자 간 자유무역협정이라는 점에서 이 둘은 다르다.

• 환헤지

투자, 수출, 수입 등 거래시 환율 변동에 따른 위험에 대비해 환율을 현재 시점의 환율에 미리 고정하는 것을 말한다. 환율이 오를 경우의 이익을 포기하는 대신 환율이 내릴 경우의 손해를 막는 것, 즉 환율변동에 대한 위험을 회피하는 것이 환헤지의 목적이다.

• 황금낙하산

인수대상 기업의 이사가 임기 전에 물러나게 될 경우 일반적인 퇴직금 외에 거액의 특별 퇴직금이나 보너스, 스톡옵션 등을 주도록 하는 제도. 피인수 회사와의 우호적인 합의에 의해 진행되는 우호적 인수합병(M&A)이 아닌 적대적 M&A의 경우 기업 인수 비용을 높게 함으로써 사실상 M&A를 어렵게 만들어 경영권을 지키기 위한 수단으로 도입됐다. 기업을 인수하려면 비싼 낙하산을 투입해야 한다는 뜻을 담고 있는 것이다. 경영자가 아닌 일반 직원에게 고액의 퇴직금을 주도록 한 것은 주석(朱錫) 낙하산 이라 한다. 황금낙하산은 국내에서는 생소한 제도였지만 최근에는 많은 상장 기업에서 시행되고 있다. 그러나 경영진의 소신 경영을 지원하기 위해 도입된 이 제도가 부실 경영으로 경영권이 넘어간 금융기관 CEO들에게 엄청난 돈을 안겨주거나 무능한 경영진을 보호해 주는 수단으로 전락할 수 있다는 점은 부작용으로 지적되고 있다.

• 후강퉁

중국 상하이증시와 홍콩증시의 교차거래를 허용하는 제도. 해외 및 홍콩 개인투자자가 홍콩을 통해 중국주식을 매매할 수 있어 증시 유동성에 긍정적인 효과를 가져다준다.

[저자 약력]

〈행복한 글로벌 전도사〉

박성민은 토종 한국인이다. 한국에서 태어났고 한국에서 학교를 다녔다. 전공도 경제학이 아니었다. 연세대에서 교육학을 공부하였고 대학원에서 산업교육과 인적자원개발로 석·박사를 받았다. 그러다가 그의 시각이 바뀐 사건은 김우중 전 대우회장의 저서 〈세계는 넓고 할 일은 많다〉라는 책을 읽고 나서였다. 90년대에는 그다지 인기가 없었던 교환학생을 지원하여 가게 되면서 그의 글로벌 활동이 시작되었다. 생전 처음 낯선 나라에서의 경험은 전형적인 토종 한국인이었던 그에게 외국어와 세계지리 및 역사, 외국사람에 대한 관심을 증폭시켰다. 이후 그는 해외로 나갈 기회가 생기면 여행이든 출장이든지 가리지 않고 적극적으로 해외로 돌아다니기 시작했다. 지금까지 여행과 출장으로 전 세계 43개국을 다니면서 경험하였다.

격변기의 90년대 말, IMF구제금융시기에 20대 중후반을 보내면서 국책 연구기관과 공공기관을 거쳐 중국에서의 해외파견 생활을 거친 후 미국계 글로벌 컨설팅회사에 근무하다 현재는 배화여대 비서행정과 교수로 재직 중이고 대한경영학회 부회장과 한국기업교육학회 수석부회장을 맡고 있다. 저서로는 〈해외주재원 AtoZ〉〈기업교육 프로그램개발의 실제〉〈21세기 지식산업과 경쟁력〉〈직업과 경력개발〉 역서로는 〈수행공학 원리와 적용〉 주요 논문으로는 〈국내 대기업의 글로벌 인적자원개발 사례연구〉〈해외주재원 리더십 스타일 분석과 개선방안에 관한 연구〉 등 현재 국내에서 해외주재원을 대상으로 한 가장 많은 연구를 해왔다. 하지만 그의 강의는 학교보다 기업에서 더 인기가 있다. 현재에도 삼성전자, 현대자동차, LG화학, CJ, 제일기획, SK네트웍스, SK 이노베이션, SK 하이닉스, 롯데, 아모레퍼시픽, 금호건설, 대우건설, GS, 포스코, 현대엔지니어링, 한국타이어, 동서발전, 동부대우전자, KT&G, 한국수출입은행, 신한은행, 한국관광공사, SPC그룹 등 다양한 산업과 기업에서 해외로 파견되는 해외주재원들의 그의 강의를 듣고 그와 교류하고 있다. 현재 그가 가장 자랑하고 있는 것은 전 세계로 파견된 해외주재원들의 명함들로 그는 어느 국가를 가든 항상 지인을 만날 수 있다고 자랑하고 있다. 지금도 그는 학생이 되었건 직장인이 되었건 간에 누구에게나 여행이든 업무든 해외로 갈 것을 권유하고 있는 행복한 글로벌 전도사이다.

해외주재원이 바라본 글로벌 경제이야기 II

2020년 9월 5일 초판인쇄
2020년 9월 10일 초판발행

저 자 박 성 민
발행인 유 성 열
발행처 청목출판사
서울특별시 영등포구 신길로 40길 20
전화 (02) 849-6157(代)·2820 / 833-6091
FAX (02) 849-0817
등록 제318-1994-000090호

파본은 바꾸어 드립니다. 값 22,000원

http : //www.chongmok.co.kr

ISBN 978-89-5565-739-5